上海三联人文经典书库

37

战争的技艺

〔意〕尼科洛·马基雅维里 著

崔树义 译　冯克利 校

ART OF WAR

上海三联书店

总　序

陈　恒

　　自百余年前中国学术开始现代转型以来,我国人文社会科学研究历经几代学者不懈努力已取得了可观成就。学术翻译在其中功不可没,严复的开创之功自不必多说,民国时期译介的西方学术著作更大大促进了汉语学术的发展,有助于我国学人开眼看世界,知外域除坚船利器外尚有学问典章可资引进。20世纪80年代以来,中国学术界又开始了一轮至今势头不衰的引介国外学术著作之浪潮,这对中国知识界学术思想的积累和发展乃至对中国社会进步所起到的推动作用,可谓有目共睹。新一轮西学东渐的同时,中国学者在某些领域也进行了开创性研究,出版了不少重要的论著,发表了不少有价值的论文。借此如株苗之嫁接,已生成糅合东西学术精义的果实。我们有充分的理由企盼着,既有着自身深厚的民族传统为根基、呈现出鲜明的本土问题意识,又吸纳了国际学术界多方面成果的学术研究,将会日益滋长繁荣起来。

　　值得注意的是,20世纪80年代以降,西方学术界自身的转型也越来越改变了其传统的学术形态和研究方法,学术史、科学史、考古史、宗教史、性别史、哲学史、艺术史、人类学、语言学、社会学、民俗学等学科的研究日益繁荣。研究方法、手段、内容日新月异,这些领域的变化在很大程度上改变了整个人文社会科学的面貌,也极大地影响了近年来中国学术界的学术取向。不同学科的学者出于深化各自专业研究的需要,对其他学科知识的渴求也越来越迫切,以求能开阔视野,迸发出学术灵感、思想火花。近年来,我们与国外学术界的交往日渐增强,合格的学术翻译队伍也日益扩大,同时我们也深信,学术垃圾的泛滥只是当今学术生产面相之一隅,高质量、原创作的学术著作也在当今的学术中坚和默坐书斋的读书种子中不断产生。然囿于种种原因，人文社会科学各学科的发展并不平衡，学术出版方面也有畸轻畸重的情形（比如国内还鲜有把国人在海外获得博士学位的优秀论文系统地引介到学术界）。

有鉴于此，我们计划组织出版"上海三联人文经典书库"，将从译介西学成果、推出原创精品、整理已有典籍三方面展开。译介西学成果拟从西方近现代经典（自文艺复兴以来，但以二战前后的西学著作为主）、西方古代经典（文艺复兴前的西方原典）两方面着手；原创精品取"汉语思想系列"为范畴，不断向学术界推出汉语世界精品力作；整理己有典籍则以民国时期的翻译著作为主。现阶段我们拟从历史、考古、宗教、哲学、艺术等领域着手，在上述三个方面对学术宝库进行挖掘，从而为人文社会科学的发展作出一些贡献，以求为 21 世纪中国的学术大厦添一砖一瓦。

目　录

缩略语表

AW   《战争的技艺》

D   《论李维》

FH   《佛罗伦萨史》

P   《君主论》

英译者前言与鸣谢

　　本书旨在为英语读者提供机会,以了解马基雅维里生前发表的唯一一部散文体著作——《战争的技艺》。本书正文是《战争的技艺》的英译本,但愿它尽可能地忠实于原著。英译本首次吸纳了琼—雅克·马钱德、丹尼斯·法恰德和乔吉奥·马西编辑的意大利文评注版中的许多重大发现。新的意文版恢复了它于 1521 年首次在佛罗伦萨以 *Libro della arte della Guerra di Niccolò Machiavegli cittadino et segretario fiorentino* 为名出版时的原貌。关于该意文版的详情以及对翻译原则的解释,请参见英译本注解。我的导论和脚注(以及书后的导读)仅仅是工具,旨在帮助当代读者更好地理解马基雅维里在《战争的技艺》中的意图和教诲。倘若这些工具成了累赘,我建议读者们不管它们,径直阅读《战争的技艺》正文即可。

　　导论为读者指出了《战争的技艺》的一般特征,并对该书历史背景、资料来源、影响、与当代的关系以及在学术文献中的地位做了基本介绍,希望这对不熟悉马基雅维里的一般著作,尤其是不熟悉《战争的技艺》的人有所裨益。在导读里,我从军事、政治、哲学或文学方面,提出了我自己对该书的理解。

　　本书得以完成和完善,得益于许多个人和机构。韦恩·安布勒尔、哈维·曼斯菲尔德、安妮·麦克唐纳、克里斯托佛·纳顿、戴维·帕珀蒂以及内森·塔可夫的建议使译本增色不少。斯蒂芬·格雷格利、埃德蒙·雅各比蒂、马克·卢兹、哈维·曼斯菲尔德、乔纳森·马科斯、戴维·麦克尼尔、内森·塔可夫、保尔·乌尔里奇和保尔·英凌对导论和导读的不同草稿提出了有价值的批评。整

1

个手稿因史蒂文·伦兹纳的校正、批评和建议而大有改进。斯韦托扎尔·明可夫(在加布里尔·皮哈斯、莉迪亚·马尔万尼和詹森·赖恩的协助下)准备了词汇表,并在搜寻难以查找的资料方面做了出色的工作;保尔·艾廷准备了名称索引。他们的工作得到了芝加哥大学约翰·M·奥林民主理论与实践查询中心的资助。戴维·比梅尔芒非常仔细地录入了全书,埃米莉·林奇和艾伦·克拉格帮助校对。书中仍有的谬误和不当由我负责。

我对马基雅维里和普通政治哲学的兴趣,最初是由圣约翰学院的亨利·希格拉的魅力和才智燃发的。他后来把我介绍给了阿伦·布卢姆,后者是我在芝加哥大学最初几年读研究生时的导师。布卢姆先生与众不同,他的声音懂得如何"进入每个人的灵魂深处"。我在芝加哥有幸师从许多才华横溢的老师,包括希勒尔·弗拉德金、戴维·格里尼、沃尔特·凯基、利昂·卡斯、拉尔夫·勒纳、克利夫德·欧文,尤其是内森·塔可夫,他的鞭策、指导和垂范作用是不可或缺的。奥林、厄尔哈特和布拉德利基金会为与此项目有关的研究生学习提供了帮助。我最应感谢的,则是我最早的老师利兰·林奇和玛丽·马丁。

在本书翻译、润色的一个重要阶段,波士顿学院政治科学系布拉德利基金会博士后奖学金提供了支持。我在波士顿学院和迦太基学院开设的马基雅维里课程班的学生们使我受益之深,远远超出他们可能的想象。芝加哥大学出版社的评审人提出的富有见地的批评,使书稿大有增色。善解人意的约翰·特里尼斯基在整个过程中一直为我操劳。献辞表达了我最衷心的谢意。

导　　论

　　在尼科洛·马基雅维里生活和著述中,战争的重要性再怎么估计都不为过。他在长期的公职生涯中的头等大事,便是矢志不渝地建立一支从佛罗伦萨的托斯卡纳领地征募来的、由佛罗伦萨共和政府控制的强大军队。这一事业的目的,是使他的祖国摆脱使其积弱不振的对唯利是图的外国势力的依附。马基雅维里的著述《君主论》和《论李维》使这些军事活动相形见绌,黯然失色。他在《君主论》中宣称,"君主除了战争的技艺及其制度和训练外,不应该有任何其他目标和思想,也不应把任何其他事情作为自己的技艺,因为这是进行统帅者应有的唯一技艺"(P 14)。这个直截了当的建议是对可被称为马基雅维里最确凿的真理的补充,他曾在《论李维》中宣称:"如果没有自己的军队,那也是君主之过,而不是因为缺少天时地利,天底下再没有比这更确凿的真理了"(D I 21)。关于人类的决定性事实是,能够随时随地把他们转变成士兵;政治最迫切或最重要的任务,就是使他们这样,并把他们利用好。假若不能按照最基本的必然之事——即战争——来塑造人性,那是无可原谅的。马基雅维里的言行由此把我们的注意力引向他的《战争的技艺》,他在世时出版的唯一一部重要的散文体著作。

　　由于马基雅维里对战争做过不懈而细致的研究,《战争的技艺》便显示了一个视角,人们可由此去了解他的整个思想。的确,通过《战争的技艺》,人们可以看到:

● 现代军事思想的诞生
● 起码和我们一样彻底的一场"军事事务革命"

● 马基雅维里对于他在担任佛罗伦萨国务秘书时,为使他的城邦拥有"自己的武装"所做努力的结果的评价

● 对"西方"和"非西方"战争方式的综合

● 大量杰出的战场谋略

● 对军政关系中持久要素的广泛反思

● 对他当时的人本主义的呼吁,同时也有攻击

● 宣布作者有关西方政治和精神转变的长期计划

除了提供这样一个有益的立足点之外,从另一个意义上说,《战争的技艺》还是一张入场券。马基雅维里选择了 1521 年他在世时,在佛罗伦萨出版这部著作,这使人有机会像他希望展示给世人的那样看待他,即作为佛罗伦萨杰出的文官军事问题专家。到他死后《君主论》和《论李维》出版时,马基雅维里已经因其军事著述,以及作为佛罗伦萨第二秘书厅秘书拟定的军事计划而闻名于世。在任秘书的十四年里,马基雅维里承担的最长期工作,是负责政府的一切军事事务。他实际上深入到了所有军事领域:对当时最有战斗力的军队的规模、构成、武器配备、士气和后勤保障能力,他都要亲自考察并报告政府;他创建了佛罗伦萨一百多年来第一支自己的作战部队,为它编写法规,精选部队,考查有潜力的"首领"(马基雅维里对军事领导人的称呼);他还筹划或观察重大的包围战和小冲突。所以说,对他在《战争的技艺》前言中的自谦,即他因不是士兵而缺乏战争经验,务必不可全信,一如他在《君主论》和《论李维》的献辞中的自谦那样。马基雅维里甚为熟悉他当时各类军人从事过的战事。

按照马基雅维里的估计,当时的佛罗伦萨和意大利需要最伟大的军人。由于自身兵力不足,他们需要一位不仅懂得如何率军,而且懂得如何白手起家的将帅。《战争的技艺》大部分论述的是这种理应倍加称颂的双重美德(*AW* VII 199 – 206;参见 *D* III 13.4[在引用《论李维》时,句点后的数字是指曼斯菲尔德—塔可夫译本中的段落编号])。关于新型军队的创建,该书讲述了军队组织的基本原则及其相伴随的政治难题:应当如何征募、武装、安排、训练士兵以及设置营地的话题,往往和诸如此类的政治问题纠缠在一起,

如应挑选哪些公民或臣民，他们的军事与平民教育和职业是否及如何冲突等等。关于如何统率业已存在的军队，该书堪称一部名副其实的百科全书，通篇都是格言、戒律及实例，涉及如何长自己的志气、灭敌人的威风，如何避免伏击，如何结束战争，如何包围负隅顽抗的城市，以及如何在无数情况下取得策略和战略上的优势，等等。马基雅维里在整部著作中，多处引用诸如恺撒和亚历山大等古代伟大将帅，以及诸如恺撒·博基亚和弗朗西斯科·斯佛萨等现代将帅的业绩，这些都为他的其他重要著作的读者们所耳熟能详。但是，《战争的技艺》中最耀眼的明星，乃那些开国元勋，如亚历山大之父马其顿的菲利普、传说中的罗马国王图卢斯·霍斯提利乌斯，以及波斯居鲁士大帝等，他们都是先创建军队，后又率领他们取得辉煌业绩之人。

因此，显而易见，马基雅维里绝不是在凭空筹划他的军队和谋略。他所依据的不仅是自己的见闻，而且还有他所读到的关于古人，尤其是古罗马人的军事艺术。实际上，他所宣布的目的是复古，即让当代军事重返"古代模式"，赋予它"过去的某种美德"（*AW* pr. 10；参见 I 112）。他尤其反复援用维吉休斯和弗朗蒂努斯这两位古罗马军事作家的思想，常常让他们分别论述他的不同话题。他还大量援用希腊作家波利比奥斯的论述，后者的罗马共和国史著作，是关于罗马军事实践的最具价值的现存记载之一。马基雅维里如此频繁地引用这些作者，以至于使许多解释者断言，《战争的技艺》不过是在复述古代资料。[①]　然而，果真如此的话，作者就应按照惯例（这在当时是司空见惯的），在适当的地方指出主要资料来源者的名字，就像马基雅维里的《论李维》的标题那样，它起码表面上是对李维的罗马史著作的一种评论。但是，他在《战争的技艺》中最多援用的作者的名字，却不曾被这样提及，而他确实提到

[①]　例如，见 Sudney Anglo, *Machiavelli*: *A Dissection* (New York: Harcourt, Brace and World, 1969), 157; Walter Goffart, "The Date and Purpose of Vegetius''De re militari'"in *Traditio* 33 (1997): 92 - 93; 关于对《战争的技艺》有关段落及其相应古代来源的近乎无所遗漏的校勘，见 L. Arthur Burd, "Le fonti lettterarie di Machiavelli nell'*Arte della guerra*", *Atti della Reale Academia dei Lincei*, 5th ser., *Cl. di scienze morali*, *storiche e filologiche* 4 (1896): 187 - 261。

过的那些人(修昔底德,约瑟夫和李维),却被引用甚少。而且,马基雅维里经常对出自这些古代文本的范例加以改动,这种改动虽然常常微不足道,令人难以察觉,但有时也改动巨大,奉劝读者对该文本与其可能的古代资料来源做一比较(比如 *AW* VI 18-29,VII 215)。有时,所谓的历史范例看上去纯粹是马基雅维里的个人杜撰(比如 *AW* VII 192-193)。此外,他在书末明确表示,他只是视具体情况,取古代资料中于他有用的部分(*AW* VII 181-182)。出于同样理由,他的其他著作的一些解释者业已指出,马基雅维里系打着古人的旗号,来掩盖自己欲图彻底革新而非复古的真实目的。② 如此一来,究竟《战争的技艺》仅仅是对古代文本的概述,是对这些文本的简陋翻新,是实际的当代改革的百宝囊呢,还是以虔诚地颂扬古代之名而行彻底革新之实,便成了一个谜。借助于通常所谓该书的"文本背景",可以澄清——即使无法解开——这个谜。

在马基雅维里的著作中,没有一部像《战争的技艺》这样充满政治和知识背景。由于系生前出版,该书比他的其他著作更多反映了当时的限制因素。确实,马基雅维里把我们的注意力引向最具限制性的因素,因为他把该书写成了对话体,而对话的地方有着特殊的知识、政治和军事意义——以"奥理切拉黎园"(Orti Oricellari)闻名的罗契来私家花园。③ 这些花园位于佛罗伦萨城的边缘,紧靠佛罗伦萨外围的城墙,就在直通普拉托城的大门旁边。1512 年,就在这座邻近的小城里,马基雅维里任佛罗伦萨秘书期间一手创建的军队惨遭失败,导致了共和政体的覆灭和马基雅维里

---

② 例如,见 Leo Strauss, *Thoughts on Machiavelli* (Chicago：University of Chicago Press, 1958), 85-86; "Niccolò Machiavelli", in Leo Strauss, *Studies in Platonic Political Philosophy* (Chicago：University of Chicago Press, 1983), 211-214, 217,223; Harvey C. Mansfield and Nathan Tarcov, introduction to *Discoursse on Livy* (Chicago：University of Chicago Press, 1996), xix-xxvii.

③ 关于背景,尤其请见 Felix Gilbert, "Bernardo Rucellai and the Orti Oricerllari：A Study of the Origin of Modern Political Thought", *History：Choice and Commitment* (Cambridge：Harvard University Press, 1977), 215-246;参见 Harvey C. Mansfield, *Machiavelli's Virtue* (Chicago：University of Chicago Press, 1996),194-196; Hannah Pitkin, *Fortune Is a Woman* (Chicago：University of Chicago Press, 1984), 68.

政治生涯的终结。可见,马基雅维里展开他关于军事技艺的重要讨论的这个地方,让人回想起那次直接同他的名字联系在一起的重大军事失败,一次有着最严重政治后果的失败。诚如他对话中的人物所言,马基雅维里是在那次失败的阴影下写作的。④

也许更为重要的是,奥理切拉黎园是人文主义的一个主要中心,是一个沉醉于重新发现古代著作并努力使之影响现代世界——即基督教世界——的思想学派。花园本身,系由富裕而又颇具政治影响的佛罗伦萨人贝纳多·罗契来花费不少钱财和心血建造而成。他的财富和影响,多多少少来自他同梅第奇家族的众多关系,这个家族在15世纪的大部分时间里都是佛罗伦萨实际上的统治者,并且在贝纳多死后完全还会继续统治下去。贝纳多是一个真正的人文主义者,渴望复古,他追求这一目标的部分方式是在花园里种满了古代文献中提到的各种进口植物,⑤到处摆放着著名统治者和作家的半身像。⑥ 作为马尔西略·费奇诺(1433—1499)的亲密信徒、柏拉图著作的著名翻译家和洛伦佐·梅第奇(1449—1492)庇护下的人文主义学院的创始人,贝纳托欲图为严肃的讨论和研究提供一处地方。照字面看,在《战争的技艺》一书所讲述的讨论中,最先开口的是贝纳托的孙子科西莫·罗契来,他向一位迷惑不解的客人解释说,他们坐于其下的那些不为人熟悉的树木,在"古人"中是很有名的(AW I 14)。从这样提到古人开始,科西莫和他的客人就是否、如何以及在哪些活动中应效法古人,以及应以哪些古人为楷模,进行了友好而坦率的争论。马基雅维里由此把效法古代的问题做了戏剧化的描述。《战争的技艺》清楚地反映了人文主义对古代资料的利

---

④　关于马基雅维里和普拉托的可靠的英文描述,见 C. C. Bayley, *War and Society in Renaissance Florence*: *The De Militia of Leonardo Bruni*(Toronto: University of Toronto Press, 1961), 276-284。Bayley 清楚地说明,普拉托之败不能被用来诋毁马基雅维里的军事判断:佛罗伦萨的金融和政治环境给予这一事业的限制,只能通过相当的时间和权威来克服,而马基雅维里一样也不具备。他断言,"作为最高官僚,马基雅维里为这个无望的事业继续工作,取得了管理人员竭尽全力所能取得的实效"(同上,283);参见 *AW* I 148-170,Ⅶ 241。

⑤　这是书中唯一明确提到过的花园的特征(*AW* I 13-15)。

⑥　Gilbert, *History*, 229.

用，同时对利用的方式和意义本身在书中是有争论的。

然而，这些花园不仅为理论讨论提供了场所。在佛罗伦萨共和国时期（1498—1512），它们还是贵族密谋的思想殿堂，后来贝纳托之孙科西莫在梅第奇1512年复位后的岁月里主持新集会时，它们又成了共和派密谋的思想殿堂。正是在这后一时期，因梅第奇复位而被迫放弃（也是摆脱）公职的马基雅维里频频光顾奥理切拉黎园。那里培育的人文主义不仅赞美古代的文学和政治哲学，而且推崇古代的军事和政治行动，而这些只有通过研读古代的历史和军事文献方可理解。

马基雅维里在《战争的技艺》里先是讲述了这些花园里的讨论，但既未说明讨论日期，也未说明讲述日期。但可推断，讨论发生在1516年8月下旬或9月上旬，而马基雅维里对讨论的讲述是在1519年。⑦ 会话的内容可以假定是虚构的，但那些活跃的参与者在历史上都确有其人。法布里奇奥·科洛纳是主要参加者，据说，作为一位卓越的雇佣兵队长，他为"天主教国王"西班牙的费迪南德在伦巴第打了一场很风光的战斗后，正途经佛罗伦萨（AW I 9）。书中没有提到，在法王查理八世1494年入侵意大利后，法布里奇奥和其他许多成功的雇佣兵队长一样，曾受雇于许多逐鹿意大利的强权。可见，法布里奇奥表现出大多数雇佣兵队长的暧昧形象，即集正派军人和不讲信义的雇佣兵于一身。⑧ 但是，对话以另一种方式对法布里奇奥的忠诚提出了疑问。他年轻的主人问道，他是忠诚于自己在和平时期作为顾问、在战时作为将帅为之服务的国王，还是忠诚于作为达到自身目的之手段的战争技艺（AW I

⑦ 因为法布里奇奥在1516年8月16日结束伦巴底之战，签署努瓦荣条约后，当时正返回罗马。还有，据对话所说，法布里奇奥到佛罗伦萨是要拜访"大公"，正大概指的是洛伦佐·梅第奇，他被他的叔叔、教皇利奥十世于1516年8月18日任命为乌尔比诺大公。讲述是在科西莫·罗契来1519年死后不久发生的。

⑧ 见 Michael Mallet, *Mercernaries and Their Masters*：*Warfare in Renaissance Italy* (Totowa, N. J.：Rowman and Littlefield, 1974), 57-58；Frédérique, "Machiavelli e Fabrizio Colonna nell' *Arte della Guerra*：il polemologo spoddiato", in *Niccolò Machiavelli：politico, storico, letterato：atti del Convegno di Losanna. 27-30 settembre 1995*, ed. Jean-Jacques Marchand (Rome：Salerno, 1996), 175-185.

94-110)？法布里奇奥的断然——即使终究是不可信的——回答是，他忠实于国王、和平及政治，而不是他自己的收益和战争。

参加对话的其他人的忠诚也令人怀疑，但对他们的怀疑是因为该书出版后发生的事情。1522年，即《战争的技艺》出版一年后，其他参与讨论的人全被放逐，因为他们在企图推翻佛罗伦萨的实际统治者、枢机主教朱利·德·梅第奇的一次重要阴谋中扮演了主角。和科西莫一样，他们都是马基雅维里的青年朋友，并且和科西莫一样，"热心于宏图大业"（AW I 3,11）。他们协助策划的阴谋是以皮埃罗·索德里尼家族的索德里尼为首，他是马基雅维里服务过的共和政府的首脑。⑨ 他这些青年朋友们的野心，似乎将引导他们寻求推翻披着共和外衣的君主制政府，以使政府具有更真实的共和形式。

法布里奇奥的分裂的忠诚，他既作为军人也作为和平时期顾问的双重角色，可以说就是《战争的技艺》所要解决的问题，即军人与平民生活方式的关系（AW pr. 1）。这两者有着根本的冲突吗？军事纪律是培育公民爱国主义的课堂吗？或者，平民生活应被用来调节严酷的军人生活吗？法布里奇奥的年轻提问者的分裂的忠诚，也提出了相关的问题：平民生活应该是勇气十足的和共和主义的生活吗，或它在君主制下也能生存吗？总而言之，这些问题导致了对马基雅维里整体思想的激烈的学术争论。那些遵循汉斯·巴伦研究方法的学者（如 J·G·A·波考克、昆亭·斯金纳、莫里齐奥·维罗里等人）认为，最为重要的是，马基雅维里的士兵无私地献身于共同的、共和国的福祉。但利奥·斯特劳斯、哈维·曼斯菲尔德、维基·苏利文等人的论证的基本观点却是，马基雅维里是把利己的欲望释放了出来——尽管他提倡对那些有益于集体（遑论共同的）福祉的欲望加以运用。曼斯菲尔德是唯一对《战争的技艺》

---

⑨　关于马基雅维里策划了这一阴谋的观点，见 Maurizio Viroli, *Niccolò's Smile: A Biography of Machiavelli*, trans. Antony Shugaar (New York: Farrar, Straus and Giroux, 2000), 210. 对这一阴谋的概述，包括有关更详尽描述的可靠版本的信息，见 J. N. Stephens, *The Fall of Florentine Republic* (Oxford: Oxford University Press, 1983) 117-121. 马基雅维里把他最全面的著述的最长章节，用来论述阴谋问题；见《君主论》19 和《论李维》III 6. 他在后一部著作中指出，战争经验是对实施阴谋时所承受的心理紧张的唯一准备（D III 6.12）。

加以广泛——尽管是入门式的——查验的学者,认为这是帮助解决
这一重要问题所必不可少的。[10] 但是,总体而言,在军人与平民生
活问题上,那些采取巴伦的"公民人文主义"研究立场的人还得做
出更多的说明。

对波考克来说,这个问题尤为重要。他的鸿篇巨制《马基雅维
里时刻》的核心论点是,马基雅维里以某种方式提供了古代政治生
活理论与后来的大西洋共和传统之间的重要联系。[11] 波考克在其
论证的关键一步主张,通过军人的品德,人性可以达到十全十美,
并宣称需要"理解马基雅维里心中所想的个人的军事能力和市民
能力之间的关系——简言之,士兵与市民之间的关系。"[12]他认为这
种关系是双重的:只有公民才能是好士兵,只有士兵才能是好公
民,也就是说,士兵对共同福祉的贡献必须被延伸到政治领域。波
考克主张,对马基雅维里来说,

> 军人品德使政治品德成为必需,因为两者可以在同一目标
> 中表现出来。共和国是共同福祉,一切行动皆以增进这一福祉
> 为目标的公民,可以说将生命贡献给了共和国,而爱国军人为
> 国捐躯,两者通过为普遍目标牺牲个别利益而使人性臻于完
> 美,在这方面他们是一样的。一个人可以通过军事纪律学会做
> 一个公民,展现其公民品德。[13]

波考克认为,军事纪律(在公民信仰的帮助下)是使人的"本性"不
可逆转地发展和完美的唯一机制。[14] 他声称,马基雅维里的革新是

[10] Mansfield, *Machiavelli's Virtue*, 191-218.

[11] J. G. A. Pocock, *The Machiavellian Moment: Florentine Political Thought and the Atlantic Republican Tradition*(Princeton: Princeton University Press, 1975), vii-viii, 183-218.

[12] 同上,199。

[13] 同上,201。

[14] 同上,184,203; cf. Felix Gilbert, "Machiavelli: The Renaissance of the Art of War", in *The Makers of Modern Strategy: From Machiavelli to the Nuclear Age*, ed. Peter Paret (Princeton: Princeton University Press, 1986), 26.

为了证明人性可以通过军事品德达致完美。人性是通过对共同福祉的奉献而达致完美的,而最明确地要求并做这种奉献的,便是军人的自我牺牲。

昆亭·斯金纳和波考克持同样的信念,即马基雅维里信奉公民军队及全心全意服务于共同体的人文主义理念。斯金纳强调牺牲的意志、爱国主义和自由信念,认为马基雅维里试图从他的公民军队发现这些品德,或借助公民军队把它们灌输到政体之中。斯金纳断定,在马基雅维里和古典传统之间说到底是存在着连续性的,因此他相信,像马基雅维里这样的作者,把"甘愿为自由而战的武装起来的独立公民这一亚里士多德主义的形象……再次带到政治舞台的中央。"斯金纳相信,对人文主义理想的这种信奉如此根深蒂固,以至蒙蔽了马基雅维里的军事和政治判断力,他"断然视而不见,哪怕是一群最坚定、最爱国的公民,也别指望他们能让意大利的小君主国与[法国、日耳曼和西班牙的]庞大国家军队相抗衡"。斯金纳认为,马基雅维里组建国民军的努力和《战争的技艺》,证明了"他对公民士兵理想始终如一的信奉,远不仅仅是对……人文主义常识的重复"。⑮ 莫里齐奥·维罗里最近主张,马基雅维里"欲图从古典政治中复活的东西,在《战争的技艺》中得到了最明确的阐述。"他在别的地方还断言,《战争的技艺》让玩弄权术的马基雅维里服从于共和派的马基雅维里,后者属于"传统的政治人形象,有益于"共同福祉、法治和公民平等。⑯

对马基雅维里公民人文主义的解释的最新来源是汉斯·巴伦

---

⑮ Quentin Skinner, *The Foundations of Modern Political Thought*, vol. 1 (Cambridge: Cambridge University Press, 1978), 173 - 175. 斯金纳显然把他对马基雅维里的理解用在了分析我们自己的处境上:"马基雅维里《论李维》第二卷的主导论题"是,"培养尚武品德、使其服务于我们共同体的决心,对于保留我们自己的个人自由以及我们的家乡是必不可少的"(Skinner, "The Republican Idea of Political Liberty", in *Machiavelli and Republicanism*, ed. Gisela Bock, Quentin Skinner, and Maurizio Viroli [Cambridge: Cambridge University Press, 1990], 303, 303 n. 40; cf. , 308 - 309)。

⑯ Viroli, *NIcclò's Smile*, 218; Maurizio Viroli, "Machiavelli and the Republican Idea of Politics", in *Machiavelli and Republicanism*, 168 - 169; cf. 同上,152 - 161。

的著作。⑰ 巴伦也断言,马基雅维里的思想和古人有着基本的连续性。在巴伦看来,马基雅维里和 15 世纪利奥纳多·布鲁尼的人文主义从根本上说一脉相承,而后者的思想又牢牢植根于古代和中世纪的亚里士多德传统之中。巴伦在一段很说明问题的话中提到了《战争的技艺》,声称马基雅维里同意公民人文主义的"信念,即政治美德要想取得充分发展,总是需要自由小国中积极的公民"。他还认为,这种积极公民要求"恢复中世纪公社的公民军队",废除占主导地位的雇佣兵作战制度。⑱ 按照这种解读,马基雅维里彻底反对任何形式的军人职业化,他认为职业军人就像雇佣兵一样,其动机都是想自己发财。波考克、斯金纳和维罗里在不同的方面不同意巴伦的全部分析,但是,对于马基雅维里同当时人文主义的一致性,他对古代的崇敬以及公民士兵作为无私的或全心全意献身于公益的保障的核心作用,他们的观点却是一致的。

对马基雅维里的这种公民人文主义解释受到许多学者的挑战。费力克斯·吉尔伯特在谈到《战争的技艺》中那些似乎有利于对该书做出公民人文主义解释的段落时认为,应当"怀疑这些文字反映着马基雅维里的真情实感"。⑲ 最近,彼得·戈德曼根据马基雅维里偏爱实践经验而蔑视把人引入歧途的书本知识,认为"[马基雅

---

⑰　一个不那么直接——如果说不是最终的话——的来源是汉南·阿伦特对 vita activa 的理解;关于波考克同阿伦特的关系,参见 Pocock, *Machiavellian Moment*,516n. 15,550;关于斯金纳对波考克的引用,参见 Quentin Skinner, *Machiavelli*(New York: Hill and Wang, 1981), vvi;"The Republican Idea of Liberty",in *Machiavelli and Republicanism*,300 n. 2;关于阿伦特对他的差异的解释,参见同上书,308;也请参见 Viroli, "Machiavelli and the Republican Idea of Politics",144 n. 4。

⑱　Hans Baron, *The Crisis of the Early Italian Renaissance: Civic Humanism and Republican Liberty in an Age of Classicism and Tyranny*(Princeton: Princeton University Press, 1966,430–432);关于最近对巴伦及其一般论题的重新思考,见 James Hankins, ed., *Renaissance Civic Humanism: Reappraisals and Reflections*(Cambridge: Cambridge University Press, 2000);Hankins, "The 'Baron Thesis' after Forty Years and Some Recent Studies of Leonardo Bruni", *Journal of the History of Ideas* 56 (1995): 309–338.

⑲　Gilbert, "Machiavelli", 24. 关于吉尔伯特同公民人文主义学派的关系,见 Wllian J. Connel, "The Republican Idea", in *Renaissance Civic Humanism*,17–21.

维里]同人文主义的关系的特征不是依赖"而是"对立"。[20] 但是,对公民人文主义解释最彻底的反对,来自利奥·斯特劳斯的著作。在斯特劳斯笔下,马基雅维里非但同古典著作没有血肉联系,而且导致了与古代的彻底断裂,是"新模式和新秩序"的发现者和传播者,它们即将成为全部现代性,尤其是众望所归的自由主义的基础。[21] 对斯特劳斯而言,马基雅维里对共和国的著名赞美,绝不是在呼吁人们做出共和主义所蕴含的对共同福祉的真心奉献,他本人从未使用过"共和主义"一词。相反,公民服务于公益,是因为它服务于他们各自的私利;当这种算计落空时,与之唇齿相依的各种制度就会影响公民的欲望,保证其符合共同的需要。[22] 在战争这种似乎最需要无私奉献的活动中,战场上的士兵——不论是共和国的公民还是君主的臣民——都是受将帅操纵其畏死求赏心理的驱策。与此相似,将帅自身则是受到对声名荣耀的私欲的驱策。[23] 按这种解释,军人职业化本身对马基雅维里来说不是问题,因为罪恶累累的暴君赛普蒂米乌斯·塞维卢斯的职业军队及后来的罗马共和国领取犒饷的公民士兵,乃是有战斗力并受到良好约束的军队的典范。有问题的似乎是雇佣军或外来援军,而不是从政治当局(它们自身可能就是军事当局)那里领饷并受其控制的职业军队。[24]

　　但是,斯特劳斯对马基雅维里的军事思想的主要兴趣,远不是

[20]　Peter Godman, *From Poliziano to Machiavelli: Florentine Humanism in the High Renaissance* (Princeton: Princeton University Press, 1998), 261 - 262.

[21]　Leo Strauss, *Natural Right and History* (Chicago: University of Chicago Press, 1953), 178; Strauss, *Thoughts*, 231,249,264,296 - 297; 但请把同上书与斯特劳斯的 *Persecution and the Art of Writing* (Chicago: University of Chicago Press, 1952) 第 33 页及 *Natural Right* 第 164 页做一比较;也请参见 *Persecution*, 15; Strauss, *What is Political Philosophy? And Other Studies* (Chicago: University of Chicago Press, 1959), 102 - 103;对 *Thoughts* 第 202 - 203 页和 *Studies* 第 226 页同 *Studies* 第 209 页进行比较。

[22]　Strauss, *Thoughts*, 262 - 265,269 - 270,281; *What is Political Philosophy*? 43; cf. Mansfield, *Machiavelli's Virtue*, xv.

[23]　Strauss, *Thoughts*, 247 - 248,278 - 282。

[24]　同上,309 - 310,注 53(请注意,如果统帅有充足的德行,甚至他们能对雇佣军驾驭自如,如汉尼拔)。

去思考实际战斗和军队组织。斯特劳斯穷根究底，认为"单纯的战争与精神战争之间有一定的相似性"：马基雅维里本人别出心裁地利用宣传——这是他最强大的敌人基督教的有力武器——发起了一场反对整个政治哲学传统的战争。㉕斯特劳斯因此认为，《战争的技艺》的主要问题，不在于一般公民和士兵的平民和军队生活之间的人格冲突，而在于这两种生活在最高层次上提供的政治抉择，即教士原则与军人原则之间，或非武装人员与武装人员的准则之间的抉择。对斯特劳斯的马基雅维里而言，武装起来即意味着懂得战争技艺和"俗世"的技艺，这个问题最终关系到理性在人类生活中的位置。㉖既然《关于马基雅维里的思考》的最终目的是帮助恢复永恒的问题或抉择，因此可以说它是在深入探究这样一个问题：在教士和战士之间的抉择——如果阐述适当的话——是不是一个具有根本性意义的全新问题。㉗只有当圣经信仰（很可能是具体指的基督教）从自然中揭示了某种过去未被认识的事物，或起码是未给予充分重视的事物的存在，即用人类手段去塑造人性的可能性，这个新问题才是个名副其实的问题。㉘马基雅维里认识到的抉择关系到由谁来塑造人性，是那些表示信仰圣经启示（尤其是它的不要以恶制恶的告诫）的人，㉙还是那些领悟了马基雅维里本人提出的模式和秩序之真谛的人。

　　许多关于马基雅维里的研究受到了斯特劳斯著作的启发，其中

㉕ Strauss, *Thoughts*, 35,102,106,138,171 - 172;cf. Ernest Cassirer, *The Myth of State* (New Haven：Yale University Press, 1946),162, 173; Strauss, *What is Political Philosophy*? 45.

㉖ 同上，17 - 19,155,184;cf. 19,144,153 - 155,162,218,223,243 - 244。

㉗ 同上，14,113 -114,184;cf. Strauss, *Persecution*, 168. 斯特劳斯对马基雅维里的研究集中于其两部内容广泛的著作，即《君主论》和《论李维》。不过，他在《关于马基雅维里的思考》中无数次提到《战争的技艺》，并论述了它对古代资料的运用，见"Machiavelli and Classical Literature", *Review of National Literatures* 1 (1970)：7 - 25。

㉘ Strauss, *Thoughts*, 124,184,232, 252 - 253,278 - 280;不过也请参见 283,297。

㉙ 同上，180 -185。

最重要的是哈维·曼斯菲尔德的有关研究。㉚ 这种研究方式同"公民人文主义"解释的分歧堪称无以复加。的确，著名的"斯特劳斯派"对后一学派的三位主要人物提出过尖锐批评。维基·苏利文批评说，波考克对《论李维》的解释，就像是在研究对共同福祉的真心奉献，㉛纳森·塔可夫对斯金纳的一般方法论，尤其是他对《君主论》的解释进行了剖析，㉜曼斯菲尔德最近则对汉斯·巴伦的论点以及公民人文主义观念做了全面批判。㉝

　　对二手文献的这一简单回顾，表明了以上论及的三大论题之间的密切联系：平民生活与军队生活的关系，《战争的技艺》与其人文主义思想背景的关系，以及马基雅维里对古代资料的利用。在二手文献中，在一个问题上的立场要求在其他两个问题上也表明立场。那些把自我牺牲式奉献视为关于战争的道德和政治教义者倾向于认为，马基雅维里的时代背景和对古代的忠诚决定着他的思想；另一方面，那些把私欲视为他的教诲的道德和政治核心者则主张，马基雅维里起码和我们一样清楚自己的背景，并企图通过巧妙地吸收他的古代资料去改造它。可见，马基雅维里关于战争和政治有何教诲这一

㉚ 曼斯菲尔德关于马基雅维里的大部分著述都收录于《马基雅维里的德行》；关于他对马基雅维里的《论李维》的评论，见 C. Manfield, *Machiavelli's New Modes and Orders：A Study of the* Discourse on Livy (Chicago：University of Chicago Press, 2001)。

㉛ 苏利文曾更明确地断言，波考克关于可借助军事德行培养起来的对共同福祉的奉献使人性达致完美的主张是站不住脚的；她进一步指出，波考克未经证实就假定这一关键主张是正确的。苏利文的论点是以对《论李维》I 16 和 I 55 的解释为基础的。她没有直接讨论波考克关于《战争的技艺》的论述（参见 Paul Rahe, *Republics Ancient and Modern*, vol. 2, *New Modes and Orders in Early Modern Political Thought* [Chapel Hill：University of North Carolina Press, 1994], 323 - 324n)。

㉜ Nathan Tacov, "Quentin Skinner's Method and Machiavelli's Prince", *Ethics* 92 (1982)：692 - 709；也请参见 Paul Rahe, "Situating Machiavelli", in *Renaissance Civic Humanism*, 270 - 308；W. R. Newell, "How Original is Machiavelli? A Consideration of Skinner's Interpretation of Virtue and Fortune", *Political Theory* 15 (1987)：612 - 634；Michael P. Zuckert, "Appropriation and Understanding in the History of Political Philosophy：On Quentin Skinner's Method", *Interpretation* 13 (1985)：403 - 424 (cf. Rahe, *Republics Ancient and Modern*, vol. 2, 328 n. 7)。

㉝ Mansfield, "Bruni and Machiavelli on Civic Humanism", in *Renaissance Civic Humanism*, 223 - 246.

实质性问题,是和怎样阅读他的著作这一历史或文学问题纠缠在一起的。对于分别以巴伦和斯特劳斯为首的两种研究取向,唯一不主观武断的判断方式,就是对对话进行谨慎的解释,它要恰如其分地尊重马基雅维里在文学和哲学上的伟大,也不可忘记该书的军事、政治和知识背景。我在导读中试图提供这样一种解释。

在此,就如何阅读《战争的技艺》提出一点儿忠告不无益处。通常的假设是,法布里奇奥仅仅是马基雅维里的一个传声筒,曼斯菲尔德则有更为可取的认识,他将法布里奇奥看作人文主义的代表、其立场因为对话活动而发生了动摇,[34]与这些观点相反,我认为这位年长的雇佣兵队长是马基雅维里本人自我克制的复制品。法布里奇奥的(和马基雅维里的)充分的理解力,部分地是通过参加讨论的年轻人向他提出的问题表现出来的。但这并不是说,可以把参加讨论的年轻人认作(甚或比法布里奇奥更接近于)马基雅维里;[35]倒不如说,整个对话表明了勇敢的年轻人如何能为机智的政治对话揭去道德面纱。直到马基雅维里时代,政治哲学家们一直同政治统治,尤其是其创立时刻所特有的暴力和诡诈保持一定距离。他们做到这一点的办法是指责或美化这种暴力或诡诈,或是借声名狼藉者之口说出其中的真谛;再不然就干脆谨慎地对其三缄其口。在最初的对话中,法布里奇奥一直保持着这种沉默不语的传统。但是,为了回答那些彬彬有礼而又坚持不懈的提问,从《战争的技艺》第二卷第 81 句起,法布里奇奥开始巧妙地改变方向,采取了马基雅维里本人死后的那种开诚布公的态度;到该书末尾,就能听到他建议不要效仿道德正直的共和国将帅,而是要效仿残暴奸诈几近登峰造极的两个主要楷模,即亚历山大之父马其顿的腓力和居鲁士大帝(*AW* VII 204,243;参见 *D* I 26,II 13)。然而,法布里奇奥仅仅是刚踏上了马基雅维里的开诚布公之路,指出这一点很重要。不过,马基雅维里借助对话中欲言又止的戏剧效果,把对政治真相的这种局部揭露搬上了舞台,从而突显了他死后出版的鸿篇巨制的言词中大概最突出的一面——

㉞　Mansfield, *Machiavelli's Virtue*, 194 - 198,202,205 - 208;cf. 同上,212,217。
㉟　同上,338n. 33。

对年轻人更粗野的欲望的诉求（*P* 25，结尾；*D* I 60，II pr. ）。㊱

　　法布里奇奥在《战争的技艺》中表达了他的热切希望，想让年轻的对话者欣然接受他的军事思想："因为我相信，青春年少将使得你更热心于军事，更容易相信我要说的话。那些头发斑白、血管结冰的人，已经习惯于同战争为敌了"（*AW* I 47 - 48）。当然，切莫忘记，这乃是一本有关如何打仗、如何打赢战争的开山之作。在这个方面，马基雅维里及其《战争的技艺》的影响遍及意大利、欧洲和其他地方。到 16 世纪末，已经出版了不下 20 个意大利语版本，并且被译为西班牙文、法文、英文和拉丁文，或有这些文种的剽窃之作；在下一个世纪里又被译成德文、俄文和其他欧洲语言。㊲ 蒙田认为，马基雅维里的军事著作堪与恺撒和波利比尤斯的战争论著相媲美。它们通过蒙特库科利、福克沃科斯和朱斯图斯·里普修斯等人的著作，继续直接或间接地影响着军事思想；㊳ 他的教导被应用于伟大的现代军人拿骚的莫里斯和古斯塔夫·阿道夫；㊴《战争的技艺》凭借德·塞科斯元帅的《战争技艺的沉思》，因其见解和影响而得到了伏尔泰等人的勉强认可，许多人则认为它对腓特烈大帝和拿破仑都产生了影响。㊵ 克劳塞维茨本人认为，马基雅维里

㊱　参见 Strauss, *Thoughts*, 126 - 127; Strauss. *Studies*, 222, 225; Mansfield, *New modes and Orders*, 177 - 189。

㊲　Sergio Bertelli and Piero Innocenti, *Bibliografia Machiavelliana* (Verona: Edizioni Valdonega, 1979), 363 - 377.

㊳　Montaigne, *Essays* II 34; Gunther D. Rothenberg, "Maurice of Nassau, Gustavus Adolphus, Rainondo Montecuccoli, and the 'Military Revolution' of the Seventeenth Century", in *Makers of Modern Strategy*, 33 - 36; cf. Thomas M. Baker, *The Military Intellectual and Battle: Raimondo Montecuccoli and the Thirty Years War* (Albany: State University of New York Press, 1975), 56 - 57; Neal Wood, introduction to Niccolò Machiavelli, *The Art of War* (New York: Da Capo, 1965), xxx.

㊴　Rosenberg, "'Military Revolution' of the Seventeenth Century", 33 - 36.

㊵　Gilbert, "Machiavelli", 27; Voltaire, "Battalion", in *A Philosophical Dictionary* (New York: E. R. DuMont, [1901]), 215 - 217; Francesco Algarotti, *Letters Military and Political* (London: T. Egerton, 1782); cf. Wood, introduction to *Art of War*, xlii-xliv.

"是一位非常有见地的军事行家"。[41] 甚至可以说,《战争的技艺》的影响远及大西洋彼岸:约翰·史密斯船长研读过 1560 年的怀特霍恩译本,[42]托马斯·杰斐逊也拥有该书,1775 年法内沃思译本的美国版在 1812 年战争结束后出版。[43] 费力克斯·吉尔伯特是读者最广的马基雅维里军事思想的英文解读者,他对马基雅维里的影响做了总结,认为"自 16 世纪以降的军事思想是在马基雅维里奠定的基础上进行的"。[44] 甚至那些对他的所谓错误满腹怨言,或对他的非历史的理性论猛烈抨击的人也一致认为,在范围、基本原理和战略见识方面,马基雅维里引发并且很可能制约着此后有关军事思想的争论。[45] 不论是他那个时代的军事思想,还是现代军事思想的起源,《战争的技艺》都提供了接近它们的不二法门。

对《战争的技艺》中的战略思想之经典地位的普遍公认,因其具体军事分析和规定受到的广泛批评而大为逊色。的确,批评者们认为作者犯了无数的军事判断错误,其中大多同技术、战场策略及军事专业知识有关。实际上,所有这些批评都是建立在这样的假设上:马基雅维里是三个相关偏见的不自觉的牺牲品。这三个偏见是:不加批判地偏爱古代的(尤其是罗马的)一切,惧怕任何形式的军人职业化,莫名其妙地坚信火药技术——以及一般的技术革

---

[41] Carl von Clausewitz, *Historical and Political Writings*, ed. And trans. Peter Paret and Daniel Moran (Princeton: Priinceton University Press, 1992), 281.

[42] John Smith, *The Complete Works of Captain John Smith* (Chapel Hill: University of North Carolina Press, 1986),156.

[43] Gilbert, "Machiavelli", 27; *The Art of War. In Seven Books. Written by Nicholas Machiavel, Secretary of State, to the Republic of Florence. To which is added, Hints Relative to Warfare, by a Gentleman of the State of New York*, trans. Ellis Farneworth (New York: Henry C. Southwick, 1815).

[44] Gilbert, "Machiavelli", 29 – 30.

[45] 同上, 30; Hans Delbrück, *The Dawn of Modern Warfare: History of the Art of War*, vol. 4, trans. Walter J. Renfroe Jr. (Lincoln: University of Nebraska Press, 1985), 293 (cf. 101 – 113); Sir Charles Oman, *A History of the Art of War in the Sixteenth Century* (New York: E. P. Dutton, 1979), 93; Azar Gat, *The Origins of Military Thought: From the Enlightenment to Clausewitz* (Oxford: Oxford University Press, 1991).

新——乃是无关紧要的因素,或是需要抵制的有害倾向。不过我相信,马基雅维里不具有任何这样的偏见。学者们在马基雅维里对古人和职业化的看法上的上述分野提出了这样的可能性,即他对这两个问题有着鲜明的观点,对此我将在导读中加以论述。但是,他对一般的技术革新,尤其是对火药技术,采取了什么立场呢?

同近乎众口一词的学术观点相反,马基雅维里对这两者都赞赏有加。事实上,他承认攻城火炮令所有古代的发射器黯然失色,野战火炮则使古人的做法能够得到重大改进(AW II 75 - 76;D II 17.3;参见 AW IV 26 - 31, VII 24, 139 - 140);他提倡——也许是亘古第一次——普遍训练使用火器(AW II 125 - 126);他对战争中的技术革新大加赞赏,认为它几乎比什么都重要(AW II 190 - 193;D III 14)。我对此在导读第一部分做了充分论述,不过,在此提请读者注意三个因素是有益的,它们对广泛误解马基雅维里的真实主张起到了推波助澜的作用。对马基雅维里没有预见到火药技术给战争行为带来的迅速转变的指责,既假定这种迅速转变业已发生,也假定马基雅维里企图去预测专门军事技术的未来动向。但是,所谓迅速的变迁根本不曾发生:在马基雅维里时代,火药技术虽已发明数个世纪,但又过了一个多世纪,它才给野战带来根本性的变迁(和在攻城战中相反,它已经使之发生了巨大变化)。⑯ 更为重要的是,没有人提出直接或间接的资料,证明马基雅维里本人曾投身于军事预言。不错,他曾用心良苦地指出,他的具体规定旨在使他的军队与当时欧洲业已存在的任何军队相比,能有相对优势(AW I 82, II 71, II 81, VII 182;参见 P 26, 104 - 105 [在引用《君主论》时,章节序号和句点后面的数字指曼斯菲尔德译本的页

---

⑯ 关于黑色火药技术为何进步缓慢、带来的变化为何不及普遍想象的那样迅速,见 Bert S. Hall, *Weapons and Warfare in Renaissance Europe: Gunpowder, Technology, and Tactics* (Baltimore: Johns Hopkins University Press, 1997). 甚至那些主张因技术变迁而使军事事务发生了相对迅速革命的军事史家也假定,这种变迁的发生需要几代人的时间;关于总的看法和评价,见 Clifford J. Rogers, ed., *The Military Revolution Debate: Readings on the Military Transformation of Early Modern Europe* (Boulder: Westview Press, 1995); cf. David Eltis, *The Military Revolution in Sixteenth-Century Europe* (London: I. B. Tauris Publishers, 1995).

数]）。一般用以证明他短视的引文，让我们看到了令学术界产生误解的第二个因素，即没有能把他的实际分析和规定，同他对主要受众（"喜爱古代行为者"［*AW* pr. 10］）的谄媚区分开来。从另一部有着类似主要受众的著作中举一个著名的例子来说，在上面所引《论李维》对火炮的论述中，马基雅维里似乎开篇就站在古代品德一边，而反对现代火炮。但总体上看，该章得出的实际结论是：人们能够而且必须既利用美德，也利用现代火炮，并同时指出，为了对付并吸收现代火炮，如今的美德必需具有和古代美德不同甚或更优越的形式。由此，他用和他的主要人文主义受众最志趣相投的观点做开场白，把它们限于对问题的微妙讨论，最后却得出不论在见解或是在效用方面都引人注目的新鲜结论。如果人们囿于最初或是一般的印象，就很可能会把马基雅维里对其受众的放任，误作为他本人的见解。

由于对马基雅维里辩术和结论的微妙之处缺乏鉴赏，大多数读者都忽略了这样一条振聋发聩的建议，它起码和五百年前一样可适用于当今。在刚刚讨论过的《论李维》一章中，马基雅维里告诫人们，不要把技术看作是一服无所不能的军事灵药，一种使战士摆脱杀戮和被杀险境，摆脱获得战斗胜利所必不可少的纪律、技巧和品质的方法。他在讨论要塞的功用时提出了类似的建议（*AW* II 1-152；*D* II 24）。他告诫说，要塞无法替代训练有素、能在和敌人短兵相接时奋不顾身的士兵。这些段落常常被引以为证，来说明马基雅维里欲图否认抵御现代火炮这种现实需要。实际上，从他在军事生涯初期便遭遇新型的"复式比萨城墙"，到最后于 1527 年衔命决定如何使佛罗伦萨雉堞墙现代化，他终生都处在攻城和筑城之术的风口浪尖上。[47] 可见，对马基雅维里而言，军事技术革新有用且有必要，但它们并不排除对人类美德的需要。这不禁让人想起那种依靠我们自己的技术水平建造的要塞：弹道导弹防御体

---

[47] 将 Christopher Duffy, *Siege Warfare: The fortress in the Early Modern World, 1494-1660* (London: Routledge and Kegan Paul, 1979)第 15 章与 *AW* VII 135-138 做一比较；也参见 J. R. Hale, "To Fortify or Not to Fortify? Machiavelli's Contribution to a Renaissance Debate", in *Renaissance War Studies* (London: Hambledon Press, 1983); Geoffrey Parkers, "In Defense of The Military Revolution", in *Military Revolution Debate*, 345-346。

系。马基雅维里堪比那些当代防御专家,后者非常赞同弹道导弹防御体系,但仍然告诫不要以牺牲可靠的兵力结构、行之有效的征募和训练体系,以及制约这一切的正确的战略学说为代价去追求它。最后,马基雅维里曾在《战争的技艺》中,多次试图从战术层面上洞悉最佳武器组合,在所有其他主要著作中,则曾从操作或战略层面上对火炮和要塞赞赏有加,这可有力地提醒我们:战略可尽技术之用,而技术却绝不能决定战略。否则,手段就会成为目的,而目的却成为手段;而且,对军事优势——即马基雅维里所说的美德——的需要也被抽掉了。

　　马基雅维里绝非技术革新之敌。他完全拥护技术革新,甚或可以说,已经为他最伟大的后继者即将发起的现代技术大业开辟了道路。[48] 关于马基雅维里战争思想的批判性假设一旦被证明是错误的,所谓他的军事判断错误,也就大多不攻自破了。他的许多规定和原则皆可被如实看待:它们都是对他彼时彼地的军事、政治和知识必要所做的明智综合,或者说,是出于修辞需要对它们做出的让步。

　　费力克斯·吉尔伯特——彼得·帕雷特的《现代战略的缔造者:从马基雅维里到核时代》一书中关于马基雅维里军事思想的力作的作者——对《战争的技艺》的巧妙修辞有更好的理解,其论述在许多方面都高人一等。吉尔伯特认识到,《战争的技艺》对当时的传统观点做了许多让步,这使吉尔伯特能预防对该书及其军事规定做更极端的误解。[49] 而且,吉尔伯特准确地勾勒出了马基雅维里作为佛罗伦萨秘书时的言行与其后来的军事和政治著作间的关系。单凭这些理由,他的文章就仍可称作对马基雅维里军事思想的有益概括。不过,吉尔伯特似乎仍然是以上述错误假设为基础,对马基雅维里在军人职业化和火炮领域的主要进展问题上的"错误判断"进行估价的。[50] 尽管吉尔伯特对马基雅维里的聪明才智欣赏有加,他最后仍然断言,马基雅维里会很容易因为直言不讳的历

---

[48]　见 Roger D. Masters, *Marchiavelli, Leonardo, and the Science of Power* (Notre Dame: University of Notre Dame Press, 1996);参见 Strauss, *What Is Political Philosophy?* 286 - 290。

[49]　Gilbert, "Machiavelli", 22,24.

[50]　同上,28。

史批判而受到陷害。

　　吉尔伯特首先对封建军队向职业军队的长期转变同黑色火药技术的发展之间的关系，提出了不偏不倚的看法。他声称，后者的使用并没有独自导致封建军队向职业军队的突然转变，而是"加快了"向后者的"转变步伐"。[51] 然后他开始转而讨论马基雅维里。他先是指出，马基雅维里本人对当时社会变迁与军事危机的关系感兴趣，继而用了相当笔墨，对马基雅维里相当精彩地分析这一关系的思想，做了进一步发展。吉尔伯特断定，首先，法布里奇奥和马基雅维里效仿古代城邦，提倡建立兼职民兵，这对佛罗伦萨这样的区域性国家是不够的；其次，未来属于职业军人，因为任何军队的核心，都将由少数难以培训而又装备昂贵的职业军人组成。这些进展共同表明，需要有大型的职业军队，而据认为，马基雅维里对这种军队曾深恶痛绝。[52] 在吉尔伯特的分析中，处处可见关于马基雅维里的所谓错误的普通假设。吉尔伯特不正确地假定，马基雅维里没能看到野战火炮和攻城火炮的重要性和代价，[53] "古代城邦模式"使他看不到职业军队的可能性。此外，吉尔伯特还给他委以预测军事技术和军事经济长期趋势的重任。然而，若是这些假设不正确，则吉尔伯特对马基雅维里的批判也必然同样不正确。

　　这里的要点不在于对马基雅维里在哪些细节上是对是错进行诡辩，而是要尽可能多地从马基雅维里那里有所收获。在战争问题上——并且不仅仅是在战争问题上——对马基雅维里的大部分论述都企图表明，他受到其欲望或时代的左右，一句话，受到其偏见的左右，以此来降低他的威望。为达此目的，这些论述往往求助于我们的如下偏见：当前的知识必然优于过去号称知道的东西，毕竟没有人真正懂得超出其时代允许范围的东西。但是，假使马基雅维里比我们更了解他的时代，该做如何？并且，假使他比我们更

51　见注 46。

52　Gilbert, "Machiavelli", 28.

53　他似乎还假定，比之其他武器，轻便火器的操作需要有更多专门知识，生产成本更昂贵（同上，第 28 页）。实际上，比之任何其他武器，它们的使用所需要的专门知识相当少；与其最佳替代物弩相比，它们的生产成本相当低廉（Hall, *Weapons*, 16-20, 47-51）。

了解我们的时代，又该做如何？假如他确实在对"世界事务"的真实理解（D 献辞，I 38.3，III 1.1，III 43）基础上，发起了现代人类自由大业，则看似荒谬的后一种情况，就可能是真实的。若是他这样做了，我们可以从他那里比一般认为的多学到多少东西呢？

　　虽然学术界关于马基雅维里对战术和武器的理解的估价历来苛刻，但对他从最高指挥层次出发的有关军事战略的言论，却给予高度赞赏。他的战略思想之所以受到称赞，通常因为它是"现代的"——即克劳塞维茨式的，因为它强调把人民武装起来，强调一战决胜负的观念，并把战争理解为政治通过其他手段的继续。马基雅维里的战略思想之所以受到批评，是因为它尚未摆脱他当时陈旧过时的雇佣军战争方式加给人们的种种束缚。这后一种战争不是由普通民众、而是由受雇于人的熟练雇佣兵进行的；它的理想胜利观念是不战而屈人之兵，而不是通过决战；它是作为一种最不可靠的政治工具而起作用的。人们往往认为，马基雅维里是蔑视这种雇佣军战争的，但却受到时代的极大限制，无法从对这种战争的根本批评中得出克劳塞维茨式的结论。因此，即便在赞同马基雅维里的战略思想的同时，二手资料也倾向于把他刻画成缺乏足够自知之明、在两个历史时代间遭受煎熬的模样。[54] 他们从未考虑过有这样的可能，即马基雅维里故意前后一致地把这两种表面矛盾的战争方式结合在了一起。[55]

　　众所周知，马基雅维里是以罗马军队为模本的，但并不同样广为人知的是，他同时也对这支军队持深刻批判态度。不仅它的胜利毁灭了整个西方的自由，从而为后来西方的精神奴役做好了装备，而且罗马军队还极易遭受非西方军队——如非洲的努米底亚骑兵和亚洲的帕提亚军队，马基雅维里所说的这些地区包括如今的伊拉克、伊朗和阿富汗——的打击。（AW II 80 及以下，283 - 309，V 157 - 159；D I pr. 2，II pr. 2；比较 D II 18.3 和 III 12.2）。马基雅维

54　最有指导意义的例子是 Delbrück, *Dawn of Modern Warfare*，107 - 112；参见同上，293 - 318。

55　尽管不是对马基雅维里的专门研究，但却是一个引人注目的例外，见 Michael Handel, *Masters of War: Classical Stategic Thought* (London: Frank Cass, 2001), 3 - 4；尤其要参见 170, 421 - 423。

里会亦步亦趋地效仿一支带来如此恶果并具有如此致命缺陷的军队吗？就像我在导读第一部分最后一节试图指出的那样，马基雅维里的军队将非西方军队和古希腊罗马军队的关键成分合二为一，创立了一支由明智地交替使用西方和非西方战争方式的指挥官率领的新型军队。马基雅维里远非传统西方战争方式的杰出倡导者，而且他在表面上号召回归传统方式的名义下进行了革新。㊶ 由于这种新型军队必需有独一无二的结合之故，对于那些试图既要理解战争本身的复杂性质，又要把这种迥然不同的战争方式内在地结合在一起的军事理论家来说，《战争的技艺》有着异乎寻常的价值。

美国军事往往遵循"西方的"或克劳塞维茨式的灭绝战模式。它强调通过像海湾战争这样的大规模速决战，来取得决定性胜利。由此观点出发，用以打击敌人薄弱环节或对付类似敌军的轻小兵力，服从于以压倒性兵力打击敌人主要军事力量、并在必要时打击支持他们的基础设施这样的战略部署。类似在越南和索马里那样的失败，被认为至少是部分地由于美国脱离了这种"大而快"教条。但是，远从美国内战时期华盛顿和纳撒内尔·格林都使用过的打了就跑的方法开始，一直到当前反恐战争中使用的特别行动部队，美国军事业已表明，它愿意并有能力打一场"另类"战争。㊷ 但这样的部队能够和应当被整合进整个军队吗？这种整合将会有什么样的后果和要求——是军事上的、道德上的还是政治上的？当问题涉及诸如此类迫切而又根本性的军事问题时，少有作者能比马基雅维里更有用。

㊶ 参见 Victor Davis Hanson, *Carnage and Culture: Landmark Battles in the Rise of Western Power* (New York: Doubleday, 2001), 129, 213。马基雅维里将会认识到汉森用以分析西方战争史的那些条件，并可能会同意汉森的许多有关西方战争方式优于非西方战争方式的结论；如果将汉森颇具说服力的历史分析与政治哲学史的时代划分——它表明了古代与现代的彻底决裂——加以结合，则其中的要素需要做些修改。

㊷ 参见 Max Boot, *The Savage Wars of Peace: Small Wars and the Rise of American Power* (New York: Basic Books, 2002); Allan R. Miller and Peter Maslowski, *For the Common Defense: A Military History of the United States of America*, 2nd ed. (New York: Free Press, 1994); Russell F. Weigley, *The American Way of War: A Military History of United States Military Strategy and Policy* (New York: Macmillan, 1973)。

然而，马基雅维里作为战争理论家的价值，并非研究《战争的技艺》的最重要理由。不论马基雅维里仅仅是"现代性"的源头之一，抑或确实是其创立者，通过对其著作的研究，都可对现代西方的开端及其演变过程提供独到见解。人们普遍感觉到，现代性的身份与众不同，但不论在道德层面还是在政治层面，又都难以界定、含混不清。之所以难以界定，是因为难以弄清现代性何时开始、其界线在哪里、其本身为何物。之所以含糊不清，则因为现代西方似乎是经济繁荣、政治自由和宗教容忍的起源地，而保守主义者和自由主义者又都对其当前和未来忧心忡忡。保守主义者感到，现代西方存续愈久，传统美德就愈沦落；自由主义者则认为，现代西方的全球支配地位，乃是一种不公正的霸权。现代性的成果和对现代性的恐惧，是否以及如何都在源头上根深蒂固？这些源头是否以及如何反过来又深植于战争之中？保守主义者或自由主义者对这些问题进行过充分反思吗？归根结底，《战争的技艺》乃是在意大利成了欧洲列强的战场，而欧洲自身即将成为世界统治势力的年代，由一位老练的观察者从前线发回的报告。它也许还是这样的时刻，当时正忙于自相残杀的西方，对人类、人类的本性及其种种可能性形成了新的理解；这种理解过去和现在都主张，人并非天生的政治动物，而是"由于本性而非由于偶然，不归属于任何城邦……'出族、法外、无家无邦'，就像荷马曾鄙视的人那样。这种天性孤独的人往往成为好战者；他那离群的情况恰如棋局中的一个闲子"。⑧ 这种为亚里士多德所抵制而被马基雅维里所宣扬的关于人类本性的观点，后来被马基雅维里最伟大的后继者所修正。它们的改变——尤其是约翰·洛克带来的改变——业已挫伤了现代性之剑的锋芒，而且后来的改变还希图将现代性之剑完全装入剑鞘。但是，不管对马基雅维里的事业的这些修改曾经如何培育了和平、繁荣和容忍，我们都要牢记：这一事业本身乃是在战争思想中铸就的。

---

⑧　Aristotle, *The Politics*, trans. Carnes Lord (Chicago: University of Chicago Press, 1984), 37.（中译文参见吴寿彭译《政治学》第7—8页，商务印书馆，1983。——中译注）

建议阅读文献

Anglo, Sidney. *Machiavelli: A Dissection*. New York: Harcourt, Brace and World, 1969.

Baron, Hans. *The Crisis of the Early Italian Renaissance*. Rev. ed. Princeton: Princeton University Press, 1966.

Bayley, C. C. *War and Society in Renaissance Florence: The De Militia of Leonardo Bruni*. Toronto: University of Toronto Press, 1961.

Boot, Max. *The Savage Wars of Peace: Small Wars and the Rise of American Power*. New York: Basic Books, 2002.

Bruni, Leonardo. *De militia*. In *The Humanism of Leonardo Bruni: Selected Texts*. Edited and translated by Gordon Griffiths, James Hankins, and David Thompson. Binghamton, N. Y. : Medieval and Renaissance Texts and Studies, 1987.

Burd, L. Arthur. "Le fonti letterarie di Machiavelli nell'*Arte della guerra*", *Atti della Academia dei Lincei*, 5th ser. , *Cl. di scienze morali, storiche, e filologiche* 4 (1896): 187 – 261.

Butters, H. C. *Governors and Government in Early Sixteenth-Century Florence*, 1502 – 1519. Oxford: Clarendon Press, 1985.

Delbrück, Hans. *The Dawn of Modern Warfare: History of the Art of War*, vol 4. Translated by Walter J. Renfroe Jr. Lincoln: University of Nebraska Press, 1990.

Dionisotti, Carlo, "Machiavelli, Cesare Borgia e Don Michelotto": *Rivista storica italiana* 79 (1967).

Duffy, Christopher. *Siege Warfare: The Fortress in the Early*

Modern World, *1494 – 1660*. London: Routledge and Kegan Paul, 1979.

Eltis, David. *The Military Revolution in Sixteenth-Century Europe*. London: I. B. Tauris Publishers, 1995.

Feld, Maury. "Machiavelli's Militia and Machiavelli's Mercenaries". In *The Military, Militarism, and the Polity*. Edited by Michel Louis Martin and Ellen Stern McCrate, 79 – 92. New York: Free Press, 1984.

Frontinus. *Strategems.* Loeb Classical Library edition. Translated by Charles E. Bennett. Cambridge, Mass. : Harvard University Press, 1925; repr. 1950.

Gat, Azar. *The Origins of Military Thought from the Enlightenment to Clausewitz*. Oxford: Oxford University Press, 1989.

Gilbert, Felix. "Bernardo Rucellai and the Orti Oricellai: A Study on the Origins of Modem Political Thought". In *History: Choice and Commitment*. Cambridge, Mass. : Harvard University Press, 1977.

——. "Machiavelli: The Renaissance of the Art of War". In *The Makers of Modern Strategy: from Machiavelli to the Nuclear Age*. Princeton: Princeton University Press, 1986.

Godman, Peter. *From Poliziano to Machiavelli: Florentine Humanism in the High Renaissance*. Princeton: Princeton University Press, 1998.

Goffart, Walter. " The Date and Purpose of Vegetius' ' De re militari'". *Traditio* 33 (1977): 58 – 100.

Guicciardini, Francesco. *The History of Italy*. Translated by Sidney Alexander. Princeton: Princeton University Press, 1969.

Hale, J. R. "A Humanistic Visual Aid. The Military Diagram in the Renaissance". *Renaissance Studies* 2 (1988): 280 – 298.

——. *War and Society in Renaissance Europe*, *1450 – 1620*. Baltimore: Johns Hopkins University Press, 1985.

——. *Renaissance War Studies*. London: Hambledon Press, 1983.

Hall, Bert S. *Weapons and Warfare in Renaissance Europe: Gunpowder, Technology, and Tactics*. Baltimore: Johns Hopkins University Press, 1997.

Handel, Michael I. *Masters of War: Classical Strategic Thought*. 3rd ed. London: Frank Cass, 2001.

Hankins, James, ed. *Renaissance Civic Humanism: Reappraisals and Reflection*. Cambridge: Cambridge University Press, 2000.

Hassner, Pierre. *Violence and Peace: From the Atomic Bomb to Ethnic Cleansing*. Budapest: Central European University Press, 1997.

Hobohm, Martin. *Machiavellis Renassance der Kriegskunst*. Berlin: Curtius, 1913.

Howard, Michael. *War in European History*. Oxford: Oxford University Press, 1976.

Hulliung, Mark. *Citizen Machiavelli*. Princeton: Princeton University Press, 1983.

Jahns, Max. *Geschichte der Kriegswissenschaften*. Munich: Oldenbourg, 1889–1891.

Jones, Archer. *The Art of War in the Western World*. Oxford: Oxford University Press, 1987.

Livy. *The Early History of Rome: Books I-V of "The History of Rome from Its Foundation"*. Translated by Aubrey de Selincourt. New York: Viking Penguin, 1960; repr. 1973.

——. *The War with Hannibal: Books XXI-XXX of "The History of Rome from Its Foundation"*. Translated by Aubrey de Selincourt. Edited by Betty Radice. New York: Viking Penguin, 1965.

——. *Rome and the Mediterranean: Books XXXI-XLV of "The History of Rome from Its Foundation"*. Translated by Henry Bettenson. New York: Viking Penguin, 1976.

——. *Rome and Italy: Books VI-X of "The History of Rome from Its Foundation"*. Translated and annotated by Betty Radice. New York: Viking Penguin, 1982; repr. 1986.

Lord, Carnes. "Allegory in Machiavelli's *Mandragola*". In *Political Philosophy and the Human Soul: Essays in Memory of Allan Bloom*. Edited by Michael Palmer and Thomas L. Pangle. London: Roman and Littlefield, 1995.

Machiavelli, Niccolò. *The Art of War*. Translated by Ellis Farneworth. Revised and introduced by Neat Wood. New York: Da Capo Press, 1965.

——. *The Prince*. Translated by Harvey C. Mansfield Jr. Chicago: University of Chicago Press, 1985.

——. *Florentine Histories*. Translated by Laura F. Banfield and Harvey C. Mansfield Jr. Princeton: Princeton University Press, 1988.

——. *The Chief Works and Others*, vol. 2. Translated by Allan Gilbert. Durham: Duke University Press, 1989.

——. *Tutte le opere*. Edited by Marlo Martelli. Firenze: Sansoni, 1992.

——. *Discourses on Livy*. Translated by Harvey C. Mansfield and Nathan Tarcov. Chicago: University of Chicago Press, 1996.

——. *L'Arte della guerra; scritti politici minori*. Edited by Jean-Jacques Marchand, Denis Fachard, and Giorgio Masi. Roma: Salerno Editrice, 2001.

Mallett, Michael. *Mercenaries and Their Masters*. Totowa, N. J.: Rowan and Littlefield, 1974.

——. "The Theory and Practice of Warfare in Machiavelli's Republic". In *Machiavelli and Republicanism*. Edited by Gisela Bock, Quentin Skinner, and Maurizio Viroli. Cambridge: Cambridge University Press, 1990.

Mansfield, Harvey C., Jr. *Taming the Prince*. New York: Free Press, 1989.

——. *Machiavelli's Virtue*. Chicago: University of Chicago Press, 1996.

——. *Machiavelli's New Modes and Orders: A Study of the Discourses on Livy*. Chicago: University of Chicago Press, 2001.

Marchand, Jean-Jacques. *Niccolò Machiavelli, i primi scritti politici (1499 - 1512): nascita di un pensiero e di uno stile*. Padua: Editrice Antenore, 1975.

Masters, Roger D. *Machiavelli, Leonardo, and the Science of Power*. Notre Dame: University of Notre Dame Press, 1996.

Oman, Sir Charles. *A History of the Art of War in the Sixteenth Century*. New York: Dutton and Co., 1979.

Paret, Peter. *Clausewitz and the State*. New York: Oxford University Press, 1976.

Parker, Geoffrey. *The Military Revolution: Military Innovation and the Rise of the West, 1500 - 1800*, Cambridge: Cambridge University Press, 1988.

——. "In Defense of The Military Revolution". In *The Military Revolution Debate: Readings on the Military Transformation of Early Modern Europe*. Edited by Clifford J. Rogers. Boulder: Westview Press, 1995.

Pesman Cooper, R. "Machiavelli, Francesco Soderini and Don Michelotto". *Nuova Rivista Storica* 66 (1982).

Pieri, Piero. *Il Rinascimento e la crisi militare italiana*. Turino: Giulio Einaudi, 1952.

——. *Guerra e politica negli scrittori italiani*. Milano: Riccardo Riccardi, 1955.

Pitkin, Hannah. *Fortune is a Woman: Gender and Politics in the Thought of Niccolò Machiavelli*. Berkeley: University of California Press, 1984.

Pocock, J. G. A. *The Machiavellian Moment: Florentine Political Thought and the Atlantic Republican Tradition*. Princeton: Princeton University Press, 1975.

Polybius. *The Histories*, vol. 3. Loeb Classical Library edition. Translated by W. R, Paton. Cambridge, Mass.: Harvard University Press, 1923; repr. 1954.

Rahe, Paul A. *New Modes and Orders in Early Modern Political Thought*, vol. 2 of *Republics Ancient and Modern*. Chapel Hill: University of North Carolina Press, 1994.

Ridolfi, Roberto and Piero Ghiglieri. "I *Giribizzi* al Soderini". In *La Bibiliofilia* 72 (1970): 53 – 74.

Rubenstein, Nicolai, "Machiavelli and the World of Florentine Politics", In *Studies on Machiavelli*. Edited by Myron P. Gilmore. Florence: Sansoni, 1972.

Skinner, Quentin. *The Foundations of Modern Political Thought*, vol. 1. Cambridge: Cambridge University Press, 1978.

——. *Machiavelli*. New York: Hill and Wang, 1981.

——. "The Republican Idea of Political Liberty". In *Machiavelli and Republicanism*. Edited by Gisela Bock, Quentin Skinner, and Maurizio Viroli. Cambridge: Cambridge University Press, 1990.

Spackman, Barbara. "Politics on the Warpath: Machiavelli's *Art of War*". In *Machiavelli and the Discourse of Literature*. Edited by Albert Russell Ascoli and Victoria Kahn. Ithaca, N. Y.: Carnell University Press, 1993.

Strauss, Leo. *Thoughts on Machiavelli*. Chicago: University of Chicago Press, 1958.

——. "Machiavelli and Classical Literature". *Review of National Literatures* 1 (1970): 7 – 25.

——"Niccolò Machiavelli". In *Studies in Platonic Political Philosophy*. Chicago: University of Chicago Press, 1983.

Stephens, J. N. *The Fall of the Florentine Republic*, 1512 – 1530. Oxford: Clarendon Press, 1983.

Sullivan, Vickie B. "Machiavelli's Momentary 'Machiavellian Moment': A Reconsideration of Pocock's Treatment of the *Discourses*". *Political Theory*, 20 (1992): 309 – 318.

——. *Machiavelli's Three Romes: Religion, Human Liberty, and Politics Reformed*. De Kalb: University of Northern Illinois Press, 1996,

Tallet, Frank. *War and Society in Early-Modern Europe, 1495 - 1715*. London: Roufledge, 1992,

Tarcov, Nathan. "Quentin Skinner's Method and Machiavdil's *Prince*", *Ethics* 92 (1982): 692 - 709.

Viroli, Manrizio. *Niccolò's Smile: A Biography of Machiavelli*. Translated by Anthony Shugaar. New York: Farrar, Straus and Giroux, 2000.

——. "Machiavelli and the Republican Idea of Politics". In *Machiavelli and Republicanism*. Edited by Gisda Bock, Quentin Skinner, and Maurlzio Viroh. Cambridge: Cambridge University Press, 1990.

Vegetius. *Epitome of Military Science*. Translated by N. P. Milner. Liverpool: Liverpool University Press, 1993.

Wood, Neal. Introduction to *The Art of War* by Niccolò Machiavelli. Translated by Ellis Farneworth. New York: Da Capo Press, 1965.

英译本说明

　　本书旨在为读者提供一个尽可能贴近马基雅维里本人原意的译本,所以,我尽力逐字逐句、前后一致地将意大利文译为地道的英语,尽量消除来自我本人的评判、观点和其他局限的影响。当然,这种影响是不可避免的。人们必然要问,译者对这种不可避免性持何种态度:是一种需要与之斗争的事实、一次炫耀个人艺术鉴别力和专长的机会,还是证明翻译从根本上是不可能的? 我业已尽我所能,去消除这种不可避免的影响,从原则上说,我应当——尽可能地——在马基雅维里与其读者之间,不留下我的任何痕迹。

　　我的首要准则,是把每个意文单词都只译成一个对应的英文单词。译法上的一致,可以使读者全神贯注,去理解马基雅维里的原意。譬如,马基雅维里多次使用"*ordine*"(在此一致译为"order"),但在"regulation"、"arrangement"、"organization",以及所有那些用来翻译 *ordine* 的词语中,没有具体说明他指的是哪一个。事实上,由于我过于渴望在 *ordine* 的十三四个最通用的英文译法中选择一个正确译法,致使业已让读者对马基雅维里频繁使用的这个关键词,产生了一层隔膜。不必要地变换译法的后果,是让读者得不到机会,去亲自领会马基雅维里借助和通过这些词语——在具体和一般场合——究竟欲所何指。而一致的译法,则给读者以探究的机会,去揭示马基雅维里的原意,并让他们有机会去注意马基雅维里本人的著作之间,以及他的著作与其他那些罗曼语和拉丁语作者的著作之间,在词汇方面的关系。这种方法的一个缺陷在于,在意文中仅仅稍稍不一致的隐喻,译成英文后却变得比较明显。比如,我没有使用大家较为熟悉的"officer"和"enlisted men",而是按照马基雅维里的身体隐喻,使用了"head"和"members"。另一个缺陷是,英文中的某些词,不容易让人想到它们对应的意文词所表达的广泛含义。还是以"*ordine*"一词为例,除了上述英文词以外,读者还应考虑到,每次看到"order"时,它可能还有下述词语的含义:categorization,classification,deployment,disposition,formation,grouping,layout,sequence,command 和 association。在每一场合,究竟这诸多含义中的哪一个表达了 ordine 的意思,往往不清楚。可能还有别的含义;可以肯定的是,马基雅维里使得读者无论怎么样,都把多种含义当作一种来思考。

然而,在许多情况下,我对译法一致和照字面意思直译的偏爱,不得不让步于这两种迫切需要,即准确性和可读性。例如,我应该总是把 *rispetto a* 译为"respect for"或"respect to",但为求准确,我却总是译为"thanks to"(在"due to"的意义上)或"compared to"。我在类似场合,都是尽力不让我的方法导致不准确的理解。有关我的一般准则的大多数例外情况,都可见于词汇表,以及在译文偏离原文字面意思和一致的译法时,我所做的注释。其他例外则需要做某些说明。

Ordinanza 几乎总是译为"militia",尽管这只是一个很勉强的对应词。*Ordinanza* 在政治安排方面是中性的,指的是任何军队,它既可由君主的臣民组成,也可由共和国的公民组成。所以,"citizen-soldiery"这个合成词的共和色彩过浓,在所有译法中,很可能是最能导致歧义的一个。并且,一支 *ordinanza* 可以全部由拥有平民职业的士兵组成,就像佛罗伦萨的 *ordinanza* 那样;也可以包括职业军人,就像为法国国王服务的那些军队那样(*AW* I 104);无论哪种情况,士兵的报酬都来自税负减免、现金、战利品,或者是三者合一。最后,没有一个英文词像 ordinanza 这样,既指建立军队的文件或政令(即法令),也指如此建立的军队。尽管我们的"militia"很少能表示这些细微差别,并且比 ordinanza 具有较强的共和色彩,但却比其他译法较少破坏原意,也不像保持原文那样令人尴尬。

Mode 译为"mode",但在短语 *in mode che* 和 *di mode che* 中除外,这时我将其译为"so that"或"so"。*Assaltare*,*assalire*,*combattere*,*offendere* 和 *azzuffarsi* 尽可能分别译为"assault", "assail"、"fight"、"harm"或"offend"，以及"fight"，但难免有大量重叠；如欲澄清，请参见词汇表。*Armare* 和 *armato* 通常译为"arm"和"armed"，但有时也译为"armor"和"armored"。动词"exercise"、"drill"和"train"译自 *esercitare*；名词"exercise"、"drill"和"training"译自 *esercizio*（也有极少例外，见词汇表，这时 *esercizio* 译为"career"）；这两个意文单词都和 esercito 有关，译为"army"。*Uno* 单用时译为"one individual"；*quello che* 有时译为"the one who"。当把 *quello* 译为"that"会导致"that⋯that"结构的冲突时，有时译为"the"。译文中有时省略了 *cosa/e*（thing/s）。*Braccio*（复数为 *braccia*）是马基雅维里使用的一个度量单位，等于 22.84 英寸；我没有将其译为英文，而是保留了其意大利原文，并以斜体表示（尽管它在译文中以复数形式出现的次数多于原文，因为原文中以 *uno* 结尾的数字[如 *ventuno*，表示二十一]要求单数形式，但在译文中采用了复数形式）。罗马数字都译成了阿拉伯数字。若是马基雅维里本人对罗马军事术语保留其拉丁文原文，则译文也原词照搬；对表示各种兵器的拉丁词语的英文翻译，尽可能同米尔纳对维吉提乌斯用以表示同种兵器的拉丁词语的译法相一致（见建议参考文献中米尔纳对维吉提乌斯的 *Epitome of Military Sciences* 的译本）。

最后，为增强英语的可读性，我把马基雅维里的许多意大利文长句分解为若干短句；出于同样原因，我在许多情况下对原文的句型结构有所改动，有时还改动得相当大。译本中插入的方括号中的数字，表示的是马钱德、法恰德和马西版本中的意文句子的开始。为便于理解长句，我增加了圆括号；注以"圆括号为原文所有"者，表示破折号或圆括号系马钱德等人的版本所有。一般情况下，逗号的使用遵从意文，但有时有所增减，以增加可读性；我有时用"and"代替逗号，但在以逗号隔开的一系列项目的最后一个之前，有时"and"也有所增减。方括号中的词语系我所加；当根据上下文可以有把握地推定和为了便于理解时，我增加了动词主语和分词；为了便于理解或增加可读性，我还在分词前增加了像"while"和"since"这样的时间或因果副词（例如，用"while marching"代替"marching"，表示 *camminando*[II 204]）。当代词的性使句子意义明确时,代词所指的词常常被放在括号里代替代词。同样,为了增加可读性,译文有时省略了通常译为"to be"、"to do"和"to make"的动词,或是译为这三个英文词之外的词。注释中对正式或复数称谓与非正式或单数称谓未全部加以区分;关于单数或非正式的"you"的所有使用情况,见词汇表中的"you"。(我为了澄清而增加的"you"未列入词汇表;若是正式或复数的"you"出现在含有非正式或单数"you"的句子中,则对正式或复数的"you"做了注释。)我业已尽我所能,为当前语境中没有的段落提供了明确的内文出处(譬如,"像我前面提到过的那样";不过,对那些涉及一般性讨论的出处,我没有做这样的尝试)。

　　大体而论,我已经竭尽全力,在不无辜损害我的首要目标——窃以为尚未达到——即像马基雅维里亲自操刀那样表述他的情况下,尽可能使得译文通顺流畅。琼—雅克·马钱德、丹尼斯·法恰德和乔吉奥·马西编辑的 *L'Arte della Guerra*;*scritti politici minore* 的最新评注版本(Rome:Salerno Editrice, 2001),已经在很大程度上加速了这一目标的实现。该版本对1512年的佛罗伦萨原版进行了重构,它不厌其详地穷根溯源,纠正了早期评注版本和以这些版本为基础的译本提出的、以及不自觉地加以重复的许多错误修订,并对自己少数几处同1512年原版不一致的地方,做了注解和说明。本译本最初以波特里和马特里的版本为基础,它在新的意文版本引起我的注意时业已完成,但后来又做了许多重要修订。这些修订包括恢复了各卷的固有名称(见 *L'Arte della Guerra*,48,51,95 n. 1),恢复了马基雅维里的若干假定谬误(例如,在 IV 83 把 Titus Didius 称为 Titus Dimius,在 VI 227 把 Epidaurians 称为 Epidaunians)并加以注释,纠正了早期版本招致的其他错误(比如,在 II 160 将"those men who do"改为"those men who know")。我对马钱德等人版本中少数几处似乎值得商榷的地方做了标注,并在注释中提出了不同的译法。关于新版本中的若干最重大发现,见 *L'Arte della Guerra*,376-390。

　　书尾的插图乃1512年原版微缩胶卷的影印件。这是唯一使用原版插图的英译本。后来的版本曾尝试对马基雅维里的原图加以改进,但自身又招致一些忽略或谬误。这些尝试中的佼佼者,是 L.

阿瑟·伯德的"Le fonti letterarie di Machiavelli nell'Arte della Guerra", *Atti della Reale Academia dei Lincei*, 5th ser. , *Cl. Di scienze morali , storiche e filologiche* 4（1896）：251 - 261；关于伯德的插图存在的若干问题，见 Marchand，*L'Arte della Guerra*，302 - 311。本书对原图的明显谬误做了纠正，见第 205—206 页的注解。

《战争的技艺》提纲

以下标题和划分皆为英译者所加。每一标题所含句子序号见于括号；当句子涉及多卷及新的一卷开始时，各卷序号以罗马数字表示。马基雅维里本人将该书分为前言和七卷。对话的主要参加者法布里奇奥·科洛纳在卷一和卷二主要同科西莫·鲁塞莱交谈，在卷三主要同卢齐·阿拉曼尼交谈，在卷四和卷五主要同扎诺比·布昂德蒙提交谈，在卷六和卷七主要同巴蒂斯塔·德拉·帕拉交谈。

佛罗伦萨公民和秘书⁵⁹尼科洛·马基雅维里⁶⁰为其呈献给佛罗伦萨贵族洛伦佐·迪·菲利波·斯特劳奇⁶¹的《战争的艺术》写的序言

【1】洛伦佐,古往今来,许多人都这样认为:在世间万物中,再没有比平民生活和军人生活更不一致或更不相似的东西了。【2】由此人们常常看到,如果有人想要在军旅生涯中有所成就,⁶²他不仅即刻改变衣着装束,而且在风俗习惯和言谈举止方面,也和各种平民习俗相去甚远。意欲手脚利落,随时准备投入各种暴力[行动]者,认为平民装束会碍手碍脚;认为平民习惯娇气柔软,对他的行径不利,因此不能拥有这些习俗;对于想用满脸胡须和满嘴污言秽语威吓别人者而言,平凡的相貌和谈吐也难以达到目的。这表明,上面我说的那种看法实在是所言不虚。【3】但是,若是对古代

---

⑤⑨ "秘书"这一称号指的是马基雅维里 1498 至 1512 年作为第二秘书厅秘书为佛罗伦萨共和国服务的 14 年。关于他的出版者为何同意马基雅维里使用这个几年前已经被褫夺了的称号,见 Peter Godman, *From Poliziano to Mavhiavelli: Florentine Humanism in the High Renaissance* (Princeton: Princeton University Press, 1998), 235-238。

⑥⓪ Niccolò Machiavegli, Machiavelli 的托斯卡纳语拼法。

⑥① 洛伦佐·迪·菲利波·斯特劳奇(1482—1549)是一位富有的银行家,一个同梅第奇家族有着千丝万缕联系的豪门成员。这两大家族尽管常为竞争对手,仍然通过婚姻和金融纽带甚至政治联盟(最著名的是洛伦佐·德·梅第奇和洛伦佐·斯特劳奇的兄弟菲利波之间)而联系在一起。洛伦佐·斯特劳奇促成了马基雅维里 1520 年 3 月同梅第奇的交往,他偶尔造访奥理切拉黎之园,是伯纳多·鲁塞莱的养子(见 *AW* 卷一,注⑦②)。

⑥② 或者:利用金钱交易。

的制度加以思考就会发现,没有什么东西比平民生活和军人生活更加一致、更加相符,并必然相互钟情了。㊼ 因为,若是不加防护,为了人们共同福祉而在城市㊽中创立的全部技艺,为了使人们畏惧律法和神而建立的全部制度,便统统都是徒劳无用的。 若是这些[防护措施]井井有条,即便制度不那么井然有序,它们也能维持[技艺和制度]。【4】因此,反之而言,缺乏军队帮助的良好制度,却和那些富丽堂皇的帝王宫殿同样混乱不堪,因为后者即便饰金镶银,如果没有防护措施,照样会遭受风吹雨淋。【5】倘若在城市或王国的其他各个阶层中,为了让人们忠诚、平和及充满对神的畏惧而不遗余力,那么在军队中会倍加如此。 因为,比起那些甘愿为国捐躯的人来,国家还能指望从何人那里得到更大的忠诚呢?【6】比起那些饱受战争伤害的人来,还有何人会更加热爱和平呢?【7】比起那些每天都历经无数险恶、更加需要神的护佑的人来,还有何人会更畏惧神呢?【8】为帝国制定律法者和负责军事训练者充分认识到了这种必要性,从而使军人生活得到了其他人的赞美和大力效仿。【9】但是,由于军事制度业已彻底腐烂,同古代方式格格不入,关于它们的这些㊾恶念便应运而生,使得[人们]仇视军队,并和从军者断绝交往㊿。【10】根据我的所见所闻,使军队回归古代方式,重新赋予它昔日的某种美德并非不可能,因此我下定决心,绝不能无所事事,虚度这段空闲光阴,而是要把我所了解的战争技艺写下来,以满足那些热爱古代行为者。【11】虽然涉猎这种并非个人专业的资料是件需要勇气的事情,但是,在许多人更加自以为是地通过行动占有一席之地的时候,我不觉得通过言词占有一席之地是个错误。 因为我在写作时可能犯下的错误,可以在不伤害任何人的情况下得以纠正,而他们在行动中犯下的错误,却只能通过帝国的覆灭才能为人所知。【12】所以,洛伦佐,请您考虑我的这些书稿的性质,对它们作出您认为应得的评判,不论是褒是贬。【13】

㊼ 原意:互爱。

㊽ 原意:文明。

㊾ "这些"似乎没有先行词。

㊿ 原意:交谈。

我把这些书稿呈献给您,既是为了表达我对得自于您的恩惠的感激之情——尽管我能力[57]有限,受之有愧——也是由于(因为把类似作品[58]呈献给那些极具高贵、财富、天分和宽容者,乃是一种习惯)我知道,可在财富和高贵方面与您媲美者不多,在天分方面能及者寥寥,在宽容大度方面,您更是独步天下。

---

[57]　原意:可能性。

[58]　马基雅维里在此处将其著述称为"作品",在上面则将其著述与士兵和军人首领的"工作"(译为"行为"或"行动")做了对比。

卷 一

佛罗伦萨公民和秘书尼科洛·马基雅维里著，
献给佛罗伦萨贵族
洛伦佐·迪·菲利波·斯特劳奇⑥⑨

【1】我认为，对于任何已故之人，由于不再有阿谀奉承的嫌疑，人们尽可加以赞美而不受指责。因此，我将不加犹豫地为我们的科西莫·鲁塞莱⑦⓪大唱赞歌。每每想起他的名字，我总是热泪盈眶，因为从他身上，我看到了作为良师益友和国家公民应该具备的那些美德。【2】他甘愿为朋友两肋插刀，不惜付出一切（甚至连生命也不例外）⑦①；只要认为对国家有益的事情，他都会无所畏惧地去做。【3】坦白地说，在我认识和打过交道的芸芸众生中，无人比他更热心于宏图大业。【4】他在弥留之际对朋友们毫无怨言，仅仅遗憾自己注定要默默无闻地在家中英年早逝，没能实现帮助别人的夙愿。因为他明白，当人们谈起他时，只会说一位好友亡故了，其他则无话可说。【5】但是，并不能因此而认为，由于他大业未成，我们和其他同样熟识他的人就不能保证他具有高尚的品德。【6】实际上，命运并没有对他如此之薄：关于他机敏的才具，还是给后人

---

⑥⑨ 关于卷一标题中的人名和称号的解释，见 *AW* pr.，注⑤⑨—⑥①。

⑦⓪ 科西莫·鲁塞莱（1494—1519）是《论李维》的受奉献者，他作为主人，经常招待一群有志于文学和政治的杰出的佛罗伦萨人，马基雅维里和《战争的技艺》中的年轻对话者即在其中（见注⑦⑥）。他们在同一地点会面，并且有些人从他的祖父伯纳多·鲁塞莱开始，自始至终参加了讨论（见注⑦②）。

⑦① 马基雅维里的插入语。

留下了一些蛛丝马迹，就像他的一些著述和爱情诗作表明的那样。
尽管他不曾致力于著书立说，但他曾经通过著述来锤炼自己，以不
虚度青春好年华，直到命运引领他到达更高的思想境界。人们从
中可清楚地领悟到，倘若他以此作为最终目标而耕耘不辍，他将会
多么巧妙地描绘他的想法，将会在诗坛博得多大的声誉啊。【7】由
于命运使我们无法拜读这位良师益友的大作，因此，依我之见，我
们可求助的最佳良方，莫过于去分享关于他的记忆，重温他恰如其
分地说过，或者是聪明地辩论过的任何东西。【8】最近，他在自家
花园⑫里同法布里奇奥·科洛纳⑬领主有过一次讨论（领主在战事
问题上做了长篇论述，科西莫则巧妙而又审慎地提出了一些问
题），出席讨论的还有我们的另外一些朋友，这是关于他的最新记
述。鉴于此，我认为应当凭记忆把这次讨论记述下来，这样，通过
阅读这些回忆录，科西莫的那些出席过讨论的朋友，便可在脑海里
重温他的美德；而其他朋友，一方面因为不曾出席讨论而憾恨不
已，另一方面，则可从这位知识渊博者的雄辩中学到许多东西，这
些东西不仅对军人生活有用，而且对平民生活也不无裨益。

---

⑫ 奥里塞拉里花园（鲁塞莱家族的花园）是由杰出的知识分子和政治家组成的文
　人圈子会面的场所，为科西莫·鲁塞莱的祖父伯纳多·鲁塞莱（1448—1514）所
　建，他的妻子是佛罗伦萨梅第奇家族的主要统治者科西莫·德·梅第
　奇（1389—1464）的孙女。伯纳多支持贵族或寡头共和国政体，是索德里尼以及被
　伯纳多视为索德里尼的过分民主的共和国的死敌。伯纳多在佛罗伦萨共和国
　时期（1494—1512）退隐进他的文人圈子，后被流放，梅第奇家族复辟后，只在死
　前短暂地重返政坛。

⑬ 法布里奇奥·科洛纳（1450—1520），杰出的雇佣兵队长，曾在意大利战争中先
　为法国同意大利、教皇和阿拉贡人的军队作战，后又为教皇和西班牙同法国人
　作战。他在查理八世对意大利的入侵（1494）以及诸如凯里格诺拉（1503）和拉
　韦纳（1512）之类战役中扮演了重要角色。在这些战役中，他作为西班牙一方的
　骑兵指挥官，首次决定性地成功运用了野战炮。1515年，他成为那不勒斯王国
　的军队最高统帅，在其北部地区的塔格里亚克扎有自己的领地。1504至1505
　年间，佛罗伦萨共和国领袖、马基雅维里的政治庇护人皮埃罗·索德里尼
　（1452—1522）曾数次支持雇佣法布里奇奥，让他在其重新夺取比萨的代价高昂
　的战争中，出任佛罗伦萨人的统帅。索德里尼雇佣法布里奇奥的努力没有成
　功，其部分原因在于，法布里奇奥当时正受雇于佛罗伦萨的传统盟友法国的主
　要对头西班牙。

【9】法布里奇奥·科洛纳曾长期在伦巴第替那位天主教君王⁷⁴作战，并获得了显赫的声誉。当他从伦巴第归来途经佛罗伦萨时，决定在城里逗留几天，以便拜访公爵殿下，⁷⁵并再次看望他的几位士绅故交。【10】因此，科西莫觉得应该邀请他出席其花园宴会，这与其说是出于慷慨大方，不如说是想借机同他做促膝长谈，从他那里了解一些事情，因为这似乎让他有机会就这些事情同科洛纳做竟日长谈，以满足他的心愿。【11】法布里奇奥如约而来，受到了科西莫及其几位挚友的共同接待，其中包括扎诺比·布昂德尔蒙蒂、巴蒂斯塔·德拉·帕拉和卢齐·阿拉曼尼，⁷⁶他们都是非常热心于钻研这些问题的年轻人，并深受他的喜爱，他们的良好素养时刻令人赞不绝口，对此我们且按下不表。【12】此时此地，他们对法布里奇奥盛情款待，给了他无上的荣誉。享受过口腹之乐后，人们纷纷离席，各种庆祝活动一一结束——有这些醉翁之意不在酒、而在于高尚事业的大人物参加的宴会，往往结束得很快——由于昼长⁷⁷夜短，酷热难耐，科西莫为了更好地满足自己的心愿，便把他们引往

---

⑭ 天主教国王费迪南德(1452—1516)，西西里国王二世，阿拉贡国王二世，那不勒斯国王三世和卡斯蒂利亚国王五世。费迪南德大约在假定的对话日期(1516 年9 月)前 8 个月去世，其继任者为西班牙查理一世(1500—1558)，他于 1519 年成为神圣罗马帝国的查理五世。

⑮ 洛伦佐·迪·皮埃罗·迪·洛伦佐·德·梅第奇(1492—1519)是《君主论》的受奉献者，他于 1516 年 8 月被他的叔叔、1513 年成为教皇利奥十世的乔瓦尼·梅第奇任命为乌尔比诺公爵。洛伦佐只有依靠重税(这招致了许多佛罗伦萨人对他的不满)才得以打退他的前任佛朗西斯科·玛利亚·德拉·洛维勒的武力复辟尝试，保住乌尔比诺公爵领地。洛伦佐步其叔叔朱利亚诺·德·梅第奇之后尘，于 1513 年成为佛罗伦萨的实际统治者(同时声称佛罗伦萨依然是一个共和国)，并在 1515 年被任命为(同佛罗伦萨只任命外国人的习俗相反)佛罗伦萨元帅，后又被任命为教会军队元帅。

⑯ 扎诺比·布昂德尔蒙蒂(1491—1527)是马基雅维里的《卡斯特拉卡尼传》的受奉献者之一，并和科西莫·鲁塞莱同为《论李维》的受奉献者；巴蒂斯塔·德拉·帕拉(卒于 1530 年)；卢齐(鲁多维科·迪·皮埃罗)·阿拉曼尼是《卡斯特拉卡尼传》的另外一位受奉献者。1522 年，即《战争的技艺》出版一年以后，这三人由于卷入索德里尼家族成员推翻卡迪纳尔·朱利奥·德·梅第奇的统治的阴谋，而被一起流放。

⑰ 原意：那个白天很长，意即在夏天。

花园中一处最隐秘、最多荫的所在,以逃避酷热。【13】他们到了那里后各自就坐,有人坐在草地上享受清凉,有人坐在高大树荫下的椅子上。法布里奇奥夸赞此处令人心旷神怡。他聚精会神地挨个[78]观赏树木,遇到不认识的便停下来,神情有些茫然。[79]【14】科西莫见状说道:"也许你对有些树种不了解,但不必为此感到诧异,因为这里有些树种在古人中更受欢迎,今日已不多见了。"【15】[科西莫]把一些树种的名字告诉了法布里奇奥,并说他祖父伯纳多曾如何为栽培它们呕心沥血。法布里奇奥回答说:"我是在想,你说的也许是对的;如今这个地方,这些栽培,[80]让我想起了王国[81]的几位君王,他们也都喜爱这些古代栽培和阴凉。"【16】说到这里他若有所思地停了一会儿,然后补充说:"若是我不认为会冒犯你,我将会直抒己见;但我不相信会冒犯你,因为我是在和朋友交谈,是要辩论事情的是非曲直,而不是对它们[82]恶语诽谤。【17】若是他们曾经身体力行,对每个人都心平气和[83],设法效仿古人,欣赏坚实粗犷而非松软精致的东西,效仿他们在阳光下而非在阴凉下做事,采纳真实、完美的古代方式,而不是虚伪、腐朽的古代方式,那该多好啊!要知道,正是因为罗马人沉溺于这些事情,我的祖国才走向了毁灭。"【18】科西莫对此做出了回应……不过,为了避免反反复复地提到"这个人说"和"那个人补充说"这样的麻烦,以下将只注明讲话者的名字,而不再赘述任何别的事情。【19】于是

　　科西莫:【20】您已经如我所愿,为这次讨论做了开场白。请您务必有话直说,因为我将直言不讳地提问您。倘若我在提问或回答时宽恕或是责难了谁,那也不是因为宽恕或责难之故,[84]而是为了理解您说出的真理。

78　原意:个别地。
79　原意:迟疑不定,此处及 AW I 16。
80　除了其学术含义(譬如在"人文主义研究"[studio humanitatis]中)之外,studio 还有更一般的含义,如长期关注、关心或培育。
81　"王国"习惯上指的是那不勒斯王国(参见 FH I 20)。
82　"它们"指的是"事情"。
83　原意:对大家都和和睦睦。
84　见 D I 7-8 关于责备和宽恕的论述。

法布里奇奥:【21】我将十分乐意尽力回答你的一切问题;是真是假,你自有分寸。【22】我将感激你的提问,因为我将从你的提问中获益,一如你将从我的回答中获益那样。许多时候,聪明的提问者会使一个人思考许多事情并认识许多别的事情,这些事情若不被提出来,将永远无法为人所知。

科西莫:【23】我想回到你前面说过的事情上去,即:若是我的祖父和你的那些[君王]⑯效仿古人,欣赏粗犷而不是精巧的东西,他们做起事来将会更加聪明。我想要原谅我的家族⑰,也希望你能原谅你的那些君王。【24】我不相信在他那个时代,会有像他那样痛恨温柔生活的人,并且会如此喜爱你赞不绝口的那种严酷的生活。尽管如此,他依然认识到,无论是他个人还是他的子女⑱,都无法去过这种生活,因为他出生在这样一个腐化堕落的时代,凡欲标新立异者,皆将遭到众人的恶语诽谤和鄙视。【25】因为,若是有谁像第欧根尼⑲那样,于夏日酷暑赤身在沙地上滚爬,或是于寒冬腊月在雪地上滚爬,他定会被当成是疯子。【26】若是有谁像斯巴达人那样,在乡村养儿育女,让他们风餐露宿,露首裸足,用冷水洗澡,以锻炼抵御邪恶,不贪生怕死,他就会受到讥讽,被认为不是人,而是野兽。【27】若是有谁像法布里希乌斯⑳那样,吃的是粗茶淡饭,视金银如粪土,他可能会受到少许人的称赞,但不会有人效随。【28】所以,由于惧怕当前这些生活方式,他就把古人的方式抛在了脑后,只是在那些不那么令人惊愕的事情上,力所能及地去效仿古人。

法布里奇奥:【29】你已经有力地在这方面原谅了他,你当然言之有理。但是,我所谈论的与其说是那些粗犷的生活方式,毋宁说是其他那些更人道的方式,以及那些同今天的生活更合拍的方式;而且我相信,对于贵为城邦王公之列的人而言,引进后面这些方式

---

⑯ "你的那些[君王]"似乎指的是第15句中提到的"王国的君王"。
⑰ 原意:我这方面。
⑱ 原意:亲自或是让其子女亲自。
⑲ 犬儒学者第欧根尼(约公元前400—公元前325)。见 Diogenes Laertius, *Lives of Eminent Philosophers* VI 2 23。
⑳ 盖乌斯·卢西努斯·法布里希乌斯(意大利语中为"法布里奇奥")曾两次担任罗马共和国执政官(公元前282、公元前278年),以道德清廉公正而闻名。

并非难事。【30】我在任何事情上,都将以罗马人为楷模,绝不偏离。【31】假如对他们的生活以及他们的共和国的制度加以思考,就会从中发现许多这样的东西,而要把这些东西引入一座良知未泯的城市⑨,并非是不可能的。

科西莫:【32】您打算引进的那些同古人相似的东西是什么呢?

法布里奇奥:【33】尊重和奖赏美德,不蔑视贫穷,敬重军纪的方式和制度,强迫公民互爱,不结党营私,厚公薄私,以及其他诸如此类容易适合我们时代的东西。【34】若是对这些方式加以深思熟虑,并以适当方式加以引进,说服【人们】接受它们并不难。这其中的道理显而易见,任何头脑正常的人都不会熟视无睹。无论是谁来安排这件事情,都会种下一些树木,他住在这些树的阴凉下,会比在这棵树下更幸福、更快乐。

科西莫:【35】我不想对您的话做任何答复,而是希望让这些人⑨来做出评判,这对他们来说易如反掌。您一直责难那些在严肃重大问题上不效法古人的人,所以我将把话锋转向⑨您,因为我觉得这样做更容易满足我的心愿。【36】因此,我希望您能告诉我,为什么您一方面对那些不以古人为师者横加指责,而在战争问题——这是您的老本行,被认为在这方面出类拔萃——上,却又看不到您采用任何古代手段,或者是同古代有任何相似的手段呢?

法布里奇奥:【37】你说到点子上了,这正合我意,因为我的话不值得提出任何其他问题,况且我也不希望再有什么问题。【38】尽管我能以轻松的借口自圆其说,但因为气候适宜,为了让你我都更满意,我还是不惜长篇大论。【39】凡欲有所作为者,首先应竭力做好准备,以便当机会到来时,及时实现目的。【40】由于准备工作是谨慎小心地进行的,并不为人所知,所以,若是准备工作在机会到来之前并未暴露,便不可指责任何人疏忽大意。但是,若是他在机会到来之后仍然无动于衷,便可认定他要么是准备不足,要么是虑事不周。【41】由于我一直没有机会,来说明为了能重整古代军事制

---

⑨　原意:文明。

⑨　"这些人"指的是何人,在意大利语中也语焉不详。

⑨　或者:通俗地说,即用普通方式或意大利语说,而不是用拉丁语说。

度——假如我尚未重整的话——我将做哪些准备,所以我不应因此受到你或者别人的指责。【42】我相信这一理由足以回应你的责难。

科西莫:【43】若是我确信您未曾得到机会,这个理由确实足矣。

法布里奇奥:【44】但是,我知道你会怀疑机会是否已经到来。所以,若是你能耐心听我讲述的话,我想详尽地谈谈事先必须做那些准备,必须有何种机会,何种困难会使得这些准备工作徒劳无用并妨碍机会的出现,以及立刻㉝做这件事情如何既非常困难又非常容易,尽管这话似乎自相矛盾。

科西莫:【45】这是我和在座的其他诸位最求之不得的。既然您不厌其烦,我们自然乐意洗耳恭听。【46】不过,这次讨论可能会很冗长,因此我需要在座诸位朋友帮忙,希望您能恩许。他们和我请求您一件事,即倘若因为我们有时急着提问而打断了您的讲述,还望您能海涵。

法布里奇奥:【47】你科西莫和在座的诸位青年朋友能问我问题,我真是很知足。因为我相信,青春年少将使得你们更热心于军事,更容易相信我要说的话。【48】而其他那些人㉞由于头发斑白、血流不畅,㉟有的惯于反对战争,有的则是不可救药,就像那些认为迫使人们如此这般地生活的原因,是时代而非邪恶的方式的人那样。【49】所以,你们有什么问题,尽可放心大胆地问我。我之所以希望如此,一方面因为这可以让我稍做休息,同时也是我不想给你们留下任何疑虑。【50】我打算从你的问题开始,即我为什么在战争,即我的老行当中,没有运用任何古代手段。㊱【51】对此我要说:由于这是这样一种技艺,人们只要依靠它,便都无法诚实地生活,因此,除了共和国或王国,谁都不能把它作为一种技艺来使用。而不论是共和国还是王国,当其秩序井然时,都绝不允许其公民或臣民把它作为一种技艺,任何优秀之人也绝不会把它作为一种特定

㉝ 原意:一气儿。
㉞ 所指不清楚。
㉟ 原意:充满冷冻血液。
㊱ 见 *AW* V 36。

的技艺来利用。【52】因为，当人从事一种时刻想从中捞取好处的职业时，他必定贪婪、奸诈、凶暴，必定具备许多肯定不会使他成为好人的品性，因而绝不会被认为是优秀之人。而以此为技艺者，不论是大人物还是小人物，也不可能成为别的样子，因为这门技艺在和平时期对他们是无利可图的。因而，他们必然要么盼望不再有和平，要么想在战时大发横财，以至于在和平时期也能为自己牟利。【53】优秀之人不会有任何这样的想法。那些兵士们实施的抢劫、暴力和暗杀，就是从时刻想牟取私利的欲念中产生的，他们对敌人是这样，对朋友也是这样。而不希望和平的欲念，则孳生出了将帅对主公的欺诈，以使战争拖延下去。若是和平的确到来，被剥夺了薪俸和活命本钱的头领们，往往会打着发财^⑰的旗号，肆无忌惮地^⑱、毫不怜悯地洗劫一个地区。【54】你难道不记得在意大利曾发生过这样的事：战争结束后，许多士兵发现自己不再得到薪俸，便纠集成四处惹是生非的帮伙，自称连队，在城里征收贡金，到乡下打家劫舍，人们对此却束手无策？^⑲【55】难道你不曾听说过，当迦太基士兵结束了对罗马人的第一场战争后，又（在马图斯和斯潘迪乌斯的率领下，他们是一场兵变后被推选的两位首领^⑳）对迦太基人发起了战争，并且其危险性比他们刚刚结束的对罗马人的战争^㉑有过之而无不及？【56】在我们的父辈那个时候，佛朗西斯科·

---

⑰　是 *ventura*，不是 *fortura*。

⑱　原意：放肆地。

⑲　从 1338 到 1354 年，由近万名曾参加十字军东征或为德皇打过仗的多国士兵组成的"大连队"，曾在意大利全境到处劫掠。"白连队"成立于 1361 年，由曾参加过在百年战争（1337—1453）的多国士兵组成，其首领为英国雇佣兵队长霍克伍德（卒于 1394 年），他在 1377 至 1393 年间曾为佛罗伦萨服务。第一支意大利雇佣兵是"圣乔治连"，由科尼奥伯爵阿尔贝里格·达·巴比亚诺（卒于 1409年）成立。雇佣兵起源于阿尔贝里格，他们统治了整个 15 世纪的意大利战争。见 *P* 12.52-53；*FH* I 34；也见于 *P* 12.50；*D* III 32。

⑳　原意：他们在一场叛乱中的首领。关于"叛乱"，见 *D* I 4-5。

㉑　第一次布诺战争，在罗马和迦太基之间展开，公元前 241 年结束；关于对后来由利比安斯·马佐和斯潘迪乌斯领导的兵变或"叛乱"，以及随后的雇佣兵战争（公元前 241—公元前 237）的叙述，见 Polybius I 65-88。也见于 *P* 12.50；*D* III 32。

斯福尔扎为了能在和平时期体面地生活，不仅欺骗了雇佣他的米兰人，并且夺去了他们的自由，成了他们的君王。⑩【57】其他那些以从军为专门技艺的意大利军人，也都和此人一个德性；若非他们借助毒辣招术成了米兰的公爵，他们定应受到更多谴责；因为，若是看看他们的一生，便会发现他们都有同样的过错⑩，而无多大的建树。【58】佛朗西斯科之父斯福尔扎，为了实现他要么对乔凡娜女王征收贡金，要么夺取她的王国的野心，⑩则突然抛弃了她，使她四面受敌却束手无策，从而被迫投入了阿拉贡国王的怀抱。【59】布拉乔通过同样手段，企图占领那不勒斯王国，若非在阿奎拉兵败被杀，⑩他也会得逞。【60】类似的混乱并非源于别处，而是因为有那些仅仅以从军为业的人。【61】谚语云："战争生盗贼，和平送他们上绞架"，它使我的理由更有说服力，你难道不知道这个谚语吗？【62】那些不知道如何借助别的行当生存，并且发现自己孤立无助，又没有多少优长，能使他们懂得如何一起去光彩地作恶者，⑩是迫于无奈走上此路，⑩正义则被迫去消灭他们。

科西莫：【63】我觉得，您已经把从军这门技艺说得几乎一钱不值了，而我却一直以为它是人们能够从事的最杰出、最光彩的职业；所以，假如您不把这一点说得更清楚，我是不会满意的。因为若是如您所言，我不知道何以会有凯撒、庞培、西庇阿、马塞卢斯⑩

---

⑩ 佛朗西斯科·斯福尔扎(1401—1466)于1450年夺取了米兰。见 *FH* VI 18 - 22；*P* 7.26, 12.50；也见于 *P* 14.58,20.87；*D* II 24.2。

⑩ 或者：负担。

⑩ 默兹奥·阿特坦杜洛·斯福尔扎(1369—1424)；乔凡娜二世，那不勒斯女王(1414—1435)；阿方索五世，阿拉贡国王(1416—1458)。见 *P*12.50；*FH* I 33, 38,39,IV 7。

⑩ 安德里亚·弗蒂布拉西(1368—1424)以布拉西奥·蒙托内之名闻名于世，他于1424年被佛朗西斯科·斯福尔扎在意大利阿布鲁佐地区的阿奎拉城杀死。见 *FH* I 38。

⑩ 参见 *D* I 27 关于"光彩地作恶之人"的讨论。

⑩ 即变为匪徒。

⑩ 朱利乌斯·凯撒(公元前100—公元前44)；庞培(公元前106—公元前48)；西皮阿·阿尔弗雷卡努斯(公元前236—公元前182)；马尔库斯·科劳迪乌斯·马塞卢斯(公元前270—公元前208)。

以及众多罗马将帅的荣耀,他们可都是像神一样声名显赫啊!

法布里奇奥:【64】我还没有说完呢。我还有两点要说:其一,优秀之人不会将这种行当[109]作为技艺;其二,一个秩序井然的共和国或王国,绝不允许其臣民或公民将其作为一门技艺利用。【65】关于第一点,我已经畅所欲言;接下来我要谈第二点,并回答你的最后一个问题。依我看,庞培和凯撒,以及最后一次迦太基战争[110]之后罗马的几乎所有将帅,都是作为具有才干之人、而不是优秀之人博得声名的;而他们的前辈们则是作为既具有才干、又具有优秀品质之人获得荣耀的。【66】这是因为,后者没有把从事战争作为技艺,而前者则是以其为技艺的。【67】当共和国国泰民安时,任何伟大的公民大概都不曾借和平之利,通过这种行当去触犯律法、四处劫掠、篡国夺权、施行暴政,以各种方式牟取利益。任何卑微之人,也不曾为了任何时候都能以打仗为生,想到去违反誓言,[111]依附于个人,不惧怕元老院,或是残暴凌辱他人。【68】将帅们对自己的胜利志得意满,习惯于回归朝思暮想的私人生活;士兵们则更乐意解甲归田,而不是披挂上阵。每个人都习惯于重新从事他们安身立命的技艺;[112]那些希望靠打家劫舍、靠这门技艺[113]发财致富者,也都销声匿迹。【69】关于这一点,人们可以雷古卢斯·阿提利乌斯为例,就伟大的公民做一番明显的推测。当雷古卢斯作为驻扎非洲的罗马军团统帅,几乎已经征服了迦太基人时,他恳求元老院允许他回归故里,照顾他那正遭到农夫们糟蹋的农庄。[114]【70】从中可无比清楚地看到,假如此人把战争作为技艺,并想藉此为自己谋利,同时又有如此多的地区可以劫掠,他就不会请求解甲归田,因为他每日所得,都可超过他已有的全部身家。【71】但是,由于这些不把战争作为技艺的优秀之人,除了劳累、危险和荣誉之外,不奢

---

⑩　原意:将这种练习。

⑩　第三次布诺战争(公元前149—公元前146)。

⑪　见 *AW* II 134 – 135 关于军人誓言的论述。

⑫　即回归其平民职业。

⑬　战争技艺。

⑭　见 Valerius Maximus IV 4 6; Livy, Summaries XVIII; *D* III 25; 也见于 Vegetius III 前言; Frontinus IV 3 3; *D* II 18. 14, III 1. 3.

望从战争中获得任何东西,一旦荣誉到手,便渴望荣归故里,重操旧业。【72】千真万确的是,一般凡人和普通士兵也保持了同样的传统,这可见于下述[事实],即他们都是自愿退出这一行当的,因为他们没有当兵时也不想当兵,[115]当兵后又希望被解雇[116]。【73】这同许多风尚是一致的,尤其鉴于在罗马人给予其公民的第一批特权中规定,不能违背公民意愿,强迫他去当兵。【74】所以,在罗马秩序井然之时(直到格拉古兄弟时代),[117]没有一个士兵将此行当作为技艺;即便有少数邪恶之人,他们也都受到了严惩。【75】所以,一座秩序井然的城市应该要求运用这种战争研习,平时是为了训练,战时则是出于必要和荣誉,并且只有公众才可将其作为一种技艺使用,就像罗马所做的那样。【76】任何对此行当别有所图的公民,皆非善良之辈;任何以其他方式治理的城市,皆非秩序井然。

科西莫:【77】我对您迄今所言甚为满意,对您得出的这一结论也非常赞同。就共和国而论,我相信这样说的确不错。但是否也适用于君王,我尚且不知。因为我相信,一位君王将会希望他周围的人都对此行当特别精通。

法布里奇奥:【78】所以,一个秩序井然的王国更应避免类似技巧,因为这些只能是使君王和所有王公大臣在暴政下腐化堕落的东西。【79】请别对我宣称当前某个王国的情况恰好相反,因为我不认为它们是秩序井然的王国。【80】秩序井然的王国不给予其国王以绝对统治权,但军队除外,因为只有在军队中,才需要当机立断,因此需要有专权。【81】而在其他事务中,不经协商,他不得擅自行事;给他忠告之人,须得警惕他身边或许会有在和平时期渴求战争的人,因为没有战争,他们就无法存活。【82】不过,我想在此问题上多说几句,不是为了寻求一个无懈可击的王国,而是寻求一个同今日诸王国相类似者。在这个王国里,甚至君王都要对那些以战争为技艺者惧怕三分,因为毫无疑问,步兵乃是军队的中流砥

---

⑮ 根据马钱德等人的解释;但也有人支持这样的翻译:"他不当兵时就会想当兵。"
⑯ 原意:准许。
⑰ 公元前 2 世纪后期的改革家。见 Plutarch, *Tiberius Gracchus* 9 - 21, *Caius Cracchus* 4 - 6,9 - 17;参见 *D* I 37.2;也见于 *D* I 4,I 6.1。

柱。【83】所以，若是君王不采取得力措施，让步兵在和平时期甘愿解甲归田，重操旧业，他必然会遭受灭顶之灾，因为，由以战争为技艺者组成的步兵，乃是最危险的步兵。因为你⑪被迫要么征战不歇，要么一直付给他们薪俸，否则就有被他们篡国的危险。【84】征战不歇是不可能的，一直付给他们薪俸也办不到；所以必有丧国之虞。【85】如我所言，⑲只要我的罗马人还够聪明、够优秀，就绝不会允许其公民以此行当为技艺，尽管他们总是能养活他们，因为他们一直在征战。【86】但是，要注意避免这种长期服役可能给他们带来的损害。因为时间不会改变，他们就对人员进行变动，不断更新军团官兵，如此，[每隔]15 年，各个军团的面目就总会焕然一新。而且，这样做，他们还可利用人的花样年华，即从 18 岁到 35 岁。这期间，他们眼疾手快，腿脚灵活。他们也没有等到当他们体力下降而恶念增生时[才让退役]，就像后来腐败时期的做法那样。【87】由于屋大维和提比略⑳都看重自己的权位甚于公共利益，为了更容易统治罗马人民，他们先后开始解除罗马人民的武装，而让同样的军队常年驻扎在帝国边境。【88】由于他们觉得这样来控制罗马人民和元老院还不够，于是便创立了一支被称为禁卫军的军队，让他们就像城市边上的一座堡垒那样，驻扎在罗马城墙附近。【89】由于他们后来又放开手脚，开始允许应征入伍者以从军为技艺。他们很快由此变得蛮横无理起来，不仅令元老院望而生畏，并且对皇帝构成了威胁。由此导致的后果是，他们㉑中的许多人由于肆无忌惮而丢掉了性命，因为他们可以把帝国交给他们赏识的随便什么人㉒，也可以再把它从这些人手里夺回来；有时还出现这样的情况，即同时有几位由不同军队拥立的皇帝。【90】这种事态先是导致了帝国的分裂，最终导致了帝国的覆灭。【91】因此，君王要想平安无事，其步兵就应该由这样的人组成：当需要征战时，他们

⑱　首次使用单数或非正式的"你"；关于以后的所有这种情况，见字汇表。
⑲　见 AW I 64－74；参见 AW I 17。
⑳　屋大维(奥古斯都)(公元前 63—公元 14)，罗马开国皇帝(公元前 27—公元 14)；提比略(公元前 42—公元 37)，第二位罗马皇帝(公元前 14—公元 37)。
㉑　"他们"似乎指的是罗马皇帝。
㉒　原意：他们看上的随便什么人。

会出于对他的热爱欣然应召；当战争结束，和平来临时，会更加甘愿解甲归田。【92】若他挑选的人除了从军以外，还懂得如何以别的技艺为生，［事情］便总是如此。【93】这样，当和平到来时，他应该让王公们回来治理人民，士绅们重操旧业，士兵们回归其专门技艺；他［应当要求］他们每个人都甘愿为缔造和平而战，而不是为了挑起战端而扰乱和平。

科西莫：【94】不错，您的这番高论在我看来是经过深思熟虑的；但是，由于这和我迄今为止的想法几乎南辕北辙，我还是满腹疑虑，因为我看到，许多领主和士绅在和平时期通过研习战争来为自己谋利，就像您的同僚从君王和公众那里得到薪俸那样。【95】我还看到，几乎所有重骑兵都还保留着薪俸，并看到许多步兵还驻扎在城市或要塞里；所以，在我看来，和平时期依然是人人皆有其所。

法布里奇奥：【96】我不相信您会真的认为在和平时期人人皆有其所。即便在此问题上不能举出别的理由，你所说的那些继续保持原位的少数人也将会这样回答你：战争与和平时期各自需要雇佣的步兵比例应是多少？【97】因为和平时期需要驻防的要塞和城市，战时更需要驻防，此外还要加上部署在乡村的大量部队，他们在和平时期将被全都解散。【98】至于城邦卫队，他们为数甚少，尤利乌斯教皇⑫和你已经说明他们如何让人人恐惧，这些人除了战争之外一无所长。由于他们蛮横无理，你已经把他们开除出你的要塞，并在那里部署了瑞士人，后者系在律法下出生长大，由共同体按照真正的选举原则推选出来的。所以，请不要再说什么和平时期人人皆有其所。【99】至于重骑兵，由于他们在和平时期仍然都领取薪俸，所以解决起来好像更难；然而，只要好好考虑，谁都会不难发现答案，因为保留重骑兵乃是一种腐败的风尚，而非一种善举。【100】原因在于，他们全是以从军为技艺者，若是他们有足够的同伙，那么在他们驻扎的城邦里，每天都会造成数以千计的麻烦；不过，由于他们人数甚少，自身无法组成一支军队，所以他们不能造成严重危害。【101】但是，尽管如此，他们已经罪恶多端，像我

---

⑫　尤利乌斯二世（朱利安诺·德拉·罗韦雷）（1443—1513），教皇（1503—1513）。

给你说过的佛朗西斯科和他的父亲斯福尔扎,以及佩鲁贾的布拉乔那样。⑫【102】所以,我不赞成保留重骑兵这种习惯;它既腐败,又会造成极大麻烦。

科西莫:【103】那您打算解散他们吗?——或者,假如保留的话,您打算如何保留?

法布里奇奥:【104】通过国民军——但和法国国王⑬的国民军不同,因为他的国民军和我们的国民军同样危险、霸道,而是和古人的国民军相似,古人们习惯于从其臣民中创建骑兵,和平时期让他们解甲归田,重操旧业,就像我在这次讨论结束之前将要详尽讲述⑯的那样。【105】所以,若是这部分军队如今即便在和平时期,也能以此行当为生的话,那定是腐败的制度使然。【106】至于给我和其他将领保留薪俸,我告诉你,这同样是一种腐败的制度,因为一个明智的共和国不应给任何人支付这样的薪俸,而是应在战争时期任用自己的公民为将领,在和平时期则让他们解甲归田,重操旧业。【107】因此,英明的君王也不应给他们薪俸,或者,若是确实给了的话,其理由应该要么是作为对某种杰出功勋的奖赏,要么是为了不论在战时还是和平时期都能让他们为自己效劳。【108】由于你说到了我,⑰我就来个现身说法吧。我要说,我从未把战争作为一种技艺来利用,因为我的技艺在于治理我的臣民,保护他们,同时热爱和平,懂得如何为战,以便能保护他们。【109】我的君王之所以给我奖赏,敬重我,与其说是因为我了解战争,毋宁说因为我也懂得如何在和平时期给他忠告。【110】所以,任何英明并想慎重统治的君王,都不应把这样的人放在身边。因为,不论他身边的人过于爱好和平还是过于好战,都会把他引上邪路。【111】按照我的建议,我在第一次讨论中必须心无旁骛,不谈别的事情;如果你觉得这还不够,那你就得另请高明了。【112】你定然已经开始认识到,把古代方式用于现代战争是多么困难重重;一个英明的人必须

---

⑫　见 *AW* I 56 - 59。

⑬　弗兰西斯一世(1494—1547)于1515年继承了路易七世的王位;参见注⑮。

⑯　原意:争论。

⑰　见 *AW* I 94;参见 *AW* I 77。

做哪些准备工作;要把准备工作付诸实际须得具备什么时机。但是,假如关于如何把有些古代制度用于今天的讨论不让你感到腻烦的话,你将会逐渐⑫更好地了解这些事情的。

科西莫:【113】若是说以前我们很想听您讨论这些事情的话,那么真的,您迄今为止的高论让我们更想听下去了。所以,为了您已经发表的高见,为了我们后面的提问,谢谢您。

法布里奇奥:【114】既然你们乐意这样,那我就从头开始讨论这一问题吧,把事情说得更全面些,这样或许就更容易理解了。【115】不论谁要挑起战端,其目的都在于能在战场上同敌人一决雌雄,取得胜利。【116】为达此目的,必须要组建一支军队。【117】而要组建军队,就必须要找到兵源,把他们武装起来,让他们排列队形,进行大大小小的作战演练,让他们学习安营扎寨,然后让他们在原地或行进时遭遇⑬敌人。【118】最有必要、最光荣的野外作战,无非就是这些事情。【119】谁要是擅长主动进攻,那么他在作战时可能犯下的其他错误就皆可被容忍。但是,谁要是缺乏这种训练,那么尽管他在其他个别方面出类拔萃,他也永远不会光荣地结束战斗,因为你在一场战斗中的胜利,会抵消你的其他糟糕表现。同样,你在一场战斗中的失利,会使你此前的一切良好表现都化为乌有。【120】由于首先必须找到兵源,所以必须要征募⑬士兵,就像古人称呼的那样。我们将此称为"征兵"⑬;但为了显得更体面些,我希望诸位用征募的称谓。【121】那些制订战争规则者都希望从温带国家挑选士兵,那里的人既精神饱满,又谨慎稳健。因为热带国家使人稳健有余而精神不足,寒带国家则使人精神饱满但欠缺稳健。⑫【122】这个规则完全是为作为全世界之王者制定的,他借此可从他认为最合适的地方征募士兵。【123】但是,如要就此制定一条人人可用的规则,那就不得不说:每个共和国、每个王国,都应当从自己的国家征募士兵,不管它是属于热带、寒带还是温带地区。

---

⑫　原意:转手。

⑫　原意:再次遭遇。

⑬　"levy"和"levying"译自 *deletto*,该词自拉丁语 *deletus* 演变而来。

⑬　*Scelta*,同在别的地方译为"选拔"的词有关。

⑬　Vegetius I 2;参见 Aristotle, *Politics* 1327b。

【124】古代的范例表明，在每个国家里，优秀的士兵都是训练出来的。因为在自然条件匮乏的地方，后天的勤奋可弥补其不足，勤奋在这种情况[13]下比自然条件作用更大。【125】从别处挑选兵员不能被[真正]称为征募，因为征募意味着挑选全地区最优秀者，既有权挑选那些乐意从军者，也有权挑选那些不乐意从军者。【126】所以，这种征募只能在你的地盘上进行。因为在不属于你的国家，你不能想要谁就带谁走，而只能带走那些确实想[从军]的人。

科西莫：【127】但是，在那些确实想从军者中，人们当然能有所取舍，由此也可称作是征募啊。

法布里奇奥：【128】从一定意义上说，你所言不虚。但请考虑这种征募自身具有的缺陷，因为许多时候它根本算不上是一种征募。【129】首先，那些并非你的臣民、但自愿从军的人并非最优秀者，而是属于该地最邪恶者之列。因为，即便是惹是生非、游手好闲、无羁无绊、不信宗教、不听父[13]命、亵渎神明、好赌成性、各方面都缺乏良好教养之徒，也会是乐意从军者。这些习惯和真正的优秀军人完全格格不入。【130】当这种人为数众多，超过你需要的名额时，你或许能在矮子里面选将军；但是，由于这些人资质邪恶，征募就不可能有好结果。【131】但是许多时候，他们的人数满足不了你的需要，所以只好来者不拒，结果便不再能称之为征募，而是对步兵的一种雇佣[13]了。【132】在今天的意大利以及除日耳曼以外的其他地方，军队都是由这些乌合之众组成的。因为雇佣一个人不是根据君王的命令，而是谁想当兵便可当兵。【133】所以请问：在古代的建军方式中，如今有哪些可以用于如此组建起来的军队呢？

科西莫：【134】那么需采取什么办法呢？

法布里奇奥：【135】就是我刚刚说过的那些：[13]以君王之权，从本国臣民中挑选。

科西莫：【136】对那些被如此选中的人，是否将采用什么古代

---

⑬　或者：机会。

⑭　原意：帝国。

⑮　*Soldare.*

⑯　见 *AW* I 123－130。

形式呢？

法布里奇奥：【137】你很清楚会是这样：若为公国，发号施令者应为其君王或普通领主；若为共和国，则应为公民，否则便难以成事。

科西莫：【138】为什么呢？

法布里奇奥：【139】到时我将会告诉你，⑬现在我希望这些对你就足够了，即用任何别的方法都无法做到这一点。

科西莫：【140】那么，由于必须在自己的国家征募兵员，您觉得是从城市里征募好呢，还是从乡村征募好？

法布里奇奥：【141】对此问题有过著述的人一致认为，从乡村挑选更好，因为他们历经磨练，对艰难困苦习以为常，惯于趋苦避乐，懂得如何使用工具，挖洞掘壕，背负辎重，而又心无奸诈或口无怨言。⑬【142】但是，因为士兵分为步兵和骑兵两种，所以我在此问题上的看法是：步兵应从乡村挑选，骑兵则应从城市挑选。

科西莫：【143】他们应以什么年龄为宜呢？

法布里奇奥：【144】若是组建新军，我会在他们 17 到 40 岁时挑选；若是为业已建立的军队补充兵员，则只挑选 17 岁的年轻人。

科西莫：【145】我不太明白这种区别。

法布里奇奥：【146】我将会告诉你的。【147】正如我将要谈到的那样，⑬若是我必须在没有军队的地方组建一支新军，为了便于训练，就必须全都挑选那些更加合格，且均在从军年龄者。但是，如果必须在[已经]组建军队的地方征兵，以补充兵员，我就会挑选那些 17 岁的，因为那些年龄更大的人[已经]被征召入伍。

科西莫：【148】所以您想建立一支类似于我们国家那样的国民军？⑭

法布里奇奥：【149】是的。【150】不过，我确实不知道你们是否像我那样武装他们、指挥和训练他们，并把他们编成我那样的

---

⑬　见 *AW* VII 208 及以下。

⑬　Vegetius I 3.

⑬　见 *AW* I 199 及以下。

⑭　指的是马基雅维里自己的国民军，即 1506 年的 *ordinanza*，它于 1514 年由洛伦佐·德·梅第奇重新组建。

建制。

科西莫:【151】这么说,您赞赏国民军?

法布里奇奥:【152】是啊,难道你想要我指责它不成?

科西莫:【153】因为许多行家总是不断指责它。

法布里奇奥:【154】你说有的行家指责国民军,这你就自相矛盾了:即他可以被认为是智慧的,但指责它却证明是错误的。

科西莫:【155】它的拙劣⑭表现却总是让我们得出这样的看法。

法布里奇奥:【156】要知道,错不在你而在它;你会在这次讨论结束之前明白这一点的。

科西莫:【157】您这样做将会大快人心;但是,我要把他们的指责告诉您,这样,您就能更好地进行辩护了。【158】他们是这样说的:它要么毫无用处,这让我们相信它会使我们丧国;要么大有用场,不论谁掌有它,皆可轻而易举地夺取〔我们的国家〕。【159】他们引罗马人为证,说他们就是因为这些军队而葬送了自己的自由;他们还引威尼斯人和法国国王为证。前者使用了别国的军队,这样就不必听命于它自己的公民;法国国王则解除了自己人民的武装,这样就更容易对他们发号施令。【160】但是,他们对其平庸无用的恐惧更甚于此。【161】他们宣称,国民军之所以无用,有两个主要理由:其一,他们毫无经验;其二,他们是被迫从军。因为他们说,事情不是完全靠学习得来的,如出于强迫,则一事无成。

法布里奇奥:【162】就像我将要明确指出的那样,⑮你所说的这些理由,都是出自那些将要⑯认识到事情根本的人之口。【163】首先,就平庸无用而言,我要告诉你:任何军队都不及个人自己的军队有用,而且他只能以这种方式组建自己的军队。【164】由于对此没有争议,而且古代历史上的一切范例都对我们有利,所以我不想在此问题上再多费口舌。【165】至于他们以缺乏经验和强迫为由,我要告诉他们的是:确实,缺乏经验致使缺乏勇气,强迫则导致不满。但是,正如你将会随着我的进一步论述而看到的那样,人们可

---

⑭ 这个词也有邪恶的或下流的意思。

⑮ 在紧接下来的讨论中。

⑯ 原意:不远。

以通过给他们配备武器装备、进行训练和把他们组织起来,使他们
获得经验和勇气。【166】不过,说到强迫,你一定要明白,那些遵从
君主之命应征入伍者,既非完全出于强迫,也非完全出于自愿。因
为完全出于自愿,将会导致上述种种麻烦,即它将不是一种征募,
欣然前往者将会寥寥无几;而完全出于强迫,也会带来种种恶果。
【167】所以,应采取中庸之道,既不完全强迫,也不完全随其自愿;
确切地说,他们必须出于对君王的尊敬而从军,他们更惧怕的是遭
到他的鄙弃,而不是自身将会受到惩罚。一般情况下,它将是强迫
与自愿相结合,这样,便不会由此产生不满,并导致不良后果。
【168】我的意思绝不是说,这样组建的军队无往而不胜,因为罗马
军队就曾多次被战胜,汉尼拔的军队也曾遭遇败绩,由此可见,所
谓战无不胜的军队是无法建立的。【169】所以,你所说的这些行家
绝不能因为一次失利就断定国民军无用,[14]而是[他们必须]相信,
一个人恰恰由于失利才会取胜,并能亡羊补牢,消除败因。【170】
若是他们对此加以追究,便会发现,它之所以不够完美,并非由于
方式有缺陷,而是因为组织上有漏洞。正如我所说过的,[15]他们应
该做的,不是对国民军横加指责,而是要纠正错误。至于如何做到
这一点,你慢慢[16]会明白的。【171】至于担心[17]你会被成为这种组织
首领的人篡国,我的回答是:假以律法和秩序,由自己的公民或臣
民组成的军队永远不会给一个人带来伤害,而是总会有益;并且,
对城市而言,有比没有这些(军队)更能使自己立于不败之地。
【172】罗马在拥有自己武装的情况下保持了四百年的自由,斯巴达
是八百年,而其他许多没有自己武装的城市,却连四十年的自由都
没有保持。【173】城市有武装起来的需要;假如它们没有自己的武
装,它们便雇佣异族。而异族军队比自己的军队能更快危害公共
福祉,因为他们更容易腐败,更容易被变得有权有势的公民利用。

---

[14] 马基雅维里本人组建的佛罗伦萨国民军于 1512 年在布拉图败给了西班牙。这
次失利直接导致了马基雅维里任职的共和政府的垮台,使梅第奇家族作为佛罗
伦萨的统治者卷土重来(见 *D* II 27.3)。

[15] 见 *AW* I 156。

[16] 原意:转手。

[17] 原意:怀疑。

并且,他部分地拥有比较容易操纵的物资,因为他必须镇压没有武装者。【174】除此之外,一座城市还应提防两种而非一种敌人。【175】利用外国军队的城市,不仅必须时刻提防其公民,还要提防它雇佣的外国人。请记住我刚刚说过的那些关于佛朗西斯科·斯福尔扎的话,⑱那就是应当有这种提防［的证据］。【176】而利用自己的武装的城市,则只需提防自己的公民。【177】但是,在人们所能给出的全部理由中,我想要指出的是这一点:凡建立共和国或王国者无不认为,国家应由其武装起来的居民来保卫。【178】若是威尼斯人在这方面像在其所有其他制度方面那样聪明的话,他们本可在世界上创建一个新的君主国。【179】他们还应受到更多责难,因为他们最早的立法者已经允许他们武装起来。【180】由于在陆上不占统治地位,他们便在海上把自己武装起来,以己之长克敌之短,靠武力拓展了祖国的疆域。【181】但是,当他们为了保卫维琴察而不得不在陆上开战,并应把自己的公民派往陆地战斗时,却聘用了曼图亚侯爵⑲为帅。【182】这是一着臭棋,砍断了他们一步登天、继续拓展疆域的腿脚。【183】如果说他们制定［那一政策］是因为他们对于陆战缺乏信心——尽管他们懂得如何进行海战——那么,这种缺乏信心也是不明智的。因为,比之陆上将帅变为海上将帅,惯于同风浪和人搏斗的海上将帅,更容易成为只同人拼杀的陆上将帅。【184】我的罗马同胞熟知陆战而不喑海战,但当他们同海军力量强大的迦太基人开战时,却没有雇佣精于海战的希腊人或斯巴达人,而是把这一任务交给了自己惯于陆战的公民,并照样赢得了胜利。【185】如果说他们这样做是为了避免他们的某个公民成为暴君,那么这种担心也是一种杞人忧天。因为除了我刚刚为此提到的那些理由外,若是一位拥有海上武装的公民从未成为海滨城市的暴君,那么,他更不可能凭借陆上武装而成为暴君。【186】而且,他们由此应已看到,自己公民手中的武器不会使他们成为暴君,但政府的罪恶制度却可以使城市遭受暴政。由于他们有好的政府,所以他们不惧怕自己的武装。【187】然而,他们采取

⑱ 见 AW I 56 及以下,I 101。
⑲ 詹弗朗切斯科·贡扎加一世(1366—1407)于 1404 年为威尼斯征服了维琴察。

了轻率的策略，这是他们丧失许多荣耀和幸福的原因所在。
【188】至于法国国王犯下的错误，即没有让他的人民一直对战争训练有素⑩（这被你所说的那些［人］称作楷模⑪），⑫每一个不带偏见的人无不认为，这乃是那个王国的一个缺陷，仅仅这一疏忽，就足以使它孱弱不堪。【189】不过，我扯得太远了，或许已经跑题。但我这样做是为了回答你的问题，并让你们明白：一个人只有依靠自己的军队才能站稳脚跟，只有通过国民军的方式才能组建自己的军队，无论在任何地方，都不能通过别的方式组建军队，也不能以别的方式组建一支训练有素的军队。【190】如果你们了解罗马的第一代君王、特别是塞尔维乌斯·图利乌斯制定的那些制度，就会发现，等级制度其实不过是一种国民军制度，其目的是为了能迅速集结军队，保卫城市。⑬【191】不过，让我们言归正传，回到我们的征募问题上来吧。【192】我再重复一遍：要为业已建立的军队补充兵员，我会挑选那些 17 岁的；而要创建一支新军队，我则会在 17 到 40 岁之间各个年龄上挑选，以便能立即为我所用。

科西莫：【193】您会对他们的技艺加以区别对待吗？

法布里奇奥：【194】这些作者之所以这样做，⑭是因为他们不想要捕禽者、渔民、厨师、皮条客以及任何艺人，而是希望除农夫外，还想要铁匠、艄公、木匠、屠夫和猎人等等。【195】但是，在根据一个人的技艺来推测其好坏方面，我几乎不加区别；但我还是会明确地区别其技艺，以便做到人尽其用。【196】因为这个缘故，习惯于在田地劳作的农民比任何人都有用。因为在所有技艺中，这种技

---

⑩ 15 世纪中期，法国国王查理七世组建了一支由法国臣民组成的军队，其中大部分是从王国各地征召的公民，他们被当作"自由弓箭手"（之所以有此称谓，是因为他们被免除了赋税，以作为每周进行训练和偶尔参加战斗的补偿）。查理的继任者路易十一于 1474 年解散了自由弓箭手，代之以雇佣瑞士和日耳曼雇佣兵；路易十二继承了他的王位。关于威尼斯人的情况，见下面的讨论。

⑪ 见 *AW* I 159。

⑫ 圆括号系原文所有。

⑬ 塞尔维乌斯·图利乌斯，罗马第六位国王（公元前 578—公元前 535）。见 Livy I 42 - 44；也见 *D* II 3。

⑭ Vefetius I 7，有所变动；参见 Cicero, *De Officiis* I 150。

艺在军队中的用处最大。【197】其次是铁匠、木匠、艄公和凿石匠。这些人多多益善,因为他们的技艺会成就许多事情,因为一个士兵多才多艺是件好事,你可以一举两得。

科西莫:【198】靠什么来辨别那些人是否适合从军呢?

法布里奇奥:【199】我想谈谈挑选新国民军的方式,以便日后使其成为一支军队。这也适用于为业已建立起来的国民军挑选补充兵员进行的讨论。【200】所以我说,判断一个你要选为士兵的人是好是坏,要么看他通过某种功勋表现出来的经验,要么靠推测。【201】在重新入选者和过去从未入选者身上,是无法发现他有美德的证据的;而在重新改编的国民军中,又没有或很少有[曾经入选者]。【202】所以,由于缺乏这种经验,便不得不根据其年龄、技艺和外表来推测。【203】我已经谈过头两项,下面就来谈谈第三项吧。有的人,其中包括皮尔胡斯,要求士兵身材高大;其他人则像恺撒那样,只看重身体的活力。这种身体和精神的力量,是根据士兵的体格和外貌推测出来的。⑮⑤【204】所以,那些对此有过著述的人说,士兵应当有活泼明亮的眼睛、强壮的脖颈、宽厚的胸膛、肌肉发达的胳膊、长长的手指、扁平的小腹、圆圆的腰窝和细瘦的腿脚。⑮⑥ 这些部分一般会使人机敏、强壮,而这两种特质是对士兵最突出的要求。【205】人们首先应重视一个人的习惯,其中包括忠诚和羞耻感,否则的话,所选之人只会招惹是非,孳生腐败。因为没有人相信,在一个受到不诚实教育和精神卑鄙的人身上,还会有什么可以值得称道的美德。【206】为了让你们更好地明白这种挑选的重要性,我还要告诉你们罗马执政官开始执政时在挑选罗马军团时所遵循的方式,我相信这样做并非画蛇添足,多此一举,而是确实很有必要。由于战争连绵不断,前来应征的既有老兵也有新手,因此他们能根据经验挑选老兵,根据推测挑选新兵。【207】应当指出的是,这种征募的目的,要么是为了当即派他们上战场,要么是为了先进行训练,以备将来之用。【208】我已经谈过,而且还要谈一谈那些将来备用者的问题,因为我要向你们说明,在那些没

---

⑮⑤ 关于此处所说的皮尔胡斯和凯撒的偏爱,其资料来源不详;参见 Vegetius I 5。
⑮⑥ 见 Vegetius I 6。

有军队的国家里,人们应如何组建一支军队。在那些国家,人们不
能临时抱佛脚,为眼前之需而征募军队;但是,在那些对征兵、并且
是以君王的名义征兵习以为常的国家,人们却完全可以随征随用,
就像过去的罗马和今天的瑞士所做的那样。【209】因为在征募到
的这些士兵中,既有一些新[人],也有许多熟习军列的老面孔,新
老合一,便组成了一个团结、优秀的团队。虽然如此,当新兵兵站
固定下来后,帝王们仍然会任命一名被称为"提罗尼"的教官负责
训练新兵,马克西米努斯皇帝生前就是这样做的。⑮【210】在罗马
为自由城邦时,这种训练不是在军队里,而是在城市里进行的。由
于那时候对年轻人的军事训练习以为常,所以,当他们后来被选中
派往战场时,就已经习惯了模拟战,因而能轻而易举地适应实战。
【211】但是,由于这些帝王后来取消了这种训练,他们就不得不运
用我在此展示的这些方法了。【212】关于罗马人的征募方式,⑯我
要说的是:肩负战争使命的罗马执政官们设立了 24 个军事护民
官,每个军团配备 6 人,行使我们今天所谓治安官的职责。当他们
刚刚就职[和]想要组建自己的军队时(因为习惯上,他们每人各拥
有两个罗马军团,这是他们军队的主力)⑰,[他们才会这样做]。
【213】然后,他们就把所有适于当兵的罗马人集合起来,并让每个
军团的护民官相互远离。【214】在这之后,他们把各部族召集起
来,通过抽签进行第一次挑选,从[第一次选中的部族中]选拔出 4
名最优秀者,首先由第一军团的护民官挑选其中一人;其余三人
中,再由第二军团的护民官挑选一人;剩下的二人中,由第三军团
的护民官挑选一人,最后一人则属于第四军团。【215】在这四人之
后,再选出四人;其中第一人由第二军团的护民官挑选;第二人由
第三军团的护民官挑选;第三人由第四军团的护民官挑选;第四人
则留给第一军团。【216】然后,再选出四人:其中第一人由第三军

---

⑮　尤利乌斯·维拉斯·马克西米努斯,罗马皇帝(235—238)。见 Hirodian VI 8.
　　2;参见 L. Arthur Burd, "Le fonti letterarie di Machiavelli nell'Arte della Guerra,"
　　Atti della Reale Aceademia dei Lincei, 5th ser., Cl. *di scienze morali*, *storiche e*
　　filologiche 4 (1896): 191 n. 1.
⑯　见 Polybius VI 19‑20。
⑰　圆括号为原文所有。

团挑选,第二人由第四军团挑选,第三人由第一军团挑选,第四人则留给第二军团;这种挑选方式如此相继变化,以保证挑选公平,各军团相互势均力敌。【217】如上所述,⑩这种征募可以在急需用人的情况下进行,因为在被征选者中,许多人拥有实际从军经验,且人人都经过军事培训;因此,这种挑选可根据推测和经验进行。【218】但是,当需要重新组建军队、因而不得不[提前]挑选时,这种征募便只能根据年龄和外表来推测了。

科西莫:【219】我相信您迄今所说的绝无半句虚言。【220】不过,在您往下讨论之前,我还想请教一件事情,这就是我记得您曾说过,当过去没有人曾经当过兵时,便只能靠推测征募。因为我业已听说,我们的国民军在许多方面受到了责难,尤其是在数量方面。许多人说,数量应当再少一些。人们由此可得到这样的收获:他们会更优秀,可优中选优;可以不让他们经受很多磨难;还可以给他们某种报酬,这样他们就会更满意,更乐意听命。【221】因此我想听听您对此事的高见,您是希望数量多些呢还是少些,为此应各自采用什么挑选方式呢?

法布里奇奥:【222】毫无疑问,数量应是多胜于少,这不仅可取,而且有必要;更确切地说,如若数量不够庞大,便无法组建一只完备的国民军;对于那些人[指责国民军者]摊派的⑩诸种理由,我都可轻易驳斥。【223】所以我首先说,在人口众多之地,例如在托斯卡纳,若国民军数量少,便无法使你得到比较优秀的士兵,或者无法使征募更有余地。【224】因为在挑选士兵时,[尽管]想根据经验做出评判,但是人们将会发现,那个地方具备这种可供[挑选]的经验的人寥寥无几,这既是因为很少有人曾经参战,也因为在这寥寥可数者中间,更鲜有人能证明自己应先于他人受到挑选。所以,在类似境况下,无论是谁来挑选他们,都一定会把经验抛在一边而依靠推测。【225】由于别人都必须这样做,所以我也想知道,如果在我面前有二十名外表优秀的年轻人,我应当根据什么准则对他

⑩ 见 I 202 及以下。
⑩ 这个比喻是经济学上的:国民军的批评者们所做的核对(即理由),将被法布里奇奥删除。

65

们加以取舍呢？由于无法知道他们中谁更优秀，干脆对他们照单全收，以便把他们武装起来并进行训练，将来一旦通过训练发现其中谁更有勇气和活力后，挑选起来便会更有把握。毫无疑问，我相信人人都会承认这样做算不上是多大的失误。【226】因此，考虑到方方面面，这种只挑选少数人，以使之好上加好的做法，是完全荒谬的。【227】至于给国家和人民带来磨难，我认为，不管国民军规模大小，都不会带来任何磨难。因为这种制度不让人抛家舍业，不影响他们继续其营生，而只是要求他们在假日⑯里集中起来训练。这不论对国家还是对个人都不会造成任何损害。相反，对年轻人来说这应该是一件高兴的事，因为在节日期间，他们基本上是呆在家里无所事事，因此会欣然参加这些训练。由于操练⑯兵器乃是一幅美丽的景观，因此年轻人将会乐此不疲。【228】至于能够给更少的人支付报酬，从而让他们更心满意足、更俯首听命，我认为，人们无法建立这样一支国民军——他们人数甚少，能不断获得报酬，并且是能让他们心满意足的报酬。【229】譬如，假如有人组建了一支由五千名步兵组成的军队，要想确信付给他们的报酬能让他们满足，就必须至少每月付给他们一万达克特。【230】首先，这个数量的步兵不足以构成一支军队，而且国家也无法承受这种报酬；另一方面，这种报酬不足以让人们一直满足，觉得有义务让其主子放心地使用他们。【231】所以，这样做是得不偿失，他们既不足以保卫你，也不足以使你成就任何大业。【232】假如给他们再多一些，或多上加多，则会多得让你不堪重负。【233】假如给他们再少一些，或少之又少，他们则会愈发不满，对你愈发没用。【234】所以，那些认为应建立一支国民军、在他们闲赋在家时也付给报酬的人所考虑的事情，要么是不可能，要么就是毫无用处。【235】不过，在他们应征打仗时，确实有必要付给他们报酬。【236】但是，若是说这种制度在和平时期会给从军者带来某种磨难（什么［磨难］？我不明白），他们也会因为秩序井然的军队给国家带来的种种好处而得到补偿，因为若是没有他们，国家的一切便皆无安全可言。【237】我

---

⑯　原意：空闲日子。
⑯　或者：处理。

敢说,那些为了能付得起报酬,或是为了你所说的任何其他理由而希望军队数量少一些的人,都没有明白这一点。因为我的观点也立足于[这样的事实],即不论数量多寡,由于人们会遭遇无穷无尽的不测,所以你手下军人的数量会越来越少,若是起初就为数不多,则最终会成为光杆司令。【238】而且,若是你拥有一支庞大的国民军,则在挑选[他们]时既可多取也可少取。【239】除此之外,它在事实和声望方面必然对你有所裨益,军队数量多,给你带来的声望就多。【240】还有就是,创建国民军的目的,是为了让他们保持训练有素,若是你在一个幅员辽阔的地方只征募⑯少数人,而被征募者又相距遥远,那么,若把他们集中起来进行训练,则必定给他们带来严重损害;而若是没有这种训练,国民军组织就毫无用处,就像我在适当时候将会告诉你的那样。

科西莫:【241】您的话已足以回答我的问题,但我现在希望您能解答我的另一个疑问。【242】这些[人]说,如此众多的武装[人员]会造成混乱和丑行,使国家失去秩序。

法布里奇奥:【243】这又是一种愚蠢的看法,我将告诉你为什么。【244】这些应征入伍[者]可招致两种混乱:要么是自相残杀,要么是和别人争斗。【245】在这种制度自身无能为力的地方,人们可以轻而易举地避免这些事情。因为,就他们中的丑行而言,这种制度让他们远离丑行,而不是助长丑行,因为你在组建他们组织时给了他们武器⑯和首领。【246】假如你组建军队的那个国家非常不好战,民间没有武器,并且非常团结,没有什么首领,那么,这种制度将使他们对外国人更勇猛,但决不会使他们更不团结,因为组织有方的人不论是否被武装起来,都畏惧法律。若是你给他们指定的首领不带头叛乱,他们也不会制造混乱。现在我就告诉你如何来做到这一点。【247】但是,如果你组建军队的那个国家全民皆兵,四分五裂,那么,单单这种制度本身,便可让他们团结起来。这些人自身拥有武器和首领,但是这些武器于战争无用,其首领更是丑行的渊薮。【248】而这种制度给予他们的,则是对战争有用的武

---

⑯ 原意:写下。
⑯ 在此处及下面的讨论中,arme 是指武器而非上肢(braccia)。

器和灭绝丑行的首领。因为在那个地方,一旦有人受到冒犯,他就会求助于他那一方(的首领),首领为了维护自己的名声,则会怂恿他复仇,而不是忍气吞声,以和为贵。【249】公共首领则反其道而行之,从而借此扬善抑恶,求和避分。团结而虚弱的地区没有了邪恶,并依然保持团结;那些四分五裂和丑闻横行的地区则团结起来,他们惯有的桀骜不驯的凶猛,也转而对公众有益。【250】若想让他们不损害他人,就应当考虑到:只有假借约制他们的首领之手,才能达此目的。【251】若想让首领不惹是生非,就必须保证不让他们拥权过多。【252】你们须要考虑到,这种权力要么是先天既有的,要么是意外获得的。【253】说到先天就有,必须规定:本地人不能管辖在本地登记入伍的士兵,他担任首领的地方必须和他没有任何先天瓜葛。【254】至于意外获得的权力,应当规定这样的制度,即让政府长官每年进行异地交流;因为,连续长时间对同一些人拥有权力,会使他们成为铁板一块,而这容易变为对君王的偏见。【255】从亚述王国和罗马帝国的例子可以看到,采取长官交流办法的国家获益匪浅,不运用者则受害颇深。亚述王国之所以历经数千年而无骚乱和内战,其原因无他,概因受命统领军队的那些将帅们每年的异地交流。【256】而在罗马帝国,自凯撒付出了血的代价后,军队将帅之间就发生了如此多的内战,前面提到过的那些将帅们就对皇帝谋划了那么多的阴谋,其原因也仅仅在于,这些将帅连续多年掌控着同一地方的政权。【257】若是那些开国皇帝以及后来那些依靠名望治理帝国的人——如哈德良、马尔库斯和塞弗儒斯⑯等等——中,曾有人把这种异地交流将帅的习惯引入罗马帝国,那么毫无疑问,他们会使得帝国更安宁、更长久。因为将帅们将少有机会制造骚乱,皇帝们少有理由畏惧他们,元老院在缺乏继任者时,会在皇帝推选问题上有更多权威,从而情况会更好。【258】然而,不是由于人们无知就是由于不够勤奋,无论好的还是坏的范例,都不能消除这种邪恶的习惯。

科西莫:【259】我不知道我的问题是否已经让您有些乱了方

---

⑯ 哈德良(117—138 年为皇帝);马尔库斯·奥雷利乌斯(161—180 年为皇帝);塞普提米乌斯·塞弗儒斯(193—211 年为皇帝)。见 *P* 19(尤其是 81—82)。

寸,因为我们已经从征募士兵转到了别的议题;若非我此前曾自设台阶,⑯我真会确信自己应为此领责。

　　法布里奇奥:【260】请不必庸人自扰。所有这些推理都是必不可少的,[因为我们]想要讨论国民军——由于人们对它多有责难,需要还它以清白——[因为我们]希望这些关于征募士兵的讨论能在此有一席之地。【261】在接下来讨论其他部分之前,我想谈一下骑兵的征募。【262】根据古人的做法,骑兵应从最富裕者中挑选,既考虑其年龄,也考虑其个人素质。他们从中为每个军团选出 300 人,所以,罗马骑兵在每个执政官的军队中都不超过 600 人。

　　科西莫:【263】您会组建骑兵,在当地训练他们,以备后用吗?

　　法布里奇奥:【264】这确实很有必要;一个人若想拥有自己的军队,若不想从以此为技艺者中招募,就只能这样做。

　　科西莫:【265】您将如何挑选他们呢?

　　法布里奇奥:【266】我会效仿罗马人。我将从最富裕者中挑选,并像给其他兵种指派首领那样给他们指派首领,我还将把他们武装起来,训练他们。

　　科西莫:【267】要不要给他们薪俸吗?

　　法布里奇奥:【268】当然要给,不过,只够他们喂养马匹即可。若是给你的臣民带来负担,会让他们对你牢骚满腹的。【269】但是,支付他们购买和喂养马匹的费用是必要的。

　　科西莫:【270】您会挑选多少人,将给他们配备什么样的武器装备呢?

　　法布里奇奥:【271】你这又转到别的题目上去了。【272】关于这个问题,我在说到如何装备步兵,以及他们如何准备作战时,会告诉你们的。⑱

---

⑯　见 AW I 20,45。
⑱　见 AW II 67 及以下。

卷　二⑯⑨

【1】我认为,一旦发现合适人选,就把他们武装起来是必要的;为此,我觉得有必要考查一下古人是用什么武器的,并从中选优。【2】罗马人将其步兵分为重步兵和轻步兵⑩两种。【3】他们把后者称为 Velites。【4】这一称谓包括所有用投石器、弓弩和标枪作战的士兵。为保护自己,其中大部分人都戴着头盔,胳膊上挎着圆盾。【5】作战时,这些人在队列之外,和重步兵保持一定距离。后者⑪有及肩的头盔和带有下摆的及膝胸甲,胳膊和腿都戴有护筒,臂挎盾牌,这种盾牌两布拉乔⑫长,一〔布拉乔〕宽,上下两端各有一铁箍,上端的铁箍是为了抵抗击打,下端的则是为了在与地面摩擦时不致损坏。【6】为便于进攻,他们身体左侧佩有一柄一布拉乔半长的剑,右侧佩有一把匕首。【7】他们手持一杆被称为 Pilum 的短矛,用以在战斗开始时掷向敌人。【8】这些就是罗马人的主要⑬武器,他们就是藉此占领了全世界。【9】尽管一些古代著作家认为,他们除上述兵器外,手里还有一杆像灸叉⑭那样的标枪,但我搞不懂一

---

^{⑯⑨} 卷二标题的完整译法类似于卷一,即"《战争的技艺》卷一,佛罗伦萨公民和秘书尼科洛·马基雅维里著,献给佛罗伦萨贵族洛伦佐·迪·菲利波·斯特劳奇"。卷三至卷七的标题形式同此。

^⑩ 关于下述有关轻骑兵的讨论,见 Polybius VI 22;Vegetius I 20,IV 22。参见 Livy XXXVII 34,XXXVIII 21;关于重步兵的讨论,见 Polybius VI 23;Josephus III 5 5。

^⑪ 即重装士兵。

^⑫ Braccio,一布拉乔等于 22.84 英寸。

^⑬ 原意:重要性。

^⑭ Spiedo,一种用于战争和狩猎的标枪,也可用作灸叉。

个手持盾牌的人,还如何能同时使用沉重的标枪呢? 因为,如果是双手握枪,他就会受到盾牌的妨碍;而如果是单手握枪,则由于标枪过重,根本无法运用自如。【10】除此之外,在密集的人群和队列中,手持标枪[后端]作为武器毫无用武之地,除非是在有足够空间挥舞标枪的队列前排里。而在队列中却无法做到这点,因为队列的性质就是要不断收拢,使之保持紧凑,就像我在给他们排列阵形时将会告诉你们的那样。⑮ 尽管有这种不便,人们对此并不太担心,他们更担心的是队形愈发疏散,那样的危险性显而易见。【11】因此,在收拢的[队形中],所有超过两布拉乔长的兵器都无用武之地。因为,即便盾牌不妨碍你,若是你想双手使用标枪的话,也无法伤到身边敌人的一根毫毛。【12】若是你为了使用盾牌而单手用枪,那么身后就会留下一大截,因为你只能从中间握枪,否则便无法拿捏得住,这样,你身后的人定会妨碍你用枪。【13】读一下提图斯·李维的历史著作所记述的所有战役,[就会发现]罗马人要么实际上根本就没有这些标枪,要么即便有的话也很少使用。你可以发现,这些著作只有极少几次提到过标枪;相反,他总是说,他们掷出短矛后,接着就把双手伸向佩剑。【14】不过,关于罗马人的兵器,我打算暂且把标枪存疑不论,只讨论他们如何用短剑来进攻,同时也讲一下他们如何用盾牌以及上述其他兵器来防御。【15】希腊人的防御装备不像罗马人这样沉重。而在进攻方面,他们更多凭借标枪而不是剑,尤其是马其顿王国的密集方阵,他们携带足有十布拉乔长、被称为长矛的标枪,用以撕开敌人队形,并维持自己的密集方阵队形。⑯【16】虽然有的著作家说他们也有盾牌,⑰但因为上述理由,我不知道长矛和盾牌如何同时并用。【17】除此之外,在保卢斯·埃米利乌斯和马其顿国王佩尔修斯的交战中,我不记得曾提到过盾牌,而只记得提到过长矛,以及它们如何让罗马人难以招架。⑱【18】所以我推测,马其顿人的密集方阵不过

---

⑮ 见 *AW* III 156。

⑯ 关于马其顿人密集方阵的讨论,见 Polybius XXVIII 12 - 16。

⑰ 见 Plutarch, *Aemilius Paulus* 19 - 20; Livy XXXI 39.

⑱ 皮德那战役(公元前 168 年)。见 Livy XLIV 36 - 43; Plutarch, *Aemilius Paulus* 16 - 23。两位作者都指出马其顿人使用了盾牌。

就是今天的瑞士营队,他们的全部威力,都体现在其长矛上。【19】除了兵器之外,罗马人还给步兵饰以羽毛,这使得军队外表上⑲在朋友看来优美华丽,在敌人看来则令人胆战心惊。【20】最初,古罗马骑兵的装甲是圆盾,除头部外,身体其他部分都没有盔甲保护。⑱【21】他们各自有一把剑和一杆只在一端有铁尖的细长矛。因而,他们没有办法握牢盾牌,长矛也容易磨损毁坏;并且,由于没有盔甲保护,他们很容易受伤。【22】后来,随着时间的推移,他们也像步兵那样武装起来;但他们的盾牌更小,并且是方形的;矛也更坚实,两端都有铁尖,这样,如果一端脱落,还可以使用另一端。⑱【23】我的罗马人——不论是步兵还是骑兵——就是靠着这些武器,占领了整个世界。从他们业已取得的战果看,可以相信,他们乃是亘古未有的装备最好的军队。【24】对此,提图斯·李维在其历史著作中曾多次予以确认,他在把罗马军队和敌军做比较时说道:"但是,罗马人凭借其美德、武器和纪律而更胜一筹。"⑱所以,我对胜利者武器的讨论要具体一些,对失败者的武器则是一笔带过。【25】在我看来,可以只讨论现在的装备方式。【26】步兵用来防御的是铁胸甲;用来进攻的则是九布拉乔长的标枪——他们称之为长枪,另外身体左侧还佩有一把剑,剑尖圆而不利。【27】这就是当今步兵的普通装备,因为很少有人用盔甲保护后背和手臂,也没有头盔。有少量[披挂盔甲者]用的不是矛而是戟,你们知道,就是那种三布拉乔长、有像缩回的斧头那样的铁头的矛状物。【28】他们中有火绳枪兵,他们用猛烈的火力,起着古代投石手和弩手的作用。【29】这种装备方式是由日耳曼人,尤其是瑞士人发明的。瑞士人迫于贫困和对自由的渴望,在过去和现在必然反抗日耳曼王公的野心;因为德国人富有,能养得起马,而瑞士人却由于贫困而养不起。因此,由于他们靠双腿走路,又希望保护自己不受骑马的敌人的伤害,因此不得不重新回到古代队形,找到使自己免受凶悍马匹

---

⑯ 原意:样子。
⑱ *Disarmato*,译为没有武器或没有盔甲,视上下文而定;见词汇表。
⑱ Polybius VI 25.
⑱ 引文出处不详。有关讨论见 Livy IX 17、18。

伤害的武器。【30】这种情况使他们保持或重新发现了古代的队形，没有这种队形，就像任何审慎［的人］皆可断言的那样，步兵是完全无用的。【31】所以，他们便以这些长枪为武器，它不仅可用来最有效地对付骑兵，而且可以战而胜之。【32】凭借这些武器和古代队形，日耳曼人便艺高人胆大，以至于有一万五千或两万人，就能无所畏惧地攻击任何大量骑兵。在过去的二十五年中，已经有了许多这样的事例。【33】他们的优势是以这些武器和队形为基础的，这方面的有力例证不胜枚举，以至于当查理国王侵入意大利⑱后，各个国家都纷起效尤；其中尤以西班牙军队为最，他们由此获得了巨大的名声。

科西莫：【34】您更赞赏哪种装备方式呢，是这种日耳曼方式还是古罗马方式？

法布里奇奥：【35】毫无疑问是古罗马方式，我将告诉你它们各自的优劣。【36】这样武装起来的日耳曼步兵，可以对付并战胜骑兵；他们行进和列队都比较迅速，因为他们不为武器所累。【37】另一方面，由于盔甲少，他们易于受到各种打击，不论是远是近。他们在攻城掠寨或任何遭遇顽强抵抗的战斗中，都无用武之地。【38】但是，和日耳曼人一样，罗马人也能对付并战胜骑兵；因为有盔甲保护，他们不容易受到或远或近的攻击；因为有盾牌，他们可以冲锋陷阵，也更能抵御冲锋；在比较拥挤的地方，比起日耳曼人［使用］的长枪来，他们可以更自如地用剑；即使日耳曼人有剑，在这种情况下也毫无用处，因为他们没有盾牌。【39】而罗马人则可以安全地攻城掠寨，因为他们戴有头盔，并且能用盾牌更好地保护身体。【40】可见，他们的唯一不便，就是不得不携带笨重的武器，由此饱受烦扰。但他们通过磨练身体，使之能忍受疲惫而克服了这种不便。【41】你们知道，人们不会因为［对他们来说］习以为常的事情而遭罪受累。【42】你们一定要明白这一点，即步兵不得不既要同步兵作战，也要同骑兵作战；若是不能抵挡住骑兵的攻击，或者即便能够抵挡，但是却对比他们装备精良、组织有序的步兵心

---

⑱　查理1494年的入侵标志着后来所说的意大利战争的开始，意大利在这场战争中成了欧洲列强，尤其是法国和西班牙的战场，直到1559年才告结束。

存畏惧，他们也将永远没有用处。【43】现在，假如你考虑一下日耳曼和罗马的步兵，就会像我们业已说过的那样，发现日耳曼人有战胜骑兵的能力，但在同像他们那样排兵布阵、像罗马人那样装备精良的步兵作战时，却有很大劣势。【44】可见双方各有优势，罗马人既能战胜步兵，也能战胜骑兵，而日耳曼人却只能战胜骑兵。

科西莫：【45】我希望您能举个具体的例子，让我们能理解得更透彻些。

法布里奇奥：【46】可以这样说：在我们历史上，你们会发现许多罗马步兵击败数不胜数的骑兵的事例，但你们永远不会发现他们曾因自己的装备有缺陷，或是因为敌人的武器比他们优越，而被步兵击败过。【47】因为，若是他们的装备方式有缺陷，就必将招致以下两种结果之一，即当他们发现有人比他们装备更好时，他们要么会停下继续征讨的步伐，要么会采取他人的方式，放弃自己的方式。【48】但是两者都没有发生，⑱因而可以很容易猜测到，他们的装备方式优于任何一种。【49】这种事情尚未发生在日耳曼步兵身上。因为人们业已看到，每当他们不得不同和他们一样井然有序、英勇顽强的步兵作战时，他们都表现糟糕。这是由于他们在武器装备方面不如敌人。【50】当米兰公爵费利波·维斯孔蒂遭到一万八千瑞士人的攻击时，便派他当时的将领卡米格诺拉⑲伯爵前往迎敌。【51】此人率六千骑兵和少量步兵去阻击他们，结果遭到迎头一击，损失惨重，铩羽而归。【52】但卡米格诺拉乃审慎之人，他由此很快认识到敌人武器的威力，知道他们在多大程度上胜过骑兵，知道骑兵在与如此排兵布阵的步兵对决时的软肋何在。于是他重整旗鼓，再次去迎击瑞士人。当靠近他们时，他命令重骑兵们下马作战，将敌人杀得只剩三千，这些残兵败将眼见自己面临厄运而无药可救，只好缴械投降。⑳

科西莫：【53】这种劣势是从何而来的呢？

---

⑱ 关于罗马人发现希腊人武器的优越性及随后对它们的模仿，见 Polybius VI 25。

⑲ 费利波·马利亚·维斯孔蒂，米兰大公（1412—1447）；佛朗西斯科·布索尼（1390—1432），卡米格诺拉伯爵。菲利波·维斯孔蒂在《佛罗伦萨史》，尤其是四至六卷中有着突出地位；关于卡米格诺拉，见 *D* II 18.4。

⑳ 阿尔贝多战役（1422）；参见 *D* II 18.4。

法布里奇奥:【54】我刚刚告诉过你;⑱但是由于你尚未明白,我将再重复一遍。【55】就像我刚刚说过的那样,日耳曼步兵几乎没有盔甲护身,只是用长枪和剑来进攻。【56】他们靠这些武器和队形迎击敌人,而后者若是像卡米格诺拉的那些奉命下马作战的重骑兵那样有盔甲护身的话,也用剑和战斗队形去迎击他们。他的困难只在于尽量靠近瑞士人,直到冲入敌群,用剑同他们搏斗;因为一旦冲入敌群,他搏斗起来便可比较安全。因为日耳曼人⑱的长枪过长,无法用来刺杀靠近他的敌人,所以必须用剑,但这对他是没有用的,因为他没有盔甲,而不得不同全副武装的敌人交手。【57】因此,不论是谁来考虑彼此的优劣,都会看到没有盔甲[的人]对此根本无计可施;若是与之对阵者——不论是谁——披戴盔甲,则可轻轻松松地躲过长枪的戳击,赢得第一回合的对决。因为随着部队的前进(待我指出他们是如何排兵布阵的之后,你们对此将会有更好的理解),⑲双方必然相互靠近,以便相互攻击对方胸部;若是有人被长枪刺死或被打倒在地,余者仍足可取得胜利。【58】由此,卡米格诺拉让瑞士人尸横遍野,自己却只付出轻微代价。⑲

科西莫:【59】您注意⑲到卡米格诺拉的那些人是重骑兵,他们尽管下马作战,但全身仍然有铁甲保护,所以能经受住考验。因此我认为,若要通过同样的考验,也需要像他们那样把步兵武装起来。

法布里奇奥:【60】若是你回忆一下我说过罗马人是怎么样武装的,就不会有这种念头了。因为,若是一名步兵头戴铁盔,胸部有胸甲和盾牌保护,四肢均有铠甲,那么比起下马作战的重骑兵来,他更容易免受长枪的打击,更容易冲入敌群。【61】我想给你一

---

⑱ 大概是在 *AW* II 34 - 44。

⑱ 马基雅维里交替讨论瑞士人和日耳曼人,他们所用的装备和战术都相似。瑞士人有时被作为日耳曼人的一个分支对待。

⑲ 圆括号为原文所有。

⑲ 关于卡米格拉诺的另外一处描述,参见 *D* II 18。

⑲ 原意:考虑。

个现代的简单例子。⑫【62】西班牙步兵为了去救援在巴力塔被法国人围攻的冈萨尔沃,⑬从西西里南下到了那不勒斯王国。【63】迎击[西班牙人]的是奥比格尼⑭先生率领的重骑兵以及大约四千日耳曼步兵。【64】[西班牙人]同日耳曼人发生了遭遇⑮。【65】[日耳曼人]低举长枪,冲入了西班牙步兵的队列。但后者借助踢马刺和灵活的身体,同日耳曼人混战在一起,从而能用剑同他们搏斗。结果是[日耳曼人]死亡殆尽,西班牙人则凯旋而归。【66】众所皆知,有多少日耳曼步兵在拉韦纳战役⑯中丧生,其原因也同于此。因为西班牙步兵业已非常靠近日耳曼步兵,到了可以用剑搏斗的距离,后者若非得到了法国骑兵的增援,定会全军覆没。而西班牙人依然重新集合,撤到了一个安全的地方。【67】所以,总而言之,优秀的步兵必须不仅能抵挡骑兵,而且必须不畏惧步兵。就像我多次说过的那样,这取决于武器和队形。

科西莫:【68】那么,说说您将如何武装他们吧。

法布里奇奥:【69】我将兼采罗马人和日耳曼人之长,一半如罗马人那样武装,一半如日耳曼人那样武装。【70】因为,正如我稍后将会告诉你的那样,⑰若是在六千步兵中,让三千人像罗马人那样持有盾牌,两千人像日耳曼人那样用长枪,一千人充当火绳枪兵,他们对我而言就足够了。我将把长枪兵或是部署在队伍前排,或是部署在我最担心骑兵来袭的地方;至于用盾牌和剑的士兵,我将让他们做长枪兵的后援,以赢得胜利,这一点我以后将向你们解

---

⑫ 原意:一点现代的例子。

⑬ 贡扎罗·费尔南德斯·德·孔多巴(1453—1515)(见 *D* I 29.2)。在以塞力格诺拉或塞米纳拉战役闻名的下述战役中,法布里奇奥·科洛纳为西班牙一方而战。

⑭ 罗伯特·斯图尔特·德奥比格尼(1470—1544)。

⑮ 原意:交手。

⑯ 拉韦纳战役(1512 年 4 月 11 日)。法布里奇奥的许多士兵在这次战役中丧生于野战炮,他本人亦为法军所俘。西班牙人通过此次失利而在普拉脱战胜了马基雅维里的国民军,从而导致梅第奇家族在佛罗伦萨的复辟。关于拉韦纳战役,见 *P* 13.54,26.105;*D* I 12.2,II 16.2,17.3,17.4。

⑰ 当法布里奇奥在 *AW* II 147 及以后讨论他的部队的构成时,没有再提到火绳枪与其他武器的这种相对高的比例,即一比五。

释。[198]【71】所以我相信,如此组织起来的步兵将胜过今天的任何其他步兵。

科西莫:【72】关于步兵,您的话已让我们受益良多;而关于骑兵,我们还想知道您认为谁的装备更强大,是我们的还是古人的?

法布里奇奥:【73】我相信,由于[199]古人那时候尚未使用马鞍和马镫,因此今人比古人在马背上更牢稳。【74】我相信今人也更加安全,所以,当今全副武装的重骑兵队比古代的骑兵更难于抵挡。【75】虽然如此,我仍然认为我们今天不应该比古人更看重骑兵。因为,正如上面所说的,[200]在我们的时代,骑兵曾经多次被步兵打得名誉扫地,并且,若是遇到像上面说过的那样武装和组织起来的步兵,它肯定还会蒙受羞辱。【76】亚美尼亚国王提格兰曾和卢库卢斯率领的罗马军队交过手,前者有一支十五万人的骑兵,其中许多人像我们的重骑兵那样全副武装,他们称之为铁甲骑兵;而罗马人只有六千骑兵和一万五千步兵,所以,当提格兰看到敌军时,便不屑地说道:"这些骑兵做使者的随从是足够了。"[201]但是,一旦交手,他依然败北了。【77】记述那场战斗的著作家对这些铁甲骑兵颇有微词,指责他们没用。他指出,由于他们有头盔护面,视野受到影响,难于看清和攻击敌人,而且他们为沉重的甲胄所累,倒地后不易起身,也无法以任何方式利用他们的身体[202]。【78】所以我要说,那些重骑兵而轻步兵的民族或王国总是更为虚弱,更易遭受灭顶之灾,就像我们今天在意大利所看到的那样,他们之所以遭异族劫掠、毁灭和蹂躏,其罪魁祸首不在于别的,只在于他们对步兵无动

---

[198] 见 *AW* III 90-96。

[199] 原意:关于。

[200] 见 *AW* II 29-58。

[201] 在罗马第三次米特拉达梯战争(公元前74—公元前63)期间的提格拉诺塞塔战役(公元前69)中,卢西乌斯·利西纽斯·卢库卢斯(公元前110—公元前56)击败了提格兰(公元前94—公元前56)。见 Plutarch, *Lukullus* 26 及以下,该书认为提格兰有十五万五千重步兵和五万五千骑兵,卢库卢斯大约有一万重步兵和一千骑兵。提格兰说,卢库卢斯的整个部队做使者的随从则嫌多,做士兵则又太少。参见 *D* II 19.1。

[202] 原意:他们本人。

于衷,而让所有兵士都骑上马背。⑳【79】一个国家确实应当拥有骑兵,但不应为军队的中流砥柱,而应位居其次。因为在进行侦察、蹂躏和掠夺敌国,扰乱敌军使之身不离甲,以及切断其给养方面,他们必不可少并且非常有用。但是,在战役和野战——此乃战争中的要事㉔,也是建军之鹄的——中,他们更适于追击溃敌,而非其他。在优点方面,他们远不如步兵。

科西莫:【80】我有两点疑问:其一,我知道,帕提亚人在战争中只使用骑兵,但他们仍和罗马人瓜分了世界。其二,步兵何以能抵挡骑兵,后者之长及前者之短皆从何而来? 我想听听您的高见。

法布里奇奥:【81】我不是已经告诉过你们㉕就是本来想要告诉你们,我对战事的讨论㉖不超出欧洲范围。【82】因此,我没有义务提供理由,说明亚洲何以有那种习惯。【83】不过,我还是要指出,帕提亚军队和罗马军队恰好相反,因为帕提亚人全为马上之师,打起仗来乱哄哄的一大片。这是一种不稳定的作战方式,充满了变数。【84】罗马人则可以说几乎全为徒步密集作战,孰胜孰负,视战场开阔或狭小而定。如战场狭小,则罗马人占上风,但如开阔,则帕提亚人占优。在㉗他们要防守的地区,帕提亚人的军队更能大展雄风,这种地区非常开阔,因为它距海洋有一千英里㉘之遥,河流相距有两三天行程,且城寨和居民稀少。如此,受武器和队形之累而行进缓慢的罗马军队如要穿越这种地区,须得付出沉重代价,因为卫国者是在马背上,行军异常迅速,可今日在一地,明日却在五十英里之外。因此之故,帕提亚人便可仅以骑兵取胜,不仅使克拉苏

㉓ 参见 *D* II 18;*P* 12。

㉔ 原意:重要性。

㉕ 法布里奇奥以前没有提到过这种局限性。相反,*AW* I 121 - 123 的讨论似乎假定他的推理将适用于欧洲以外(参见前面在 *AW* I 162 - 163 的讨论)。

㉖ 原意:推理。

㉗ 原意:关于。

㉘ 托斯卡人和古罗马人所说的英里比我们的稍短。这里所说的海洋指的是北面的里海及南面的波斯湾和阿曼湾。古代帕提亚的疆域大约相当于今天的叙利亚、伊拉克和伊朗。另一方面,犹地亚却被罗马成功征服。

全军覆灭,并且使马克·安东尼的军队危在旦夕。[209]【85】但是,如我所言,[210]我无意在此次讨论中对欧洲之外的军队说三道四。所以,我想继续讨论[211]罗马人和希腊人过去是如何组织军队的,以及日耳曼人今天又是怎么做的。【86】不过,还是来看看你的另一个问题吧,那就是你想知道是什么队形或什么天然优势,使得步兵优于骑兵。【87】我首先要说的是,骑兵不能像步兵那样随处可去。【88】他们在变换队形时,行动比步兵缓慢。若是他们需要在前进时后退,或是后退时前进,或是停下时行动,或是行动时停下,毫无疑问,骑兵不能像步兵那样准确地执行命令。【89】若是被冲乱阵脚,即便在冲击过后,骑兵也难以立即恢复队形,而步兵却可以很快恢复。【90】此外,还常常发生勇士配劣马、骏马配懦夫的情况。因此,这种胆量的不般配,肯定会招致混乱。【91】一小队[212]步兵可以抵挡骑兵的每一轮冲锋,这不足为奇。因为马乃是有感情的动物,知道危险何在,不愿去冒险。【92】若是你想一想是什么力量驱使马前进,什么力量迫使它后退,你无疑将会看到,迫使马后退的力量,要大于驱使马前进的力量。因为,驱使马前进靠的是踢马刺,阻止马后退靠的则是剑和长枪。【93】所以,不论是从古代还是从现代的经验看,小队步兵面对骑兵并非岌岌可危,甚至还优于骑兵。【94】如果你对此反驳说,马受到的刺激使它在冲向阻击者时更凶悍,使它更惧怕踢马刺而不是长枪,那么我就要说,若是马从远处就开始看到自己将被枪尖所刺,它要么会自动减慢速度,这样它在眼看就要挨刺时将会完全停住,要么会在接近枪尖时左右躲闪。【95】若是你想检验一下情况是否这样,那你骑马向一面墙跑去试试,不管你用什么办法刺激它,都绝少会看到马会撞到墙上去。【96】当凯撒在法国被迫同瑞士人交锋时,便率先从马上下来,

[209]　马尔库斯·卢西纽斯·克拉苏(公元前115—公元前53)于公元前53年为帕提亚人所败。马克·安东尼(约公元前83—公元前32)于公元前36年率远征军进攻帕提亚人,结果溃不成军,大败而归。见 Plutarch, *Crassus* 16 及以下, *Mark Antony* 37-52;参见 *D* II 18.3, III 12.2。

[210]　见 *AW* II 81。

[211]　原意:推理。

[212]　小队约相当于我们的连,它包括两个各由六十人组成的百人队。

并命令骑兵全都下马,把马牵离河岸,因为它们更精于逃走而不是战斗。[213]【97】不过,尽管马有这么多先天缺陷,步兵将领还是应该挑选最能妨碍马行进的道路;大多数情况下,人都能利用地形来保护自己。【98】若是在山岭中行军,这种地形可使你们[214]免遭被袭之忧[215]。若是在平原,会发现几乎每块平原都有庄稼或树丛,可为你提供保护。因为树丛或河堤虽小,但皆可阻碍冲锋,每片有葡萄树或其他树木的耕地,皆会妨碍马匹行进。【99】如果遇上战斗,情况会和行军时同样,因为马匹遇到的每个小障碍,都会让它不再那么凶悍。【100】不过,我还是想要告诉你一件事情:尽管罗马人很看重自己的队形,对自己的武器和队形充满信心,但若是让他们挑选地方——要么是可预防骑兵、但他们也无法展开队形的荒山野岭,要么是更有利于敌方骑兵、但他们也可展开队形的地方,他们总会选择后者而抛弃前者。【101】但是,到了该来讨论士兵训练问题、按照古代和现代的方式武装步兵的时候了,我们将会看到在步兵参战之前,罗马人对他们做了哪些训练。【102】尽管他们都经过严格挑选,而且装备精良,但还是要经过精心[216]训练,因为如果没有这种训练,士兵绝不会成为好士兵。【103】这些操练[217]由三部分组成。首先,磨练身体,使其能忍受艰难困苦,行动更迅速敏捷;其次,学习使用武器;第三,学习保持队形,在战斗和宿营时是这样,在行军时也是这样。【104】这是军队所从事的三种主要活动。因为,若是一支军队在行军、宿营和作战时阵形严整、训练有素,那么即便战斗后果不如人意,将帅也会不丢面子。【105】所有的古代共和国都进行这种训练,通过习俗和法令,使这三部分无一遗漏。[218]【106】所以他们都惯于训练自己的年轻人,使他们快于奔跑,敏于跳跃,在举木桩和角力比赛时强壮有力。【107】这三项素质实质上是一个士兵必须具备的,因为快于奔跑能使他先敌一步占领阵地,给敌人

---

[213] 见 Caesar, *Gallic War* I 25。
[214] 意大利语句子中唯一一次使用正式或复数的"you"。
[215] 原意:怀疑。
[216] 原意:研究。
[217] 译为"操练"、"训练"、"练习"和"军队"的词,其词根相同。
[218] 关于以下对步兵训练的讨论,见 Vegetius I 9, 11 - 16;参见 Vegetius I 1, III 4。

以突然袭击,并在敌人溃退时追击敌人。【108】敏捷能使他善于躲避袭击,跳跃沟壑,爬越堤坝。【109】力量则能使他携带武器,杀伤敌人,更好地抵挡冲击。【110】最重要的是,要使身体更适应艰难困苦,须惯于负重。【111】这种习惯是必要的,因为在困难重重的长途行军中,除武器外,士兵还必须多次携带许多天的给养;若是他对这种困难不习惯,就无法坚持到底,从而既不能体面地逃避危险,也无法获得胜利。【112】至于学习如何使用武器,他们是这样训练士兵的。【113】他们要求年轻人身负比真正的装备重两倍多的装备,给他们一根比剑㉑重许多的铅棍做剑。【114】他们要求每人都把一根木桩插入地面三布拉乔深,要插得很牢固,不能一击就穿或是倒在地上。年轻人以这根木桩为假想敌,训练使用盾牌和铅棍。他们时而冲向木桩,像是要击打敌人的头或脸,时而像是要击打侧面,时而又像是要击打腿部。他们时而后退,时而前进。【115】他们进行这种训练的目的,在于学会善于保护自己,打击敌人;由于训练时用的假兵器很重,后来的真兵器就显得很轻。【116】罗马人要求士兵用剑尖而不是用剑刃出击,这既是因为这样的出击更致命,令人难以招架,也是因为它让【用剑尖】出击者更少暴露自己,使他比用剑刃出击更能再次出手。【117】古代人想到了这些细枝末节的东西,认为㉒人们一旦交锋㉓,每一点小小的优势都性命攸关,这真让人迫案叫绝。我还要提醒你著作家们对此事的评论,而不是由我本人来教给你。【118】古人认为,在一个共和国里,有许多人练习使用兵器乃是最让人庆幸的事;因为让敌人甘愿屈服于你的,不是耀眼的金银珠宝,而是令人畏惧的兵器。【119】因而,在其他方面犯的过失,以后尚可纠正,但战争中的过错却无法弥补,因为惩罚会立即随之而来。【120】除此之外,懂得如何作战更使人艺高胆大,因为没有人害怕去做自己烂熟于心的事情。【121】所以,古人要求他们的公民在各种模拟战中得到训练,并且让他们朝木桩投掷比实际上重的标枪。这种训练除使人精于投掷

㉑ 即比真正的剑。

㉒ 原意:理由。

㉓ 原意:交手。

外,还使手臂㉒更灵活、强壮。【122】他们还教他们如何开弓射箭,如何拉拽投石器,并让教官专门负责所有这些事情。这样,当他们被选中参战时,就已经具备了士兵的精神和性格。【123】对他们来说,其他还要学习的,就是不论在行军还是作战时如何跟随队列行动,并保持自己在其中的位置;这些学起来并不难,因为他们是和那些从军时间较长,懂得如何保持队形的老兵混编在一起的。

科西莫:【124】现在您会让他们进行哪些训练呢?

法布里奇奥:【125】这有许多已经提到过了,比如让他们奔跑、角力、跳跃、背负重于往常的装备跋涉、开弓射箭、拉拽投石器等。除此之外,我还要再加上火绳枪。如你所知,这是一种新式的必要武器。我将让我国的所有年轻人都习惯这种训练,但是,对那些已经被我征召入伍者,我会以更大的努力和热心加以特别训练。他们将总是在假日里参加训练。【126】我还将让他们学习游泳,这非常有用,因为并不总是有河就有舟有桥,所以,若是你的军队不会游泳,可能会失去许多优势,丧失许多大展身手的好机会。【127】罗马人之所以安排年轻人到战神广场去训练,原因只是在于[这些事情]:一方面是因为他们训练完后已经筋疲力尽,可以到附近的台伯河里去放松,同时也可演练自己的泳技。㉓【128】我还会像古人那样,对骑兵进行训练。这很有必要,因为除了懂得如何骑马外,他们还必须懂得如何在马背上控制自己。【129】为此,他们安排了木马,训练他们能在没有任何帮助的情况下,空身或全副武装地跃上跃下,直到非常熟练。这使得骑兵在片刻之间就能根据将帅发出的信号下马,也可以根据信号重新上马。【130】由于这种在地上或马上的训练在那时候很容易,所以,现在对共和国或君王们来说,让他们的年轻人如此演练应该也不难,一些西方城市㉔的经验就说明了这一点,这些城市至今还保留着一些类似的训练方式。【131】他们把全部居民分为不同部分,并以每一部分在战争中所用

㉒ 是上肢,不是武器。

㉓ 见 Vegetius I 10。

㉔ 马基雅维里指的是哪些城市,在此并不清楚。也许指的是日耳曼和瑞士的城市(见 Machiavelli, *Rapporto della cose della Magna*, in *Tutte le opere*, ed. Mario Martelli [Firenze: Sansoni, 1992], p. 65)。

武器的种类给他们命名。【132】由于他们使用长枪、戟、弓箭和火绳枪，他们便称其为长枪兵、戟兵、弓箭兵和火绳枪兵。【133】因此，每个居民都必须说明他们愿意被征召到哪种队列。【134】由于年老或其他残障之故，并非所有人都适于参战，因此，他们就从各个队列征兵并称他们为宣誓者。他们在假日里有义务用他们各自相应的武器进行训练。【135】在进行这种训练的公共场所，每个人都有一个指定的位置。那些属于某一队列但未宣誓者则贡献金钱，来支付这种训练的必要开支。【136】所以，他们做到的，我们也能做。但是，由于缺乏谨慎，致使我们无法采取任何好的策略。【137】这些训练的结果是，古人拥有优秀的步兵，如今西方人的步兵比我们的优秀。出于上述原因，古人要么是像共和国那样在当地训练士兵，要么是像帝王们那样在军营里训练。【138】但是，我们不在当地训练他们；也无法在军营里训练，因为他们不是我们的臣民，我们只能要求他们做他们想做的训练。【139】这一原因使得训练和队形先后遭到忽视，使得王国和共和国——尤其是意大利境内的那些——如此孱弱无力。【140】不过，让我们回到队形上来吧。继训练问题之后，我要说，要缔造优秀的军队，仅仅让人吃苦耐劳，让他们身体强壮有力、行动快速敏捷还不够，还需要让他们学会遵守队形，听从用声音发出的信号和将帅的命令㉕，在伫立、后退、前进、作战和行进时，知道如何保持队形。若是没有这种纪律，若是不十分谨慎、勤勉地遵守和执行这种纪律，就断难有优秀之师。【141】毫无疑问，勇猛而秩序混乱者比怯懦而秩序井然者虚弱，因为秩序驱除恐惧，而混乱却减少勇猛。㉖【142】为了能更好地明白下面要提到的事情，㉗你们必须知道：在组织臣民进行战争准备时，每个国家都在其军队或国民军中拥有一支主力部队㉘。其名称虽有所不同，但人员数量却大同小异，都在六到八千人。【143】罗马人称这一集团为军团，希腊人称之为方阵，法国人称之为

㉕ 原意：噪音。
㉖ 参见 D III 36。
㉗ 法布里奇奥大概指的是卷二和卷三中关于排兵布阵的讨论。
㉘ 原意：数量（此处及以下）。

Caterna。㉙【144】如今，独有瑞士人保留了古代军队的某种痕迹，这在他们自己的语言里有特有的称谓，用我们的话说就是旅团。【145】并且，每个旅团又被分为不同的营，并根据功用而在编制方面各有特色。【146】我觉得，我们的讨论应沿用这个更广为人知的称谓，然后尽可能地根据古代和现代的制度加以编建。【147】因为罗马军团由五到六千人组成，分为十个步兵大队，所以我想把我们的旅团分为十个营，由六千步兵组成。每个营四百五十人，其中四百人为重装，五十人为轻装。【148】重装者包括三百名配备盾牌和剑的士兵，称为盾牌兵；一百人配备长枪，称为普通长枪兵；五十名轻装者皆为步兵，配以火绳枪、弩、戟和小圆盾，这些人沿用古代的名称，称为普通轻步兵。【149】所以，全部十个营共有三千名盾牌兵，一千名普通长枪兵和五百名普通轻步兵，他们总共构成了一支数量为四千五百人的步兵。【150】但我们说过，一个旅团应由六千人组成，所以必须再加上另外一千五百名步兵。我将让其中一千人配备长枪，称为特别长枪兵；五百人为轻装，称为特别轻步兵。【151】按照上述所言，我的步兵最终将有一半配备盾牌，一半配备长枪和其他武器。【152】每个营配备一名营长，四名百夫长，四十名十夫长㉚；另外，〔每个营〕还有一名普通轻步兵头目，下属五名十夫长。【153】我将为一千名特别长枪兵配备三名营长，十名百夫长和一百名十夫长；为特别轻步兵任命两名营长，五名百夫长和五十名十夫长。【154】我还将为整个旅团配备一名旅团长。【155】我将要求每个营长各有自己的旗手和乐手。【156】因此，一个旅团由十个营组成，包括三千名盾牌兵，一千名普通长枪兵，一千名特别长枪兵，五百名普通轻步兵和五百名特别轻步兵。所以，综上所述，一个旅团共有六千名步兵，其中包括六百名十夫长，㉛此外，还有十五名营长、十五名乐手和十五名旗手，五十五名百夫长，十名普通轻步兵头目，一名旅团长，他有自己专门的旗手和乐手。【157】我

㉙ 见 Vegetius II 2。

㉚ 原意：十个人的头目。

㉛ 第一版（1521 年）说是一千五百名，但是马钱德等人查阅了两份手稿，确定是六百名。

已经高兴地㉒把这种建制向你们重复了多次，这样，当我以后向你们说明营队和军队的建制方式时，你们就不会搞混了。【158】所以我要说，想要将臣民组建成军队的君王或共和国，应当为他们提供这些武器和建制，在本国创建尽可能多的营队。【159】根据上述名额分配把他们组织起来之后，若想按部就班地对他们进行训练，则只需一个营队一个营队地训练即可。【160】尽管每个营队的人数自身无法组成一支完整的军队㉓，但是，每个人仍可学到特别适合自己的东西。因为在军队里，一个人要遵守两种队形，一是在自己的营队中必须做什么，二是自己的营队同其他营队在一起时必须做什么。【161】懂得保持第一种队形的人，保持第二种队形也会很容易；但是，如果不懂得如何保持第一种队形，就永远不会达到第二种队形的要求。【162】所以，如我所言，㉔每个营队自身都可以学会在各种行动或按兵不动㉕时保持其队形，并由此学会如何保持整体，学会理解在战斗中传达命令的音乐。就像兵舰划手根据汽笛响声而采取行动那样，㉖他们根据音乐，便可知道下一步该如何行动：是原地不动，还是前进或者后退，或者是转过武器和脸来。【163】因此，由于他们懂得如何保持队形，不论是动是静，都不会让他们乱了阵脚；并且，由于他们可通过音乐正确地理解长官的命令，懂得如何迅速各就各位，所以，当大队人马在一起时，这些营队能够像我说过的那样，㉗轻而易举地学会如何作为一个整体同其他营相配合，使之成为一支完整的㉘军队。【164】由于这种总体演习也不可小视，因此在和平年代，应每年把全旅团集合起来一两次，给他们以完整军队的形式，像实战那样训练他们几天，并在适当地方布置前卫、侧翼和后卫部队。【165】一名将帅之所以命令部队准备开战，要么是为了对付眼前的敌人，要么是为了对付虽然尚未出

㉒　原意：自愿地。
㉓　原意：形成恰当的军队形式。
㉔　见 *AW* II 123；参见 *AW* II 88 – 89。
㉕　原意：位置（此处及下句中）。
㉖　参见 Dante, *Paradiso* XXV 133 – 35。
㉗　见 *AW* II 160 – 61。
㉘　原意：恰当的。

现、但他担心会突然来袭的敌人;⑲鉴于此,他应训练和指导军队学会应付这两种情况,如若需要,⑳即可开拔参战。要向你的㉑兵士们说明,若是遇到前一种或后一种敌人的袭击,他们应如何应付。【166】当他教导他们同眼前之敌作战时,他告诉他们:一旦开战,若抵挡不住时应撤往何处,谁应接替他们的位置,应听从什么信号、什么声音和什么话㉒,这样,通过用模拟战和模拟进攻来训练他们,他们就会充满实战欲望。【167】勇武之师之所以勇武,并非由于其官兵的匹夫之勇,而是由于秩序井然的队形。因为假如我是第一排的战士,如果顶不住了,我知道该撤向哪里,知道谁来接替我的位置,这样的话,看到接替者就在身旁,我就会总是勇猛顽强地战斗。【168】如果我在第二排,我也不会因第一排被击溃而惊恐,因为我已经料到会这样,并且希望这样,因为这样的话,给主公带来胜利的人就会是我,而不是他们。【169】这种训练在创建新军时非常有必要;如果是老部队,则也有必要。因为,虽然罗马人从小就知道自己军队的阵形,但将领们仍然不断让他们演练这些阵形。【170】约瑟夫在其历史著作中说,罗马军队的这种持之以恒的训练,使得那些为了牟利而尾随军队的乌合之众,在战斗中也能派上用场㉓,因为他们都知道如何各就其位,并在战斗中保持队形。【171】但是,在由新兵组成的军队中,不论是你临战前征集的还是你为了备战而征募的国民军,如果没有这种训练,便都一事无成。这对一个营队来说是这样,对整支军队来说也是如此。由于队形必不可少,所以必须以双倍的勤奋和努力,教那些不懂阵形者懂得阵形,懂得阵形者保持阵形,为此,曾有许多杰出的将领毫不犹豫㉔地竭尽全力。

科西莫:【172】我觉得,这番论述让您有些离题,因为您还没有

㉓　关于为了同没有看到、但一直心怀畏惧的敌人开战而训练,见 *D* III 38。

㉔　原意:若是需要搜出[军队]。

㉑　法布里奇奥在重复使用第三人称时,突然转而使用熟悉的第二人称。

㉒　原意:嗓音。

㉓　见 Josephus, *The Jewish War* III 4 69 to 5 71,此处讨论了奴隶而不是随军流动的平民的军事训练问题。

㉔　原意:关心。

说明训练营队的方式呢,就已经讨论了整个军队和战斗了。

法布里奇奥:【173】此言不差,因为我确实太喜欢这些队形了,如今看到它们没有被付诸行动,我真的感到很伤心。不过,请别担心,我马上就言归正传。【174】就像我告诉过你们的,㉕营队训练的第一要务是懂得如何保持队形。【175】为达此目的,必须让他们演练那些被称之为蜗牛的队形。【176】我曾告诉过你们,这样的营队应由四百名重步兵组成,我将坚持这一数量。【177】所以,他们应该排成八十列,每列五人。【178】然后,在他们或快或慢地行进时,必须让他们时而分开,时而并拢;要想明白他们是如何做到这一点的,你们必须去亲眼目睹,而不是靠我空口白舌地描述。【179】再然后的事情就不太必要了,因为每个有从军经验的㉖人都知道这种阵形下一步将如何变化,而且这只对让士兵们习惯于保持队形有益。【180】不过,我们还是来说说这种营队的整体部署吧。【181】我要说,这种部署主要有三种形式。【182】第一也是最有用的一种,是让他们密集地集合在一起,排成两个方阵;㉗第二种是让方阵前部成角状;㉘第三种是在方阵中央留出一块空地,他们称之为广场。㉙【183】部署第一种队形㉚的方式有两种。【184】一是让每列的人数翻倍,即让第二列加入第一列,第四列加入第三列,第六列加入第五列,依次类推;这样,原来的八十列、每列五人,就变成了四十列、每列十人。【185】然后以同样方式让他们再次翻倍,合二为一,一列加入另一列,这样,他们就变成了二十列、每列二十人。【186】这几乎形成了两个方阵。㉛因为尽管两边的人同样多,但是,在〔其〕并肩而立的那一边,是一列挨着另一列;而在另一边,两者则至少相距两布拉乔远,致使方阵前后纵深较长,左右两侧宽度较短。【187】由于我们今天不得不多次说到这些营队和整支军队的

㉕　见 *AW* II 162 和注㉔。

㉖　原意:老练的。

㉗　见 201 页图 1。

㉘　见 202 页图 2。

㉙　见 202 页图 3。

㉚　见 201 页图 1。

㉛　即一个矩形。

前面的部分、后面的部分和边上的部分，所以要明白，当我说头部或前部时，我指的是前面的部分；当我说后部时，指的是后面的部分；当我说侧翼时，则指的是边上的部分。【188】营队的五十名普通轻步兵不和其他纵列混在一起；确切地说，当营队排阵时，他们沿其两侧排开。【189】部署营队的另一种方式是这样，由于它优于第一种，所以我打算详详细细地向你们说明它应该如何来部署。【190】我相信你们还记得营队的士兵和头目数量，也记得他们是使用何种武器的。【191】因此，如我所言，㉙这种营队应采取的队形是二十列，每列二十人：五列长枪兵在前，十五列盾牌兵在后。两名百夫长在前部，两名在后部，行使古人所谓殿后指挥官之职。营长及其旗手和乐手处在五列长枪兵和十五列盾牌兵之间位置。每一列的两侧都有一名十夫长，这样，他们每人的属下就都在其身边；位于纵列左侧者〔让其属下〕位于其右，位于纵列右侧者〔让其属下〕位于其左。【192】五十名轻步兵位于营队两翼和后部。【193】现在，若想在步兵正常行进时让营队排成这样的队形，就必须这样排列：让步兵排成八十列，每列五人，就像我们刚刚说过的那样㉚，把轻步兵要么留在头部，要么留在尾部，仍然位于这种阵形之外；也应如此排列，因为这样的话，每名百夫长后面就都有二十列士兵，紧随每名百夫长身后的，是五列长枪兵，其余的是盾牌兵。【194】营长及其旗手和乐手位于第二名百夫长的长枪兵和盾牌兵之间，占据三个盾牌兵的位置。【195】在十夫长中，二十人位于其左侧的第一名百夫长队列的两翼，二十人位于其右侧的最后一名百夫长队列的两翼。【196】你们须得明白，指挥长枪兵的十夫长应当有长枪，指挥盾牌兵的十夫长则应有盾牌。【197】所以，在如此排列好队形之后，若想让营队在行进中形成一个前部，必须让第一名百夫长率头二十列停下，让第二名百夫长继续行进，右转后，再沿着停下来的二十列的侧翼行进，直到和另一名百夫长并肩冲

㉙　见 *AW* II 185。
㉚　见 *AW* II 177。

齐㉔,然后也停下来。第三名百夫长继续行进,也向右转,沿着停下来的队列的侧翼行进,这样,他就和其他两名百夫长并肩冲齐。当他也停下来后,另一名百夫长接着率队前行,右转后也沿着停下来的队列的侧翼前进,直到和其他人冲齐后停下。两名百夫长立刻单独离开前部,走向营队后部。这种排列和我们刚刚说过的㉕那种方式和队形完全相符。【198】轻步兵按照第一种排列方式沿营队两翼展开。后一种方式称为直线翻倍法;前一种则被称为侧翼翻倍法。【199】第一种方式较为容易,后一种则较齐整,也较精确,你更能按照自己的方式纠正它。在前一种方式中,一个人必须服从数字,因为你是由五变十、十变二十、二十变四十,所以,通过直接翻倍,你无法让前部有十五或二十五或三十五个队列,而是要顺从数量,是多少就是多少。【200】然而,这样的特殊情况每天都在发生,即必须使前部由六百或八百名步兵组成,这样,直线翻倍法就会打乱你的部署。【201】所以,我更看好后一种方式;至于它给你们带来的更大难题,我想你们肯定能通过实践和训练而轻易克服掉。【202】因此,我要告诉你们,拥有懂得如何迅速排列队形的士兵比什么都重要。把他们留在这些营队,在营队中训练他们,让他们迅速地前进或后退,穿越困难地带而不自乱阵脚,这些都很有必要。因为对这些事情驾轻就熟的士兵乃是训练有素的士兵,即便他们从未当面遇到过敌人,仍可堪称老兵。【203】相反,那些不懂得如何保持这些阵形者,即便曾身经百战,也永远只能被看作是新兵蛋子。【204】这说的是他们在以小纵列行进时如何排列阵形。【205】但是,最重要、最困难的事情,乃是在他们已经排好队形,却因地形不利或遭遇敌人而阵脚大乱后,再让他们马上重新排兵布阵;这就是为什么需要多加演练,为什么古人对此非常注意㉖的原因所在。【206】所以,有两件事情必须要做:其一,营队中要有多种标记;其二,要一直保持这种队形,即同一些步兵总是在同一些队

㉔ 原意:齐头并肩。马基雅维里后来在这个句子中再次使用该动词的及物形式,意指"证明、证实、见证"。

㉕ 见 *AW* II 191。

㉖ 原意:研究。

列。【207】举例来说,假如一个人开始时是在第二[列],那么他以后将永远在第二列;不仅是在同一列,而且是在同一位置;像我说过的那样,要做到这点,就必须⑤有多种标记。【208】首先,营队的旗帜上必须有标记,以便当同其他营队集合在一起时,他们可以辨认。【209】其次,营长和百夫长的头盔上要有容易辨认的不同装饰;更重要的是,要让十夫长容易被辨认。【210】古人对此非常细心,他们甚至在头盔上写上号码,称其为一号、二号、三号、四号等等。【211】并且,他们还不满足于此,因为每个士兵都惯于在盾牌上写下其纵列的号码,以及他在该纵列中的位置号。㊳【212】所以,若是人们都这样做了标记,并且习惯于不超越这些界限,以便于在队形被打乱后马上重新排列队形,就是一件轻而易举的事情。因为当旗帜仍然屹立时,百夫长和十夫长用肉眼便可断定他们的位置;左右两边的人按照常规距离,该归左的归左,该归右的归右,步兵们则可以根据他们的规则和不同标记,迅速各归原位。【这】就像你把木桶上事先已经做了标记的各块木版拆下来后,可以不费吹灰之力便让木桶复原;[但是]如果不曾做这些标记,你就不可能把它复原。【213】通过勤奋练习,这些事情教得快,学得也快,而且一旦学会,就不易忘记。由于士兵都是以老带新,在有这种训练的地区,必要时可变得全民皆兵。【214】教他们转向,以及如果需要的话,由侧翼和后部变为前部,或由前部变为侧翼和后部,也很有必要。【215】这做起来易如反掌,因为只要每个人按照命令转一下身就够了;他们转身后面对的方向就成了前部。【216】不错,当他们转向侧翼时,队形就变得有失比例,因为从胸部到背部的距离短,而从一边到另一边的距离长,这和常规的营队队形是截然相反的。【217】所以,如重新排阵,必须多加演练,十分谨慎。【218】不过,这种混乱不足挂齿,因为他们自己便可加以改正。【219】然而,比较重要并且需要更多演练的,是让营队作为一个坚固的整体全体转向。【220】在此,必须慎之又慎,勤奋演练。因为,举例来说,

---

㊲ 见 *AW* II 206。
㊳ Vegetius II 13,18.

如要向左转,左角㉙上的人就需要停下,靠停下者较近的人应缓慢
移动,以不至于让在右边的人必须跑步前进,否则便会阵脚大乱。

【221】不过,在军队行军途中总是会发生这样的情况,即不在
前部的营队不得不在侧翼或后部作战,而不是在前面冲锋陷阵,这
样,一个营队就必须立即由侧翼或后部变为前部(根据上面所述,㉚
在此情况下,如果要这些营队保持其比例,就必须让他们在侧翼的
长枪兵变为前部,其十夫长、百夫长和营长重新各就各位)。要做
到这一点,便需要在他们排列队形时对每列五人的八十列士兵做
这样的部署:㉛让全部长枪兵都在头二十列,让五名十夫长在最前,
五名在最后。后面的其他六十列全部为盾牌兵,共三个百人队。
【222】为此,需要每个百人队的最前和最后一列为十夫长,营长及
其旗手和乐手在第一个盾牌兵百人队中间,百夫长在每个百人队
的最前面。【223】这样排列好了以后,若是想让长枪兵到左翼,就
必须在右翼让他们一个百人队接一个百人队地翻倍;㉜若是想让他
们到右翼,则必须在左翼让他们翻倍。【224】这样,这个营队的队
形就成为长枪兵在一翼,十夫长在其最前和最后,百夫长与其并排
在最前面,营长居中。【225】行进时就保持这种队形;当敌人靠近
以及当营队想把侧翼变为前部时,只需让全体士兵都面向长枪兵
所在的侧翼即可。这样,营队的队形就成为上面所说的那种方式,
各队列和各长官各就其位。因为除百夫长外,所有人都各就各位,
而百夫长也可以毫不费力地进入他们的位置。

【226】当他们在前进途中不得不从后部作战时,为了变为战斗
队形,他们必须重新列队,让长枪兵到后面。要做到这一点,无需
保持另一种队形,只需让按照常规队形部署在每个百人队前部的
五列长枪兵转到后部即可;而所有其他部分,则继续保持我首先说
过的第一种队形。㉝

㉙　即左翼,如 202 页图 3 所示,每一翼都向前突出。

㉚　见 *AW* Ⅱ 214 - 217。

㉛　见 202 页图 2。

㉜　即每个百人队依次停下,后面的百人队转向停下的百人队的左侧,如 *AW* Ⅱ 197
　　所述。

㉝　见 *AW* Ⅱ 191 及以下。

科西莫：【227】如果我没记错的话，您曾说过，这种训练方式是为了能让这些营队部署在一起，形成一支大军，而这种演练能让他们在大军中列阵得当。【228】但是，如果发生这样的情况，即这四百五十名步兵必须单独行动，您将做何安排呢？

法布里奇奥：【229】不论是谁率领他们，都必须拿定主意，要把长枪兵部署在何处，并想到做到。【230】这和上述队形㉞毫不矛盾。因为，尽管那是和其他营队并肩作战时应当遵守的方式，但它不是一条普遍原则，不是适用于你有时不得不设法采取的所有那些方式。【231】不过，我在向你说明排列营队队形的另外两种方式时，将会更好地回答你的问题。因为这些方式要么从未被运用过，要么是在一个营队单独行动时运用过，而不是在和别的营队并肩作战时运用过。【232】下面来说说两角（翼）队形方式吧。㉟我要说，你必须排八十列，每列五人，方式是：中间安排一名百夫长，他后面是二十五列士兵，其中左边是两列长枪兵，右边是三列盾牌兵。在这头五列之后的二十［列］中，安排二十名十夫长，他们中间，除了那些配备长枪的十夫长长枪兵在一起外，余者都介于长枪兵和盾牌兵之间。【233】在这二十五列后面是另一名百夫长，紧随其后的是十五列盾牌兵。【234】然后，是位于旗手和乐手中间的营长，在他后面也有另外十五列盾牌兵。【235】接下来是第三名百夫长，他后面有二十五列，每列左边有三名盾牌兵，右边有两名长枪兵；在［这最后一组二十五列的］头五列后面，是二十名介于长枪兵和盾牌兵之间的十夫长。【236】这些队列后面，是第四名百夫长。【237】所以，若想把这些队列排为两翼队形，第一名百夫长及其后面的二十五列必须得停下来。【238】然后，第二名百夫长率身后的十五列盾牌兵前行后转向［头二十五列的］右侧，沿这二十五列的右侧继续前行到其第十五列后停下。【239】然后，营长及其后面的十五列盾牌兵开始行动，也向右转，沿先行一步的十五列的右侧行进，直到与他们并肩冲齐后停下。【240】再然后，第三名百夫长率其二十五列士兵及后面的第四名百夫长开始移动，也向右转，沿最

㉞ 显然指的是 201 页图 1。

㉟ 见 202 页图 3。

后十五列盾牌兵的右侧行进,但到与其并驾齐驱时并不停下,而是继续行进,直到二十五列的最后一列和十五列盾牌兵的最后一列冲齐。【241】完成这些以后,位于头十五列盾牌兵之首的百夫长离开他原来的位置,走到左角后部。【242】这样,就有了一个由十五个[266]密集队列、每列二十名步兵组成的营队,其前部两边各有一个角。每个角有十列,每列五人,两角之间留有可容十人并肩而立的空隙。【243】营长将位于两角之间;每个角端处各有一名百夫长。【244】后部两边,各有一名百夫长。【245】每一侧各有两列长枪兵和二十个十人队。【246】如果这个营队有火炮的话,这两个角之间可用来存放火炮和马车。【247】轻步兵必须留在长枪兵的侧翼。【248】要想把这种双角队形变为广场队形,[267]只需从每列二十人的十五列中调出八列,将其部署在两个角端即可,这样一来,两个角就变为广场后部了。【249】马车以及营长和营旗都在广场上,但火炮不再在这里,而是要么部署在前部,要么沿侧翼部署。【250】这些乃是营队不得不独自通过可疑地带时可以采用的方式。【251】但是,采用没有双角和广场的实心营队形式仍为上策。【252】不过,若是想要保护非武装人员,采用双角队形也是必要之举。

【253】瑞士人也发明了多种队形,其中有一种是十字形;他们把火绳枪兵部署在不同兵种[268]之间的空隙,保护其免遭敌人攻击。【254】但是,由于这样的营队善于独自为战,而我的意思是要说明几个营队如何并肩作战,所以我不想在这里多费口舌,自找苦吃了。

科西莫:【255】我觉得已经完全明白了在训练这些营队士兵时必须采用的方式了。但是,如果我没记错的话,您曾说过,[269]一个旅团除了有十个营之外,还要有一千名特别长枪兵和四百名特别轻步兵。【256】您不打算征募和训练他们了吗?

法布里奇奥:【257】我会的,并且将努力为之。【258】至少,我

---

⑳ 根据马钱德等人的说法及图3,而不是根据1521年初版文本,队列数目为二十五。

㉗ 见202页图3。

㉘ *Ramo*,指的既非武器(*arme*),亦非人体上肢(*braccia*)。

㉙ 见 *AW* II 150。

将以营队的形式,像训练别的兵种那样一组一组地训练长枪兵。因为在诸如掩护、劫掠等各种特殊行动中,我将更多地使用这些营队而不是普通营队。【259】但是,我将在当地训练轻步兵,不把他们集合在一起。因为他们的职责就是分散作战,因此,大可不必让他们集合起来共同训练,而是只让他们多做些特别训练就够了。【260】所以,就像我开头说过的那样[270]——现在再重复一遍似乎也不麻烦——必须让士兵们在这些营队中训练,这样,他们才会懂得如何保持队形,如何辨认他们的位置,如何在敌人或不利地形打乱他们的队形时,迅速回到自己的位置。因为,当一个人懂得如何这样做时,便可轻而易举地明白营队应坚守的位置及其在整个军队中的职责。【261】若是一位君王或共和国对这些队形和训练尽心尽力,他的国家的士兵就永远将是优秀士兵,他们将优于其邻国,将成为立法者而不是接受别人的律法者。【262】但是,就像我已经告诉过你们的那样,[271]由于[如今]形势混乱,使得这些事情不被关心和看重。所以,我们的军队不是优秀的军队。即便有些官兵具有天赋美德,他们也英雄无用武之地。

科西莫:【263】您想让这些营队各拥有何种马车呢?

法布里奇奥:【264】首先,我希望不论是百夫长还是十夫长都不骑马。要是营长喜欢骑,我也宁可他骑的是骡子而不是马。【265】当然,我将允许营长有两辆马车,每名百夫长一辆,每三名十夫长两辆。就像我们届时要谈到的那样,[272]由于我们宿营时要有好多人住在营帐里,所以每个营总共将有三十六辆马车。当然,我将用这些马车来运载帐篷、炊具和用来安营扎寨的手斧和足够的铁桩;如果可能的话,再带些让他们住起来舒适的[东西]。

科西莫:【266】我相信您在各营队任命的那些头头脑脑都是必要的,但我还是担心如此众多的指挥官会相互混淆。

法布里奇奥:【267】如果他们不是只对一个人负责,情况的确会这样;但由于他们只对一个人负责,所以他们会使得事情有条不

㉗ 见 *AW* II 140 及以下;参见 *AW* II 123。

㉗ 见 *AW* I 132,II 137-139。

㉗ 在 *AW* VI 8 及以下关于营地的讨论中一点也没有提到马车。

綦。实际上，若是没有他们，要维持秩序是不可能的。一堵摇摇欲坠的墙需要有多根支柱来支撑——即便这些支柱不那么结实；而不是寥寥几根支柱——即便这些支柱非常坚实。因为独木难支，支柱过少，危墙必然会成为废墟。【268】因此，在军队里，在每十人中，必须有一个更具活力、更尽心尽力或至少更具权威之人，他通过自己的勇气、言论和实际行动，使别人意志坚定、勇于战斗。【269】人们看到，我提到的这些东西，如头目、旗帜、乐手，都已经成为我们军队中必不可少的东西。但它们全都没有起到应有的作用。【270】首先，若要这些十夫长奉命行事，就必须如我所言，每个人都有与众不同的下属，和他们一同扎营，一同行动，一同保持队形。因为，当他们各司其职时，他们就像一条基准线、一名基准兵㉓，使队列保持整齐、紧凑。他们不可能打乱队列，或者说不可能在队列被打乱后不迅速重新组织队列。【271】而如今，我们却除了付给他们比别人更多的金钱，让他们做事搞特殊以外，不用他们干任何事情。【272】至于旗帜也是如此，因为旌旗飘飘只是为了炫人眼目，而不是为了其他军事用途。【273】但古人却用它做引导，以重整旗鼓。因为当旗帜停下时，人人都知道他要一直在旗帜附近，并且总是回到那里。【274】［人人］也知道，当旗帜移动或㉔停下时，他们也必须移动或停下。【275】所以，一支军队中必须有许多团队，每个团队有自己的旗帜和头目。因为有了这些，军队就必定有许多灵魂，从而有许多生命。【276】所以，步兵必须随旗帜而行，旗帜则随音乐而动。如果音乐安排得当，便会号令与音乐步调一致的大军，从而使队形容易保持。【277】这就是古人为何拥有管乐器、横笛和音调完美的乐器的原因所在。这就像踏准音乐节拍跳舞的人不会走错舞步一样，随着音乐行动的军队也不会乱了队形。【278】所以，他们惯于根据自己打算如何改变行动，如何鼓舞、抑制或者坚定士气而变换音乐。【279】由于音乐不同，他们给它们起了不同的称谓。【280】多里安音乐表示坚毅，佛里吉亚音乐则表示凶猛；所以他们说，当亚历山大正在用餐时，有人奏起了

㉓　或者：一行五线谱和一种音色。
㉔　原意：和。

佛里吉亚音乐,他马上就兴奋得把手伸向了武器。㉕【281】有必要恢复所有这些方式,若是这一点难以做到,则至少不要把那些教导士兵听从命令的音乐全都抛弃。每个人都可随机应变,按照自己的方式对这些做出安排,只要长习不辍,即可让士兵们的耳朵惯于辨认它们。【282】而如今,对绝大多数人而言,这种音乐却除了制造噪音外别无任何好处。

科西莫:【283】如今这些卑鄙行径和混乱无序,以及对这种训练的如此疏忽怠慢皆因何而起呢?您若是曾对此有过考虑,我很想听听您的高见。

法布里奇奥:【284】我很乐意把我对此事的想法告诉你们。【285】你们知道,在众多战功卓著的将帅中,有不少人在欧洲德高望重,这种情况在非洲很少,在亚洲则更是寥寥无几。【286】这是因为亚非两洲只有一两个公国,很少有共和国;而欧洲却独有一些王国和数不胜数的共和国。【287】一个人能否出类拔萃并显示其美德,要看他[是否]被共和国或君王赏识重用。【288】所以,在列强林立的地方,则骁勇之人辈出;而在强国寥寥可数的地方,则鲜见骁勇之人。【289】亚洲拥有尼努斯、居鲁士、阿塔薛西斯和米特拉达提,㉖而与其相媲美者寥寥无几。【290】非洲,姑且不论古埃及,拥有著名的马西尼萨和朱古达㉗以及由迦太基共和国缔造的那些将帅。相对于欧洲而言,这些人也屈指可数。因为在欧洲,杰出之人数不胜数,若再加上那些被时间恶意遗忘者,则为数更巨。因为,当世界上有许多或是出于必要,或是出于另一种人类欲望而

㉕ 见 Seneca II 2;Roberto Valturio, *De Rei Militari* II 3。

㉖ 尼努斯是亚述帝国传奇式的奠基者(参见 *L'Asino*,第 88 行及以下);居留士(公元前 559—公元前 486)是波斯帝国的奠基者及色诺芬的《居留士传》的主人公(参见 *P* 6.22—23, 24, 14.60, 16.64, 26.102;*D* II 12.1, 13.1, III 20, 22.4, 22.5, 39.1);这里很可能指的是阿塔薛西斯二世,波斯国王(公元前 404—公元前 359)和普鲁塔克的《阿塔薛西斯传》的主人公;米特拉达提六世为本都国王(约132—163)(参见 *D* III 13.3, *AW* IV 68)。

㉗ 马西尼萨为努米底亚国王(公元前 213—公元前 206),第二次布诺战争(公元前 218—公元前 201)期间罗马的盟友(参见 *D* II 1.3, 30.2);朱古达为努米底亚国王(公元前 118—公元前 103)(参见 *D* II 8.1)。

崇尚美德的国家时,就会有更多具备美德之人涌现于世。【291】亚洲之所以鲜有如此之人,乃是因为该地区全部屈服于一个王国,由于［亚洲地区］过于庞大,由于［王国］多数时间无所事事,不思进取,所以它不能缔造成就大业者。【292】非洲也同样如此。不过,若是说它造就的不凡之士较多,那也是由于㉘迦太基共和国之故。【293】杰出之人出自共和国者众,而出自王国者寡,因为共和国多数时间都崇尚美德,而王国则惧怕美德。因此之故,具备美德之人在共和国不断涌现,而在王国则惨遭灭绝。【294】所以,无论何人考察欧洲各地,皆会发现共和国或公国无处不在,它们由于相互戒惧,被迫使军事制度常备不懈,并尊崇那些军功卓著者。【295】在希腊,除马其顿王国外还有许多共和国,每个共和国都涌现了非常卓越之士。【296】在意大利,有罗马人、闪米特人、托斯卡纳人和阿尔卑斯山南侧的高卢人。【297】法国和日耳曼都遍布共和国和公国。西班牙也是同样。【298】尽管较之罗马人,其名垂青史者寥寥可数,但此乃作家的恶毒之故,这些人追逐的是名利,只以成败论英雄,在绝大多数时间只对胜利者青睐有加。【299】在同罗马人足足苦战了一百五十年才被征服的闪米特人和托斯卡纳人中,却不曾涌现出许多杰出之士,这实在不合情理。【300】法国和西班牙也同样如此。【301】不过,著作家们歌颂的不是个别人身上的美德,而是人民的美德,他们极力拔高人民在捍卫自由时所表现出的顽强不屈精神。㉙【302】诚哉斯言:帝国众多之地,则英雄辈出,顺理成章的是,当帝国被灭绝,美德亦逐渐灭绝,因为使人具备美德的因由越来越少。【303】所以,当罗马帝国日后愈益壮大,消灭了欧、非两洲及亚洲绝大部分地区的全部共和国和公国时,若要获得美德,则除罗马外已别无他途。【304】因此之故,身具美德之人在欧洲开始如在亚洲般罕见,于是美德最终得以沦丧。因为当全部美德都被集于罗马时,随着罗马的腐败,几乎整个世界亦走向腐败。故塞西亚人得以洗劫罗马帝国——它消灭了别国的美德,却不知如何保住自己的美德。【305】尽管由于这些野蛮人之灾,帝国后来又

㉘　原意:关于。
㉙　参见 D II 2。

裂成为几部分,但这种美德却万劫不复。其原因之一是,⁽²⁸⁰⁾当秩序被搞乱时,要恢复它们需付出一定代价;另一个原因是,⁽²⁸¹⁾由于⁽²⁸²⁾基督教之故,今天的生活方式并不像古代那样迫使人们必须去保卫自己。因为那时候,战争中的被征服者不是被处死,就是永久沦为奴隶,过着悲惨生活。被征服的城寨不是变得荒无人烟,便是居民被剥夺财产,然后被流放到世界各地,致使被征服者的境地之悲惨无以复加。【306】人们对此惶恐不安,故军事训练常年不辍,对军事本领杰出者尊崇有加。【307】而如今,这种畏惧多已消失。战败者鲜被处死,亦无人长期陷狱,因为他们可轻松获释。【308】即便城市反叛千百次,它们亦不会被毁坏,财产亦留予人民,赎金于是成为可令人担忧的最大罪恶。因此,人们不会为了逃避这种不足挂齿的危险,而甘愿把自己交给军事制度,并在这种制度下苦苦挣扎。【309】其后,欧洲的这些地区便只受较之过去少之又少的几个寡头统治:整个法国只听命于一个国王,整个西班牙只听命于另一个国王,而意大利也只分裂为少数几部分,故此,弱小的城市通过与胜利者结盟得以自保,而强国则因上述缘故,更无亡国之忧。

科西莫:【310】但是,在过去的二十五年⁽²⁸³⁾中,有许多城寨惨遭洗劫,一些王国亦被陷落。这些例子给别人以教训,让他们明白应如何保持和恢复古代的某些制度。

法布里奇奥:【311】话是这样说,但倘若你们注意到是哪些城寨遭劫掠,你们就会发现它们不是主城,而只是些卫星城。譬如,是托尔托纳而不是米兰,是卡普亚而不是那不勒斯,是布雷西亚而不是威尼斯,是拉韦纳而不是罗马。⁽²⁸⁴⁾【312】这些范例并没有使得任何统治者改变其预先的想法,而是使他们更坚持己见,认为能用

⁽²⁸⁰⁾ 原意:其一,因为。
⁽²⁸¹⁾ 原意:其二,因为。
⁽²⁸²⁾ 原意:关于。
⁽²⁸³⁾ 叙述对话时的前二十五年应为1494年,即查理八世入侵意大利的那年;明显进行对话时的前二十五年应为1491年;见本书导论。
⁽²⁸⁴⁾ 法国人于1499年洗劫了托尔托纳,1501年洗劫了卡普亚,1512年洗劫了布雷西亚和拉韦纳(关于卡普亚,见 P 25.104;关于布雷西亚,见 D II 17.1,24.3,III 44.3);关于拉韦纳,见注⑲。

赎金自救；由此，他们不想费力去做战争训练，因为他们觉得这既是无事生非，也是一团难解之谜。【313】而那些身为奴仆、对这种范例感到恐惧者，则无能为力，于事无补。后来那些君王因为业已丧国而余日无多，有［时间］的君王则不懂也不想［亡羊补牢］。因为他们企图靠运气而不是靠自己的美德，不费吹灰之力地继续掌权。而且他们明白，由于美德如此罕见，命运便统治万物，他们想要命运主宰他们，而不是他们主宰命运。【314】［为了证明］我所言不虚，请考虑一下日耳曼的情况吧：由于它有许多公国和共和国，故也有许多美德，当前军队中的一切优秀之举，皆因于那些民族的楷模，那些民族由于对其邦国全都充满嫉妒之心，由于他们畏惧奴役（在别处则无此畏惧）㉕，所以他们都坚持做命运的主人，并因此而备受尊崇。【315】根据我的观点，我希望这已足以说明眼下卑劣事态的原因何在。【316】不知你是否也有同感，或者是否对这种说法还有疑问。

科西莫：【317】没有疑问。实际上，这些我全都非常明白。【318】言归正传，我还是想听听您关于如何在这些营队中部署骑兵的高论，［他们应为］多少为宜？如何配备将帅？如何配置武器？

法布里奇奥：【319】也许你认为我省略了这些。这不足为怪，因为我很少提到它们，原因有二：其一，因为军队的主力和要务是步兵；其二，因为这部分军队不如步兵腐败。他们即便不比古代［骑兵］强大，也是旗鼓相当。【320】刚才㉖我也曾提到训练他们的方式。【321】关于配置武器，我将像当前这样武装他们，不管是轻骑兵还是重骑兵。【322】但我希望轻骑兵都是弩手，其中有些是火绳枪兵，尽管这些人在其他战事中用处不大，但对恐吓乡下人，并把他们从其把守的关口赶走却非常有用。因为一名火绳枪兵比二十名武装［人员］更让他们害怕。【323】至于数量，我认为应效仿罗马军队，每个营队配备的得力骑兵不多于三百人。其中，我希望一百五十人为重骑兵，一百五十人为轻骑兵，每部分都配备一名指挥

㉕　圆括号为原文所有。
㉖　见 *AW* II 128 - 129。

官,十五名十夫长,一名乐手㉗和一名旗手。【324】我希望每十名重骑兵有五辆马车,每十名轻骑兵两辆,这些马车和步兵的一样,负责运送帐篷、器皿、斧头和木桩,若是还有[地方],再带些其他工具。【325】不要因为看到今天的重骑兵有四匹马可供役使,就以为我这种安排是不得其所。因为现在这种行径乃是一种腐败。因为在日耳曼,这些重骑兵只和自己的马匹在一起,每二十人才有一辆马车,在后面运送他们的必要物品。【326】罗马人的骑兵同样也是单独的。不错,精锐步兵就驻扎在骑兵附近,有义务帮助骑兵管理马匹。对此,我们可以很容易地照葫芦画瓢,就像营地的分布将要表明的那样。㉘【327】所以,罗马人过去做到的,以及日耳曼人今天做到的,我们也能做。如若不做,就要犯错误。【328】这些骑兵和旅团一同征募、组建,当营队集合时,他们有时也可被集合起来,并做出某种两军对垒的样子㉙;对此,最重要的是双方必须相互了解。【329】不过,这个话题我已经说得够多了。下面,我们来讨论整个军队的阵形吧,以便能挑战敌人并期望战而胜之,此乃建军之鹄的,也是许多研习活动孜孜以求的目标。

㉗　原意:一种声音;在别处译为"音乐"。
㉘　见 *AW* VI 8 及以下。
㉙　原意:情景。

卷 三

科西莫：【1】鉴于我们正在转换话题，我希望提问人也换一换，因为我不想被认为妄自尊大，就像我总是指责别人那样。【2】所以，我不再搞一言堂，而把这一权力让给在座朋友中想要的那位。

扎诺比：【3】若是你能继续提问，我们将不胜感激。但既然你并无此意，那你应至少告诉我们谁来接替您的位置吧。

科西莫：【4】我想让法布里奇奥领主来指定。

法布里奇奥：【5】我很乐意从命，并希望按照威尼斯人的习惯，由最年轻者先讲。由于这种训练是针对年轻人的，所以我相信年轻人更适于理解训练，就像他们更易于完成训练一样。

科西莫：【6】该轮到你了，卢齐。【7】我很荣幸有这样一位接替者，您也会很满意有这样一位提问人的。【8】所以，请㉚我们别再浪费时间，抓紧言归正传吧。

法布里奇奥：【9】我确信，如要适当说明如何排列战斗队形，必须说明希腊人和罗马人是如何部署阵形的。【10】不过，由于你们自己能通过古代著作家去了解和考虑这些事情，所以我将省略许多细节，只援引那些在我看来必须效仿的东西，以便让我们现在的军队加完善。【11】因此，我将同时说明如何排列战斗队形、如何参加实战和在模拟战中锻炼部队。【12】那些排兵布阵者所犯的最大错误，是将所有部队排成一线，孤注一掷，把赌注全押在一次突击上。【13】个中缘由，在于他们丢失了古人所用的一队接纳另一队的方式。因为离开这种方式，人们在战斗中就无法支援前排，无法为他们提供保护，亦无法接替他们的位置；这种方式一直为罗马人

㉚ 原意：祈求。

最擅长使用。【14】为了说明这种方式,我要说,罗马人习惯上将每个军团分为三部分,即阿斯塔蒂师、普林西比师和特里亚利师。其中,阿斯塔蒂师以密集严整队形部署在第一线,其后是普林西比师,但队形较为松散,再后是特里亚利,其队形更为松散,以便必要时可接纳普林西比师和阿斯塔蒂师。【15】除此之外,他们还有投石手、弩手和其他轻装兵,他们不在这些队列之中,而是部署在骑兵和步兵中间的军队之首。【16】首先由这些轻装兵发起战斗,若是他们得手——这种情况很罕见——他们便乘胜追击;若是被击退,则沿军队侧翼或通过专为这种结果准备的空隙撤退,加入非武装人员之列。㉑【17】他们离开后,便由阿斯塔蒂师和敌人交手。若是不敌,遂逐渐经由普林西比师队列中间的空隙撤回,和普林西比师一起重整旗鼓,再次开战。【18】若是这些人亦被击退,他们则全部撤回到特里亚利师阵列,和特里亚利师合为一体,倾巢而出,重新开战。若这些人又遭败绩,则无药可救,因为再也无法重整旗鼓了。㉒【19】骑兵如一体之两翼般部署在军队两侧,他们根据需要,有时和骑兵作战,有时则援助步兵。㉓【20】这种三次重整旗鼓的方式几乎无往而不胜,因为你要是落败,必须被命运抛弃三次;而敌人必须有如此多的优长,可以战胜你三次。㉔【21】希腊人的方阵没有这种重整旗鼓的方式;尽管他们有许多队列和头目,但却只有一个团队,或者更准确地说,一个头目。【22】他们用以互为帮手的方式,不是像罗马人那样一队退入另一队,而是一个人接替另一个人的位置。【23】他们的方式是这样的:其方阵排成列队形状;假如每列五十人,当他们在前面同敌人交手时,前六排都能参加战斗,因为他们称之为 *Sarisse* 的标枪如此之长,以致第六排士兵的枪尖,可以超过第一排士兵。【24】因此,若是战斗中第一排有人伤亡,他身后第二排的人便会立即顶替其位置,后面第三排的人则顶替第二

㉑　见 Vegetius II 17。

㉒　见 Livy VIII 8;参见 *D* II 16。同李维的说法相反,皮埃罗·皮埃里以有力的案例说明,上述调动不见于战场,而是只用以训练(Piero Pieri, *Guerra e Politica negli scrittori italiani*(Milan: Riccardo Riccardi, 1995, 31 - 36)。

㉓　见 Vegetius II 15。

㉔　见 Livy VIII 8。

排中的空位,如此前赴后继,前面的队列总能保持完整,没有一个
战位空缺,但最后一排却会消耗殆尽,因为其空缺再也无人可补。
所以,第一排遭受的伤亡只会使最后一排人员减少,而第一排却永
远保持完整。通过这样排列阵形,方阵可以逐渐变小而不会被打
乱,因为密集的队形使其更加牢不可破。⑳【25】罗马人开始时也使
用方阵,并命令其军团要像希腊人那样。【26】后来他们就不再喜
欢这种阵形了,而是将军团分成了几个团队,即步兵大队和小队。⑳
因为就像我前不久所说的那样,⑳他们认为,有更多灵魂、由更多部
分组成的团队更有生命力,因此每个都能稳住阵脚。⑳【27】这些时
候,瑞士步兵大队不论在整体排列还是在互为援手方面,采用的都
是方阵方式。他们在作战时将一个大队部署在另一个大队的侧
翼;如果他们将一个大队部署在另一个的后面,那么在第一个大队
撤退时就无法被第二个大队接纳。相反,为了能互为援手,他们保
持的是这种队形,即一个大队在前面,另一个在其右后方,这样,如
果前面的大队需要援助,后者即可前去救援。【28】他们将第三个
大队部署在这两个大队后面,但有一火绳枪射程之遥。【29】之所
以如此部署,是因为若前两个大队被击退,第三大队可以顺利前
进,避免同正在后退的那两个大队相互冲击。由于大队人马无法
像小队人马那样被接纳,所以,罗马军团中独立的小队人马可以这
样部署,让他们既能相互接纳,又能相互增援。【30】罗马军团的许
多例证表明,当他们与希腊人的方阵交战时,瑞士人的这种阵形不
如古罗马人的好。他们总是被罗马人消灭,因为如我所言,罗马人
的武器种类和这种重整旗鼓的方式,可以比四平八稳的方阵更奏
效。【31】因此,如要根据这些范例组建军队的话,我认为既要保留
希腊方阵的武器和方式,也要保留罗马军团的武器和方式。所以
我曾说过,⑳在一个大队中,我希望有马其顿方阵的两千名长矛兵,

---

⑳ 关于古人对马其顿方阵最为详尽的讨论,见 Polybius XVIII 28 - 30 及 Livy IX 19。

⑳ Livy VIII 8.

⑳ 见 *AW* II 275。

⑳ 原意:约束自身(*reggesi*)。

⑳ 见 *AW* II 70。

罗马人的三千名佩剑的盾牌兵。【32】我把旅团分为十个营,就像罗马人把军团分为十个步兵大队那样。【33】和罗马人一样,我也让轻步兵打头阵。【34】正如武器是两国混杂、兼而有之一⑩样,队形也应是兼采两者之长,所以,我安排每个营队有五列长枪兵在前,余者为盾牌兵,以便能像敌人那样,在第一回合遭遇中用长枪兵阻击骑兵,并能容易地冲入敌人步兵营队。我希望长枪兵能足以抵挡敌人,然后用盾牌兵击败敌人。【35】若是你恪守这种阵形的优长,就会发现,所有这些武器都将物尽其用。因为长枪是对付骑兵的有力武器,它们对付步兵时,也会在贴身肉搏前很好地发挥作用,一旦贴身,它们就无用武之地了。【36】所以,瑞士人为了避免这种不利,在每三列长枪兵后面部署一列戟兵,以此给空间不足的长枪兵以机动余地。【37】我们让长枪兵在前、盾牌兵在后,就可抵挡骑兵,并在贴身作战时冲垮⑩和骚扰步兵。但当贴身肉搏⑩开始后,长枪就无用武之地了,于是便继之以盾牌和剑,它们可在任何狭小空间内运用自如。

卢齐:【38】您将如何用这些武器和队形来排兵布阵呢?我们正在洗耳恭听呢。

法布里奇奥:【39】这正是我现在想要和你们谈的事情。【40】你们须得明白,在罗马人的正规军,也就是他们所说的执政官军团中,只有两个由罗马公民组成的军团,[每个]军团有六百名骑兵和大约一万一千名步兵。【41】他们还有友国和盟国派来的同样多的步兵和骑兵。他们将这些人分为两部分,一为右角,一为左角。他们从不允许这些辅助步兵在数量上超过他们的军团,但乐意让其骑兵数量更多些。【42】有了这支由两万两千名步兵和大约两千名得力骑兵组成的大军,执政官便可以采取任何行动、参加任何战役。⑩【43】然而,当需要对抗更强大的敌人时,他们就把两个执政官军团合二为一。【44】你们还应注意到,一般情况下,在军队采取

---

⑩ 原意:参与(此处及下面)。
⑪ 即打乱步兵的严整队列。
⑫ 原意:变紧。
⑬ 见 Polybius VI 26,此处称罗马步兵的数量一般同其盟友的旗鼓相当;参见 Livy XL 36,此处称盟友一般有一万五千步兵,大大多于罗马步兵。

的三种主要行动,即行军、扎营和作战中,他们都把自己的军团部署在中间。[304] 因为就像我在讨论这三种行动时将要说明的那样,他们希望自己比较信任的部队集中在一起。【45】那些辅助步兵通过和军团步兵的共同演练,同后者一样有战斗力。因为他们和后者一样纪律严明,训练有素,所以在排列战阵时让他们采取同样的方式。【46】因此,知道了罗马人如何部署一个军团的战阵,也就知道了他们如何部署整支军队。【47】我曾和你们讲过[305]他们是如何把一个军团分为三条战线的,现在也就没有必要再告诉你们他们是如何部署整支军队的了。【48】由于我想和罗马人那样排兵布阵,所以,正如他们有两个军团那样,我将采用两个旅团,将它们部署就绪后,整个军队的部署也就一目了然了。因为要增加更多人员,只需扩大队形即可。【49】我认为,没有必要再提醒你们每个旅团有多少步兵,如何有十个营,每个营有哪些指挥官,有何种武器,哪些人是普通长枪兵和普通轻步兵,哪些人是特别长枪兵和特别轻步兵。因为我刚刚才清楚地告诉你们,并提醒你们若想明白所有其他部署的话,就必须将此牢记于心。[306] 所以,下面我将专心致志地说明阵形,而不再重复任何别的事情了。[307]【50】在我看来,应把一个旅团的十个营部署在左翼,另一旅团的十个营部署在右翼。【51】左翼的十个营以这种方式排列:五个营部署在前部的一侧到另一侧,各营之间留有四布拉乔长的空隙,它们最终占据一百四十布拉乔长、四十布拉乔宽的地带。【52】在这五个营后面,我将部署另外三个营,它们与首批五个营的直线距离为四十布拉乔。其中两个营以直线形在[首批五个营的][左右]两端后面,另一个营则在中间。【53】这样,这三个营所占面积长宽与[前面]五个营相同,只是[首批]五个营各自相互距离为四布拉乔,这[三个营的]相互距离则为三十三布拉乔。【54】再后,我将以同样方式,在[中间]这三个营后面部署最后两个营,它们与[中

---

[304]　见 Polybius VI 26。

[305]　见 *AW* III 14 - 20。

[306]　见 *AW* II 157。

[307]　关于下面的讨论,见 203 页图 4。

间]三个营的直线距离为三十四布拉乔。我将把它们各自部署在这三个营的[左右]两端后面,因此它们之间的距离应为九十一布拉乔。【55】按照这样的部署,全部十个营所占面积将为二百布拉乔长、一百四十布拉乔宽。【56】我将沿着这些营的左侧部署特别长枪兵,他们距离这些营二十布拉乔远,共一百四十三列,每列七人,所以他们的长度将和上面那样排列的十个营左侧相等。还有四十列负责保护军队尾部的马车和非武装人员,并让十夫长和百夫长各就其位。在三个营长中,我将安排一人在前,一个居中,一人在最后一列担当 *tergiduttore*⑩——这是古人对部署在军队后部者的称谓。【57】还是来说说军队前部吧。我将把特别轻步兵——你们知道,这些人有五百之众——部署在特别长枪兵旁边,使两部分相距四十布拉乔。【58】还是在这些人的左边,我将部署重骑兵,令他们相距一百五十布拉乔远。【59】在这些人的后面,[我将部署]轻骑兵,其距离和重骑兵相同。【60】至于部署在各营之间空隙处的普通轻步兵,我将把他们留在自己的营队周围,以便在我觉得不适合由特别长枪兵掩护这些营队时,由他们来掩护。到底由谁来掩护,将看怎么做对我的计划有利而定。【61】我将把旅团长部署在第一和第二批营队之间的位置,否则就部署在前头,在头五个营的最后一个营与特别长枪兵之间的位置,具体看怎么做对我的计划有利而定。他周围有三十到四十名精兵保护,这些人善于谨慎地履行使命,在抵抗冲锋时特别孔武有力;旅团长本人也应位于乐手和旗手之间。【62】这就是我把一个旅团部署在左翼的阵形,是一半军队的部署。它占的面积长为五百一十一布拉乔,宽如上述,但不包括负责保护非武装人员的特别长枪兵占据的大约一百布拉乔长的空间。【63】我将完全按照部署左翼的同样方式,把另一个旅团部署在右边,两旅团之间相隔三十布拉乔。在这一空隙的头上,我将部署一些炮车,炮车后面是全军统帅。他周围除了乐手和帅旗掌旗手外,至少还应有两百名精兵,大部分为步兵,其中应有十人或十人以上善于执行各种命令,备有马匹和各种武器,以便能根据需要或骑马或步行。

---

⑩ 后卫。

【64】［至于］军队的火炮，有十门每次装药量不超过五十磅的火炮，便足可摧城拔寨。在野战中，我将把火炮更多地用于保护营地，而不是用于发起战斗；其他所有火炮的每次装药量将为十磅，而不是十五磅。【65】我将把它们部署在整个军队的前部，当然，除非地形⑨平坦，否则我就能把它们部署在侧翼安全的地方，使其无法受到敌人攻击。【66】这样的排兵布阵，在作战时既可保持方阵队形，也可保持罗马军团的阵形。由于前面是长枪兵，所有步兵都做这样的排列，他们在动手阻击敌人时，可根据方阵方式，后列补前列。【67】另一方面，若是他们遭到攻击，被迫打乱队列后撤的话，他们可退入后面的第二营队的空隙处，两队合一，重整旗鼓，去阻击敌人。【68】若是这样还不够，他们可通过同样的方式再次撤退，发起第三轮战斗。所以，他们在以这样的队形作战时，既可按照希腊人的方式，也可按照罗马人的方式重整旗鼓。【69】军队的战斗力可由此变得无比强大，因为两角都有充足的指挥官和武器。除了后面的非武装人员以外，其他部分没有任何软肋，并且，即使这一部分人的两翼，也受到特别长枪兵的保护。【70】敌人无隙可乘，他们找不到任何队形不严的部分给以袭击。后面的部分也不会受到袭击，因为那里不会有可以平均用力、四面出击的如此强大之敌，即便有，你也不必同他们开战。【71】当这是一股比你兵多将广，并且和你同样组织有方的第三方时，若是他们同时在几处攻击你，从而使自己兵力削弱，而且你又已经突破了他们的一部分，那么一切都将对他们不利。【72】若是他们的骑兵比你的强大，那你也尽可放心，因为即便你的骑兵被击溃了，保护你的长枪兵队列也会使你打退他们的每一次冲锋。【73】除此之外，各级指挥官都位置适当，使他们调兵遣将、上传下达易如反掌。【74】各营队、各队列之间的空地，不仅可用来让他们相互接纳，而且也使传达帅令的传令兵来去无阻。【75】并且，像我已经告诉过你们的，⑩［由于］罗马人的一支军队有大约两万四千人，所以我们的军队也应有这么多人。由于其他士兵采用了军团的

---

⑨　*Paese*，通常译为“乡村”。
⑩　见 *AW* III 42。

作战方式和队形,所以,你除了两个旅团以外的士兵,也将采用军团的排兵布阵方式。【76】由于这些事情有例可循,模仿起来就轻而易举。因为若是再增加两个旅团,或者增加和其他这些士兵⑪同样多的人,别的什么都无需做,只要把队列翻倍就万事大吉了,例如在原先部署十个营的左翼,现在部署二十个,办法是扩大或延长队列,视地点和敌人的情况而定。

卢齐:【77】领主您所言极是,我脑海里想象着这支军队,真就像亲眼所见一般,而且正热切盼望着看到它进攻呢。【78】无论如何,我可不希望您像法比乌斯·马克西穆斯那样,见了敌人就躲,并且还拖延战事。那样的话,我对您的评价会比罗马人对他的评价更糟。⑫

法布里奇奥:【79】别担心。【80】你难道没有听过火炮[的声音吗]?【81】我们的火炮已经开火,但给敌人造成的伤亡却微乎其微。特别轻步兵离开他们的位置,和轻骑兵一起分散开来,他们极力呐喊着,十分猛烈地攻击敌人;敌人的火炮也一齐开火了,炮弹从我们步兵的头顶上呼啸而过,但对他们毫发无损。【82】所以⑬他们不能再次开火。看啊,我们的轻步兵和骑兵已经夺取了敌人的火炮,敌人为了保卫火炮也已经前来厮杀,这就使得敌我双方的火炮都已英雄无用武之地。【83】看啊,我们[的人]打起仗来多么有优势,行进起来多么有纪律,队形多么严整,对军队多么有信心!他们通过训练,已经对此习以为常;他们以自己特有的步伐,和重骑兵齐头并肩,同敌人展开贴身肉搏。【84】看啊,我们的火炮为了给他们让路,让这个地方畅通无阻,已经后退到轻步兵腾出的地方。【85】看啊,将领正在给他们加油鼓劲,让他们看到胜利的曙光。【86】看啊,轻步兵和轻骑兵已严阵以待,回到军队侧翼,看他

⑪ "其他这些士兵"指的是业已存在的旅团。
⑫ 昆图斯·法比乌斯·马克西穆斯(公元前275—公元前203),以拖延者闻名。见 Livy XXII 12-18;23-30;参见 *AW* IV 116-32;*D* I 53.2,III 9.4,10.1-3;也见于 *D* I 53.4,II 24.3,III 9.1,34.4,40.1,P17.68。(拖延者法比乌斯也是普罗斯佩罗·科洛纳的绰号,此人是远比他的堂兄、《战争的技艺》的参与者法布里奇奥有名的雇佣兵队长。)
⑬ 原意:因为。

们是否能从侧翼给敌人以打击。【87】看啊,两军正在对攻。【88】看啊,他们用多么大的勇气顶住敌人的冲击,如何镇定自若,将帅如何命令重骑兵抵抗［敌人的冲锋］而不是出击,不让他们脱离步兵的队列。【89】看啊,我们的轻骑兵如何去攻击一伙企图从侧翼袭击我们的敌火绳枪兵,敌人的骑兵又如何去救援他们,他们从而被夹在双方骑兵之间,既不能开火,也无法退回到自己营队身后。【90】看啊,我们的长枪兵正受到多么猛烈的攻击,步兵如何已经相互靠得如此之近,以致无法挥舞长枪,因而根据我们传授的纪律,我们的长枪兵逐渐退到盾牌兵中间。【91】看啊,与此同时,敌人的一大队重骑兵已经如何击退了我们左翼的重骑兵,我们的重骑兵又如何按照纪律,已经退到特别长枪兵后面,在他们的帮助下重整旗鼓反击敌人,毙敌无数。【92】同时,第一营的全部普通长枪兵已经隐蔽在盾牌兵队列中间,任由盾牌兵去冲锋陷阵。看他们如何凭借优势,游刃有余、镇定⑭自若地杀死敌人吧。【93】君不见,他们的队形在战斗中是如此密集,以致挥舞刀剑都不顺手?【94】看啊,敌人正在如何迅速毙命。【95】因为敌人的长枪太长,从而派不上用场;佩剑也无用武之地,因为对手的甲胄太精良,他们非死即伤,余者仓皇而逃。【96】看啊,他们正从右边逃走。他们也在从左边逃走。看啊,胜利是我们的。【97】难道我们不是非常痛快地赢得了一场战斗?【98】但是,如果让我来排兵布阵的话,我们会赢得更痛快。【99】看吧,我们根本无需动用二线或三线,因为我们的一线已足以战胜他们。【100】在这一部分,我只是要消除你们的任何疑虑,其他无话可说。

卢齐:【101】您已经如此神速地赢得了这场战斗,以至于让我至今还有些目瞪口呆,都不知道自己能说清楚是否还有疑虑了。【102】不过,尽管我相信您的审慎,我还是要鼓起勇气⑮,畅所欲言。⑯【103】首先请您告诉我:您为什么只让火炮开火一次而不是更多?【104】您为什么马上把它们撤到大军后面,而且后来再也不提到它们?【105】我还觉得,您把敌人火炮的炮口抬高了,并且按照是我们的方式部署的,但［情

---

⑭ 原意:悠闲。

⑮ Animo,在别处译为"精神"。

⑯ 原意:我相信您的谨慎,将畅所欲言。

况〕很可能就是这样。【106】但是,如果——我相信这种情况经常发生——它击中了我们的防线,您将采取什么补救措施呢?【107】由于我是从火炮谈起的,我想干脆把问题都提出来,这样以后就不用再讨论了。【108】据我所知,有人对古代军队的武器和阵形多有贬损,认为由于⑪猛烈的炮火,它们在今天无能为力,甚至毫无用处。因为炮火可以打乱阵形,穿透装甲,所以在他们看来,排列无法保持的阵形,费力携带无法保护自己的装甲,乃是疯狂之举。

法布里奇奥:【109】你的这个问题包括很多方面,回答起来会比较长。【110】我确实让火炮只开火一次,我甚至都怀疑这一次该不该。【111】原因在于⑱,对一个人来说,提防被敌人击中比击中敌人更重要。【112】你须得明白,〔若是你〕不想被炮火伤着,就必须要么呆在炮火打不到的地方,要么躲在墙壁或堤坝后面。【113】但这些东西都必须非常坚固,别的任何东西都无法阻挡炮火。【114】那些部署他们打仗的将帅既不能躲在墙壁或堤坝后面,也不能留在炮火打不到的地方。【115】由于他们找不到能够自保的方式,便需要找到一种少受伤害的方式;而唯一的途径,就是立即攻占〔敌人的火炮阵地〕。【116】其得逞之道在于迅速找到它,并且要以散兵队形出击,而不是慢腾腾地蜂拥而出。因为出击迅速,可以不让敌人有再次轰击的机会;用散兵队形,则可以少受伤亡。【117】一队阵形严整的士兵无法做到这一点。因为若是他们行进迅速,便会自乱阵脚;若是分散前进,则敌人不费吹灰之力便可打乱他们,因为他们自己已经乱作一团。【118】所以,我将这样来部署军队,使他们能两者兼顾。由于已经在两翼部署了一千轻步兵,因此,我将在我们的火炮开火后,命令他们和轻骑兵一起出击,去攻占敌人火炮阵地。【119】所以我没有让火炮再次开火,以便不给敌人时间。因为既然别人不给我时间,那我也不能给别人时间。【120】出于没有让他们二次开火的同样原因,我其实根本不想让他们开火,这样一来,敌人就甚至连第一次开火的机会都没有。【121】因为若要让敌人的火炮失去作用,除了袭击它之外别无良策。如果敌人

---

⑪　原意:关于。
⑱　*Perchè*,通常译为"因为"。

放弃火炮,你就夺取它;如果他们想保卫它,就需要把它部署在[他们自己的防线]后面,这样,不管是在敌人手里还是在朋友手里,它都无法开火。【122】我相信,即使没有范例,这些理由对你们来说也足够了;不过,由于古人有此先例,我还是要举例说明。【123】文蒂迪乌斯在同帕提亚人——其优势很大程度上在于其弓箭——会战时,直到帕提亚人几乎到了他的营地跟前才令军队出击。他这样做的目的,只是为了能速战速胜,不给敌人以开弓放箭的空间。⑲【124】凯撒报告说,他在法国和敌人的一次交战中曾遭到敌人如此激烈的攻击,以至于他的士兵都没有时间按照罗马人的习惯掷出标枪。⑳【125】所以,人们看到,如果你在战场上不想让从远处射来的东西伤到,唯一办法就是尽可能迅速夺取它。【126】还有一个原因让我不想命令火炮开火,这或许会让你见笑,但我并不认为这是应该蔑视[的事情]。【127】在军队里,最能引起混乱者莫过于视野受阻。因此,许多勇武之师曾因视野被灰尘或阳光所阻而被遭遇败绩。【128】而最能阻碍视野者,莫过于火炮开火时产生的烟雾。所以我相信,更谨慎的做法是让敌人变成瞎子,而不是你盲目地去寻找他。【129】因此,我要么不让火炮开火,要么(因为㉑这事关火炮的荣誉,也许这并不可取)㉒把它部署在军队两翼,这样,它在开火时产生的烟雾就不会妨碍我军前部的视野。这对我军来说很重要。【130】妨碍敌军视野是一件有益的事情,这可援引埃帕米农达斯的例子[为证]。他为了妨碍前来挑战的敌军视野,令轻骑兵在敌人阵前来回驰骋,扬起漫天灰尘,以此妨碍他们的视野,使他取得了战斗的胜利。㉓【131】至于你所说的我以自己的方式令火炮开

---

⑲　帕波利乌斯·巴苏斯·文蒂迪乌斯在公元前 38 年吉达儒斯之役;见 Frontinus II 2.5。

⑳　Caesar, *Gallic War* I 52;凯撒曾在公元前 58 年同阿里厄维斯图斯的日耳曼军队作战。

㉑　原意:关于。

㉒　圆括号为原文所有。

㉓　埃帕米农达斯(约公元前 418—公元前 362)是一位伟大的底比斯将军。Frontinus II 2.12;参见 *AW* III 103, VII 204, 243;*D* I 17.3, 21.3, III 13.3, 18.1, 38.1;*P* 12.50。

火,使炮弹越过步兵头顶,我的回答是:重炮许多时候都无法击中步兵,这堪称无与伦比。因为步兵的目标很低,[火炮]又难以开火,以至于你稍微抬高一点炮口,炮弹就会越过步兵头顶;而如果降低炮口,炮弹则会射向地面而射不到步兵那里。【132】地形凹凸不平也救了他们的命,因为步兵和火炮之间的每个小土墩或高地,都会妨碍炮击。【133】至于骑兵,特别是重骑兵,由于他们比轻骑兵更受限制,并且因为目标比较高而更容易被击中,所以可让他们在火炮开火前一直留在军队后尾部。【134】实际上,火绳枪和小火炮比[重炮]更能杀伤敌人。对付它们的最佳办法,是迅速逼近它们;如果说在第一轮攻击中有人阵亡,那是因为阵亡乃是不可避免的事情。对于伤亡,优秀的将领和军队不怕万一,就怕一万。他们效仿瑞士人,后者从不因惧怕炮火而避战,甚至对因惧怕炮火而离队,或身体㉞表现出恐惧症状者处以死刑,以示惩戒。【135】火炮完成第一次炮击后,我就会命令它们退回到军中,以便为营队让出地方。【136】双方贴身肉搏后,火炮就成了无用之物,所以我也就不再提到它。【137】你还说过,鉴于㉟这种武器威力无比,许多人认为古人的武器和阵形已经没有用处了。你的这番话似乎流露出这样的意思,即现代人已经找到了对付火炮的有效阵形和武器。【138】如果你知道这点,我愿意洗耳恭听,因为迄今为止,我对此还一无所知呢,而且也不相信真的有人能找到它们。【139】所以,我倒是想听听那些人的高论:为什么我们现在的步兵要穿胸甲或铁胸衣,骑兵要全身披挂盔甲。因为既然他们指责古代的装备因火炮之故㊱百无一用,那么他们就应该不要这些装备才对。【140】我也很想听听,为什么瑞士人要效仿古人的队形,组建六千到八千步兵的密集营队呢?为什么尽管由于㊲火炮之故,这种阵形和其他那些师法古代的阵形面临着同样的危险,但别国却都纷纷效仿它们呢?【141】我相信他们对此将无以为答。但是,如果你去问有些能辨是

㉞　原意:人。
㉟　原意:关于。
㊱　原意:关于。
㊲　原意:关于。

非的士兵,他们会做出这样的回答:首先,这些装备虽然不能保护他们不为炮火所伤,但确实可以抵挡弩、矛、剑、石头,以及来自敌人的各种伤害,所以他们还是全副武装。【142】他们还会回答说:他们之所以像瑞士人那样采用密集队形,是为了能更好地攻击步兵,更好地抵抗骑兵,让敌人更难以突破他们的防线。【143】人们看到,士兵除了要提防火炮外,还要提防其他很多东西,而盔甲和阵形则可以保护他们不受这些东西的伤害。【144】由此可见,一支军队的装备越是精良,队形越是密集、严整,它就越是安全。【145】因此,不论是谁持有你上述观点,都肯定不是缺乏慎重,就是对这些事情考虑甚少。因为,若是我们看到今天运用的一小部分古代武装方式——如长矛,或其一小部分阵形——如瑞士营队,都给我们带来了这么多的好处,给我们的军队平添许多威力,那么,我们为什么不相信他们留给我们的其他武器和阵形也有用呢?【146】若是我们部署成像瑞士人那样的密集队形时,都对火炮不屑一顾,那还有什么队形更令我们害怕火炮呢?【147】在这种情况下,最让我们担心的阵形是把部队缩为一团。【148】除此之外,若是我不为敌人的火炮所吓倒,仍然敢把军队部署在城寨附近,任凭城寨中的敌人炮火凭借其更安全的[位置]给我以伤害(因为它们有城墙的保护,所以我无法攻占它们;我军的火炮只是偶尔能阻止敌人随心所欲地加倍炮击),㉘那么,在我能迅速夺取敌人火炮的旷野,我为什么要害怕它们呢?【149】所以,我的结论是:在我看来,火炮不妨碍人们去运用古代的方式,展示古代的美德。【150】若是我不曾在别的时候和你们谈过这种武器,我在这里将会谈得更详细些;让我们接着当时的话题继续往下谈吧。㉙

卢齐:【151】您关于炮兵的这番高论㉚,我们都能透彻理解。总之,在我看来,您已经指出若是在旷野遭遇敌军,对付其火炮的最佳办法是迅速夺取它。【152】对此我有一点疑虑:因为在我看来,敌人会[将火炮]布置在可以轰击您,但又受到步兵的保护,使您无

㉘　圆括号为原文所有。
㉙　参见 *D* II 17。
㉚　原意:论述。

法夺取它的地方。【153】若是我没记错的话,您在部署战阵时,在各营队之间留有四布拉乔的空隙,在营队和特别长枪兵之间留有二十布拉乔的空隙。【154】若是敌人和您一样排兵布阵,将火炮部署在这些空隙后面的话,那么我相信,它就可以安安稳稳地向您射击了,因为要深入敌后夺取他们的火炮是不可能的。

　　法布里奇奥:【155】你的怀疑非常谨慎,我将尽力或是打消你的怀疑,或是提出一种对策。【156】我曾经告诉过你,㉛这些营队不论行军还是作战时都是不断运动的,本质上说是在不断收拢。所以,若是你用以部署火炮的空隙窄,时间不长,队列就会收拢得很窄,致使火炮无法再发挥作用。若是你为了避免这种危险而留的空隙过宽,则又会陷入更大的危险,使敌人不仅容易借此夺取你的火炮,而且容易打乱你的阵形。【157】但是,你须得知道,在两个队列之间部署火炮,尤其是那种装在马车上的火炮,是不可能的。因为火炮是朝一个方向行进,而朝另一个方向开火的。所以,若是它不得不边走边开火,就必须在开火前掉转炮身,而它掉头需要很大的空间,以至于五十辆炮车就足以令一支军队队形大乱。【158】所以,必须把它部署在阵列之外,使它在那里能像我刚才说过的那样㉜作战。【159】但是,假定它可以部署[在阵列中间],假定可以找到这样一条中庸之道,即当队形收拢时,既不会使自己的火炮受到妨碍,又不会开阔得给敌人提供通道㉝。我认为,对付这种情况的办法很容易,这就是扩大队列的间隔,让炮弹落在那里。这样,即便敌人的炮火再猛烈,也徒然无用了。【160】这一点很容易做到。因为敌人想让其火炮安然无忧,必定会把它们部署在空隙尾端;而且由于敌人不想让它们伤到自己人,其炮弹就必须一直沿同样的直线穿过。所以,通过给[炮弹]留出着落的地方,就可以轻而易举地避免杀伤。一个人必须向无法抗拒的东西低头,就像古人向大象和带有镰刀的战车低头那样,这乃是一个通则。㉞【161】我相信、

㉛　见 *AW* II 10。
㉜　见 *AW* II 64 - 65。
㉝　*Via*,在别处译为"道路"。
㉞　见 Polybius XV 9;Vegetius III 24。

甚至更确信无疑的是,在你们看来,我是随心所欲地排兵布阵并赢得胜利的。但是,如果我迄今所言还不能让你们信服的话,那么我还要这样来回答你们:一支如此列阵和武装起来的军队,在第一回合就能战胜任何一支像现代军队那样列阵的军队。【162】这些现代军队大多时候都只部署一道防线,没有盾牌兵,并且武装方式^㉝也如此糟糕,以至于在近敌面前无能为力,徒受伤害。在排兵布阵方面,若是他们让各营队的侧翼彼此并行来部署,其军队就会过于显得单薄,缺乏纵深;若是彼此前后部署,则又会致使军队混淆,容易被打乱阵脚,从而缺乏各队依次接纳之法。【163】尽管他们给军队起了三种名字,将他们分为三条线,即前卫、主力和后卫,但他们只是以此来行军和区分营地的;而在战斗中,他们必须在首轮冲锋时就倾巢而出,孤注一掷。

卢齐:【164】我也注意到,在您所描绘的战斗中,您的骑兵被敌人的骑兵击溃了,退到了特别长枪兵中间,他们在后者的帮助下不但抵挡住了敌人,而且取得了胜利。【165】我相信,长枪兵可以像您说的那样抵挡骑兵,但这是像瑞士人那样的密集、严整的长枪兵大队。而在您的军队里,您在前头部署了五排长枪兵,侧翼部署了七排,所以,我不知道他们如何能抵挡住骑兵。

法布里奇奥:【166】虽然我告诉过你,^㊱在马其顿方阵中能一次^㊲用六排长枪兵,但你仍然要明白,若是瑞士人的步兵大队由一千人组成,那么,它一次就只能用四排,最多五排了。因为长枪有九布拉乔长,其中一布拉乔半由双手占据,所以在第一排中,还有七布拉乔半可供使用。【167】在第二排,除了双手占去的长度外,两排之间的空间又占去了一布拉乔半,所以长枪只还剩下六布拉乔。【168】由于同样原因,第三排的长枪只剩下四布拉乔半;第四排三布拉乔;第五排一布拉乔半。【169】其他队列无法直接杀伤〔敌人〕,而是像我们说过的那样,^㊳用以补充前面几排,而且可以起

㉝　原意:质量。
㊱　见 *AW* III 23。
㊲　或者:一气儿。
㊳　见 *AW* III 21 - 24。

到这五排的外堡的作用。【170】因此,若是他们的五排士兵即可抵挡骑兵,那我们的为何就不能呢? 他们身后照样有无数队列,可以补充他们,并给他们以同样的支援,尽管他们没有像瑞士人那样的长枪。【171】若是部署在侧翼的特别长枪兵在你看来有些单薄,那他们可以排成一个方阵,部署在位于我军最后一道防线的两个营的侧翼。他们在那里都能很容易地掩护㊳我军的前卫和后卫部队,并根据需要给骑兵施以援手。

卢齐:【172】在您想要开战时,总是用这种队形吗?

法布里奇奥:【173】并非每次都这样。因为你必须根据地点的性质,以及敌人的性质和数量,来变换队形。在结束这次讨论之前,我将用一些例子来说明这点。【174】但是,之所以给你谈这种形式,与其说是因为它比其他形式强大——尽管它确实非常强大,而是因为你可以从中得到一条规则和顺序,去懂得如何识别部署其他队形的方式。因为,每门科学都有其很大程度上引以为基础的一般性。【175】我只想提醒你一件事:永远不要这样部署军队,使得无论谁在前头作战,都不能得到后面部队的支援。因为无论谁犯下这样的错误,都会使他的军队主力成为摆设;并且,若是遇到强大之敌,他定会必输无疑。

卢齐:【176】在这个问题上,我又有一点疑虑。【177】我看到,您在部署营队时让五个营一字排开,组成前头部队,用三个营组成中军,两个营组成后卫。我觉得倒过来排列会更好。因为我认为,不论进攻者为何人,当他发现越往里穿插越困难时,这样的军队就更难以被击溃。而在我看来,您排出的阵形似乎是越往里穿插,就越是发现它虚弱。

法布里奇奥:【178】你若是还记得特里亚利师即罗马军团的第三阵列只有不超过六百人,并且是被部署在最后一道防线,你就不会这样怀疑了。你将会看到,我是如何受这个例子的启发,在最后一道防线部署了由九百步兵组成的两个营队的。㊵据此而言,我的错误不是在于部署在最后一道防线的部队太少,而是太多。【179】

㊳ 原意:帮助。
㊵ 见 Polybius VI 21。

虽然这个例子已经可以说明问题,但我还是要告诉你我为何要这样做的理由。【180】这就是:我军前线之所以要严整、密集,是因为它必须经受得起敌人的冲击,而不是必须接受任何援军加入。为此之故,它必须兵多将广,因为兵少将寡会因过于分散或数量过少而不堪一击。【181】而由于第二线不得不在抗击敌人之前接纳第一线的战友加入,所以必须有较大的空隙,因此其数量必须少于第一线。如果它兵力更多或与第一线相等,就必然㊵导致要么留不出空隙,从而引起混乱;要么留出空隙,但队列会比第一线长,从而使队形不完整。【182】你说得不对,并非敌人越深入我军,就越是发现它虚弱。因为,除非第一线已经和敌人展开贴身搏杀,否则敌人永远不会和第二线作战;所以,敌人最终会发现旅团中心更强大而不是更虚弱,因为它必须与我军的一线和二线部队同时作战。【183】若是敌人攻到了第三线,情况也同样如此。因为他在这里所必须面对的,不只是部署于此的两个新营队,而是整个旅团了。【184】而且,由于这最后一部分必须接纳更多战友加入,所以空间必须更大,接受他们的人在数量上[必须]更少。

卢齐:【185】我喜欢您的话,但也请回答我的这个问题:如果一线的五个营退入二线的三个营,然后这八个营再退入三线的两个营,一旦八个、继而是十个营会合在一起,那么不管它们是八个还是十个,就都将占据㊶原先由一线的五个营占据的同样大小的地盘,而这看上去是不可能的。

法布里奇奥:【186】我首先要回答的是,这不是同样[大小]的地盘。因为[一线的]五个营之间有四片空地,以备在退入[二线的]三个营和[三线的]两个营时占用。然后,在两个旅团之间以及各营和特别长枪兵之间,也留有这样的空地,这些地方都很大。【187】除此之外,各营在保持队形不变和改变队形时,占据的地方大小也不一样。因为当他们变换队形时,队形不是收缩就是扩大。【188】在他们因惊恐而被迫逃跑时,队形就扩大;而当他们因惊恐

㊵　*Convenire.*

㊶　*CaPere*,与该词有关的译法有"抓住"、"理解"、"能够"、"容量"和"宽敞的"。

而[34]企图通过防御而不是逃跑来寻求自保时,队形就收缩。【189】此外,前头的五队长枪兵一旦加入战斗后,就不得不退回他们在大军后部的营队,以便为有战斗能力的盾牌兵腾出地方。【190】他们到军队后部后,可根据统帅的命令做一些力所能及的事情;而在前线时,一旦混战开始,他们便全都无用武之地了。【191】这样一来,为余下的部队留出的阵地便非常宽敞。【192】而且,即便这些地方依然不够,也还有两翼——他们都是大活人,而不是矗立不动的城墙——他们可以后撤或是散开,从而让空间大得足以容下他们。

卢齐:【193】当一线营队退入二线营队时,您是打算让部署在军队侧翼的特别长枪兵原地不动、仍然作为军队的两个角呢,还是让他们随一线营队后撤?【194】若是他们不得不后撤的话,我不明白他们如何能做到这一点,因为在他们后面,没有留着狭窄空隙来接纳他们的营队。

法布里奇奥:【195】如果敌人在迫使营队后撤时不向这些长枪兵寻战,他们就能保持队形不变,并在一线营队完成撤退后,马上从侧翼给敌人以杀伤。但是,如果敌人也向他们开战——这似乎合乎情理,因为敌人如此强大,能同时攻击我军正面和侧翼——则他们也必须撤退。【196】即便后面没有能接纳他们的部队,他们也完全可以做到这一点。他们可以借助前面的手段,在右翼翻倍,即按照我们在说到队形翻倍时讨论过的那种方式,[34]一列加入另一列。【197】实际上,若想通过翻倍方法撤退,必须按照一种不同于我业已指出过的方式。因为我告诉过你们,第二排必须加入第一排,第四排必须加入第三排,依此类推。[35]而在这种情况下,却不是从前头开始,而是从后面开始,这样来使队列翻倍,他们最终就会向后退,而不是向前进。【198】但是,为了回答你就我说过的这次战役所能提出的全部问题,我要重申:我之所以这样排兵布阵和说明这次战役,其因有二:一是为了说明军队是如何部署的;二是为了说明它是如何训练的。【199】我相信你们都已经对阵形了然于胸;至

---

[33] *In modo che*,通常译为"所以"。

[34] 见 *AW* II 183 及以下。

[35] 原意:转手。

于训练,我要告诉你们的是:必须让他们按照这些队形排练,次数越多越好,因为指挥官要学会让他们的营队保持这些队形。【200】保持好各个营的队形乃是每个士兵的职责,而保持好每个营在整个军队各种阵形中的队形,并懂得如何执行统帅的命令,则是营队指挥官的职责。【201】所以,他们必须懂得如何让两个营合二为一,懂得如何一举取代他们的位置。所以,必须在每个营的营旗的显著位置写明其番号,以便让他们能听从号令,统帅和士兵也更容易通过其番号辨别他们。【202】各旅团也应编号,并写在其主旗上。【203】所以,一个人必须知道部署在左翼或右翼的旅团是什么番号,部署在一线或中间的营队是什么番号,并依次告知。【204】人们还要懂得那些随军阶上升的数字的含义。例如,第一级指的是十夫长,第二级是五十名普通轻步兵的指挥官,第三级是百夫长,第四级是第一营的指挥官,第五级是第二营的指挥官,第六级是第三营的指挥官,依此类推,直到第十营,他的军阶应仅次于旅团长。要坐到这一位置,任何人都必须是自下而上逐级提拔上来的。【205】除了这些指挥官外,还有三名特别长枪兵营长,两名特别轻步兵营长,我想让他们的级别与第一营营长相同。我也不会介意有六个人级别相同,因为这样的话,他们每个人都会为了被提拔到第二营的级别而竞争。【206】由于这些指挥官都知道他们的营应在什么位置,因此必然的结果是,军号一响,帅旗一举,全部大军就会各就各位。【207】这是军队应习以为常的第一种演练,即快速集合。要做到这一点,你必须每天都要让他们列队、解散多次。

卢齐:【208】除了番号之外,您还想让军旗上有什么标志?

法布里奇奥:【209】帅旗上要有军队主帅的标志。其他的旗帜也应有相同的标志,并要根据兵营或标志而变化,这要看军队主帅觉得怎么样更好来定。因为这无关紧要,只要能发挥相互识别的实际效果就好。【210】不过,我们还是来讨论任何军队都应进行的

---

⑯　原意:转手。
⑰　原意:转手。
⑱　原意:在……之外。
⑲　见 Vegetius II 21。

第二种训练吧。这就是让部队以适当的步伐行进,并在行进时保持队形。【211】第三种演练,是让他们学会像以后在实战中那样管好自己:让火炮开火,然后撤退;让特别轻步兵出击,做出攻击的样子后再让他们撤回;让第一营好像被向后推一样退到第二营的空隙,然后和第二营一起退到第三营,再从这里各自回归原位;要让他们习惯于这种演练,以便人人都注意到并熟悉每件事情。通过实践可以熟能生巧,所以很快就会完成这种训练。【212】第四种演练,是让他们学会根据乐器发出的音乐和旗帜的飘动来理解指挥官的命令,因为通过喊话发出的命令是不需要别的解释就能理解的。【213】由于重要的命令都是通过乐器下达的,我将告诉你古人用的都是什么乐器。【214】修昔底德断定,拉塞德芒人在军队中用的是长笛,因为他们认为,这种和声更易于使他们的军队稳健地而不是匆匆忙忙地前进。⑱【215】因于同样理由,迦太基人在其第一波攻击中用的是塞西拉琴。㉑【216】吕底亚国王哈尔亚提斯在战争中用的是塞西拉琴和长笛。但亚历山大大帝和罗马人用的是号角和喇叭,㉒因为他们认为,这些乐器更能激发士气,让他们更勇敢地战斗。【217】但是,正如我们在讨论军队的装备时采用了希腊人和罗马人的方式那样,在选择乐器时,我们也采用这两者的习惯。【218】所以,我将把喇叭置于统帅身边,因为这种乐器不仅适于激发士气,而且一片嘈杂中比任何其他乐器都听起来更清晰。【219】我希望营长和旅团㉓们除了使用其他乐器外,还要有小鼓和响亮的长笛,它们不是像现在这样演奏,而是按照宴会上的习惯那样演奏。【220】这样,统帅就用喇叭来表示应何时停止、何时前进或何

---

⑱ 见 Thucydides V 70。

㉑ 这段话似乎出自 Aulus Gellius I 11,果若如此的话,马基雅维里就是把克里特岛人和迦太基人搞混了。没有任何古代资料声称迦太基人用的是塞西拉琴(见 L. Arther Burd, "Le fonti letterarie di Machavelli nell' *Arte della Guerra*", *Atti della Reale Academia dei Lincei*, 5th ser. , *Cl. Di scienze morali*, *storiche e filologiche* 4(1896): 208-209)。

㉒ 哈尔亚提斯,吕底亚国王。见 Herodotus I 17;Vegetius II 22;Xenophon, *Anabasis* II 2.4。

㉓ 此处用的是 battaglione,而不是人们以为的 battaglie。

时后退，炮兵何时开火，特别轻步兵何时行动，并通过乐器声音的变化，把应该采取的各种行动告诉部队。应喇叭声息，战鼓声起。【221】他的军队确实应进行这方面的演练，因为这非常重要。【222】至于骑兵，人们同样希望用喇叭，但要比统帅的喇叭音量低，音调(354)也有所不同。【223】关于队形及其训练，我想到的就这些。

卢齐：【224】请您再给我阐明另外一件事，希望这对您来说不是个负担(355)：为什么您要让轻骑兵和特别轻步兵在发起进攻时，要鼓噪呐喊，动作迅猛，而在同其余部队会合时，却要一直非常肃静呢？【225】我不明白为何要这样，请您明示。

法布里奇奥：【226】关于发起进攻时是应鼓噪着加速前进，还是静静地慢慢前进，古代将帅们持有不同看法。【227】后一种方式有助于保持队形更严整，以及更好地理解将帅的命令；前一种方式则更能激发士气。【228】我相信应两者并重，因此我让部分部队鼓噪而行，让部分部队衔枚而行。【229】我不觉得鼓噪不断是一种很得要领的做法，因为它们会妨碍命令，这是非常有害的。【230】[认为]罗马人在第一波攻击后(356)继续呐喊连天，这种想法是不合情理的，因为在他们的历史上曾经多次发生这样的事情：正在奔逃的士兵听到将帅的演讲和鼓励(357)而停下脚步，并听从他的命令变换各种队形。倘若他们的鼓噪盖过了统帅的声音，这种事情是不会发生的。

---

(354) 原意：嗓音。

(355) 原意：重物。

(356) 在……之外。

(357) 原意：安慰。

卷 四

卢齐：【1】由于已经按照我的准则如此光荣地赢得了一场战斗，我想，明智之举是不再继续去碰运气，因为我知道运气是变幻无常的。【2】所以，我希望不再专门由我提问，而是按照年轻人优先的顺序，让扎诺比来提问。【3】我知道他不会拒绝这一荣誉，或者更确切地说，这件麻烦事的，不仅因为这样会让我高兴，还因为他天生比我更有勇气；对于这件既可能把他难到、也可能被他战胜的苦差使，他会毫不畏惧地接手的。

扎诺比：【4】悉听尊命吧，尽管我更愿意做个听客。因为到目前为止，比起我在听你的高论时冒出的疑问相比，我更满意你的提问。【5】领主大人，若是我们的这些繁文缛节来让您心烦意乱，还望您稍安毋躁㊾。

法布里奇奥：【6】恰恰相反，你们这样做让我感到高兴。因为像这样变换提问人，可以让我知道你们不同的天分和口味。【7】不过，对于刚才讨论㊿过的东西，你觉得还有什么要补充吗？

扎诺比：【8】在我们讨论另一部分之前，我还想求教您两件事：其一，您是否还想到过另外一种队形，不妨请您谈谈；其二，将帅在开战前应有哪些考虑㉚，如果发生意外，他会采取什么对策。

法布里奇奥：【9】我将尽力㉛让你满意。【10】但实际上，我不会分别回答你的问题，因为我在回答一个问题时，往往也回答了另一

㊾ 原意：节省时间。

㊿ 原意：推理。

㉚ 原意：注意事项。

㉛ *Sforzarmi.*

个。【11】我业已告诉过你,说我如何创立了一种队形,他⑫可以根据地点和敌人的性质,按照这一队形让部队采取各种不同的阵形。因为在这种情况下,一个人既要根据地点,也要根据敌人的情况,决定下一步怎么走。【12】但是请注意:最危险的队形,莫过于让你的部队的战线拉得很长,除非你有非常庞大而勇敢的军队,否则必须保持紧凑而不是狭长的队形。【13】因为当兵力少于敌人时,你必须寻求其他对策,比如让军队一侧依托河流或沼泽,这样你就不会受到包围;⑬或者让两翼依托沟壑来保护自己,就像凯撒在法国时做的那样。⑭【14】在这种情况下,你必须遵守这种一般规则,即根据敌我兵力数量,来扩展或收缩防线。若是敌军数量不如你多,你就要寻求宽阔地带,尤其是如果你的部队训练有素的话,以便使你不仅能包围敌人,而且能扩展你的队形。因为在崎岖不平的困难地带,由于你无法充分展开队形,你将毫无优势可言。【15】因此之故,罗马人几乎总是寻求开阔地带,避免困难地带。【16】若是你的兵力少,或是缺乏训练,则必须像我说的那样⑮反其道而行之,寻找那种易守难攻,或不会因缺乏经验而招致伤亡的地带。【17】你也应选择地势较高的地方,以便能更容易攻击[敌人]。⑯【18】但是,应注意,不要把部队部署在敌军易于到达的山坡或是山脚附近。因为在这种情况下,由于有了火炮⑰,地势较高的地方反而对你不利,因为你总是会很容易受到敌人炮火的伤害而束手无策,并且由于受到自己人的妨碍,无法很容易地攻击敌人的火炮。【19】无论谁排兵布阵,都还应考虑到⑱太阳和风的影响,不让它们从正面照到或吹到,因为它们会分别用光线和灰尘妨碍你的视野。【20】况且,风向愈是不利于向敌人投掷武器,武器的力道就愈发无

---

⑫　这个短句的主语似乎是第八句中提到的将帅;但也有证据表明是指非人称代词。

⑬　见 Vegetius III 20。

⑭　见 Caesar, *Gallic War* II 8, VII 72。

⑮　见 *AW* IV 13 - 14。

⑯　见 Vegetius III 13。

⑰　原意:关于。

⑱　原意:重视。

力。【21】至于阳光,仅注意避免正面照射还不够,还必须注意随着时间的推移而可能造成的伤害。【22】因此,在部署军队时必须完全背对太阳,这样,等它转到你前面时,就已经过去了许多时间了。㊳【23】汉尼拔在坎尼会战、㊴马里乌斯在抗击辛布里人时,㊵都遵循了这种方式。【24】若是你的骑兵大大劣于敌人,就把军队部署在葡萄树和树丛等障碍物中间,就像我们现代的西班牙人在塞里格诺拉王国境内击溃法国人时做的那样。㊶【25】人们多次看到,同样一些士兵,只要改变队形和地点,即可转败为胜。在迦太基人身上就曾发生过这样的事情,他们在多次被马尔库斯·雷古路斯征服之后,听从了拉塞德芒人赞悌普斯的忠告,从高地转到了平原,凭骑兵和大象部队之利战胜了罗马人。㊷【26】在我看来,根据古代先例,几乎所有的优秀将帅在获悉敌人的主力所在时,都采用了田忌赛马之策,即避强就弱。当战斗打响后,令自己最强的部分阻而不击,并任由最弱的部分被击退,回到军队最后一道防线。【27】这给敌人造成了两大混乱:第一,其最强的部分陷入了包围;第二,眼见胜利在望时,却几乎总会陷于混乱,从而立即招致失败。【28】当科内利乌斯·西庇阿在西班牙与迦太基人哈斯德鲁巴交战,知道哈斯德鲁巴已经注意到他在排兵布阵时,惯于把他的军团,也就是他军队中最强的部分,部署在中间;西庇阿由此断定,哈斯德鲁巴以后在同他交手时,也必定会以类似队形来应战;[所以西庇阿]改变了这种队形,将他的军团置于军队两翼,而中间部署的全是老弱残疾。【29】因此,当两军逼近时,他突然令中间的那些

㊳　见 Vegetius III 14。

㊴　坎尼战役(公元前 216 年);见 Livy XXII 43。

㊵　盖伊乌斯·马里乌斯(约公元前 157—公元前 87)在维尔塞莱战役(公元前 101 年);见 Plutarch, *Marius* 26;Frontinus II 2.7;参见 *D* II 8.1,III 37.4;Augustine, *City of God* V 26。

㊶　法国和西班牙军队在那不勒斯王国进行的塞里格诺拉战役(1503)。据称,法布里奇奥曾就这次战役(他在其中站在西班牙一方)说过,西班牙的胜利既非因于其将帅贡扎罗(见 *AW* II 62,注㊾)的勇猛,也非因于西班牙军队的勇气,而是因于一道小土墙,西班牙的火绳枪兵就躲在它后面向敌人射击。参见 *D* II 18.4。

㊷　该战役发生于公元前 255 年;见 Polybius I 32 - 35;参见 *D* II 18.4。

部队放慢脚步,而两翼则迅速前进,致使敌我两翼率先交手,而中间的部队由于彼此相距太远,没有相互交锋。这样,西庇阿军队最强的部分,便得以与哈斯德鲁巴军队最弱的部分作战,并大胜而归。[574]【30】这在当时是一种最有用的方式,但今天由于[575]火炮之故已无用武之地,因为两军之间的距离给了他们开火的时间,如上所言,[576]这是最为致命的。【31】所以必须抛弃这种方式,而代之我刚刚说过的[577]那种方式,即让整个军队参加战斗,并让最弱的部分主动屈服。【32】若是一位将帅发现自己在兵力上占优,打算包围敌人而又不想事先被察觉,就把部队在敌人对面一字排开,战斗打响后令前部逐渐后撤,两翼则逐渐突前,这样,除非敌人注意到这点,否则便总会陷入包围。【33】若是一位将帅希望在投入战斗时,几乎有把握[578]不吃败仗,就应把部队部署在附近有险可守的地方,如在沼泽或群山附近,或是在固若金汤的城市里,因为这样的话,敌人就无法追击他,而他却可以追击敌人。【34】当汉尼拔起初时运不济,对马尔库斯·马塞卢斯的勇猛[579]心有余悸[580]时,就曾使用过这些手段[581]。【35】有些将帅为了搅乱敌人阵形,曾令轻装士兵先行突击,然后撤回本队。尔后,当两军正面逼近,前锋部队展开贴身肉搏时,再令这些轻装士兵从部队两翼发起冲击,打乱并击溃敌人。【36】若是有人发现自己在骑兵方面不如敌人,除上述方式外,还可在骑兵后面部署一队长枪兵,并在战斗中令骑兵为长枪兵让路,这样的话,他将会总是处于上风。【37】许多人习惯于[582]让一些轻步兵在骑兵队中作战,这对骑兵大有帮助。[583]【38】在所有排列战阵者

574　该战役发生于公元前 206 年;见 Livy XXVIII 14, Polybius XI 22。

575　原意:关于。

576　参见 *AW* II 101 及以下。

577　见 *AW* IV 26。

578　原意:确信。

579　在诺拉战役(公元前 215 年)中;见 Livy XXIII, 16, XXVII 12,14。

580　原意:怀疑。

581　原意:这种结果。

582　Consueto,通常译为"惯于"。

583　见 Vegetius III 16。

中,最受人称道的是在非洲作战时的汉尼拔和西庇阿。由于汉尼拔的部队系由迦太基人和各种辅助人员组成,他便在一线部署了八十头大象,然后是辅助人员,再后是他的迦太基士兵,最后是他很少信任的意大利人。【39】他之所以这样排阵,是因为辅助人员前有敌兵、后有自己人,不可能逃走,而必须背水一战,殊死搏斗,因而他们会战胜罗马人,或是使他们筋疲力尽。他认为,然后[他就能]利用他未曾动用的精锐部队,轻而易举地战胜早已疲惫不堪的罗马人。【40】和这种队形相反,西庇阿则按照一队能接纳另一队、一队能帮助另一队的惯用方式,来部署阿斯塔蒂师、普林西比师和特里亚利师。【41】他令先锋部队布满间隙,使他们不会被一眼看穿,而是显得很严整,然后在这些间隙中部署上轻步兵。他命令,敌人的大象兵一到,轻步兵就马上通过间隙撤进军团,让大象兵畅通无阻。这样,敌人大象兵的进攻就会徒劳无效,而罗马人在交手后却占尽上风。㉞

扎诺比:【42】您说的这次战役,让我想起了西庇阿在战斗中为何没有让阿斯塔蒂师退入普林西比师,而是令他们一分为二,退入部队两翼,以便在他打算让普林西比师向前推进时为其让路。所以我想请教您,是什么原因使他不采用惯常的阵形的呢?

法布里奇奥:【43】我会告诉你的。【44】汉尼拔将其精锐之师都部署在了二线。所以,西庇阿为了用类似的精锐之师与其抗衡,就把普林西比师和特里亚利师合二为一。这样,由于普林西比师的空隙为特里亚利师所占,就没有地方来接纳阿斯塔蒂师了。【45】所以,他不得不把阿斯塔蒂师一分为二,退入大军两翼,而不是退到普林西比师中。【46】但是请注意,除非是一个人在别的方面占优㉟,否则就不能使用这种放开一线为二线让路的方式。因为只有那样,他才有条件这样做,就像西庇阿那样。【47】但是,在处于劣势和已经被击溃的情况下,你却不能这样做,除非你想全军覆没。所以,你后面必须有接纳你的队列。【48】现在,还是让我们言

㉞ 在扎马战役(公元前 202 年);见 Frontius II 3.16;Livy XXX 33,35;Polybius XV 9,11;D II 27.4。

㉟ 或者:比别人优越。

归正传吧。【49】古代亚洲人为了杀伤敌人而发明了许多办法,使用边上装有若干镰刀的战车就是其中之一,它们不但可以通过冲锋撕开敌人防线,而且可以镰刀杀死敌人。⑱【50】对付这类冲锋的方式有三种:或是用密集队形阻击它,或是像对付大象兵那样对付它,或是巧妙地顽强抵抗它,就像罗马人苏拉在抗击阿克劳斯时所做的那样。当时,阿克劳斯拥有许多这样的战车,他们称之为卷镰战车。苏拉为了抵挡它们,在一线后面的地上插了许多长枪,战车因此受阻,从而失去冲劲。【51】请注意,苏拉为了对付它们,在排兵布阵时采用了新的方式。他令轻步兵和骑兵在后,所有重装士兵在前,中间留有许多空隙,以便在需要时能把后面这些人派到前面。因此,战斗开始后,他就在一路畅通无阻的骑兵的帮助下获得了胜利。⑱【52】一个人若想在战斗中扰乱敌人军心,必须要做出点让敌人感到惊恐的事情来:或是宣布援军正在到来,或是令一些人装扮成援军,让被表面现象蒙蔽的敌人感到害怕,而当他们胆战心惊时,就容易被战胜。⑱【53】罗马执政官米努西乌斯·如富斯⑲和阿西里乌斯·格拉布里奥⑳曾坚持不懈地使用这些方法。【54】盖乌斯·苏尔皮提乌斯也曾把大量稻草人袋子绑在骡子和其他驮载用的牲畜上,使它们看起来像是一支骑兵,在他和法国人作战时让它们在附近的小山上现身,由此取得了胜利。㉑【55】马里乌斯在和

---

⑱　见 Vegetius III 24, Livy XXXVII 41;参见 Xenophon, *Education of Cyrus* VI 1.29。

⑲　卢齐乌斯·苏拉(约公元前 138—公元前 78)在切罗尼亚战役(公元前 86 年)曾同本都国王米特里达特斯六世(公元前 132—公元前 63)的一个将领阿克劳斯会战;见 Frontinus II 3.17; Plutarch, *Sulla* 15 - 19。

⑱　参见 *D* III 14.

⑲　马尔库斯·米努西乌斯·如富斯曾于公元前 109 年抗击索迪斯卡人和达契亚人;参见 Frontinus II 4.3。

⑳　公元前 191 年,老马尔库斯·波西乌斯·卡托(公元前 234—公元前 149)在为马尼乌斯·阿西里乌斯·格拉布里奥而战时,在塞莫皮莱隘口奇袭并击败了叙利亚的安提奥库斯三世。关于法布里奇奥所说的诡计没有任何记载;见 Frontinus II 4.4; Livy XXXVI 18; Plutarch, *Marcus Cato* 12。

㉑　公元前 358 年,盖乌斯·苏尔皮提乌斯·佩提库斯是独裁官;见 Frontinus II 4.5;参见 Livy VII 12 - 15;*D* III 14.3;也参见 *D* III 10。

日耳曼人作战时也如法炮制。㉜【56】所以,佯攻在战斗中非常有价值,真正的攻击必然更有帮助,尤其是战斗中途从背后或侧面突然发起的攻击。【57】除非有天时地利,否则做到这一点很困难。因为如果地形开阔,你的部分部队就无法像这种计划必然要求的那样隐蔽起来。而如果是在林区或山区这样适合埋伏的地方,你的部分部队可以很好地隐蔽起来,从而能出其不意㉝,给敌人以突然袭击。这种事情总是会给你带来胜利。【58】在战斗当中发出欢呼声,像是杀死了敌军将帅或是消灭了另一部分敌军的样子,有时能起到很大作用,业已多次给运用此种计谋者带来了胜利。【59】人们可以用非同寻常的形状或声音,轻而易举地扰乱敌人骑兵。克洛伊苏斯就是这样做的,他曾用骆驼来和敌人的骑兵对阵。㉞皮尔胡斯则用大象对阵罗马人的骑兵,它们的样子扰乱了敌人,使其阵形大乱。㉟【60】在我们现代,土耳其人仅凭火绳枪的声响就在波斯打败了索菲,在叙利亚击溃了苏丹,这种不同寻常的声响让骑兵乱作一团,致使土耳其人轻松取胜。㊱【61】西班牙人为了战胜哈米尔卡的军队,在一线部署了装满木柴的牛车,战斗开始后将其点燃,急于逃命的牛群于是便冲向哈米尔卡的军队,使其四散而逃。㊲【62】就像我们说过的那样,㊳人们在战斗中通常会蒙骗敌人,将其

㉜ 盖乌斯·马里乌斯(公元前 157—公元前 87)于公元前 102 年在阿克瓦埃·赛克斯提埃与条顿人会战;见 Frontinus II 4.6;参见 D II 8.1。

㉝ 原意:在……想法之外。

㉞ 见 Frontinus II 4.12 - 13。吕西亚国王克洛伊苏斯(公元前 560—公元前 546)于公元前 546 年在萨第斯附近同波斯国王居鲁士大帝(公元前 559—公元前 529)会战。见 Frontinus II 4.12;但请参见 Herodotus I 80 和 Xenophon, Cyropaedia Vii 1.27, 48 - 49,该处说居鲁士对克洛伊苏斯使用了这种计谋。

㉟ 在伊庇鲁斯国王皮尔胡斯(公元前 297—公元前 272)与罗马人进行的荷拉克里亚战役(公元前 280 年);见 Frontinus II 4.13;Plutarch, Pyrrhus 17。

㊱ "伟大的土耳其人"、土耳其苏丹(1512—1520)谢里姆一世于 1514 年打败了波斯皇帝伊斯梅尔一世,1517 年打败了马默卢克王朝;参见 D II 17.5;也请参见 D I 4, 19.2, 30.1, III 35.1。

㊲ 发生于公元前 229 年。汉尼拔的父亲哈米尔卡·巴尔卡在公元前 238—公元前 229 年间征服了西班牙的大部分地区;见 Frontinus II 4.17;Polybius II 1。

㊳ 见 AW IV 57。

引入地形对自己有利的埋伏圈。但当地形开阔时,许多人惯于挖掘壕沟,然后在上面轻轻敷以泥土和树枝,但留有数处坚实的地方,以便能从中后撤。这样,当战斗开始后,他们就撤过壕沟,使追击他们的敌人落入陷阱,遭受灭顶之灾。【63】如果在战斗中发生了某种意外,让你的士兵感到惊恐,明智之举是懂得如何掩饰真相,并假戏真唱,谎称为好事,就像图卢斯·贺斯提利乌斯和卢西乌斯·苏拉所做的那样。前者在战斗中发现他的一部分部队倒向了敌人一边,士兵们对此非常惊恐,于是他立即明示全军,说一切都是按照他的命令进行的,因而这事不但没有扰乱军心,反而极大地鼓舞了士气,并最终取得了胜利。㊟【64】苏拉也有过这样的经历:他得悉奉命去执行某项任务的一些士兵阵亡后,为了不让部队因此惊慌,便声称他是因为他发现这些士兵不忠,故意把他们送到敌人手里的。㊿【65】塞尔托利乌斯在西班牙作战时,曾处死过一名向他报告自己手下指挥官㊟死讯的人,因为他担心,如果他把这消息告诉别人,会引起那些人的惊慌。㊟【66】部队一旦开始溃逃,要阻止他们并让他们重新参加战斗便很困难。【67】你须得对此加以区别:若是全军溃逃,则无药可救;若是部分溃逃,则还有法可施。【68】许多罗马将帅曾亲临溃逃者面前,让他们为自己的逃跑感到羞耻,从而阻止他们,就像卢西乌斯·苏拉所做的那样。当他的军团的一部分在米特里达提斯部队的追击下溃逃时,他拔剑在手,跑到他们面前高声喊道:“如果有人问你们,是在哪里丢下了你们的将帅的,那就告诉他们:是在波奥提亚,是在战斗中!”㊟【69】执政官阿提利乌斯令那些没有逃跑者和逃跑者对峙,并让后者明白,若是

㊟ 公元前 658 年,罗马第三位国王图卢斯·贺斯提利乌斯在准备攻打韦伊人和费德纳伊人时,被阿尔班人在罗马附近抛弃。见 Frontinus II 7.1 和 Livy I 27,这两处均称阿尔班人并非投敌,而是撤到了附近的小山上;参见 D I 22。

㊿ 见 Frontinus II 7.2-3。

㊟ 原意:头目。

㊟ 公元前 75 年,在听到贺图雷乌斯被昆提乌斯·凯齐利乌斯·梅特路斯·庇乌斯杀死的消息时;见 Frontinus II 7.5。

㊟ 在奥科美努斯战役(公元前 85 年);见 Frontinus II 8.12;Plutarch, *Sulla* 21。

他们不回心转意,他们不是被敌人杀死,就是被战友杀死。㊽【70】
马其顿的腓力知道他的士兵害怕塞西亚士兵,就把他最信赖的一
些骑兵部署在部队后面,授权他们对逃兵格杀勿论。因此,士兵们
宁可战死也不做逃兵,从而取得了胜利。㊺【71】许多罗马人在战斗
中常常从士兵手里拿过一面旗帜投入敌群,声称谁能夺回旗帜便
给谁以奖赏,这与其说是为了阻止逃跑,不如说是为了给士兵们以
展示更大威力的机会。【72】我另外还想说说战后发生的一些事
情。我觉得这并非画蛇添足,特别是因为这些事情很简短,用不着
略而不谈,并且和目前的讨论很合拍。【73】打仗非赢即输。【74】
获胜后必须全速追击,应向凯撒学习,而不是像汉尼拔那样:他在
坎尼击败罗马人后便拥兵不前,㊻从而失去了罗马帝国。【75】而凯
撒却从不坐享胜利,而是马不停蹄地乘胜追击,并且比他全线攻击
敌人时更迅猛。【76】但是,当遭遇败绩时,将帅必须看清是否能从
失利中获得尚可有用的东西,特别是看清自己身边是否还有残余
部队。【77】敌人在获胜后,大多会变得麻痹大意,你可乘其疏忽之
机去攻击他们,就像罗马人马尔提乌斯反扑迦太基人的军队那样。
后者在杀死了西庇阿两兄弟并打败了他们的军队后,忽视了和马
尔提乌斯一起逃走的那些残兵败将,被他们反扑一击,转败为胜。㊼
【78】由此可见,最有可能给你带来胜利的,是敌人相信你无力为之
的事情,因为人们在高枕无忧㊽时,往往更容易受到伤害。【79】所
以,将帅在无法反败为胜时,至少应尽力减少伤亡。【80】要做到这
一点,你必须采取步骤,让敌人无法轻易地追击你,或是设法拖延

㊽ 马尔库斯·阿提利乌斯·雷古路斯于公元前 294 年的萨谟奈战争中;见
Frontinus II 8.11, IV 1.29;参见 Livy X 36。

㊺ 发生于公元前 339 年亚历山大的父亲、马其顿国王(公元前 359—公元前 336)
与塞西亚人会战时;见 Frontinus II 8.14。

㊻ 在坎尼战役(公元前 216 年)。

㊼ 发生于公元前 211;参见 Frontinus II 10.2 关于提图斯·马尔提乌斯的部分和
Livy XXV 37 关于卢西乌斯·马尔提乌斯的部分。西庇阿两兄弟指的是帕布里
乌斯·科内利乌斯·西庇阿和格涅乌斯·科内利乌斯·西庇阿,他们分别为打
败了汉尼拔的西庇阿的父亲和叔叔。

㊽ 原意:怀疑。

他们。【81】在第一种情况下,有些将帅在认识到自己业已失利后,便命令其指挥官以各种方式分头率队撤离,并事先告诉他们过后在哪里会合。这样,敌人由于担心分散兵力,会令其全部或大部分军队小心行事。【82】在第二种情况下,许多人都把自己最贵重的东西弃于敌人面前,使敌人因掠夺战利品而减慢追击速度,从而给自己争取更多的时间撤离。【83】提图斯·迪米乌斯在隐瞒战斗阵亡情况方面费了很多心思。他在战斗到夜幕降临、损失了许多士兵后,在夜幕下悄悄地把大部分阵亡将士的尸体掩埋了起来。第二天一早,敌人发现自己死亡惨重,而罗马人却寥寥无几,便以为自己失利了,于是慌忙逃走。⑩⑨【84】就像我事先说过的那样,⑪⑩我这样说尽管有些随意,但我相信已基本上回答了你的问题。【85】关于队形,我还要告诉你为什么有的将帅时常习惯于把前头部队部署成楔子状⑪⑪,认为那样能使他更容易插入敌军。【86】为了对付这种队形,人们习惯上用剪刀形,以便能有空隙⑪⑫容纳那个楔子,然后从两边将其围而歼之。⑪⑬【87】在这一点上,我希望你记住这条总的原则:用来对付敌人图谋的最佳策略,就是主动出击,做敌人企图强迫你做的事情。因为主动,你可以按照对你有利而对敌人不利的方式,有条不紊地去做。如果被动去做,面临的则会是灭顶之灾。【88】为了强调这一点,我不介意用已经说过的话来回答你。【89】敌人为了撕开你的防线而部署成楔子状吗?【90】若是你主动敞开口子,就会令他们阵脚大乱,而他们却不会打乱你的阵形。【91】汉尼拔为了撕开西庇阿军队的防线,在部队前头部署了大象,西庇阿则敞开阵形迎敌,这不仅给他带来了胜利,也导致了前者的覆灭。⑪⑭【92】哈斯德鲁巴为了击退西庇阿的军队,把他精锐的人马

---

⑩⑨　关于公元前98—公元前93年在西班牙作战的提图斯·迪第乌斯(不是法布里奇奥所说的迪米乌斯)使用的几乎如出一辙的计谋,见 Frontinus II 10.1。关于马基雅维里意识到拼写错误的证据,见 AW VI 195。

⑪⑩　见 AW IV 10。

⑪⑪　Uso,此处及下一句。

⑪⑫　原意:真空。

⑪⑬　见 Vegetinus III 19。

⑪⑭　发生于公元前202年的扎马战役;见 Livy XXX 32 及以下。

部署在前线部队的正中。西庇阿则佯装败退,最后击败了他。⑮
【93】你若是能事先识破⑯类似的计谋,你就会取得胜利。【94】若是
我没有记错的话,我还要告诉你将帅在开战前应考虑哪些方面的
问题。【95】对此我必须要说的是,首先,一位将帅若是不占优势,
或者若不是非开战不可,就决不要开战。【96】优势来自地利、队
形,来自兵多将广或是兵强马壮。【97】所谓非开战不可,则指的是
你发现不战斗便只有死路一条:譬如当你钱财匮乏、部队因而会随
时溃散时;当部队面临饥饿时;或者当敌人正在等待援兵到来时。
【98】在这些情况下,你必须即便情况不利也要义无反顾地去战斗。
因为与其按兵不动,束手待毙,不如放手一搏,碰碰运气。【99】对
一位将帅来说,在此情况下按兵不动就和本来有获胜机会,却要么
因为无知而看不到机会、要么因为怯懦而坐失良机一样,是一种罪
过。⑰【100】优势有时来自敌人的失误,有时则来自你的审慎。
【101】许多人曾在渡河时败在精明的敌人手里——他们一直等到
对手渡到一半,才给他⑱以突然袭击。就像凯撒袭击瑞士人那样,
他在他们被河流分开后,消灭了他们的四分之一。⑲【102】有时,敌
人会因为过于轻率地追击你而疲惫不堪,若是你发现自己此时却
以逸待劳,体力充沛,就千万不要错过这样的良机。【103】此外,若
是敌人一大早就前来挑战,你可以暂时闭营不出。当他们已经全
副武装地等待了许多时辰,丧失了开始时的那种劲头时,你便可以
开门应战了。【104】西庇阿和梅特卢斯在西班牙曾坚持使用这种
方式,他们一个是同哈斯德鲁巴作战,一个是同塞尔托里乌斯作
战。⑳【105】若是敌人兵力减弱——要么是像西庇阿兄弟在西班牙

---

⑮　发生于公元前 208 年的贝库拉战役。
⑯　Presentire.
⑰　参见 *D* III 10.2。
⑱　由复数变为单数。
⑲　发生于公元前 58 年;见 Caesar, *Gallic War* I 12。
⑳　西庇阿·阿弗里卡努斯于公元前 206 年打败了吉斯科之子哈斯德鲁巴;见
　　Frontinus II 1.1;参见 Livy XXVIII 15。另一事件发生于公元前 75 年,即昆图
　　斯·凯齐利乌斯·梅特卢斯·庇乌斯同贺图雷乌斯而不是同塞尔托里乌斯的
　　会战;见 Frontinus II 1.2。Frontinus 曾连续几段(II 1.3)提到塞尔托里乌斯。

时那样,由于部队分散,要么是由于其他原因——你就必须试试运气。【106】大部分审慎的将帅都宁可迎击敌人的冲锋,也不主动向敌人发起冲锋。因为狂风暴雨般的冲锋可以被严阵以待者轻松阻击,而受到轻松阻击的冲锋便容易变得微不足道。㊶【107】法比乌斯在同萨谟奈人和高卢人作战时,便靠这种策略成为胜利者,而他的同僚德西乌斯则在那里命丧沙场。㊷【108】有些畏惧强敌的将帅选择在黄昏时开战,以便在落败时能借夜色保住性命。㊸【109】有些人知道敌人由于迷信而不想在某种时候开战,于是便偏偏选择这种时候开战,并取得了胜利。【110】凯撒在法国同阿里奥维斯图斯作战时,㊹维斯巴芗在叙利亚同犹太人作战时㊺都是这样做的。【111】对于一位将帅来说,应该采取的最大、最重要的预防措施,㊻是身边应有忠诚、谨慎、精通战事之人,可以不断征询他们的意见。㊼他可以同他们讨论敌我双方的军队:谁人数更多,谁装备更好,谁更善于马上作战,或者谁更训练有素;哪些人更适于忍受物资匮乏;哪些人更值得他信赖,是步兵还是骑兵。【112】他们还可以讨论自己所在的位置情况,是对敌人还是对自己更有利;谁更容易获得给养;是推迟开战好还是马上开战好;时间会给自己带来或是失去什么好处。因为许多时候,当士兵们在经历了旷日持久的战争后,会变得烦躁不安,并会因为疲惫和厌烦而抛弃你。【113】最最重要的,是要了解敌方将帅及其身边之人:他是有勇无谋还是谨慎小心?是胆小怕事还是胆大妄为?【114】弄清你能否信任辅助士兵[也很重要]。【115】首先,你应避免领导一支害怕胜利或是

㊶　参见 D III 11。
㊷　森提乌姆战役(公元前 295 年)。昆图斯·法比乌斯·马克西穆斯·鲁利安乌斯(公元前 315 年的独裁官)和小帕布里乌斯·德西乌斯·穆斯;见 Frontinus II 1.8;参见 Livy X 28;D III 11,45。
㊸　见 Frontinus II 1.13。
㊹　发生于公元前 58 年;见 Frontinus II 1.16;参见 Caesar, *Gallic War* I 50。
㊺　发生于公元 70 年,维斯巴芗皇帝(69—79);见 Frontinus II 1.17;参见 D I 29.2。
㊻　关于以下的讨论,见 Vegetinus III 19。
㊼　参见 P 14.59 - 60。

没有⑫必胜信念的部队去打仗,因为[迫近]失败的最大迹象就是不相信自己能赢。【116】所以,你在这种情况下应当避免交战,要么像法比乌斯·马克西穆斯那样,在坚固的地方安营扎寨,不给汉尼拔以前来进攻的勇气;要么——如果你相信即便你在坚固的地方敌人也会来进攻——干脆离开那一地区,将兵力分散在你的各个城寨,让敌人四处追击,疲于奔命。

扎诺比:【117】难道除了把兵力分散在较多地方和让他们进入自己的城寨外,就无法避免交战了吗?

法布里奇奥:【118】我相信已经在别的时候同你们中的有些人讨论过,⑫若是他在野外遇到的敌人一心寻战,他就难逃一战。唯一的避战之策,是把部队部署在至少距敌人五十英里以外的地方,以便在敌人来犯前有时间避开其锋芒。【119】法比乌斯·马克西穆斯从不逃避与汉尼拔交战,但希望在对自己有利的情况下交战;汉尼拔也不认为通过进攻他的营地就能战胜他。因为,如果他料定自己能战胜他,法比乌斯就不得不要么应战,要么逃走。【120】佩尔修斯的父亲、马其顿国王腓力在和罗马人开战时,为了避战而把营地安置在高山上,但罗马人还是寻到山下打败了他。⑭【121】法军统帅辛格托里克斯为了避免同一反⑭常态地渡过河来的凯撒交战,把军队撤到了许多英里以外的地方。⑫【122】在我们现代,若是威尼斯人不想同法国国王开战的话,他们就不应按兵不动,坐等法军渡过阿达河,⑭而是应该像韦辛格托里克斯那样离他远远的。【123】由于按兵不动,他们既不懂得如何抓住机会,在他们渡河时开战,也不懂得如何避战。因此,当威尼斯人撤营拔寨想要离开

---

⑫　原意:不同于。

⑫　见 *D* III 10。

⑭　发生在西诺塞法拉战役(公元前 197 年);见 Polybius XVIII 7;Livy XXXIII 7 - 10。

⑭　原意:在……之外。

⑫　见 Caesar, *Gallic War* VII 35,凯撒在此称高卢首领、阿维尔尼国王为沃辛格托里克斯,而不是辛格托里克斯。

⑭　发生于 1509 年威尼斯和法国之间进行的阿格纳德劳战役。后者当时是神圣同盟、即意大利列强对付威尼斯的联盟的一部分。

时,本来就在附近的法军便袭击并打败了他们。㉔【124】可见,如果敌人决意开战,交战便在所难免。【125】谁也不能引法比乌斯为例,因为在那种情况下,他会像汉尼拔那样一心避战。【126】许多时候,你的士兵会急于㊺求战,但你知道,由于兵力数量、部队位置或其他方面的原因,你处在劣势,所以你希望打消他们的求战念头。【127】也有这样的情况,即出于无奈或者机会,你必须交战,而你的士兵却缺乏信心,不想打仗。所以,你必须要么恐吓他们,要么激励他们。【128】在前一种情况下,如果说服不奏效,要让那些愿意和不愿意打仗的人都信服你,最好的办法是把他们一些人作为牺牲品交给敌人。【129】或者像法比乌斯·马克西穆斯偶尔为之的那样施以计谋,效果也不错。【130】如你所知,法比乌斯的部队急于同汉尼拔的部队开战,他的骑兵也有同样渴望,但法比乌斯认为开战并不合适;因此,由于想法不一,他不得不把部队一分为二。【131】法比乌斯令他自己的[那部分军队]留在军营,【骑兵】则出营寻战,结果陷入巨大危险,若非法比乌斯出手相救,他们必败无疑。【132】通过这个例子,骑兵及全军都认识到,服从法比乌斯乃是明智之举。㊻【133】至于激励他们的斗志,一个不错的办法是告诉他们敌人对他们恶语中伤,从而让他们同仇敌忾;让他们知道你同敌人内部有联络㊼,已经收买了他们中的一部分人;在看得见敌人的地方扎营,让他们同敌人发生些小冲突,因为每天都见到的事情更容易不被放在眼里;㊽发表演说来表达你的愤慨,谴责他们的怠惰,说即便他们不想追随你,你孤身一人也要去战斗,从而让他们感到羞愧难当。【134】要想让你的士兵们在战斗中顽强不屈,你首先必须有这种防范:不允许他们在战争结束前把财物㊾送回家

㉔　发生于阿格纳德劳战役(1509 年),又称维拉战役;见 *P* 12.52,20.84,26.102;*D* I 6.53,II 10,III 31.3;*Florentine Histories* I 29;*Second Decannale* 第 175—193 行。

㊺　或者:甘愿。

㊻　发生于公元前 217 年;见 Livy XXII 24 以下;参见 *D* I 53.2。

㊼　原意:情报。

㊽　见 Vegetinus III 12;Plutarch, *Marius* 16。

㊾　*Facultà.*

或是存放在某个地方，以便让他们明白，若是他们活命的话，就会失去自己的财物，而爱财之心仍然是使他们顽强防守的一个理由。

扎诺比：【135】您已经说过㊽将领如何能通过向逃兵㊾发表演讲，来让他们回心转意，参加战斗。【136】您这样说，是不是意味着他必须向军队或其指挥官们发表演讲？

法布里奇奥：【137】说服或劝阻少数人不去做什么事情很容易，因为如果说话不管用，你还可动用权威和武力。但是，困难在于打消大批人的恶念，这种恶念也是要么与共同福祉背道而驰，要么同你的想法南辕北辙。在那种情况下，一个人只能发表演说，让每个人都听到，以图让他们全都回心转意。【138】为此，优秀的将帅需要是演说家，因为若是不知道如何向全军发表演说，就难以圆满完成任何事情。我们现在完全用不着这个了。【139】请读一读亚历山大大帝的生平事迹，看一看他曾如何多次不得不公开向军队发表长篇演说吧。否则的话，由于军队已经满载战利品，他永远无法率领他们克服重重艰难险阻，穿越阿拉伯沙漠进入意大利。若是将帅不知道如何演说，或是不习惯于演说，便会生出无数事端，使军队遭受灭顶之灾。因为这种演说消除恐惧，鼓舞士气，激励顽强精神，揭露诡计，许诺奖赏，指出危险及克服危险之道，它满篇是希望、赞赏和责骂之辞，对一切能熄灭或点燃人类欲望的事情，它无所不做。【140】因此，打算筹建新军并高度重视这种训练的君王或共和国，应让士兵习惯于听将帅演说，将帅也懂得如何向他们演说。【141】宗教以及入伍宣誓在驯服古代士兵听从命令方面也有着重要作用。因为他们每犯一个错误，便不仅会受到可怕的肉体惩罚，而且也会受到上帝的精神惩罚。【142】这种做法和其他宗教方式交互使用，常常使得古代将帅做每件事情都易如反掌。并且，只要人们还信奉并恐惧宗教，事情就永远会这样。【143】塞尔托里乌斯就利用了这一点，声称他曾同一只鹿交谈过，它代表阿波罗神许诺给他胜利。【144】苏拉则声称，他曾同从阿波罗神庙带

㊽ 见 *AW* IV 66 - 70；也见于 *AW* III 230.
㊾ Soldati volti，为了逃跑业已避开敌人的士兵。

回的一具雕像有过交谈。㊷【145】许多人都声称,上帝曾在他们的梦中出现,训诫他们去战斗。【146】在我们父辈那时候,法王查理七世在同英国人的战争中声称,他一直征询上帝派来的一位少女的意见,所有人都称她为法国圣女。㊸那就他是胜利的原因。【147】你也可以采取这些方式,即让你的手下蔑视敌人,就像斯巴达人阿格西劳斯那样,他曾将一些波斯士兵剥光衣服,赤身裸体地展示给手下士兵,士兵们亲眼目睹他们虚弱的样子后,就没有理由害怕他们了。㊹【148】有些人强迫士兵投入战斗,让他们破釜沉舟,背水一战,若要活命,唯有胜利一途。若想要士兵们顽强不屈,这是最强有力的上佳之策。【149】这种顽强不屈精神,因自信及对将帅或祖国之爱而愈益增强。【150】自信来自武器装备、队形、新到手的胜利和将帅的声望㊺。【151】对祖国的爱与生俱有;对将帅的爱则更多来自他的美德,而不是任何其他好处。【152】迫使士兵必须战斗的理由可能多种多样,但最强烈的理由,是他必须不成功便成仁。

㊷ 见 Frontinus I 11.13;参见 Plutarch, *Sertorius* 11, 20; *Sulla* 29。

㊸ St. Joan of Arc(1412—1431).

㊹ 斯巴达国王(公元前 398—公元前 360)阿格西劳斯在萨第斯打败了波斯人(公元前 395 年);见 Frontinus I 11.17;Plutarch, *Agesilaus* 9;Xenophon, *Hellenica* III 4.19。

㊺ 原意:观念。

卷　五

法布里奇奥:【1】我已经向你们说明了如何排兵布阵,来对付与你们形成对峙之势的敌人;也告诉过你们如何赢得那场战斗,以及[战斗中]可能发生的种种意外所需要的多种环境。现在我觉得应告诉你们如何排兵布阵,来对付那种虽然别人看不到㊻、但却担心随时会来袭击你们的敌人。【2】在敌占区或可疑地区行军途中,往往发生这种情况。【3】首先,你们须得明白,一支普通的罗马军队通常会派几组骑兵在前面探路㊼。【4】随后是右翼。【5】再后是其所有马车。【6】然后是一个军团,其马车随后;在这之后是另一个军团,后面是其马车;这些过后,是左翼及其马车,最后是剩余的骑兵。【7】这实际上是普通的行军方式。【8】倘若部队在行进途中,其前面或后面遭到攻击,他们便根据需要或地形地貌情况,令全部马车立即尽可能都撤到右翼或左翼。所有部队轻装集合,以敌人来袭的那一面为前线。【9】如是侧翼遭袭,则将马车撤到安全一方,以与其相对的一面为前线。【10】在我看来,这种方式很值得效仿,因为它排阵合理,调度有方:派轻骑兵在前面探路㊽,后面让四个旅团成纵列行进,各旅马车跟随各旅。【11】鉴于马车有两类,即属于士兵个人者及整个营地公用者,所以我将把公用马车分为四部分,让各旅的马车分属各旅,对火炮和所有非武装人员也做如是分配,这样各旅便有同等的辎重。【12】但是,由于人们行进的地区有时不仅可疑,而且充满敌意,使你时刻担心受到袭击。所以,

---

㊻　或者:无人看到。
㊼　或者:作为投机者的马群;关于罗马人的行军队形,见 Polybius Ⅵ 40。
㊽　原意:投机者。

为了更加安全起见，你必须变行军队形为战斗阵形。这样的话，不论是农民还是军队，就都无法因你毫无防备(449)而袭击你了。【13】在这种情况下，古代将帅通常会令部队呈方阵状行进（他们之所以称其为方阵，非是因为它完全呈方形，而是因为它能四面作战）。(450) 他们称，这样可做行军和作战两手准备。我无意偏离这种方式，所以打算将我自己的两个旅团也作如此排列，(451)并将此作为总的原则。【14】所以，为了安全地通过敌占区，在遭到意外(452)袭击时能在各个方向迎战，并根据古人之法把部队排成每侧长度为二百一十二布拉乔的方阵，我将做如下部署：首先部署相距二百一十二布拉乔的两个侧翼，每个侧翼呈纵队形依次部署五个营，每营相距三布拉乔；由于每营占据四十布拉乔，所以它们总共将占据二百一十二布拉乔的空间。【15】在这两翼的首尾两端之间，我将部署另外十个营，每侧各五个，这样，就有四个营靠近右翼的前端，四个营靠近左翼的尾端，各营之间有三布拉乔的间距。然后，一个营靠近左翼前端，一个营靠近右翼尾端。【16】由于两翼之间的空隙为二百一十二布拉乔，这些相互沿其宽边而非长边部署的营队，加上间距，就将占据一百三十四布拉乔长。部署在右翼前端的四个营与部署在左翼[前端]的一个营之间的空隙为七十八布拉乔。部署在后端的营队间的空隙与此相同。除了一个空隙在后端并朝向右翼，一个空隙在前端并朝向左翼外，二者没有其他任何区别。【17】我将把全部普通轻步兵部署在前面七十八布拉乔的空间，特别轻步兵则部署在后面七十八布拉乔的空间，每个空间为一千人。【18】由于想让方阵每一侧的长度皆为二百一二十布拉乔，部署在前头的五个营和部署在后头的五个营，就绝不能占据侧翼占据的任何空间。所以，后头的营队必须与侧翼首尾相接，前头的营队则必须与侧翼尾首相连，这样，军队的四个角才能各自留出一个空间，用以容纳另一个营。【19】由于有四个空间，所以我将从特别长枪兵中取四

(449) 原意：未预见到。

(450) 圆括号为原文所有；方阵状（squared）译自 *quadrato*，方形（square）译自 *quadara*，四面（four）译自 *quattro*。

(451) 见 203 页图 5。

(452) 原意：未预见到。

队,每个角上部署一队。在军队中央的空地上,我将把留给我的两队^⑬特别长枪兵部署成方形营队。其前部是最高统帅及其随行人员。【20】由于这些如此排列的营队都朝一个方向前进,但不都朝一个方向开战,因而在把他们部署在一起时,就必须对那些在战斗中不受其他营队保护的侧面做出妥当安排。【21】所以,必须考虑让前头的五个营保护除前侧以外的各个侧面,并且,通常情况下必须把这些人集合在一起,并让长枪兵在前。【22】后面的五个营则保护除后侧以外的各个侧面。所以,必须把这些人集合在一起,并让长枪兵殿后,就像我们业已说明过的那样。^⑭【23】右翼的五个营保护除右翼之外的各个侧面。【24】左翼的五个营则保护除左翼之外的各个侧面。所以,在部署各营队时,必须让长枪兵朝向缺乏保护的一翼。【25】由于十夫长被部署在前后两端,这样,当他们必须作战时,全体将士均已各就各位,其列阵之道,我们在讨论营队的列阵之法时已经谈到过了。^⑮【26】我将把火炮一分为二,一部分部署在右翼之外,一部分部署在左翼之外。【27】我将令轻骑兵在前负责侦察。【28】我将令重骑兵殿后,一部在右角,一部在左角,距营队40布拉乔远。【29】不论以何种方式排兵布阵,对于骑兵,你都必须采取这个总的原则,即永远要么把他们部署在后面,要么部署在侧翼。【30】无论谁把他们部署在前头,即直接在部队前面,都必须二者择一:要么让他们在前面很远,以便若是被击溃,他们可有足够的空间和时间给你的步兵让路,不和他们发生冲撞;要么让步兵队列有许多空隙,以备让骑兵通过而不打乱他们。【31】任何人都不要小视这一教诲。许多人已经由于不注意这一点而遭受灭顶之灾,被自己的[骑兵]冲乱阵脚,自取灭亡。【32】马车和非武装人员部署在阵中的广场上,并合理分割空间,以便使他们可以容易地让出通道^⑯,让想从军队一侧到另一侧、或从一道防线到另一道防线的人都畅通无阻。【33】不包括炮兵和骑兵在内,这些营队的

---

⑬ 原意:旗帜。

⑭ 见 *AW* II 221 – 226。

⑮ 同上。

⑯ 原意:一条路。

外侧均为二百八十二布拉乔长。(457)【34】由于这一方阵由两个旅团组成，因此，必须把这个旅团与那个旅团的部队分开。【35】由于各旅团以番号相称，并且如你所知，每个旅团有十个营及一名旅团长，因此，我将让第一旅团将其头五个营部署在前部，另五个营部署在左翼，旅团长位于前部的左角。【36】然后，[我将让]第二旅团的头五个营部署在右翼，另五个营部署在尾部，旅团长在右角，他们将履行殿后的职责。【37】这样排好队形后，还要让其行进，并在行进中完整地保持这种队形。它无疑可以对付农民的任何骚扰。【38】对于这些骚扰，将帅无需做别的部署，只需时而派一些骑兵或轻步兵赶退他们即可。【39】这些乱军甚至永远不会进到刀枪可及的地方。因为乱糟糟的部队害怕阵形严整的部队，他们总是雷声大雨点小，大呼小叫地发动袭击，结果却连靠近都不敢，就像一群狗围着一条獒狂吠不止那样。【40】汉尼拔在前来袭击意大利的罗马人时，曾穿越了整个法国，但对法国人的骚扰总是不屑一顾。(458)【41】当打算行进时，一定要让工兵在前面开路。他们应受到奉命在前面负责侦察的骑兵的保护。【42】按照这种队形，部队每天可行进十英里，这样他们就有足够的时间宿营、吃饭。因为在一般情况下，部队每天可行进二十英里呢。【43】如果遭到有组织的部队的袭击，这种袭击就不可能是突如其来的。因为有组织的部队也要按照你这样的步伐行进，所以你能及时重新排兵布阵，迅速形成上述队形或类似队形。(459)【44】若是在前头受到袭击，你只需令侧翼的炮兵和后面的骑兵上前占据上述位置，并保持上述距离即可。(460)【45】前头的一千轻步兵离开原地并一分为二，进入他们在骑兵和部队角翼之间的位置。【46】他们留出的空缺，则由原先部署在阵中广场上的两队特别长枪兵填补。【47】部署在后面的一千名轻步兵，也离开原地并一分为二，沿营队两翼部署，以做其援手；全部马

(457) 在这里，法布里奇奥似乎和他早先的主张(见 *AW* II 186)相矛盾，即营队队形不是方形而是三角形，这样，五个营队前后排列将会比左右排列长很多。

(458) 见 Polybius III 51。

(459) 法布里奇奥将要指出的排列见 204 页图 6。“上述军队”见图 4，并在 *AW* III 48 及以下有过描述。

(460) 关于火炮的部署，见 *AW* III 64－65；关于骑兵的部署，见 *AW* III 19，58－59。

车和非武装人员则经过他们留下的空隙,部署到营队后头。【48】这样,广场就空了出来,人们都已经各就各位,原来部署在部队后头的五个营,经两翼之间的空地向前头的营队进发。其中三个营在距离[前头五个营]四十布拉乔处停下,相互左右距离也均为四十布拉乔;[其他两个营]则留在后面,与[刚刚进到前面的三个营的距离]亦为四十布拉乔。【49】这种队形可立马部署完毕,最后和上述第一种部署几乎如出一辙。⑯ 若是其前部变得更狭窄,则侧翼就变得更密集,这并不削弱它的力量。【50】但是,由于尾部的五个营因上述原因⑰而把长枪兵部署在最后,因此,若想让他们由后部变为前部,就必须让他们到前面的部队中来。所以,必须要么让他们作为一个牢固的整体,逐营逐营地绕过来,要么让他们立即加入盾牌兵行列一起前进。后一方式比让他们绕路而行更迅速,队形也不会乱。【51】像我将要说明的那样,不论受到什么性质的攻击,你都必须让后面的人员如法炮制。【52】若是感到敌人将从后面来袭,首先必须命令全体将士背转过身去,这样的话,部队转瞬之间就后部变前部,前部变后部了。【53】然后,必须遵循我上面说过的所有那些排列前部的方式。【54】若是敌人从右侧进攻,全军将士都应转向那一侧,尔后按照上述所有步骤加强前线,以便让骑兵、轻步兵和炮兵按照和这道防线一致的方式各就各位。【55】区别只有这么一点,即在变化防线时,那些换防的人有的走得远些,有的走的近些。【56】确实,当从右翼构筑防线时,轻步兵必须进入部队两角之间的空隙,骑兵应是靠左翼较近的那些。原先部署在中间的两队特别长枪兵,则进入这些骑兵留下的位置。【57】但是,在他们进入之前,马车和非武装人员应撤出广场,经过空隙退到左翼后面,成为部队的尾部。【58】原先根据主要阵形部署在尾部的其他轻步兵,在这种情况下不应有变化,因为那一位置不应是敞开的,而是将由尾部变为侧翼。【59】所有其他事情,都必须按照上述第一道防线时那样部署。【60】上述关于右翼变前部的讨论,同样适用于从左翼变前部,因为他们必须遵循同样的部署。【61】如果敌

---

⑯ 参见 203、204 页图 4、图 6。

⑰ 见 *AW* V 22。

人兵力庞大,有组织地从两侧对你发起进攻,你必须让没有受到攻击的那两侧去支援受到攻击的那两侧,使其各自队列翻倍,并将炮兵、轻步兵和骑兵一分为二,分别去支援它们。【62】若是敌人从三侧或四侧来袭,则必定要么是你、要么是他缺乏谨慎。因为若是你聪明的话,你绝不会把部队部署在这样的地方,让敌人能以庞大且组织有方的兵力,从三面或四面攻击你。而他若是想有把握地攻击你,就必须有足够的兵力,以致在每一侧投入的兵力,都和你的整个兵力几乎一样大。【63】若是你如此不谨慎,进入到这样的地方,且遭遇兵力比你多三倍的强敌,则一旦厄运临头,你别无可怨,只能怨自己。【64】若是发生这种情况并非由于你的过失,而是由于运气欠佳⑥,则即使有伤亡也不必羞愧,它发生在你身上,就像在西班牙发生在西庇阿两兄弟身上、在意大利发生在哈斯德鲁巴身上一样。⑥【65】若是敌人的兵力不比你多,依然为了打乱你的阵脚而从多个侧面攻击你的话,则是他愚蠢无比,你却幸运万分。因为要这样做,他就必须分散兵力,从而使你能轻轻松松地从一面出击,从另一面阻击,短时间内即可击溃他。【66】要对付那种虽然看不见但却令人担心的敌人,这种列阵方式方法也是必要的。让你的士兵习惯于集合起来以这种队形行进,并在行进中变成按第一道防线作战的战斗队形,然后回到行进队形,再从行进队形依次由后部和侧翼变前部,尔后再回到最初的队形,乃是一种非常有用的事情。【67】若想让部队纪律严明、训练有素,这些训练和习惯是必不可少的。【68】对此,将帅和君王必须全力以赴。军队纪律不外乎是懂得如何下达命令和如何有效地执行命令;一支纪律严明的部队,不外乎是对这些队形训练有素的军队;这些时候,任何有着类似纪律的军队都可立于不败之地。【69】若是我所说的这种方阵有些难度的话,那么这种困难也是必要的,可以通过训练加以克服。因为,若是一个人懂得如何排列和保持这种队形,那么他就会懂得如何更容易地保持那些难度不这么大的队形了。

---

⑥　*Sventura*,不是 *sfortuna*。
⑥　关于西庇阿两兄弟,见 *AW* IV 77 注;关于哈斯德鲁巴,见 Livy XXVII 39 及以下。

扎诺比:【70】如您所言,我相信这些队形非常有必要。就我本人而言,我不知道还该有什么添减。【71】实际上,我很想求教您两件事情:其一,当您想让尾部或侧翼变前部,以及想让他们转身时,是通过喊话还是通过音乐下命令? 其二,您派到前面平路开道的那些人必须是普通的营队士兵呢,还是对此有过专门训练的劣等部队?

法布里奇奥:【72】你的第一个问题很重要,因为部队经常因为帅令没有被理解或是被错解而队形大乱。所以,下达命令的话[465]在危急关头必须清晰、刺耳。【73】如果你用音乐下达命令,音乐的调式应各自有明显不同,以不至于被相互误解。如果用喊话下达命令,你必须注意避免使用普通词语,而[必须]使用特殊词语,并在特殊词语中避免用那些能被误解的词语。【74】说"后面! 后面!"曾多次招致部队覆灭。[466] 所以,必须避免这种词,而代之以使用"后撤!"。【75】若是你想让他们转身,以便把前部变为侧翼或是后部,决不能用"转身!",而是要说"向左转! 向右转! 向后转! 向前转!"。【76】所有其他命令也都都要简单、刺耳,如"队列靠拢! 立定! 前进! 撤退!"。【77】所有可通过喊话下达的命令都要[通过喊话]来下达;其他命令则通过音乐来下达。【78】至于开道平路的人,即你的第二个问题,我将把这项工作交给我自己的士兵来做,这既是因为古代军队是这样做的,也是因为部队中的非武装人员和辎重都比较少。我将从各营抽调所需人员,让他们拿着适于平路的工具,其武器则留给离他们最近的队列携带。这样,当敌人出现时,他们只需重新拿起武器,回到其队列就可以了。

扎诺比:【79】谁来携带平路工具呢?

法布里奇奥:【80】让马车来载运携带这种[467]工具。

扎诺比:【81】恐怕您还从未让这些士兵去挖壕沟吧?

法布里奇奥:【82】适当的时候[468]再来讨论这些问题吧;现在我想让这部分就先这样,下面来讨论军队的生活方式。因为我觉得

---

465 原意:噪音。在第71—77句中,voce 被译为"话"和"噪音"。也被译为"话"、但从未被译为"噪音"的 *parola* 一词,在这些句子中没有出现。

466 参见 *D* III 14.1。

467 A *simile*.

468 见 *AW* VII 214。

他们已经筋疲力尽,该到了放松放松、吃吃东西的时候了。【83】你须得明白,君王应尽可能使他的军队不受任何妨碍,排除一切给军队增加负担、使事情变得愈发困难的东西。【84】在那些使事情变得愈发困难的东西中,就包括给军队长期供应酒和烤面包。【85】古人想都不曾想到过酒。由于那时没有酒,为了喝起来有点味道,他们就在水里稍微兑点醋。所以,在军队的食物供应中有醋而没有酒。【86】他们不像城市⑩里那样在烤炉上做面包,但他们的确提供面粉,每个士兵都以自己的方式满足于此。他们以猪油和脂肪为调味品,这让他们做的面包有滋有味,并使他们保持体力。因此,给军队供应的食品是面粉、醋、猪油和脂肪,给马匹的则是大麦。【87】一般情况下,部队后面跟随有大大小小的畜群,这对部队没有多大妨碍,因为它们不需要携带。【88】这种安排使古代军队有时能在荒凉、困难的地方行军多日,却无断炊之艰辛,因为他们的生活所需,都能轻而易举地从后面拉上来。【89】现代军队则截然相反。由于他们不想没有酒,不想没有像在家里时那样做的面包,而这些东西又无法长期供应,所以经常饿肚子;或者即便供应了,也是历经艰难,代价极高。【90】所以,我将让我的部队放弃这种生活方式,并且只让他们吃自己制作的面包。【91】至于酒,我虽不会禁止喝酒,也不会禁止随军携带一些,但不会劳心费力去得到它,也不想为此增添任何麻烦。至于别的供应品,我也将恪守古人之道。【92】如果你好好考虑这些事情,就会发现这消除了多少困难,让军队和将帅免除了多少烦恼和辛苦,而且会给你想干的事业带来多少方便啊。

　　扎诺比:【93】我们已经在战场上战胜了敌人,并且行进在他的国土上。获取战利品、让城寨献贡和掠取俘虏都是合情合理⑩的。所以我想知道,古人在这些事情上都是如何制约自己的。

　　法布里奇奥:【94】我马上就来回答这个问题。【95】由于我在别的时候⑪曾同你们中的一些人讨论过这个问题,所以我相信⑫,你

⑩　*Cittadi*,这是古代为拥有自己的名字和徽章的自由城而创造的一个词,其含义既可以是"真城"或"主城",也可以是简单的"城市"。

⑩　原意:理性要求。

⑪　见 *D* II 6;参见 *FH* VI 1。

⑫　在意大利文版中,这一句的开头是"我相信"。

已经考虑过现代战争是如何让统治者们变穷的,不论他们是赢家还是输家。因为如果一个人失去的是他的国家,另一个人失去的则是金钱和财物。古代却不是这样,因为战争的赢家都会变富。【96】这是因为现代人没有因循古人处理战利品之轨,而是把一切都交由士兵处理。【97】这种方式招致两大混乱:一是我已经说过的那种;⁴³二是让士兵变得更贪图战利品而更少保持队形。人们业已多次看到,对战利品的贪婪使得一支军队转胜为败。【98】在这方面堪称宗师的罗马人,⁴⁴对这两种情况都做了防备,规定所有战利品都属公有,由公众按照看起来最好的办法加以处置。【99】为此,他们在军队中设立了主管财务的官吏,即我们所谓的会计,⁴⁵负责保管所有的贡金和战利品。执政官以此支付士兵的军饷、帮助伤病员以及支付其他军需。【100】执政官完全可以、并且确实经常把战利品让给士兵,但这种让步没有引起混乱。因为当打败敌军后,所有战利品都集中在阵地中央,由头目根据个人战功大小分配给每个人。【101】这种方式使得士兵们一心争胜而不是劫掠。罗马军团惯于征服敌人而不乘胜追击,因为他们从不脱离自己的队形。只有骑兵和轻步兵才追击敌人,并且,若是有重装士兵的话,他们也不属于罗马军团。【102】因为若是谁得到战利品就属于谁,那么要想保持军团阵形严整,则既不可能也不合理,并且还会由此生出许多危险。【103】所以,由此导致公众变富,每位执政官都会凭借自己的胜利给国库增添大量财富,这全都是贡金和战利品。【104】古人们对另外一件事情也深思熟虑:⁴⁶他们要求每个士兵都把军饷的三分之一存到其营队旗手那里,而在战争结束之前,旗手绝不会把钱还给士兵。【105】他们这样做有两个理由:首先,

---

⑬ 大概是指 *AW* IV 95 中刚刚说过的。

⑭ 关于罗马人对战利品的处置,见 Polybius X 16;Livy IV 53,V 20,X 46,XXXVII 57。

⑮ 前面似乎并没有这种讨论。

⑯ 过于这一问题的讨论,见 Vegetius II 20,他说:"古人把士兵们得到的赠金的标准一半存放起来,真是一种神来之笔般的制度"(Vegetius, *EPitome of Military Science*, trans. N. P. Milner [Liverpool: Liverpool University Press, 1993], 53)。捐款远远超过士兵的正常军饷,由皇帝生日和加冕日那天发放的赠金构成。

士兵们由此把钱变成了资本；因为他们大都年纪轻轻、大手大脚，有多少就无故花多少。其次，由于知道他们的财物在旗帜旁边，所以他们必须倍加小心，更加顽强地保护它。因此，这种方式使他们节俭、勇敢。【106】若要部队循规蹈矩，就有必要遵循所有这些制度。

扎诺比：【107】我相信，一支军队在从一地到另一地的行军途中，不可能不遭遇任何险情，而如要避免险情，就需要将帅的勤奋和士兵的美德。所以，你若对此有什么高论，我将洗耳恭听⑰。

法布里奇奥：【108】我将乐于⑱从命，因为这特别有必要，并且我希望把这方面的全部知识⑲倾囊相授。【109】将帅们在随军行进时，首先必须当心埋伏。一个人落入埋伏有两种方式：或者是在行进时落入，或者是在不知不觉中被敌人狡猾地引入圈套。【110】若想避免第一种情况，有必要派出双前卫，负责在前面侦察地形。地形越是适于埋伏，如树木丛生、群山连绵，你就越是应当谨慎，因为敌人一般不是隐藏在树林中，就是隐藏在山丘后。【111】而且，正如你预见不到埋伏就会覆灭一样，预见到埋伏，你就不会受到伤害⑳。【112】飞鸟和扬尘曾多次暴露了敌人的行藏。因为当敌人来袭时，总是会扬起漫天灰尘，预示着他们正向你靠近。【113】一位将领由于看到有鸽子和其他惯于结队㉑而飞的鸟在他应该经过的地方飞了起来，并且久久盘旋而不落下，已经多次认识到敌人在此设了埋伏，于是命令部队前去消灭之。由于识破了埋伏，他不但挽救了自己，而且杀伤了敌人。【114】至于第二种情况，即被引入——我们可能正在被拖入——埋伏，你必须十分精明，不要轻易相信那些不合乎情理的东西。譬如，若是敌人在你前面放了战利品，你必须相信这是要引你上钩，其中定有隐情。【115】若是你以少击多，若是敌人总是以少犯多，或是敌人突然间不合情理地撤退，在这些情况下，你就要当心其中有诈。【116】你永远不要相信

---

⑰　原意：珍惜。
⑱　原意：甘愿。
⑲　原意：科学。
⑳　原意：冒犯。
㉑　或者：线。

敌人不明事理,自乱方寸。实际上,若是你想少受骗、少冒险,敌人越是不堪一击,〔或者〕敌人越是不谨慎,你就越是必须小心提防。【117】在这方面你必须两手并用,既要在思想和安排上重视他,又要在言语和其他外表方面蔑视他。后一种方式会使你的士兵增添获胜的希望,前一种则会让你更谨慎,更不容易受骗上当。【118】你须得明白,一个人在敌占区行进时承受的危险,比在战斗中承受的还要多、还要大。所以在行军时,将帅应加倍小心。[482] 他首先必须让别人对他将要进军的整个地区加以描述和描绘,[483]以了解途中的地点、数目、距离、道路、山脉、河流、沼泽及其全部特征。为此,他必须通过各种方式,把熟悉当地情况的各色人等召集到身边,并不耻下问,对他们提供的消息进行对比,然后根据比较做下标记。【119】他应该派细心谨慎的指挥官率骑兵走在前面,主要目的不是发现敌人,而是考察[484]地形,看它是否同他做下的标识一致。【120】他还应该派出向导,并对其晓之以利害。最重要的是,他应保证部队不知道他将要他们采取什么行动,因为战争中最有用的事情,莫过于对行动计划保密。【121】你应当警告你的士兵时刻紧握武器,以便[485]在遇到突然袭击时不手忙脚乱,因为事不预则废。【122】为了避免行军混乱,许多人都给马车和非武装人员配以旗手,令他们随旗手前进。这样,当他们在行进中需要停下或后退时,做起来就更容易。这是一件有益的事情,我对此颇为赞赏。【123】人们在行进中还应保持清醒头脑,不让军队各部分相互脱节,或者是有快有慢,不让军队变得拥挤,那样会引起混乱。【124】所以,他需要在适当位置部署指挥官,负责保持步调一致,抑快促慢。调节步调最好的办法是借助音乐。【125】应把道路加宽,以便让一个营队几乎总能列队[486]行进。【126】应当对敌人的习惯和特性予以考虑:他一般是在上午、中午还是在夜里袭击你?是他的步兵还是骑兵更强大?你可根据了解到的情报做好组织和准备。【127】下面,让我们来讨

---

[482] 关于下面的讨论(*AW* V 118 - 126),见 Vegetius III 6。

[483] 即要绘制地图。

[484] 原意:思索;参见 *AW* V 3,10。

[485] 原意:因为。

[486] Ordinanza,通常译为"国民军"。

论一下个别意外情况吧。【128】当你觉得自己势单力薄,因此把部队从敌人面前撤走、避免与其交战时,时常会发生这样的情况,即敌人在你到达河边但尚未来得及渡河时,从后面赶上你,同你开战。【129】有人发现自己处于如此险境后,便在部队后面挖掘壕沟,在里面填满木柴点燃,然后在敌人无法阻拦的情况下从容渡河,而敌人面对熊熊大火,只能枉自兴叹。

扎诺比:【130】我难以相信这样点把火就能够阻挡敌人,尤其是因为我想起来曾经这样听说过:当迦太基人汉诺被敌人包围时,就在他打算突围的那一侧用木柴把自己围起来,然后点燃木柴。由于敌人并不知道从哪一侧防备他突围,他便令每个士兵以盾牌掩面,避免被烟熏火燎,从这一侧越过了火焰。㊼

法布里奇奥:【131】说得好。但请考虑我是怎么说的,汉诺又是怎么做的。因为我说,他们挖了一条壕沟,把里面填满木柴,这样,不论谁想越过壕沟,都要对付壕沟和火。【132】而汉诺点着了火,却没有挖壕沟。况且,由于他自己想穿过去,就决不能弄得太难对付。因为即便没有壕沟,这也会阻碍他通过。【133】你难道不知道,斯巴达人纳比斯在斯巴达被罗马人包围时,为了阻止已经进入城内的罗马人的步伐,曾经在自己的城市放火?【134】他不仅借此阻碍了罗马人的步伐,而且把他们赶出了城。㊽【135】让我们言归正传。【136】罗马人昆图斯·拉塔提乌斯在辛布里人的追击下来到了一条河边。他为了㊾争取过河时间,摆出了一副要和敌人决一死战的架势。他假装要在那里安营扎寨,挖好了寨壕,搭起了帐篷,并派了一些骑兵到野外寻找食物。辛布里人于是信以为真,自己也扎营了,并把部队分为几部分去搜寻食物。拉塔提乌斯就这样凭借计谋,毫无阻拦地过了河。㊿【137】为了渡过没有桥梁的河流,有些人曾让河流改道,并排干身后那段河流里的水;而另一段

㊼ 见 Frontinus I 5.27。
㊽ 此事发生于公元前 195 年,纳比斯乃斯巴达暴君(公元前 207—公元前 192);见 Livy XXXIV 39,他说:斯巴达城之所以得到拯救,完全是一位名叫佩萨格拉斯的斯巴达指挥官的功劳,因为纳比斯当时都要吓得逃跑了。
㊾ 原意:因为。
㊿ 发生于公元前 102 年,昆图斯·拉塔提乌斯·卡图卢斯。

由于河水变浅,也可轻易渡过。【138】若想让步兵更安全地通过湍急的河流,必须把装备最重的骑兵部署在上游阻挡水流,把其他骑兵部署在下游,帮助那些依然无法过河的步兵通过。⁴¹【139】对于无法徒涉的河流,也可用桥、船和[漂浮]袋通过。所以,最好是让你的部队有做所有这些事情的才能。【140】有时发生这样的情况,即隔河对峙的敌人会在你过到一半时阻挠你。【141】要克服这一困难,没有比凯撒更好的范例了。他在法国征战期间,有一次率军到了一条河边,过河时遇到了对岸的法国人韦辛格托里克斯部队的阻挠。他率军沿河走了几天,对岸的敌人也如影随形。【142】凯撒在一处林木茂密、适合隐蔽部队的地方安营扎寨,从每个军团各自抽调了三个步兵大队,命令他们留在原地不动,等他离开后,就马上在那里搭桥并设防;他和其他部队则继续行进。【143】韦辛格托里克斯看到对方军团数目没变,以为他们全都走了,便也继续跟进。而当凯撒相信桥已建好后,便立即掉头返回,发现已万事俱备,只欠东风,于是毫不费力地过了河。⁴²

扎诺比:【144】您对于如何辨别可以徒涉的浅滩有什么规矩呢?

法布里奇奥:【145】是的,有。【146】滞水和流水之间的那段河流,看起来像是一道分水岭,那里的水总是比较浅,比别的地方都适于徒涉。因为河流在那里总是多有沉淀,会积聚更多随深水漂流的物质。【147】由于业已经过多次验证⁴³,事情确实是这样的。

扎诺比:【148】若是河流使浅滩变深,致使骑兵从那里陷进去,那该怎么办?

法布里奇奥:【149】做木头格栅铺在河底,从上面过去。【150】但是,让我们言归正传吧。【151】若是一位将领率军走在两山之间,这里只有前后两条路,且都为敌人所占。他为了自救,在此情况下便不得不步前人之后尘。那就是在部队后面挖一条难以逾越

---

⑪　见 Vegetius III 7。

⑫　见 Caesar, *Gallic War* VII 34 - 35。

⑬　或者:经历;原意:经过实验的。

的大沟,让敌人明白他企图以此阻挡他们,并借此解除后顾之忧,集中全力从前面依然通畅的路口突出去。【152】敌人一旦信以为真,便会加强对那条通畅的道路的防守,而放弃了被阻断的这条。这样一来,他便可以在沟上搭起一座木桥,不受阻碍地到达另一侧,从而脱离敌掌。【153】罗马执政官卢西乌斯·米努提乌斯率军在利古里亚时,曾被敌人困在众山之间而不得出。【154】于是,他派军中装备极差的努米底亚士兵骑上瘦小的马匹,向敌人守卫的地方跑去。敌人一看到他们,便集合起来保卫隘口。但当他们看清这些部队糟糕的队形和糟糕的马匹——根据他们的标准——时,便有些蔑视,从而放松了警惕。【155】努米底亚人眼见此状,立即策马扬鞭,发起冲锋,没等敌人做出任何反应,就冲了过去。他们对那一地区大肆洗劫,使其变成一片荒芜,迫使敌人放弃隘口,让卢西乌斯的大军顺利通过。㊹【156】任何将帅在发现自己遭到大量敌军的攻击时,都会紧缩队形,让敌人能完全包围自己。然后,命令部队向他认为敌人最弱的部分突围,从而为自己求得一条生路。【157】马克·安东尼在从帕提亚人的军队前撤退时注意到,敌人总是在他每天拂晓启程时袭击他,并在他行进途中始终骚扰不断。因此,有一天他采取了不到中午不启程的计策。【158】帕提亚人由此相信他那天不会拔营了,便返回了他们的营地。于是,马克·安东尼得以在那天剩下的时间里安然行进,没有受到任何骚扰。㊺【159】同样是此人,为了躲避帕提亚人的箭击,令部队在帕提亚人冲来时统统跪下,营队的第二排把盾牌放在第一排的头顶,第三排放在第二排的头顶,第四排放在第三排的头顶,依次类推。这样,整个大军最后就像是在一个屋顶下,敌人的弩箭对他们无可奈何。㊻【160】关于部队在行军时可能发生的事情,我所想到要告诉你的就这些。所以,如果你没有别的问题的话,我们就来谈另一个话题吧。

㊹　发生于公元前 193 年;参见 Frontinus I 5.16,他将 Livy XXXV 11 的昆图斯·米努提乌斯·塞穆斯的正确说法,错误地说成是卢西乌斯·曼努西乌斯。

㊺　见 Frontinus II 13.7。

㊻　见 Frontinus II 3.15。

卷 六

扎诺比：【1】因为讨论的话题必须有变化，因此下面我该让贤，让巴蒂斯塔来接任了，我相信这样安排不错。在这个问题上，按照我刚刚从领主这里听到的高论，我们应当以优秀将帅为楷模。他们都把最好的士兵部署在部队的前后两头，因为他们觉得有必要让勇于发起战斗的人在前，让勇于坚持战斗的人在后。【2】科西莫慎重地开始了这次讨论，巴蒂斯塔则将审慎地结束这次讨论。【3】卢齐和我则在中间起了承上启下的作用。【4】由于我们每人都已经心甘情愿地负起了自己的责任，所以我相信，巴蒂斯塔也不会拒绝接受这一使命的。

巴蒂斯塔：【5】迄今为止，我一直表现得中规中矩，以后也会这样的。【6】所以，领主，请接着发表您的高论吧，若是我们的这些繁文缛节打断了您的思路，还请多多包涵。

法布里奇奥：【7】像我业已说过的那样，你们这样做让我非常满意。因为你们的这些插话不仅没有让我失去想象力，[47]而且让我精神大振。【8】不过，若想继续我们的话题，下面就该来讨论军队的扎营问题了。因为诸位都知道，任何东西都需要休息和安全，若休息时无安全保证，那肯定休息不好。【9】我非常担心[48]你们会希望我让部队先休息，后行军，最后再作战。[49]而我们恰恰是反其道而行之。【10】我们这样做也是出于无奈。因为要想说明部队在行进途中如何由行进队形变为战斗队形，首先必须说明他们是如何

㊼ *Fantastia*（参见 *D* III 6.12）.

㊽ 原意：怀疑。

㊾ 参见 *AW* III 44；Polybius VI 26；以及 Vegetius III 8 的开头。

排列战斗队形的。【11】我们还是言归正传。我要说,若要营地安然无恙,它就必须安排得当、坚不可摧。【12】安排得当要靠将帅的勤劳,坚不可摧则要靠技艺或地形。【13】希腊人习惯于寻求有利的地形,从不选择在既没有壕沟,也没有河堤、大量树木或其他可以保护他们的天然屏障的地方扎营。【14】但罗马人安全地扎营主要靠的是技艺,而不是地形。他们从不在不能使他们按照自己的规矩展开全部兵力的地方扎营。【15】由此之故,罗马人能保持一贯的营地形式,因为他们想让地形符合他们的规矩,而不是他们迁就地形。【16】希腊人则无法做到这一点。因为他们服从于地形,而地形的情况变化不一,因而他们也必须改变扎营的方式和营地形式。【17】所以,罗马人在地形不利的地方,便以技艺和勤奋补充之。⑩【18】我在这次讨论中一直效法罗马人,因此在扎营方式方面也将以他们为楷模。虽然我并非完全照搬他们的阵形,但的确采用了其中在我看来适用于今天的部分。【19】我已经多次说过,⑩罗马人在其执政官军队里有两个由罗马人组成的军团,包括大约一万一千名步兵和六百名骑兵。此外还有盟友援助他们的部队,约有一万一千多步兵。其军队中外籍士兵的数量从不超过罗马士兵,但骑兵除外。他们不介意外籍骑兵在他们的军团中的数量超过⑩本国骑兵。⑬并且,他们在每次行动中总是把本国军团放在中间,把辅助部队放在边上。【20】就像你们本人可能已经从有关他们事迹的记载中看到的那样,他们在扎营时也遵循了这种方式。所以,我不打算给你们详细讲述他们如何如何扎营,而是只谈一谈目前我将用哪些队形安排我的部队扎营,这样你们就会明白我在哪一部分采用了罗马人的方式。【21】你们知道,和两个罗马军团形成对比,⑭我用的是两个步兵旅,每个旅有六千名步兵和三百名得力骑兵,并且[你们知道]我把他们分成了哪些营、配备什么武器、使用什么名称。【22】你们还知道我在排列行进队形和战斗队

---

⑩　见 Polybius VI 42。

⑩　见 *AW* III 40-43。

⑫　原意:胜过。

⑬　参见 *AW* III 注 15。

⑭　或者:相应。

形时,如何没有提到其他部队,而只是指出在使部队翻倍时,只需将队形翻倍即可。㊄【23】鉴于眼下我要谈的是扎营的方式,我觉得仍然用两个旅似乎不妥,而是应该像罗马人那样组成一支完整的军队,由两个旅及同样多的辅助部队构成。【24】我之所以这样做,是因为若由完整的㊅军队扎营,营地形式将更完美。这在说明其他事情时,我觉得并无必要。【25】这支由二万四千名步兵和两千名得力骑兵组成的全建制的㊇军队分为四个旅,其中两个是本国部队,两个是外籍部队。我将采用如下方式安排他们扎营。㊈【26】找到理想地点后,我将升起帅旗,在帅旗四周划出一方形空地,每边距帅旗五十布拉乔远,分别正对东、南、西、北。我将把统帅部安扎于此。【27】我将把武装人员和非武装人员、辎重人员和非辎重人员分开,我相信这样做比较慎重,况且罗马人也乐意这样做。【28】我将把全部或较精锐的武装人员部署在东边,把非武装人员和辎重人员部署在西边,以东边为营地前部,㊉西边为后部,南北两边为侧翼。【29】为了区分武装人员的营地,我将采用这种方式:从帅旗开始向东划㊊一条六百八十布拉乔长的线。【30】然后在其两边十五布拉乔处,各划一条与其同样长的平行线。两线顶端为营地东门,两端线之间是一条从东门通往统帅部的街道。㊋它宽为三十布拉乔、长为六百三十布拉乔(因为统帅部将占据五十布拉乔),称为统帅街。然后,我将修筑一条从南门直通北门的街道,它穿越统帅街的开头,与统帅部的东侧擦肩而过。它有一千二百五十布拉乔长(因为它将占据统帅部的整个宽度)㊌,也是三十布拉乔宽,称为十字街。【31】设计好统帅部和这两条街道后,该开始设计我们自

㊄ 见 *AW* III 43-48,76。

㊅ 原意:恰当的。

㊇ 原意:恰当的。

㊈ 见 175 页图 7。关于如何扎营的讨论,见 Polybius VI 27-32;参见 Vegetius III 8;Xenophon, *Education of Cyrus* VIII 5.1-16。

㊉ 见 Xenophon, *Education of Cyrus* VIII 5.3;参见 Vegetius I 23;Polybius VI 27。

㊊ 原意:移动。

㊋ 原意:路,在关于营地的讨论中始终都指的是这个意思。

㊌ 圆括号为原文所有。

己的两个旅的营地了。我将把一个旅部署在统帅街的右边,一个部署在左边。【32】穿过十字街占据的宽度之后,我将在统帅街的左右两边各安排三十二个营帐,在第十六和第十七营帐之间留下三十布拉乔的空间作为横截街,就像从它们的分布中看到的那样,它将穿越各旅的所有营帐。【33】我将让两队重骑兵的指挥官们驻在第一[营帐],该营帐紧靠十字街,位于这两队[十五个营帐]的前面。重骑兵本身则驻扎在[第一个营帐]后面统帅街两侧的十五个营帐里。由于每个旅有一百五十名重骑兵,所以每个营帐将分配十名重骑兵。【34】指挥官的营帐为四十布拉乔宽、十布拉乔长。【35】需要指出的是,我所说的宽,指的是从南到北的空间;所说的长,则指的是从西到东的空间。【36】重骑兵营帐应是十五布拉乔长、三十布拉乔宽。【37】我将在随后每一侧的十五个营帐(它们从与横截街的交叉处开始,占据的空间和重骑兵营帐相同)驻扎上轻骑兵。由于他们是一百五十人,所以每个营帐将分配十名骑兵。轻骑兵指挥官将驻扎在剩下的第十六个[营帐],他占据和重骑兵指挥官相同的空间。【38】这样,两个旅的骑兵营帐将把统帅街夹在中间,并像我将要叙述的那样,给步兵营帐立下了一定之规。【39】你已经注意到我如何把每个旅的三百名骑兵及其指挥官部署在了位于统帅街及十字街开头的三十二个营帐;如何在第十六到十七营帐之间留下了一个三十布拉乔长的空间作为横截街。【40】我将把两个正规旅的二十个营的营区部署在骑兵营帐后面,每两个营一个营区,每个营帐都和骑兵营帐一样,十五布拉乔长,三十布拉乔宽,并在后部会合,一个挨着一个。【41】我将在紧靠十字街的每侧第一个营帐驻扎一名营长。该营帐将和重骑兵指挥官的营帐相呼应,只有二十布拉乔宽、十布拉乔长。【42】在这些营帐后面两侧直到横截街的另外十五个营帐,我将在每侧驻扎一个步兵营。由于他们是四百五十人,所以每营帐将分配三十人。【43】我将在轻骑兵营帐后面每侧再部署大小和轻骑兵营帐相同的十五个营帐,每侧驻扎一个步兵营。【44】我将在最后一个营帐每侧部署一名营长,他将和轻骑兵指挥官为邻,占据十布拉乔长、二十布拉乔宽的空间。【45】这样,这两个第一排营帐中,就一半是骑兵,一半是步兵。【46】由于我想让所有骑兵都能派上用场,就像我曾在适当地方告诉过你们的那样,⑬并且由于通过这样安排,他们就没有随从人员帮助马主照顾马匹或是做其他必要的事情,所以,我要求驻扎在骑兵后面的步兵有义务帮助骑兵,给马匹供料和管理马匹,为此,他们将被免予参加营地的其他活动。罗马人就是这样做的。【47】这样,在这些营帐后面两侧,每一侧就都留有三十布拉乔的空间充作街道,一条称为右一号街,一条称为左一号街。我将在每一侧各部署另外一排营帐,每排三十二个。它们将尾尾相对,其空间大小和我业已提到过的相同,并且从第十六营帐之后,也以同样的方式划分,以便形成横截街。在这里,我将在每一侧驻扎四个步兵营,营长们位于首尾两端。【48】这样,每一侧又各留有三十布拉乔的空间充作街道,分别称为右二号街和左二号街。我将在每一侧再各部署一个有三十二个双行营帐的队形,其距离和划分同上,并在每一侧各驻扎四个步兵营及其营长。【49】如此一来,两个正规旅的骑兵和营队就将分两侧驻扎,每侧三排营帐,中间是统帅街。【50】至于两个辅助旅,因为他们是由同样的人⑭组成,所以我把他们分别部署在这两个正规旅的两边,并有着和正规旅同样的双营帐排列,即首先部署一排营帐,一半驻扎骑兵,一半驻扎步兵,与其他营帐相距三十布拉乔,以便形成两条街道,分别称为右三号街和左三号街。【51】然后,我将在每侧各部署另外两排营帐,其区分和排列方式与正规旅相同,这将形成另外两条街道,它们都将以数字及其所在的那一侧相称。【52】所以,所有部队最终将驻扎在十二排双营帐里,包括统帅街和十字街在内,共有十三条街道。【53】我还要在营帐和四周寨壕之间留出一百布拉乔的空间。【54】你数一下所有这些空间便会发现,从统帅部中央到东门有六百八十布拉乔长。【55】我们现在还有两个空间,一个是从统帅部到南门,一个是从统帅部到北门。从中心点算起,每处空间均为六百二十五布拉乔。【56】然后,从每处减去统帅部所占的五十布拉乔,广场边长所占的四十五布拉乔,将上述每处空间从中一分为二的街道所占的三十布拉乔,以及各处营帐和壕沟之间的一百布拉乔,[统帅部]

---

⑬　见 *AW* II 322－36;参见 *AW* III 42。
⑭　即携带同样类型和数量武器的部队。

每一侧用作营帐的空间就还有四百布拉乔宽、一百布拉乔长,其中长度还包括统帅部占的地方。⑤⑮【57】所以,把上述长度从中一分为二,就可以在统帅部两侧各部署四十个五十布拉乔长、二十布拉乔宽的营帐,两侧相加,共有八十个营帐。在这些营帐里,驻扎有各旅旅团长、会计、军需官⑤⑯和所有军队职员。还有些营帐是空的,留给可能来访的外国人,以及得到将帅允许在军中服务的人住宿。【58】我将在统帅部的后侧,修建⑤⑰一条从北到南三十一布拉乔宽的街道,称为前街。它将和上述八十个营帐并行,因为在这条街和十字街之间是统帅部以及位于统帅部侧翼的八十个营帐。【59】从这条前街开始,我将在统帅部的对面一侧修建⑤⑱另一条街通往西门,它也是三十布拉乔宽,在位置和长度上与统帅街相应,称为广场街。【60】这两条街确定下来后,我将对举行集市的广场做出安排。它将位于广场街的头⑤⑲上,与统帅部相对,与前街毗连。我将让它呈正方形,⑤⑳边长⑤㉑为一百二十一布拉乔。【61】在广场的左右两边,我将各部署两排营帐,每排有八个双行营帐,占地长十二布拉乔、宽三十布拉乔。这样,中央广场的每一边⑤㉒便各有十六个营帐,总共三十二个。我将让辅助旅剩余的骑兵驻扎在这些营帐。如果这还不够,我将让他们驻扎在将帅两边的一些营帐,尤其是面对寨壕的那些营帐。【62】现在,剩下的就是要安排每个旅的长枪兵和特别轻步兵了。你们知道,根据我们的队形,每个旅除了有十个营之外,还有一千名特别长枪兵和五百名轻步兵。因此,我们自己的两个旅共二千名特别长枪兵和一千名特别轻步兵,两个辅助旅也同样如此。因此总共还要安排另外六千名步兵,我将让他们都驻扎在沿寨壕的西侧。【63】从前街头上往北直到寨壕留有一百布拉乔

---

⑤⑮　因此,从东到西的"长度"比从南到北的"宽度"短。

⑤⑯　原意:"营地的主人"。

⑤⑰　原意:移动。

⑤⑱　原意:移动。

⑤⑲　*Testa*,通常译为"前部"。

⑤⑳　204 页图 7 所绘的广场为三角形而不是正方形。

⑤㉑　原意:正方形。

⑤㉒　原意:手。

的空间,我将在这里部署一排五个双行营帐,长七十五布拉乔,宽六十布拉乔,平均每个营帐为十五布拉乔长,三十布拉乔宽。【64】我将在这十个营帐驻扎三百名步兵,每个营帐三十名。【65】这样就留下三十一布拉乔的空间,我将以类似方式和空间部署另外一排五个双行营帐,然后是另一排,这样就会有五排双行营帐。所以,最后在北边共有排成直线形的五十个营帐,每个营帐离寨壕一百布拉乔,共将驻扎一千五百名步兵。【66】再来看看朝向西门的左边^㉒,在从[刚刚讨论过的五十个营帐]到西门这整块地方,我将以完全类似的方式和空间,部署另外五排双行营帐。实际上,从一排营帐到另一排营帐的空间还不到十五布拉乔,在这里将再驻扎一千步兵。这样,从北门到西门,沿着寨壕共有一百个营帐,分为十排,每排五个双营帐。我们自己的旅的全部特别长枪兵和轻步兵都将驻扎在这里。【67】而从西门到南门,也是同样沿着寨壕有另外十排、每排十个营帐,这里将驻扎辅助旅的特别长枪兵和轻步兵。【68】他们的指挥官或者说营长将选择那些在寨壕边上、看上去对他们最为方便的营帐。【69】我将把火炮部署在寨壕堤一线,把所有非武装人员和营地辎重部署在所有其他那些朝西的空间。【70】就像你们所了解的那样,古人所谓的辎重指的是除了士兵以外部队所必需的一切人员和物品,如木匠、铁匠、蹄铁匠、石匠、技师、投弹手(尽管这些人可被列入武装人员)^㉔、牧人及其供部队食用的阉割过的牛羊、各行各业的工人^㉕,以及载运食物和武器等公用品的公共马车。【71】我将不挨个^㉖区分他们的营帐,而只标明他们绝不能占据的街道。我将把道路之间的其他四处空间分门别类地分给上述辎重,即一处给牧人,一处给工匠和工人,一处给载运给养的公用马车,一处给载运武器装备的公用马车。【72】我不让占据的街道是广场街、前街、还有一条称为中央街的街道。这条街经广场街中间贯穿南北。它在西边所起的作用,和横截街在东边

㉓ 原意:手。
㉔ 圆括号为原文所有。
㉕ 或者:师傅。
㉖ 原意:个别地。

起的作用一样；【73】除此之外，还有一条沿着长枪兵和特别轻步兵营帐转向里面的街。【74】所有这些街都将是三十布拉乔宽。【75】我将把火炮沿寨壕部署在里侧。

巴蒂斯塔：【76】我承认我对这些事情不甚了了。我甚至也不觉得这样说丢人，因为这并非我的职业。【77】但是，我依然很喜欢这种安排。我只想请您再回答我的两个问题：第一，您为什么把街道及其周围的空间弄得这么宽呢？第二，我更为关心的是，应该怎么样来利用您给营区划定的这些空间呢？

法布里奇奥：【78】要知道，我之所以让所有这些街道都是三十布拉乔宽，为的是让步兵营能够列队⑤通过。如果你还记得的话，我曾经告诉过你，⑤每条街都是二十五到三十布拉乔宽。【79】寨壕与营帐的距离为一百布拉乔，这是必要的，因为可以在那里安排营队和火炮，可以让战利品由此通过，并且若是需要的话，还可以利用新寨壕和新堤坝获取撤退空间。【80】离寨壕远一些对营帐也比较有利，因为这样的话，就可以离敌人投过来伤害你的火把等东西较远。【81】至于你的第二个问题，我的意思不是说，我划定的每处地方都只有一顶帐篷，而是取决于驻扎者觉得怎么方便，帐篷可多可少，只要不超出界线即可。【82】要划定这些营区，必须要有非常有经验的人和优秀的建筑师，一旦将帅选定了地方，他们马上就知道营地该是什么形式，该如何分布，如何区分街道，如何用绳子和长枪划分营区，以便能立即动手排列队形和划分。【83】为了不引起混淆，营地必须总是采取同样的方式，以便人人都知道该在哪条街、哪处地方找到他的营帐。【84】必须时时处处遵守这一点，这样，营地看起来就像是一座移动的城市，无论到哪里，都带着同样的街道、同样的房屋、同样的外貌。那些寻求有利位置、不得不根据地点的变化而改变营地形式的人，是无法做到这一点的。【85】但是，罗马人惯于用寨壕、壁垒、堤坝等使营地坚固，因为他们惯于在营地四周围以木栅，并在木栅前面挖一条通常为六布拉乔宽、三布拉乔深的寨壕。这些空间的大小，根据他们打算在一个地方驻

---

⑤　Ordinanza，通常译为"国民军"。

⑤　见 *AW* VI 74；参见 *AW* VI 30，59。

扎时间的长短以及对敌人的惧怕程度而定。【86】就我本人来说，目前我不打算竖立木栅，除非我打算在一个地方过冬。【87】我肯定将挖掘寨壕，修筑堤坝，它们不小于上面提到的，如有必要还可以更大。【88】由于㉙火炮之故，我还将在营地的每个角上挖一条局部㉚圆形的寨壕。火炮可以在这里轰击进犯寨壕之敌的侧翼。【89】也必须对士兵进行这种懂得如何安排营地的训练，并通过训练让指挥官们划定营地，让士兵们能迅速知道他们的位置。【90】正如届时将会说明的那样，㉛这些都不难做。【91】下面，我想来讨论营地的警戒问题，因为若是不部署卫兵，所有其他努力都将会付诸东流。

巴蒂斯塔：【92】在讨论卫兵问题之前，我还想请教您：若是有人想在敌人附近扎营，应采取什么方式？因为我不知道怎么会有时间安然无恙地安排扎营。

法布里奇奥：【93】你们必须要明白这一点：任何将帅都不会在敌人附近安营扎寨，除非是为了能随时应战。【94】如果有人如此安排，其危险也不会非同寻常的。因为可以让三分之二的部队应战，三分之一安排营地。【95】在此情况下，罗马人会把安营扎寨的任务㉜给特里亚利师，而普林西比师和阿斯塔蒂师则刀剑出鞘，严阵以待。【96】他们之所以这样做，是因为特里亚利师乃最后参战者，若是敌人来犯，可及时放弃工作，披挂上阵。㉝【97】若要效仿罗马人，你就得把安营扎寨的任务交给你打算部署在部队最后的那些营队，就像特里亚利师那样。【98】我们还是言归正传，来讨论卫兵问题吧。【99】我好像还没有发现古人为了在夜间守卫营地，曾像今人所做的那样㉞，在寨壕外面一段距离派驻卫兵——如今称为哨兵。【100】在我看来，他们之所以这样做，是由于他们认为卫兵

㉙ 原意：至于。
㉚ 原意：一半。
㉛ 可能指的是 *AW* VII 199 开头以及 *AW* I 44 许诺的讨论。
㉜ 原意：道路。
㉝ 参见 Vegetius I 25，III 8；Xenophon, *Education of Cyrus* VIII 5.9。
㉞ 原意：今天运用的。关于骑兵负责夜间在营地外巡逻的主张，见 Vegetius III 8 结尾处。

难以受到监督，[35]能被敌人收买或是被以武力降服，因而部队能轻
而易举地受到蒙骗。所以他们认为，不论是完全还是部分地信任
他们，都是危险的。【101】因此，他们的所有卫兵部队都部署在寨
壕以里。他们为此殚精竭虑，精心安排，任何违反这种制度者都会
被处死。【102】至于他们是如何安排这些的，为了不让你们生厌，
我在此将不再赘言，若是你们至今尚未看到的话，[36]现在就可以自
己去读一读。【103】我只想简要说说我将会怎么做。【104】一般情
况下，我每夜都将令部队的三分之一整装待命，其中的四分之一甚
至不能躺下。他们将分布在堤坝一线及全军各处，每个拐角都设
双岗。这些人中，一部分为固定哨，一部分为流动哨，要在营房两
边不停地来回走动。【105】如果附近有敌人，我在白天也将按照我
说的这种安排行事。【106】至于制定口令[37]和每晚更新口令，以及
这些卫兵采取的其他措施，由于都已众所周知，我将不再赘言。
【107】我只想提醒你们一件非常重要的事情，此事做则受益匪浅，
不做则后患无穷。这就是对那些不在营地过夜以及新到营地者要
加倍上心。【108】要检查[38]何人没有按照我们制定的制度宿营很容
易，因为每个营帐的人数是确定的，这样就很容易知道里面的人是
少了还是多了。如是未经允许[39]擅自外出，则［容易］以逃兵论处；
如有多余之人，则要弄清他们是谁，以及他们的其他情况。【109】
有了这种勤勉上心，敌人便很难和你的指挥官们做交易[40]，无法获
悉你商议的事情。【110】如果罗马人科劳迪乌斯·尼禄当初不曾
勤于提防这种事情，他就无法在汉尼拔的眼皮底下，神不知鬼不觉
地离开他在鲁卡尼亚的营地，往返于马切斯之间。[41]【111】但是，若
不能得到严格遵守，仅仅有这些好的措施是不够的。因为在军队

㉟　原意：再次看到。
㊱　关于以下的讨论，见 Polybius VI 35。
㊲　原意：名称。
㊳　原意：再次看到。
㊴　原意：许可。
㊵　原意：实践。
㊶　发生于公元前 207 年；见 Frontinus I 1.9；Livy XXVII 43 - 47。

里，没有比这更需要(542)一丝不苟地遵守的事情了。【112】所以，有关实施律法必须苛刻严厉，司法者必须铁面无私。【113】罗马人对脱离哨位者、放弃指定战斗岗位者、藏匿东西出营者、谎报战功者、违反(543)帅令作战者和因贪生怕死而丢弃武器者，统统处以死刑。(544)【114】若是一个步兵大队或整个军团犯下一种类似错误，为了不全部处死，他们就把[他们的名字]全放在一个袋子里抓阄，抽出十分之一的人处死。(545)【115】其结果是，虽然不是人人都会受到惩罚，但却令人人望而生畏。【116】有重罚必有重赏。为了赏罚并用，他们对每种战功都有奖赏：在战斗中对同胞救死扶伤者、首先越过敌人城墙者、首先进入敌营者、在战斗中伤毙敌人者、把[敌人]拉下马者，都可得到奖赏。(546)【117】这样，每种美德都会得到执政官的承认和奖赏，每个人都会受到公开表彰。因某种美德获得奖赏者，除了在士兵中博得荣耀和名誉外，在荣归故里时还会受到庄严盛大的欢迎，并在亲友中游行展示，大出风头。【118】所以，若是那一民族获得了如此庞大的帝国，这不足为奇，因为他们非常重视(547)对那些因美德或恶行而应予称赞或谴责者，给予奖赏或惩罚。今天，这些措施大都必须予以遵守。【119】我觉得，还应该谈一谈他们奉行的惩罚方式。他们是这样做的：当护民官或执政官宣布(548)某人有罪时，他用权杖轻轻打他几下，然后允许他逃走，而所有士兵都可以得而诛之。士兵们会马上投出手中的石块或标枪，或是用其他武器击打他。通过这种方式(549)，能侥幸活命者寥寥无几，确实能逃走者更是绝无仅有。即便确实能够逃得一命，也不准许他们回家——

(542) 原意：要求。

(543) 原意：在……之外。

(544) 见 Polybius VI 37。马基雅维里上面列举的种种禁止行为并非都是 Polybius 提到过的，Polybius 既不曾提到偷偷携带东西出营、也不曾提到违反帅令作战属于违法（关于后面一条，见 Livy VIII 6－8；*D* II 16.1，III 1.3，22.4，34.2）。

(545) 见 Polybius VI 38。

(546) 见 Polybius VI 39，该处没有提到进入敌营。

(547) 原意：如此奉行。

(548) 原意：被征服。

(549) 原意：品质。

除非是带着许多污点和耻辱,这让他们毋宁去死。⑤⑤【120】实际上,瑞士人几乎也奉行这种方式,他们一般是让其他士兵处死那些有罪者。【121】这是一种经过深思熟虑的最佳⑤⑤惩罚方式。因为要想让一个人不为罪犯辩护,最佳对策就是让他亲手惩罚罪犯;当行刑者不是别人而是他自己时,他同情罪犯的理由和渴望惩罚他的欲望都是不同的。【122】所以,若是不想让一个人的错误得到人民的支持,就让人民来审判他吧,这是一个了不起的办法。【123】为此,不妨引曼利乌斯·卡皮托里努斯的例子为证。此人在遭到元老院的指控后,得到了人民的辩护,直到他们成为他的法官。但是,他们成为他的案子的仲裁者后,却把他判了死刑。⑤⑤【124】所以,这是消除骚乱、维护正义的一种惩罚方式。【125】由于不论对律法还是对人的畏惧,都不足以约束武装起来的人,⑤⑤因而古人增加了上帝的权威。所以,他们举行盛大的仪式,让士兵们发誓遵守军纪。如此一来,若是他们违反军纪,则不仅要畏惧律法和人,而且还要畏惧上帝。【126】并且,他们还千方百计用宗教来约束他们。

巴蒂斯塔:【127】罗马人允许女人呆在军队里吗?或者,允许军队里有今天这样的消遣游戏吗?

法布里奇奥:【128】他们对此都严加禁止。【129】禁止这种事情不是很难,因为他们每天布置给士兵的训练如此之多,既有个别⑤⑤参加的,也有全体参加的,以至于他们根本没有时间去胡思乱想、寻花问柳⑤⑤和游手好闲,或做那些惹是生非的无用士兵才做的其他事情。

巴蒂斯塔:【130】我喜欢那样。【131】但请告诉我:部队何时必

---

⑤⑤　见 Polybius VI 37。

⑤⑤　*Ottimamente* 与上面的 *popolarmente*(一般地)是并列的。在佛罗伦萨的用法和政治中,*ottimati* 或 *grandi* 构成了政治阶级的上层,而 *popolari* 则构成了其下层(尽管该词也可用来指整个政治阶级)。马基雅维里把人民和大人物称为两个最重要的"心情"。

⑤⑤　见 Livy VI 19 - 20;参见 *D* III 8.1。

⑤⑤　参见 *AW* I 246。

⑤⑤　原意:特别。

⑤⑤　原意:维纳斯。

需拔营㉚？他们要保持什么样的队形？㉗

法布里奇奥：【132】统帅的喇叭会吹响三次。【133】第一次，开始拆捆帐篷；第二次，开始装车；第三次，各部分武装人员开始按上述方式行动，㉘辎重在后，军团在中间。【134】所以，你们㉙必须让一个辅助旅行动，它后面是其特殊辎重，同时还有四分之一的公共辎重。我们刚刚说过，㉚它们以前全都存放在一个广场上。【135】最好是把这些辎重逐一分配给各旅，以便当部队行动时，人人都知道他们的行军位置。【136】因此，每个旅都应带着自己的辎重出营㉛，让四分之一［公共］辎重在其后面，按照我们说明过的罗马军队的方式行进。㉜

巴蒂斯塔：【137】他们在部署营地时，除了您所提到的以外，还要考虑㉝别的［事情］吗？

法布里奇奥：【138】我再重复一遍，罗马人在安营扎寨时希望能保持他们惯用的方式。为此，他们心无旁骛。【139】说到其他考虑，㉞他们主要有两点：其一，把自己部署在有益于健康的地方；其二，部署在敌人无法包围［营地］、无法切断其水源和食品供应的地方。【140】为此，他们尽力避免沼泽或毒风肆虐之地。【141】他们之所以能认识到这点，与其说是根据地形地貌，不如说是根据居民的面色。若是发现居民面色难看，气喘吁吁，或是有各种传染病，他们就不在那里扎营。【142】至于［你的问题］的另一部分，即免遭包围，必须要考虑地方的性质，［也要考虑］何处是友、何处是敌。

㉚　原意：起床。

㉗　见 Polybius VI 40。

㉘　见 *AW* V 2-11。

㉙　此处使用了正式或复数第二人称，这种情况不常见，因为这个建议似乎是给在位或未来的君王的（在别的地方，这种建议都是以熟悉的 tu 形式提出来的），而不是给和法布里奇奥进行讨论的那些人的。

㉚　见 *AW* VI 69-71；参见 175 页图 7。

㉛　原意：离开。

㉜　见 *AW* V 2-11。

㉝　原意：关心。

㉞　关于下面对部队健康和场所性质的讨论，见 Vegetius III 2；参见 Xenophon, Education of Cyrus I 6.16-17。

你必须[据此]推测能否遭到包围。【143】所以,将帅必须对各地的地理情况了如指掌,并且身边须有众多精于此道之人。⑤⑤【144】他们不允许军队混乱无序,以此来避免疾病和饥饿。因为若要军队保持健康,就必须让士兵有帐篷可睡,在有树荫可以乘凉、有木柴可以烧水做饭的地方扎营,并且不要在烈日下行军。【145】所以,夏天应在天亮前就拔营上路,冬天则不要在不方便生火的情况下穿越冰天雪地;要有足够的必要衣物,不要饮用不洁之水。【146】对那些偶染疾病者要有大夫治疗,因为将帅无法既要同敌人战斗,又要同疾病抗争。【147】但是,要保持军队健康,最佳良药是锻炼。所以,古人让士兵天天都进行锻炼。【148】由此可见,这种锻炼是多么值得,它使你在营房里保持健康,在战斗中获得胜利。【149】至于为了免于挨饿,⑤⑥不仅必须注意不让敌人切断你的食品供应,而且还要事先知道可以从何处得到食品,不要得而复失。【150】你手头永远要备有一个月的给养,并且要让你邻近的盟友负责每天为你提供。[你必须]把给养存放在安全坚固的地方,最重要的是要精打细算,每天给每人一个合理定量。[你必须]对此坚持不懈,以免使你方寸大乱。因为在战争中,你可以及时战胜任何其他不测,而惟有饥饿随时会让你低头。【151】那些能用饥饿战胜你的敌人,决不会想去以兵刃取胜。若说这样胜之不武的话,它却更胜券在握。【152】所以,那种行事不公、挥霍无度的军队,定难逃脱挨饿之苦。混乱有两种,一种是使给养无法运达,另一种是无端浪费给养。【153】所以,古人规定,给到手的东西一定要吃完,而且没有命令不准吃东西。只有当将帅进餐时,士兵才能进餐。【154】众所皆知,今天的军队很少能做到这一点:他们不配被称为像古人那样秩序井然、头脑清醒的战士,而只能被称作是放荡不羁的酒鬼。

巴蒂斯塔:【155】您在开始谈论扎营问题时曾经说,⑤⑦您不想只有两个旅,而是想有四个,以便说明一支完整的⑤⑧军队是如何扎营

---

⑤⑤　参见 *D* III 39;*P* 14。
⑤⑥　关于下面对部队食品供应的讨论,见 Vegetius III 3。
⑤⑦　见 *AW* VI 23-25。
⑤⑧　原意:恰当的。

的。【156】所以,我想请教您两个问题:其一,若是我的部队再多一些或者再少一些,我将如何安排他们扎营呢?【157】其二,多少士兵足可抗击任何敌人?

法布里奇奥:【158】我对第一个问题的回答是:若是士兵数量少于四千或者多于六千,即可根据需要,减少或增加营房的排数,并依此类推,可以无限增减。【159】尽管如此,当罗马人把两支执政官军队合兵一处时,他们仍然安排两个营地,让非武装人员各归其所。[569]【160】我对第二个问题的回答是:罗马人的正规军大约有二万四千人。但是,当有大军压境时,他们最多可集结五万人。【161】他们曾用这些兵力来对抗二十万法国人,后者在结束了与迦太基人的第一次战争后又来进犯罗马。[570]【162】他们还用同样多的兵力对抗汉尼拔。你须要注意,罗马人和希腊人都不求以多取胜,而是重视队形和技艺。西方人和东方人则都喜欢大兵团作战。不过,西方民族靠的是天生凶悍,东方民族靠的则是士兵对君王的俯首贴耳。【163】而在希腊和意大利,由于既没有这种天生的凶悍,也没有这种对君王的天生顺从,所以他们必须依靠纪律。纪律的威力如此之大,可使少数人战胜凶悍而又天生顽强的多数人。[571]【164】所以,我要说,若想效仿罗马人和希腊人,士兵数量就不应多于五万,实际上〔应当〕再少些。因为多则生乱,使纪律得不到遵守,学会的队形得不到保持。【165】皮尔胡斯常挂在嘴边的一句话是:给他一万五千人,他就可横扫整个世界。[572]【166】不过,我们还是来讨论另一部分吧。我们已经使我军赢得了战斗,也指出了战斗中可能遇到的麻烦。我们已经讨论了行军,讲述了在行军中会遇到的种种障碍。最后,我们还让军队安营扎寨:舟马劳顿后,他们不仅必须在那里稍做喘息[573],而且还要考虑必须如何结束战争。军队在安营扎寨后,尤其是在周围尚有敌人、一些城寨的态度尚难

---

[569] 参见 Polybius VI 32.
[570] "法国人"对罗马的进犯以公元前 225 年在忒拉蒙的失败而达到顶点。他们于公元前 222 年被完全击退;见 Polybius II 22 及以下。
[571] 见 Aristotle, *Politics* 1327b20 - 38,参见 *AW* I 121 - 123, II 81.
[572] 资料来源不明。
[573] 原意:安魂曲。

预料的情况下,仍然要应付许多事情。对此,妥当之举是不让自己为其所害,并攻克那些有意为敌者。【167】所以,必须要正视这些情况,并用我们迄今仍然用来激励军队的那种荣耀,来渡过这些难关。【168】具体的做法是:如果你需要许多人去做一件对你有利而对他们非常有害的事情(譬如毁坏他们的城墙,或者把他们中的许多人流放)⑭,就必须要么欺骗他们,使他们人人都以为事情只牵涉到他自己,从而不结成一伙,等到后来都发现上当受骗时,却已无药可救;要么命令他们在同一天必须去做某件事情,使他们相信这命令是单独下达给他自己的,这样,他就会考虑奉命行事而不是考虑对策。如此一来,每个人就都会执行你的命令而又不招致骚乱。【169】若是你对某些人的忠诚有所怀疑,不想为其所害并悄悄地制服他们,为了更易于掩盖你的计划,最佳之策是向他们透露一点你的计划,请他们施以援手,并表现得你另有所图,使你的态度让他们非常诧异。这会让他们想不到你正在算计他们,从而不加防范,让你有机会轻而易举地实现你的图谋。【170】若是你感到⑮军队中有人通敌,并想将计就计,以毒攻毒,最佳之策是向他透露一些你无意为之的事情,而对你的真正意图秘而不宣,并告诉他你担心⑯一些其实并不担心的事情,而对真正担心的事情守口如瓶。这将致使敌人去做某件事情,因为他自以为了解你的计划,从而使你能轻易蒙骗并制服他。【171】若是你打算像科劳迪乌斯·尼禄曾做过的那样,分兵去援助友军而又不想让敌人察觉,就必须不要减少营房数量,而是让全部标志和队形都保持不变,各处的篝火和卫兵一如既往。⑰【172】同理,如果你有援军到来而又不想让敌人知道,就绝不能增加营房数量。让你的行动和计划不露踪迹,〔将〕永远是非常有益的事情。【173】当梅特卢斯率军驻扎在西班牙时,有人问他第二天打算干什么,他回答说,要是他的衬衣知道他第二天打

---

⑭　圆括号为原文所有。
⑮　原意:〔有一种〕预感。
⑯　原意:怀疑。
⑰　见 *AW* VI 110 和注 47。

算干什么,他也会一把火把它给烧了。⑱【174】当有人问马库斯·克拉苏何时令军队开拔时,他说:"你以为只有你自己会听不到喇叭声吗?"⑲【175】为了获得敌人的秘密,了解他们的部署,有人习惯于派遣使者,在其随员中带上身着家人装束的战争专家。后者借机观察敌军,考虑其强弱之处,从而给他们以打败敌人之机。⑳【176】有人则放逐自己的密友,通过他了解对手的计划。㉑【177】还有人通过捕捉俘虏,来了解敌人的秘密。㉒【178】马里乌斯在同辛布里人的战争中,为了探知那些住在伦巴第并同罗马人结盟的法国人的忠诚,给他们送去了一些有的封口、有的不封口的信件。他在不封口的信里告诉他们,不到某时某刻,不要拆看那些封口的信。而在那一时刻到来之前,他就要回了那些信,结果发现已经被拆开了,于是知道他们的忠诚不是全心全意的。㉓【179】有的将帅在受到攻击时,不是去迎击敌人,而是去进攻敌国,迫使敌人回国保护家园。㉔【180】这着棋曾多次奏效。因为你的士兵开始取胜,开始斩获战利品并信心倍增;而敌人的士兵却开始害怕,因为他们觉得自己似乎已转胜为败。【181】所以,对于这种通过围魏救赵之计而实现逆转者来说,结果往往都不错。【182】不过,只有本国强于敌国者,方可行此计谋,因为若是相反的话,他就会以失败告终。

---

⑱ 昆图斯·凯西利乌斯·梅特卢斯于公元前 79 年被任命为西班牙总督,并于公元前 79—公元前 72 年在那里同色托里乌斯作战;见 Frontinus I 1.12。

⑲ 马库斯·卢奇纽斯·克拉苏(公元前 115—公元前 53);见 Frontinus I 1.13;参见 Plutarch, *Demetrius* 28。

⑳ 见 Frontinus I 2.1,该处称,西庇阿·阿弗里卡努斯曾在公元前 203 年用这种手段对付梅苏里国王西法克斯;参见 Livy XXX 4。

㉑ 见 Frontinus I 2.3,该处称,迦太基人因为害怕亚历山大大帝会进攻非洲,于公元前 331 年假装放逐了哈米尔卡·罗迪努斯,以便了解亚历山大的计划;参见 XenoPhon, Education of Cyrus VI 1。

㉒ 见 Frontinus I 2.5,该处称,(大)马尔库斯·卡托在西班牙时曾为了抓获一名俘虏而打了一仗,然后拷打他说出秘密情报。

㉓ 发生于公元前 104 年;见 Frontinus I 2.6,该处称,这场战争也是针对条顿人的,同时也是为了考验利古里安人的忠诚。

㉔ 见 Frontinus I 3.8,该处称,西庇阿曾出兵非洲,以迫使汉尼拔离开意大利(公元前 204 年);参见 Livy XXVIII 40 及以下。

【183】对于营地受到敌人包围的将帅而言，争取同敌人达成一致，休战数日，往往也是一件有益的事。这只会让敌人在各方面放松警惕，而你正可利用敌人的疏忽，获得机会，跳出敌掌。【184】苏拉曾以这种方式两次摆脱敌人。哈斯德鲁巴在西班牙时，也曾用这种骗术跳出了科劳迪乌斯·尼禄的部队的包围圈。⑤【185】除上述外，设法让敌人延误战机，也有助于摆脱敌军。【186】为此有两种方式。一是以部分兵力袭击敌人，使其专心于战事，从而使你其余的部队能借机开溜；二是以新花样出奇制胜，让敌人大为惊异，迷惑不前。如你们所知，汉尼拔就是这样做的。他在落入法比乌斯·马克西穆斯的圈套后，在大批公牛的犄角之间绑上点着了的小灯笼，致使法比乌斯对此新鲜花样犹豫不决，⑤没有想到应去阻断他的退路。⑤【187】将帅除了采取别的行动外，还应千方百计分散敌人的兵力——或者是让敌人对信任之人起疑心，或者是给他不得不分兵的理由，让他的兵力由此变弱。【188】可以通过关照敌人亲近之人的东西，来达到第一种效果，如在战争中保护他的军队或财产，〔或是〕归还其子女或其他必不可少的东西而不要赎金。【189】你们知道，汉尼拔曾烧光了罗马周围的所有田地，只留下法比乌斯·马克西穆斯的安然无恙。⑤【190】你们也知道，科利奥拉努斯率军到达罗马时，保留了贵族的财产，而烧毁并洗劫了平民的财产。⑤【191】梅特卢斯在率军同朱古达交战时，曾对朱古达派来的所有使节提出要求，让他们把朱古达作为俘虏交给他，后来又就同一问题写信给同样这些人。其结果是，朱古达不久就对他的顾

---

⑤ 发生于公元前90年，苏拉曾于内战期间和内战爆发前两年在卡帕多西亚同米特里达提斯的一位将军阿克劳斯交战；公元前211年哈斯德鲁巴曾在西班牙同科劳迪乌斯·尼禄交战；见 Frontinus I 5.17 - 19。

⑤ 原意：迟疑不定。

⑤ 发生于公元前217年；见 Frontinus I 5.28；参见 Livy XXII 16，17；Polybius III 93；D III 40.1。

⑤ 发生于公元前217年；见 Frontinus I 8.2；参见 Livy XXII 23。

⑤ 发生于公元前491年，见 Frontinus I 8.1；参见 Livy II 39；参见 D I 7.1。

问们都起了疑心，并以不同的方式把他们统统解职。⑩【192】当汉尼托庇于安提奥库斯那里时，罗马使节们频繁到他家中造访，致使安提奥库斯对他起了疑心，不久便不再信任他的顾问们了。⑪【193】关于分散敌人兵力，最可靠的方式是去袭击他们国家的一部分，让他们被迫去保护它，从而放弃战争⑫。【194】当法比乌斯率军遭遇到法国人、托斯卡纳人、安布里亚和萨谟奈人的部队时，一直采用这种方式。【195】较之⑬敌人的兵力，提图斯·狄第乌斯兵少将寡，正等待从罗马赶来的军团，而敌人则打算出兵打援。为了打消敌人的这一计划，他晓令⑭全军，说他第二天就要同敌人决一死战。然后，他故意⑮给一些战俘以逃跑之机。这些人把他次日开战的命令报告给了敌人，致使敌人为了不减少兵力，决定不去阻击罗马军团，以此来保证自己的安全。⑯这一方式无助于分散敌人兵力，但却有助于使自己的兵力成倍增加。【196】有些人为了分散[敌人]兵力，惯于采取诱敌深入之策，为此故意让敌人攻城掠寨，使其分兵把守，减少兵力，然后再发起反击并战而胜之。【197】还有的人为了进入一个地区而声东击西，佯攻另一个地区，并为此绞尽脑汁，以至于在突然进入那个毫无提防的地区后，能在敌人尚未来得及发兵救援前就拿下它。【198】因为你的敌人拿不准你是否会来个回马枪，返回最初佯攻的地方，因而被迫彼此兼顾，结果往往是两头都不顾。⑰【199】除上述计策外，当士兵中出现骚乱或不和时，将帅应懂得如何艺术地平息骚乱，消弭不合，这一点很重要。【200】最好的方式是惩办罪魁祸首，但要做得巧妙，即能在他们察

---

⑩　发生于公元前 108 年，见 Frontinus I 8.8；参见 Sallust, *Juthurthine War* 61, 62, 70-72。

⑪　发生于公元前 191 年，叙利亚安提奥库斯三世；见 Frontinus I 8.7；参见 Livy XXXV 13。

⑫　在昆图斯·法比乌斯·马克西穆斯·儒利亚努斯（公元前 295 年）的第五任执政官任期内，这些民族曾结盟对抗罗马；见 Frontinus I 8.7；参见 Livy X 27。

⑬　原意：至于。

⑭　原意：发出声音。

⑮　保持方式。

⑯　发生于提图斯在西班牙时（公元前 98—公元前 93）。

⑰　参见 *AW* VII 97。

觉之前制服他们。【201】方式是：若是他们离你很远，便不要只让有罪者前来，而是让他们同其他人一起来。这样，由于不相信此行凶多吉少，他们便不会抗命，从而便于惩罚他们。【202】当他们到来后，你必须借无辜者来壮大自己的声威，在他们的帮助下惩罚他们。【203】当他们中出现不和时，最好的方式是能够将他们置于危险境地；单凭那种畏惧，就总能让他们团结起来。[598]【204】但是，让军队保持团结的最重要的东西是将帅的声望，那只能来自他的美德。因为如果没有美德，不论是血统还是权威，都不会给予他声望。[599]【205】将帅应该做的第一件事情，是要让士兵有赏有罚。他若是不能给人报酬，也一定不能给人惩罚。因为若是你不能给士兵报酬，你便不能因为他抢掠而惩罚他——他为了活命，必须去抢掠。【206】但是，若是你给他报酬而不给他惩罚，他就会在各方面变得傲慢无理，对你不加敬重。这事无论发生在谁身上，都无法维持他应有的尊严，而如果不能维持尊严，骚乱和倾轧便必然随之而来，最终导致军队的覆灭。【207】古代的将帅有一种现代将帅几乎没有的苦恼[600]，那就是对所谓不祥之兆的解释。因为，若是有闪电落在军中，若是有日蚀或月蚀，若是发生地震，若是将帅在上马或下马时跌倒，便会被士兵们做不详的解释，并使他们产生极大恐惧，以至于打起仗来会被轻易击败。【208】所以，一旦发生诸如此类的意外，古代将帅会要么指出它的原因，并将其归结为自然因素，要么对它做出有利于自己的解释。【209】当凯撒向非洲进军，正要离船上岸时却摔倒在地，于是他说道："非洲啊，我已经抓住你了。"[601]【210】许多人对月蚀和地震的原因做出了解释。这些事情在今天都不会发生，这既是由于我们不再那么迷信，也是由于我们的

---

[598] 见 Frontius VII I 9。

[599] 参见 *D* 1 58.1, 58.4；*AW* IV 137。

[600] *Molestia*，在 *AW* V 158 译为"骚扰"。

[601] 见 Suetonius, *Julius Caesar* 59，该处还称，凯撒曾嘲笑过关于西庇阿兄弟在非洲永远会成功的预言；参见 Frontinus I 12.1，该处讲述了关于西庇阿·阿弗里卡努斯的同样的故事，他说："士兵们，祝贺我吧！我已经给了非洲猛烈一击。"；也见 Frontinus I 12.2，该处称，凯撒在上船时滑到了，于是说道："大地啊，我抓住你了。"

宗教自身已经完全摆脱了这种想法。【211】不过，万一发生这种事情，就必须效仿古人的安排。【212】当敌人出于饥饿或其他自然需要，或是出于人类狂热而陷入极度绝望，并在这种绝望驱使下向你挑战时，你一定要闭营不出，尽可能地高挂免战牌。【213】拉塞德芒人对美塞尼亚人是这样做的；凯撒对阿弗拉纽斯和佩特雷尤斯也是这样做的。[602]【214】富尔维乌斯在作为执政官同抗辛布里人交战时，令其骑兵连续多日不断袭击敌人。他考虑的是敌人将如何出营追击他们。于是，他在辛布里人营地背后部署了一场埋伏，然后令骑兵去袭击他们。当辛布里人出营追击他们时，富尔维乌斯就夺取了他们的营地并将其洗劫一空。[603]【215】对某位将帅来说，一个非常有效的办法是：当他的部队在敌军附近时，派兵戴上敌人的徽章去抢劫并烧毁自己的家园。敌人会由此以为他们是自己的援兵，于是也跑出来帮助他们收获战利品。他们由此而自乱阵脚，给对手以打败他们的机会。【216】伊庇鲁斯的亚历山大在同伊利里亚人作战时曾用过这种手段，西拉库萨人莱普提尼曾用这种手段对付迦太基人。[604]他们两人的计谋都轻易得逞了。【217】许多人曾经这样来打败敌人：先是假装害怕逃走，在军营里留下大量酒和牲畜，让敌人不费吹灰之力便能拼命大吃大喝；然后当敌人暴食暴饮时，他们就发动攻击，利用敌人自己造成的伤害，最终打败他们。【218】塔米儒斯对居鲁士是这样做的，[605]提比略·格拉古对西班牙人也是这样做的。[606]【219】有人为了更容易战胜敌人，曾在酒和其

---

[602] 公元前 650 年后，斯巴达人同美塞尼亚人交战；见 Frontius II 1.10。公元前 49 年内战期间，凯撒借助饥饿降服了庞培于公元前 55—公元前 49 年派驻西班牙的副总督马尔库斯·佩特雷尤斯和卢修斯·阿弗拉纽斯率领的部队；见 Frontius II 1.11；参见 Caesar, *Civil War* I 81 - 82。

[603] 公元前 181 年，昆图斯·富尔维乌斯·弗拉库斯在西班牙同黄龙骑士团而不是同辛布里人交战；见 Frontius II 5.8；Livy XL 30 - 32。

[604] 亚历山大二世，伊庇鲁斯国王（公元前 336—公元前 326）；莱普提尼，狄奥尼修斯一世（公元前 405—公元前 367）之弟，西拉库斯的暴君；见 Frontius II 5.10 - 11。

[605] Herototus I 211 和 Justin I 8 均称，居鲁士在同马萨格特女王托米丽丝之子斯帕尔伽披赛斯率领的军队交战时运用了这一计谋；参见 Polyaenus VIII 28。

[606] 提比略·森普罗尼乌斯·格拉古公元前 179 年于西班牙；见 Frontius II 5.14。

他食物里面下毒。⑥⑦【220】我刚刚说过，⑥⑧我没有发现古人在营地外面部署夜哨，并且我认为，他们这样做是为了避免可能由此发生的罪恶。因为有人发现，甚至他们白天派去监视敌人的哨兵，也会招致军队的覆灭。原因是当他们被敌人抓获后曾多次被迫向自己的部队发出求救信号，而闻讯⑥⑨赶来的战友不是被杀就是被抓。⑥⑩【221】为了欺骗敌人而改变你的某种习惯，有时效果也不错。敌人若是根据你的习惯行事，则会招致覆灭。一位将帅就曾这样做过。他过去惯于在敌人来犯时，让士兵夜里用火、白天用烟发出信号。但有一次，他令士兵不间断地烟火并用，然后等敌人到来时，又全部停止。敌人由于没有看到通常表示他们被发现了的信号，便自以为来得神不知鬼不觉，于是便不按队形前进，致使对手轻而易举地获胜。⑥⑪【222】罗得岛的门侬为了引蛇出洞，派人扮作逃兵到了敌人那里，信誓旦旦地说自己的军队里乱作一团，大部分人都开小差了。为了让敌人对此深信不疑，门侬故意在军营里制造了一些骚乱，以作为证据。因此，敌人便以为能够打败他，于是发兵袭击，结果大败而归。⑥⑫【223】除上述事情外，还应注意不要让敌人陷入极度绝望。凯撒在同日耳曼人作战时注意到了这点。他看到敌人由于已经无路可逃，势必会破釜沉舟，绝地反击，于是便给他们放开一条生路。他宁可在敌人逃跑时辛辛苦苦地追击他们，也不在他们顽强自卫时冒险去征服他们。⑥⑬【224】当卢库卢斯看到自己手下的一些马其顿骑兵要叛变投敌时，便当即发出战斗信号⑥⑭，并令其他部队随他前进。敌人由此以为卢库卢斯要发起战斗，于是便

---

⑥⑦　见 Frontius II 5.12。
⑥⑧　见 *AW* VI 99 - 101。
⑥⑨　原意：信号。
⑥⑩　参见 Frontius II 5.15。
⑥⑪　见 Frontius II 5.16，该处称阿拉伯人善用这种计谋。
⑥⑫　见 Frontius II 5.18；参见 Polyaenus V 44.2。
⑥⑬　凯撒于公元前 55 年入侵日耳曼；见 Frontius II 6.3，参见 IV 7.16；也见 Vegetius III 21。
⑥⑭　原意：声响。

猛烈地进攻马其顿人,迫使他们奋起自卫。㉕ 这样他们就事与愿违,由逃兵成了战士。【225】在你打下一座城寨之后或之前,若是你对它的忠诚有所怀疑,懂得如何去确定这一点也很重要。在这方面,古人的一些例子会教你该怎么做。【226】当庞培对卡提尼西安人起了疑心时,便恳求他们同意接受他军队中的一些病人。然后派一些身强体壮者伪装㉖成病人,占领了城寨。㉗【227】帕波利乌斯·瓦雷里乌斯因担心伊庇多尼人的忠诚,便像我们将会谈到的那样,在城外的一座教堂里举行了一次特赦。当所有人为了得到赦免而到齐后,便锁上了大门,然后在里面除了他信任的人以外,不受理任何人的诉状。㉘【228】当亚历山大大帝打算进军亚洲时,为了对色雷斯放心,便令这一地区的所有诸侯都跟他走,并给他们提供给养。而对色雷斯的人民,则让出身低微者来管理。如此一来,诸侯们因衣食无忧而心满意足,人民则因没了使他们烦恼不安的头领而心平气和。㉙【229】在将帅借以赢得人民的诸种手段中,还包括贞节和公正的范例,就像西庇阿在西班牙把那位身材姣好的女子还给她的丈夫和父亲那样。这件事在为他赢得西班牙中所发挥的作用比武器都大。㉚【230】凯撒在法国时,通过花钱购买用来建造军营栅栏的木材,为自己赢得了公正的美誉,使他轻而易举地拿下了那个地区。㉛【231】关于这些事情,我不知道还有什么可

㉕ 卢西乌斯·卢库卢斯于公元前74—公元前66年间;见 Frontius II 7.8。

㉖ 原意:打扮。

㉗ 发生于公元前76—公元前72年间;见 Frontius II 11.2。

㉘ 参见 Frontius II 11.1,该处称,当伊庇多利人——不是法布里奇奥所说的伊庇多尼人(*Epidauni*)——去观看帕波利乌斯·瓦雷里乌斯在城外举行的一场体育比赛时,他在其身后锁上了大门,直到他们把自己最重要的人作为人质留下,才放他们回去。

㉙ 发生于公元前334年;见 Frontius II 11.3。

㉚ 见 Frontius II 11.5,该处称,西庇阿把该女子以及她父母作为赎金给他的金子,一起归还给了她的未婚夫阿利西乌斯;参见 Livy XXVI 49 - 50;也见 D III 20,34.3。

㉛ Frontius II 11.7,该处称,凯撒·奥古斯都·格曼尼库斯(即多米提安皇帝[81—96])在征服格曼人时,对为修筑工事而毁坏的庄稼做了赔偿,这使他得到了公正的名声,并由此赢得了所有人的忠诚。

谈的。并且关于这个话题,我们也已经谈得差不多了。【232】唯一还需要⑫谈论的,就是包围和守卫城寨的方式了。若是你们不介意的话,我乐意接着往下谈。

巴蒂斯塔:【233】您真是大慈大悲,让我们可以随心所欲,而不必担心被认为自以为是。您要主动告诉我们的,正是我们羞于启齿的问题。【234】我们只想说:您能使这次讨论圆满结束,便是给我们的最大、最令人愉快的恩惠。【235】不过,在您转变话题之前,请再解答我们的一个疑惑:是像当今这样,即便在冬天也不歇战好呢?还是像古人那样,只在夏天开战,而在冬天偃旗息鼓好?

法布里奇奥:【236】哎呀,若不是你细心,我们就会错过一个值得考虑的话题了。【237】我再说一遍,古人做什么都比我们好,比我们谨慎。若是说在别的事情上可以犯些错误的话,在战事上则是一着不慎,满盘皆输。【238】对将帅而言,最卤莽、最危险之举,莫过于在冬天开战,且挑战者承担的危险远大于应战者。⑬【239】其理由在于:为了排兵布阵同敌人开战,必须像在军事训练中那样刻苦勤奋,兢兢业业。这是将帅必须孜孜以求的目标,因为一场战斗往往就会决定战争的输赢。【240】所以,谁懂得如何更好地排兵布阵,谁的军队更训练有素,谁就在[战斗中]占上风,就更有希望赢得胜利。【241】另一方面,最不利于排兵布阵的事情,莫过于崎岖荒芜的地形或寒冷潮湿的天气。因为崎岖荒芜之地使你无法像训练时那样充分展开队形;而寒冷潮湿的天气,则使你无法把部队集中在一起,也无法让他们集体对敌。相反,你不得不拆散队形,让他们分散扎营,因为你只能选择那些可供驻扎的城堡、农舍和村庄。如此一来⑭,你在训练军队时下的一番苦功,便全都徒劳无用了。【242】现在,如果他们在冬天开战,也不必感到惊奇。因为军队缺乏训练,认识不到分散驻扎给他们带来的危害。由于他们根本没有什么队形,也缺乏训练,因而他们不会因为不能保持队形、不能像训练时那样行事而感到不安。【243】所以,他们应该看一看

---

⑫　原意:缺少。

⑬　参见 *P* 12.53,该处把雇佣兵不愿意在冬天作战列为其众多缺陷之一。

⑭　原意:当场。

在冬天作战如何造成了许多伤害,应该记住 1503 年法国人如何在格里格利阿诺败于严冬,而不是败在西班牙人手里。⑥㉕【244】因为像我已经告诉过你们的那样,⑥㉖谁先出击,谁就越落下风。因为别人是以逸待劳,而他则要发起战争,所以恶劣的天气对他的伤害更甚。因此,他要么不得不忍受潮湿⑥㉗和严寒带来的种种不便,以便呆在一起;要么必须分散兵力,以便避免这些不便。【245】而严阵以待者则可以选择自己喜欢的地方,并使军队体力充沛、精神饱满。他们可以迅速集结起来,去攻击一队不堪一击的敌军。【246】法国人就是这样被打败的。那些在冬天去进攻行事谨慎之敌的人,也注定会遭遇败绩。【247】所以,只有那些不想利用力量、队形、训练和美德的人,才会在冬天发动战争。【248】由于罗马人想要利用这些他们为之付出巨大努力的东西,所以,他们就像避免崎岖不平的山地和形势不利的地方,以及任何其他不利于展示其技能和美德的东西一样,也避免在冬季开战。【249】我想这足以(回答)你的问题了。下面,让我们来讨论城寨的攻防、战场及其构筑吧。

---

⑥㉕ 1503 年 12 月 28 日,贡扎罗·德·孔多巴奇袭并打败了法国人,后者为了躲避严寒而将数量上占优的部队分散到了周围的城寨和城堡。这场胜利很快便导致了法国人在盖伊塔的投降和西班牙对意大利南部的控制;参见 *Ritratto di cose di Francia*, in *Tutte le oPera*, ed. Mario Martelli (Firenze: Sansoni, 1992), 57.

⑥㉖ 应该是在 *AW VI* 238.

⑥㉗ 原意:水。

卷 七

【1】你们想必知道，城寨和堡垒的坚固既可因于天然，也可来自自身的努力。【2】那些天然坚固者，要么为河流或沼泽㉘所环抱，如曼图亚或费拉拉，要么位于悬崖峭壁或崇山峻岭之上，如摩纳哥和圣利奥。㉙ 由于㉚有了火炮和地道，那些不是很难攀登的山岭上的城寨，如今已变得不堪一击。【3】所以，人们今天往往寻求在平原上建筑城寨，通过努力使之牢固。【4】第一种努力是把城墙建成弯弯曲曲、凹凸有序的形状。这种形状使敌人无法接近，因为不仅他们的正面，而且其侧翼也容易受到打击。㉛【5】城墙若是建得高，就容易受到炮火的轰击；若是建得低，则很容易攀登。【6】若是为了让敌人难于使用梯子攀越城墙，可以把城壕挖在城墙前面；但若是敌人把城壕填平（一支庞大的军队做到这点很容易），则城墙便成为敌人囊中之物。【7】所以我认为（这种看法并非㉜一贯正确），㉝若想使这两种危险都得以避免，就应高筑城墙，同时把城壕挖在城墙里面而不是外面。【8】这是可以利用的最牢固的构筑方式，因为它能使火炮和梯子皆无用武之地，并且使敌人难以填平城壕。【9】

㉘　见 Vegetius IV 1。
㉙　摩纳哥指的是位于今天法国里维埃拉的王国，圣利奥指的是一座要塞，洛伦佐·德·梅第奇（1492—1519）凭借该要塞打退了更受人欢迎的前任佛朗西斯科·马里亚·德拉·洛维埃企图夺回乌尔比诺公国的进攻，保住了对乌尔比诺的控制；参见 AW I 19, 注 7; D II 10.1。
㉚　原意：关于。
㉛　见 Vegetius IV 2。
㉜　原意：保存。
㉝　此处及句 6 中的圆括号为原文所有。

所以,城墙应尽可能地高,不少于三到四布拉乔厚,使之更难于被摧毁。【10】应每隔二百布拉乔修一塔楼,里面的城壕至少应三十布拉乔宽、十二布拉乔深。挖出来的土都应扔向城市一侧,使里侧的壕沿高出地面许多,足够让人躲在后面。这将加深城壕的深度。【11】在沟底,应每隔二百布拉乔修建一处炮塔,火炮可由此轰击进入城壕的敌兵。【12】守城重炮部署在围绕城壕的城墙里面。因为若从前面保护城墙的话,由于城墙很高,只有中小型火炮使用起来才方便自如。【13】敌人若要攀登城墙,第一道墙的高度或可让他们望而却步。【14】若是敌人在炮火掩护下攀登,他首先必须摧毁第一道城墙。但是,由于炮火自然会使城墙倒向被摧垮的一侧,而不是倒向里面的城壕。所以,城墙若是被推倒的话,其碎砖乱石㉞将使得城壕成倍加深,从而使你不可能继续前进,因为城墙碎石和城壕都将阻碍你的步伐,并且城壕里的敌炮还可以弹无虚发地给你以杀伤。【15】你可采取的唯一对策是填平城壕。而这是非常困难的,一方面是因为填方巨大,另一方面是由于城墙弯弯曲曲,使你难于接近城壕。因此人们非常难于进入城墙。所以,你不得携带设备㉟爬过废墟,而这会给你带来巨大困难。因此我认为,这样设防的城市固若金汤,牢不可破。

巴蒂斯塔:【16】若是㊱除了里面的壕沟外,在外面也挖一道,岂不是更坚固吗?

法布里奇奥:【17】无疑会更坚固。不过我的意思是说,如果打算只挖一条城壕的话,那么挖在里面要比挖在外面好。

巴蒂斯塔:【18】您是打算往城壕里放水呢,还是希望㊲让它们的干涸的?

法布里奇奥:【19】看法不一样。放满水的城壕使敌人无法在底下挖地道,没有水的城壕则难于填平。【20】考虑到方方面面,我选择不放水,因为这样更安全。而且人们业已看到,有水的城壕在

㉞ 原意:废墟。

㉟ 原意:材料,显然指的是用以过壕的柴捆或其他设备。

㊱ 原意:当……时。

㊲ 或者:喜爱或喜欢。

冬天会结冰,使得夺取城市更为容易,就如教皇尤利乌斯围攻米兰德拉时发生的情况那样。⑯【21】为了预防敌人挖地道,我将尽力把城壕挖深,使得任何打算再在下面挖地道者都将遭遇水患。【22】我还将以类似方式,在城墙和城壕里建造同样多的据点,这样,要是想摧毁它们,就将会遇到类似困难。【23】我同样想提醒守城者的一件事是,不要在城墙外面很远的地方修筑堡垒;另外一件要提醒修筑堡垒者的事是,不要为了当第一道墙失守后让里面的人撤进去,而在堡垒中建造任何内堡。【24】我之所以提出第一个建议,是因为谁都不应该做这样的事情:它使你由此开始无可挽回地失去早先获得的名声,而失去名声又使你在其他方面得不到尊敬,使支持你的人灰心丧气。如果你在城外建造必须要守卫的堡垒的话,我的话就一定会应验。你一定会失去这些堡垒的,因为在今天猛烈的炮火之下,任何小点的据点都难以防守。因此,堡垒的失守,将成为你覆灭的开始和罪魁祸首。【25】热那亚起兵反抗法王路易时,在周围的小山上修筑了一些堡垒。这些堡垒的失守(并且是立即就失守了)也招致了城市的失守。⑯【26】至于第二个建议,我坚信,对城堡而言,最危险之事莫过于为了让守兵退到里面,而再在里面修建内堡。因为若是在放弃一处阵地时心存幻想,会致使阵地果真失守;而此处阵地的失守,又会招致整个城堡失守。【27】这方面的一个鲜明例证,是卡苔丽娜女伯爵⑭抗击率领法国国王大军的教皇亚历山大六世之子切萨雷·博尔贾时福里要塞的失守。【28】整个要塞里到处是能从一处撤往另一处的工事:先是大

---

⑯ 教皇尤利乌斯二世为了努力把法国人赶出意大利而包围了米兰德拉要塞——它是通往费拉拉公国的咽喉要道,为依然忠于法国的阿尔方索·德伊斯特所控制——并借助结了冰的城壕,迫使要塞投降。这一行动标志着尤利乌斯作为战士教皇的声誉达到了顶点——他亲自并积极指挥忠于教皇的威尼斯军队进攻另一座基督教城市,"这是数个世纪以来闻所未闻的一件事情"(Francesco Guicciardini, *History of Italy*, trans. Sidney Alexander [Princeton: Princeton University Press, 1969],212;参见 *P* 2.7,11.47,13.54)。

⑯ 热那亚于 1516 年造反并被路易七世于 1507 年重新夺回;参见 *P* 3.13,26.104;参见 *D* I 23,II 21,24.2,24.3。

⑭ 卡苔丽娜·斯福尔扎·里阿里奥于 1500 年。

本营,从大本营到城堡之间有一条壕沟,所以需要经过一座吊桥。城堡分为三部分,每一部分又被壕沟和水分开,人们需要通过桥梁由一个地方到另一个地方。【29】因此,公爵用炮火猛烈轰击其中一个地方,在城墙上打开了一道缺口。负责守护城堡的卡塞雷的梅塞尔·焦万尼[61]没有想到去保护那道缺口,而是放弃它,退到了别的地方,致使公爵的部队在没有抵抗的情况下顺利进入缺口,并且由于他们占领了连接各个部分的桥梁,因而随即夺取了整个要塞。【30】人们认为,这座城堡本来是可以牢不可破的,它之所以被攻克,是因为它有两个缺陷:第一,它有那么多的内堡;第二,每座内堡都不负责保护自己的桥梁。【31】所以,质量低劣的要塞加上守军的粗心大意,给女伯爵的宏伟大业带来了耻辱,她曾经有勇气去面对不论是那不勒斯国王[62]还是米兰公爵都不曾面对的军队。【32】尽管她的努力事与愿违,但她仍然得到了同她的美德相称的荣誉。【33】当时写下的许多对她歌功颂德的名言警句证实了这一点。【34】所以,如果我要建造城堡的话,我将使城墙坚固,并像我们已经讨论[63]过的那样开挖城壕。我在城堡里除了住房外,不会建造任何东西。我将把这些房屋建得又低矮又不结实,以不妨碍站在广场中央的任何人看到城墙。这样,统帅就能亲眼看到他能往哪里增派援兵;人人也都将明白,若是城墙和城壕失守,整个城堡也将会失守。【35】因此,若是我要在城堡里建造内堡的话,也将会把桥梁这样分开,即让它们斜搭在城壕中间的立柱上,每一侧的军队分别负责保护自己那一侧。

巴蒂斯塔:【36】您说过,[64]小据点在今天是守不住的。而我听到[65]的却似乎恰好相反,即据点越小越好防守。

法布里奇奥:【37】你的理解有误。在今天,那种使守军没有回旋余地、无法撤到新城壕和新掩蔽所的阵地,断难称得上坚固。这既是由于在如此猛烈的炮火下,那些指望单靠一道墙或一处掩体

---

[61] 卡塞雷的焦万尼后来被 *AW* VII 31 提到的米兰公爵鲁多维科·斯福尔扎雇佣。

[62] 阿拉贡的阿方索二世(1448—1495)。

[63] 原意:推理。这似乎明显指的是紧上面的一段, *AW* VII 4-30;但参见 *D* II 24。

[64] 见 *AW* VII 24。

[65] 原意:理解。

来保护⁴⁶自己的守军是在自欺欺人；另一方面，也是由于这样建造的堡垒（因为人们不想让它们超出常规尺寸，那样的话，它们就是城寨和城堡了）无法让人撤到里面来，因而很快就会失守。【38】所以，明智之举是放弃外面的这些堡垒，加固城寨的入口，用半月堡遮护大门。⁴⁷ 这样，人们就不能直来直去地进出大门，而且从半月堡到大门之间还有一道带桥的城壕。【39】大门还以吊闸加固，以备在士兵们出击后可以回到里面；万一遇到敌人追击，便可落下吊闸，防止敌军随你的士兵一拥而入。【40】所以人们发现了这些被古人称为 cataractae 的［吊闸］。⁴⁸ 当它们放下来时，便可阻挡敌人，挽救朋友。因为在这种情况下，人们既无法利用桥梁也无法利用大门，原因是它们都已经人满为患了。

巴蒂斯塔：【41】我曾在日耳曼见到过您说的这些吊闸，是用桁条制成铁栅栏状的，而我们的吊闸则是用厚木版制成实心状的。【42】请问这种区别因何而来，哪一种更坚固呢？

法布里奇奥：【43】我再重复一遍，和古人相比，今天世界各地的战争方式和队形都黯然失色；在意大利，古人的战争方式和队形已经完全失传了。若是说还有什么踪迹可觅的话，那也是在阿尔卑斯山以南地区。【44】你肯定听说过，其他诸位也肯定能记得，在法王查理于 1494 年进入意大利之前，我们的防御工事构筑得是多么不堪一击。【45】城垛很窄，只有半布拉乔宽；弩手和炮手的射击孔是小孔在外大孔在里；还有其他许多缺陷，为了避免冗长乏味，我就不一一列举了。狭薄的城垛容易失守，那样的炮眼容易被打开。【46】如今，人们已经从法国人那里学会了把城垛建得又长又宽，甚至还学会了把炮眼建得两头粗、中间细。这使得敌方的炮火很难摧毁防御工事。【47】此外，法国人还有许多别的安排，有的未曾为我们亲眼目睹，因而尚未引起我们的注意。【48】将吊闸建成栅栏状便是其中之一，这种方式无疑要比我们的好。因为，若是你用以保护大门的吊闸是实心的，它落下后，你也就把自己关在了里

----

⁴⁶　原意：防护。

⁴⁷　用半月堡遮护大门，就是在大门前面建一座外堡，堵住直接入口。

⁴⁸　见 Vegetius IV 4；参见 Livy XXVII 28。

面,无法通过它打击敌人,而敌人则可以放心大胆地用短柄斧和火攻击大门。【49】而若是建得像⑭栅栏那样,你就可以通过板条空隙,用标枪、弩等种种武器保卫大门。

巴蒂斯塔:【50】我还在意大利见到过另外一种阿尔卑斯山以南地区的习惯,即让炮车的轮辐弯向车轴。【51】请问,他们为什么这样做呢?因为在我看来,像我们的车轮那样用直辐条肯定会更坚固。

法布里奇奥:【52】决不要相信那些脱离常规的东西都是偶然失手;若是你以为他们这样做是为了更好看,那你就错了。因为在必须需要力量的地方,人们是不会考虑好看不好看的;它们之所以脱离常规,是因为他们想使之比我们的更安全、更坚固。【53】原因在于:当炮车装好后,它要么行进平稳,要么左右倾斜。【54】当平稳行进时,车轮均衡负重,由于平均分担重量,各个车轮并不负重太多。而当倾斜时,炮车的所有重量都压在倾斜的轮子上。【55】如果辐条是直的,就很容易崩断。因为当车轮倾斜时,辐条最终也会倾斜,直辐条最终就会不堪其重。【56】可见,当炮车行进平稳且负重较少时,它们堪称坚固;而当炮车倾斜⑮且负重较多时,它们就比较脆弱了。【57】法国式炮车的弯辐条则恰好相反。当炮车倾向一边时,炮车重量也压向一边,由于辐条一般是弯曲的,这时便成了直的,可以有力地承受所有重量;而当炮车平稳行进而辐条是弯曲的时候,两轮各自承受一半的重量。【58】我们还是言归正传,来讨论城市和城堡吧。【59】法国人为了使城门更安全、在遭到围攻时更容易让部队进出,除了采取上述措施外,还运用了我在意大利尚未见到过另外一种措施,即在吊桥的外端竖起两根柱子,在每根柱子上平放一根横梁,一半悬在吊桥上,一半探在外面。【60】然后,在探在外面的部分接上若干托梁,使之与另一根横梁呈栅栏状相互交叉,再在每根横梁的里端系上一条链子。当他们打算关闭外端的吊桥时,便松开链子,让整个栅栏落下,从而关闭吊桥。【61】当他们打算打开吊桥时,就拉起链子,使栅栏升高。它可以升

---

⑭　原意:在使用……时。
⑮　弯曲的或不当的。

到让人而不是马能从下面通过的高度,因此,马和人都可以从下面通过;它也可完全关闭,因为它就像城垛掩体一样可以升降。㉖¹【62】这种安排比吊闸更安全,因为敌人难以阻止它落下来,并且它不像容易被击穿的吊闸那样是垂直下落的。【63】所以,那些打算建造城堡的人,必须要处处遵循上述全部规定。此外,还需要㉖²至少在城墙外一英里㉖³以内不允许耕种庄稼或修筑围墙,而使之完全是没有灌木丛、堤坝、树木或房屋的开阔地带,因为这些东西的存在不仅会妨碍视野,而且有利于敌人安营扎寨。【64】要注意的是,外面有城壕、且壕坝高出地面的城寨是非常脆弱的,因为它们为来犯之敌提供了掩体,但又不妨碍他们伤害你,因为这种堤坝很容易打开,为其火炮提供炮位。【65】下面我们来讨论城寨内部的管理吧。【66】除了上述事情外,还要有生活和作战用品的供给,对此我无意过多浪费时间加以说明。因为这些事情是人人都明白的,没有它们,其他各种供给都是白费。【67】一般而言,必须做两件事情:一是保证自己的供给,二是使敌人难以在你的地盘上获取供给。【68】所以,必须毁掉你无法带进城里㉖³的粮草和牲畜。【69】城寨守军还应注意做事不要喧嚣吵闹、杂乱无章,而是要有章法,以便在发生意外时,人人都明白自己的职责。【70】这种章法就是:老弱妇幼留在家里,不要妨碍年轻力壮者在城里的行动;分派武装人员守卫城寨,有的守卫城墙,有的守卫城门,有的守卫城市要地,以此来对付可能出现的种种不测。还有一部分人不负责守卫任何地方,而是整装待发,哪里需要就奔赴哪里。【71】有了这样的部署,就很难出现骚乱,令你手忙脚乱。【72】关于城市的攻防,我还要指出这样一点:让敌人觉得有希望能够占领城市的,莫过于他们知道居民对敌人少见多怪。因为许多时候,城市是不费敌人的一枪一弹,完全因居民的恐惧而陷落的。【73】所以,当进攻这样一座城市时,进攻者应当在气势上令人望而生畏。【74】另一方面,被进攻者

㉖¹　将木桌平放在两个城垛之间,可根据需要升降。

㉖²　原意:希望。

㉖³　托斯卡纳人的一英里比我们所说的一英里稍微小点。

㉖⁴　在家。

应当把那些只会被敌人的武器打倒、而不会被流言蜚语吓倒的强壮之人,部署在敌人来袭的地方。因为,若是敌人的威吓战术徒劳无效,被围攻者就会精神倍增,迫使敌人依靠实力而不是名声来收服里面的人。㉟【75】古人用以守卫城寨的装备多种多样,如弹弓、投石机、小而薄的标枪、弩、投石板、投石器等;㊱他们用来攻城的武器同样多种多样,如撞槌、塔楼、弹盾、掩蔽物、遮蓬、攻城钩和龟车等。㊲【76】这些东西在今天被火炮取而代之,攻㊳守双方皆可使用,所以我就不再赘言了。【77】我们还是言归正传,接着来讨论具体的进攻吧。【78】人们应注意不能被饥饿打倒,不要屈服于进攻。【79】为了防止挨饿,在被围攻之前需要备足食物。【80】如果遭遇长期围困,致使食物缺乏时,也可采取特别手段,让有意援救你的朋友给你提供食物。若是有河流穿城而过,则效果更佳。罗马人在卡萨里诺的城堡被汉尼拔围困时,就是如法炮制的。由于无法经水路给他们运送任何别的东西,他们便向河里投下大量坚果,一路畅通地顺流而下,让卡萨里尼西人支撑了较长一段时间。㊴【81】有些人在被围困时,为了向敌人显示他们的粮食绰绰有余,打破敌人用饥饿打败他们的幻想,就或是把面包抛往城外,或是喂牛吃粮食,然后故意让牛被敌人掠走。这样,当敌人宰杀牛时,发现牛胃里全是粮食,便会以为他们粮食丰盛。㊵【82】另一方面,杰出的将帅还用各种手段让敌人挨饿。【83】法比乌斯允许坎帕阶人播种,这样他们就少了播种下的粮食。㊶【84】狄奥尼修斯在雷吉奥扎营时,假装打算同对手媾和,在媾和期间自己备足了食物。当他后来

㉟ 见 Vegetius IV 12。

㊱ 见 Vegetius IV 22;参见 IV 8;这些英文术语根据的是 Milner 对 Vegetius 的拉丁文翻译。

㊲ 见 Vegetius IV 13-17;这些英文术语根据的是 Milner 对 Vegetius 的拉丁文翻译。

㊳ *Offendere*,通常译为"伤害"或"冒犯"。

㊴ 发生于公元前 216 年;见 Frontinus III 14.2;参见 Livy XXIII 19。

㊵ 见 Frontinus III 15.1,该处称当主神殿被高卢人围困时,罗马人把面包抛向城外(参见 Livy V 48),还参见 III 15.5,该处称色雷斯人用绵羊行此诡计。

㊶ 法比乌斯·马克西穆斯·昆塔托于公元前 215 年;见 Frontinus III 4.1;参见 Livy XXIII 46,48。

弄光了对手的粮食后,便将他们团团围住,让他们忍饥挨饿。⑩
【85】亚历山大大帝打算夺取卢卡迪亚时,掠走了周围所有的牲畜,
让居民到城中避难,从而通过突然增加大量人口,使该城出现粮
荒。⑩【86】关于攻击,我业已说过,⑩应当提防第一轮冲锋。罗马人
往往就是这样占领了许多城市,即从四面一齐进攻,并将此称为
"Aggredi urbem corona"。⑩ 西庇阿也是通过这种方式攻占西班牙
的新迦太基的。⑩【87】若是能抵挡住这次攻击,那么你就很难被战
胜。【88】但是,即便敌人已经破城而入,城里的人仍然有药可救,
而不是举手缴械。因为许多军队都曾在进城后又被驱赶出去或是
被消灭。【89】这个补救办法,就是让城里人居高临下,在房屋和塔
楼里同敌人战斗。【90】已经攻进城里的人则可通过两种方式设法
赢得这场战斗:一是打开城门,让城里的人安全地逃走;二是贴出
布告⑩,称只有武装人员才会受到攻击,就地缴械者皆可得到饶
恕。⑩【91】这种方式业已使得许多城市被轻易征服。【92】此外,若
是你出其不意地袭击城市,也很容易得手。当你率军远在他地,因
此敌人要么不相信你会进攻他们,要么不相信你能在路途遥远而
不暴露的情况下进攻他们时,你就可以得逞。【93】因此,若是你突
发奇兵,便几乎总是无往而不胜。【94】我无心⑩讨论我们今天发生
的那些事情,因为谈论我本人和我自己的事情会是一个负担;而谈
论别人,我又不知道该说些什么。【95】但是,为了说明这一问题,

---

⑩　发生于公元前 391 年;见 Frontinus III 4.3。

⑩　见 Frontinus III 4.5,该处称是伊庇鲁斯国王亚历山大一世。

⑩　参见 D III 11。

⑩　用王冠进攻城市,即同时从各个方面。

⑩　见 Livy XXVI 44 - 46,该处称西庇阿四面一齐进攻的战术起初没有奏效,直到占
　　领了一段因被认为不可逾越而未加设防的城墙后才得手;参见 Polybius X 12 -
　　15;D II 32.1。

⑩　原意:发出声音。

⑩　见 Vegetius IV 25;Frontinus II 6.9。两处皆未说明宽恕非武装人员的第二种方
　　式的资料来源。恰恰相反,在前面引用过的有关歌功颂德的段落中,Livy 和
　　Polybius 都指出并以例证说明,罗马人采取的政策是一发出开始掠夺的命令,便
　　杀掉所有生物(Polybius X15)或成年人(Livy XXVI46)。

⑩　*Male volentieri.*

我不得不援引被称为瓦伦提诺公爵的切萨雷·博尔贾的例子。他率军在诺塞拉时，曾打着去攻打卡米里诺的旗号，掉头攻打乌尔比诺国，并在一天之内就不费吹灰之力地占领了这个国家；而若是换一个人，怕是付出更多时间和更大代价都难以得逞。⑩【96】被围困者也必须提防敌人的骗局，对敌人表面上持续不断的行为永远不要信以为真，而是要相信其中定然有诈，可能会风云突变，给他们造成伤害。⑪【97】多米提乌斯·卡尔维努斯在围攻一座城市时，惯于每天派得力部队在城墙外绕来绕去。【98】城里的人以为他是在训练，于是放松了警惕。多米提乌斯得知后，便发起攻击并一举攻克了那座城市。⑫【99】有些将帅在得知被围者将有援军到来后，令自己的士兵扮作援军，骗开城门后占领了城市。⑬【100】雅典人西蒙有天夜里点着了城外的一座神殿，城里的人于是赶去救援，从而使城市落入敌手。⑭【101】有的将帅则把那些从被围城堡里出来打草料的人杀死，令自己的士兵穿上他们的服装混进城内并占领城市。⑮【102】古代将帅们还运用各种手段，去消灭他们意欲攻占的城市的守军。【103】西庇阿在非洲时非常想占领有迦太基人驻守的一些城堡，便三番五次地做出要进攻他们，但后来由于恐惧不仅没有动手，而且对他们敬而远之的样子。【104】汉尼拔对此信以为真，为了能更容易制服对手，撤走了［城堡里］的全部守军。西庇阿

---

⑩ 发生于 1502 年 6 月 21 日；参见 *AW* VI 194－195。这一段似乎提到了几个重要史实。被切萨雷推翻的乌尔比诺统治者是法布里奇奥的一个密友。此前一年，法布里奇奥在卡普亚落入有切萨雷参加的法军之手中扮演了重要角色，并因此而身陷牢狱。洛伦佐·德·梅第奇(1492—1519)在付出相当时间和代价后，于1516 年占领了乌尔比诺。最后，马基雅维里在切萨雷攻占乌尔比诺后不久，被佛罗伦萨派往切萨雷在伊莫拉的宫廷常驻。

⑪ 参见 *D* III 48。

⑫ 多米提乌斯·卡尔维努斯（公元前 53 年和公元前 42 年的执政官）；见 Frontinus III 2.1。

⑬ 见 Frontinus III 2.4，该处称阿卡迪亚人曾以类似计谋对付美赛尼亚人。

⑭ 见 Frontinus III 2.5，该处称客蒙除了点着了小亚细亚地区卡里亚城外的黛安娜神殿外，还点着了一片小树林。

⑮ 见 Frontinus III 2.9，该处称安提奥库斯在围攻卡帕多西亚的苏安达时使用了这种计谋。

得知后,便派他的将领马萨尼萨对这些城堡发动猛攻。⑯【105】皮尔胡斯在斯奇亚沃尼亚围攻一座有重兵把守的主城⑰时,假装对攻城无望而率军去了别的地方。守城者为了增援别的地方撤走了全部守军,而使自己变得容易被攻克。⑱【106】许多人为了攻城掠寨曾在水里投毒⑲,或是让河流改道,尽管这在你看来是不成功的。⑳【107】让被围者知道自己在别处打了胜仗,或是自己的援军正在到来,以此来恐吓他们,也可以促使被围者缴械投降。㉑【108】古代将帅还曾利用叛变和腐蚀敌人内部来占领城市,但他们所用的方式多种多样。【109】有的派人伪装成逃兵,获取敌人的权力和信任后为己所用。【110】有的由此获悉敌人的防御部署,并借此情报夺取城市。㉒【111】有的则以某种借口,用马车或横梁堵住城门,使之无法关闭,从而让自己人容易进入。㉓【112】汉尼拔曾成功说服过某个人,使他得到了罗马人的一座城堡。他让此人谎称夜里去狩猎,借口是白天去怕遇上敌人;此人狩猎归来后,便让汉尼拔的一些士兵随他一起进入城堡,杀死卫兵,夺取了城门。㉔【113】也可以在敌人进攻时装出落败而逃的样子,诱敌出城到很远的地方,以此让被围者上当受骗。此外,包括汉尼拔在内的许多将帅,还曾故意让敌人夺取自己的营地,以便有机会让自己的士兵混到[城市及其居

---

⑯　发生于公元前 202 年;见 Frontinus III 6.1。

⑰　Capo.

⑱　斯奇亚沃尼亚大体相当于古代的伊利里亚和当代的斯洛文尼亚;见 Frontinus III 6.3。

⑲　原意:使腐化。

⑳　见 Frontinus III 7,该处称,包括改变水道在内的所有计谋都是成功的。关于佛罗伦萨人的两次不成功的尝试,请考虑布鲁尼莱斯奇用塞尔奇奥河水淹没卢卡的努力(FH IV 23),以及马基雅维里本人为了切断比萨的出海口而让阿诺河改道的努力(Decennale Primo vv. 502 - 504;参见 Roger Masters, Machiavelli, Leonardo, and the Science of Power [Notre Dame: University of Notre Dame Press, 1996], 240 - 247)。

㉑　参见 Frontinus III 8.2。

㉒　参见 Frontinus III 3.2。

㉓　参见 Frontinus III 3.5。

㉔　公元前 212 年发生于塔伦图姆城外;见 Frontinus III 3.6;参见 Livy XXV 8 - 9; Polybius VIII 24 - 29;叛徒的名字在这些文本中五花八门。

民]中间，混水摸鱼，夺取他们的城市。(685)【114】还可以通过假装离开来欺骗他们，就像雅典的福尔米奥所做的那样。他在洗劫了卡尔奇底开人的乡村后，又接见了他们的使节，谎称不去进攻他们的城市，并许下了许多友善的允诺。而这些使节又都是缺乏谨慎的人，他们不久就被福尔米奥制服。(686)【115】被围者应警惕他们中的可疑之人。但是，要对付这种人，有时需要奖罚并用。【116】马尔塞卢斯尽管知道卢西乌斯·班兹奥·诺拉诺已经倒向汉尼拔一边，仍然对他表现出了极大的仁慈和宽厚，从而使他由敌变友。(687)【117】对被围者来说，远处的敌人比近处的敌人更需要警惕。他们必须更加警惕那些自以为不大可能受到袭击的地方。因为许多城市的失守，都是由于敌人出其不意，从被围者自以为安全的一方发起攻击的。【118】之所以这样上当受骗，其因有二：要么是由于地形有利、工事坚固，自以为牢不可破；要么是由于敌人狡猾，在一方大张旗鼓地佯攻，在另一方却悄悄地真正下手。【119】所以，被围者必须对此极为谨慎，任何时候、特别是在夜里要看护好城墙；不仅要部署人看护，还要利用训练有素的烈犬，它们通过嗅觉发现敌人，并用吠声提醒主人。【120】除了犬之外，鹅也曾挽救过一座城市，就像法国人包围主神殿时发生在罗马人身上的事情那样。(688)【121】在雅典为斯巴达人所围时，阿尔西比亚德斯为了弄清卫兵是否警醒，规定当他夜里举起灯笼时，所有卫兵也都要举起灯笼，若不遵守，定将严惩。(689)【122】雅典人依费克拉提斯曾处死过一名正在酣睡的卫兵，并说就让他那样永远酣睡吧。(690)【123】被围者通过

(685) 见 Frontinus III 10.1－4；III 10.3 提到的汉尼拔不是第二次布诺战争中著名的汉尼拔，而是参加过第一次布诺战争的他的亲戚；参见 Diodorus Siculus XIII 59－62，该处称，汉尼拔的这支军队于公元前 409 年撤出其在黑莫拉附近的营地是出于真心实意，而不是一种计谋。

(686) 发生于公元前 432 年；见 Frontinus III 11.1。

(687) 见 Frontinus III 16.1；参见 Livy XXIII 15－16。

(688) 见 Livy V 47；参见 Vegetius IV 26："其警觉或者说好运真是令人称奇，一只鸟竟然挽救了一些注定要给整个世界戴上枷锁的人的命。"也请参见 Ovid, Metamorphoses XI 599。

(689) 见 Frontinus III 12.1。

(690) 在科林斯；见 Frontinus III 12.2。

各种各样的方式给朋友传信。为了不派人口头传信,他们便用密码写信,并用各种方式藏匿信件。密码根据制定密码者的愿望而定,藏匿方法多种多样。【124】有人写在短剑鞘里面;有人把信放在生面包里,烘烤后当作自己的食品给送信人。【125】有的放在身体最隐秘的部位。【126】有的放在与信使熟悉的狗的项圈里。【127】有的在信里写些平常的事情,然后在字里行间用药水写上真正的内容,送达后把纸弄湿或熨烫,让字显示出来。⑥⑨【128】这一方式在今天得到了非常灵活的运用。有的人想对住在城里的朋友说一些秘密,又不想把它托付于人,便按照上述在字里行间写字的方式,写信传递信息,然后把信件挂在神殿门口。⑥⑫懂得暗号者发现后,便会取下来阅读。⑥③【129】这是一种非常谨慎的做法,因为任何信使都会受到蒙蔽,并且没有任何风险。【130】还有无数⑥④其他方式,每种方式都只有个别人才能找到并读懂。【131】但是,给被围者写信,要比被围者给外面的朋友写信容易一些。因为被围者只有派人伪装成难民出城,才能把信送出去;若是敌人处处留心,这种事情便很可疑、很危险。【132】但是,那些往城里送信的人却可以借多种托词进入包围者的营地,等机会方便时再从那里进到城里。⑥⑤【133】不过,我们还是言归正传,接着讨论进攻吧。我要说,若是你在自己的城市里遭到攻击,而它又像我们前不久指出的那样⑥⑥,没有在里面挖掘城壕,并且你不想让敌人通过炮火打开的城墙缺口进到城里(因为无法阻止敌人打开这样的缺口),你就必须在火炮轰击时,在遭到轰击的那段城墙里面,挖一条至少三十布拉乔宽的城壕,并把挖出的土全部扔向城里一方,使壕堤增高,城壕变深。而且你必须行动迅速,争取当城墙倒塌时,城壕至少已经挖

---

⑥⑨　参见 Frontinus III 13。

⑥⑫　*Porta*,通常译为"大门"。

⑥③　大概暗指训斥多明我会修道士萨沃那罗拉(1452—1498)的教皇敕令。敕令被他的敌人传布开来。萨沃那罗拉于 1497 年被逐出教会;此后不到一年,他在佛罗伦萨的政治对手便让他受审并受尽折磨,被绞死后又被烧尸。

⑥④　原意:非常多或最多。

⑥⑤　参见 Frontinus III 13。

⑥⑥　见 *AW* VII 6 - 17。

了五六布拉乔［深］。【134】在挖掘这条城壕的同时，每一侧都必须用有隐蔽工事的炮台封住。若是城墙很坚固，使你有时间挖掘城壕、修建炮台，被轰击的部分最终会比城市的其他部分更坚固。因为这种防守阵地最终会成为我们所说的内壕那种样子。【135】但是，若是城墙脆弱，使你没有时间，就需要你展示自己的实力，用武装人员去全力抵抗敌人了。【136】你们在围攻比萨时，比萨人就采用了这种补救方式。他们之所以能这样做，是因为他们的城墙非常坚固，使他们有时间，并且那里的粘土非常适于修筑堤坝和炮台。【137】若非当初有如此便利条件，他们是不会得手的。⑥⑨⑦【138】所以，永远要谨慎行事，预先做好准备，像我们刚刚⑥⑨⑧解释⑥⑨⑨过的那样在城内挖一圈城壕。因为在这种情况下，由于已经构筑好防御阵地，人们就可以放心地以逸待劳了。【139】古人还曾多次通过地道攻占城市，其方式有二：一是挖一条通往城里的秘道，由此进入城市（罗马人在夺取韦伊人的城市时采用了这种方式），二是在城墙下挖地道，使之倒塌。⑦⑩⑩【140】后一种方式在今天更为有效，使地势高的城市更为脆弱，因为它们更容易被人挖地道。然后，在地道里放上火药点燃，瞬时之间，不仅城墙变为废墟，并且山脉也被炸开，整个要塞四分五裂。【141】对此的解救之策是把城市建在平原上，把护城河挖得深深的，使敌人再在下面挖地道必然遇到水，这是这些地道的唯一天敌。【142】但是，如果城寨是依山而建，便不能采取这种对策，而只能在城墙里面挖许多深井，类似敌人能用来对付你的那些地道的出口。【143】另一个解救办法，是你知道他们挖地道的地点后，在他们的对面挖地道，以其人之道还治其人之身。这一着很容易阻止他们。但是，如果敌人小心谨慎，结果如何便很难预料。【144】被围者首先应注意不要在休息时遭到攻击，比如在作战后、换岗后（在拂晓或黄昏），⑦⑩⑩尤其是在吃饭的时候。许

---

⑥⑨⑦ 指的是佛罗伦萨重新夺回比萨的十年战争；马基雅维里在收复和随胜利大军进入比萨过程中起了非常重要的作用。

⑥⑨⑧ 参见 *AW* VII 6 - 17。

⑥⑨⑨ 原意：区分。

⑦⑩⑩ 见 Vegetius IV 24；参见 Livy V 7 - 22。

⑦⑩⑩ 圆括号为原文所有。

多城市就是在这个时间遭到猛攻、许多军队就是在这个时间被里应外合消灭的。【145】所以，应处处⑦⑫谨慎，永远保持警惕，并在部分地方身不解甲。⑦⑬【146】我还想要告诉你，若是你的兵力分散，互不连接，会使得保卫城市或营地愈加困难。由于敌人可能会从任何一方全力攻击你，所以你必须处处设防。结果是，敌人倾尽全部兵力攻击你，而你只用部分兵力防守。【147】另外，被围者可能会全都受到打击；而围攻者充其量只是被击退。因此，许多被困于营地或城市的人（尽管在兵力上处于劣势），都曾突然倾巢而出并战胜了敌人。【148】马塞卢斯在诺拉是这样做的。⑦⑭凯撒征战法国期间，当营地受到大批法军袭击时也是这样做的。他发现，由于不得不把兵力分为几部分，自己已经无法抵挡，并且若是闭寨不出，便无法给敌人以有力⑦⑮反击。于是，他便在一侧打开寨门，集中全部兵力，对敌人发起了英勇反击，战胜敌人并最终取得了胜利。⑦⑯【149】被围者的坚定不屈，也让围攻者感到绝望和害怕。【150】当庞培与凯撒对阵时，凯撒的军队正在忍饥挨饿，他们的一些面包被带给了庞培。庞培看到这些面包都是用草做的，便命令不把这情况告诉部队，以免他们知道自己正在和什么样的敌人对垒后而感到惊恐。⑦⑰【151】罗马人在同汉尼拔的战争中，正是罗马人的不屈不挠给他们带来了最大荣誉。因为他们在任何逆境下都决不求和，决不流露任何畏惧之意。实际上，当汉尼拔抵达罗马附近时，卖给他作为营地的土地的价格，都高于其他时候的平常价格。⑦⑱他们对自己的事业坚持不懈，当罗马遭到包围时，他们正在围攻卡普亚，但为了保卫罗马，他们依然没有放弃对卡普亚的进攻。⑦⑲【152】

---

⑦⑫　部分。

⑦⑬　见 Vegetius IV 27。

⑦⑭　科劳迪乌斯·马塞卢斯于公元前 216 在诺拉抗击汉尼拔；见 Livy XXIII 16。

⑦⑮　原意：动力。

⑦⑯　见 Caesar, *Gallic War* III 5，该处称公元前 57 年在"法国"的不是凯撒，而是加巴。

⑦⑰　见 Suetonius, *Julius Caesar* 68，庞培在此评论说："我是在和野兽打仗。"

⑦⑱　发生于公元前 211 年；见 Frontinus III 18.2；参见 Livy XXVI 11。

⑦⑲　发生于公元前 211 年；见 Frontinus III 18.3；参见 Livy XXVI 7 - 8。

我知道已经对你们说了很多事情,你们自己肯定对此有自己的理解和考虑。但是,就像我今天说过的那样,⑩我仍然这样做了,为的就是通过这些事情能更好地向你们说明这支军队的性质,并让那些——如果有的话——不像你们这样有条件理解这些事情的人感到满意。【153】我觉得,除了某些你们将会非常熟悉的一般规则外,我没有什么要告诉你们的了。这些规则就是:⑪

【154】于敌有利者则于己有害,对己有利者则于敌有害。

【155】在战争中,谁更用心辨识⑫敌人的图谋、更下气力训练军队,谁就将更少招致危险,就有更大获胜希望。

【156】除非你事先对自己部队的勇气有信心,知道他们无所畏惧、组织有方,否则决不要让他们参战;除非你看到他们渴望胜利,否则决不要去考验他们。

【157】用饥饿比用武器打败敌人更好;以武器取胜与其说靠的是美德,不如说靠的是运气。

【158】在实施前一直让敌人一无所知的谋略是最好的谋略。

【159】最好的事情是懂得如何在战争中认识并把握机会。

【160】天时地利造就的勇士寥若晨星;勤奋苦练造就的勇士多如繁星。

【161】在战争中,纪律比凶悍更重要。

【162】当有敌兵投奔于你时,他们若是诚心诚意,定将使你大有所获。因为,尽管叛逃者的名字在新朋友看来令人可疑,在老相识看来令人可憎,但逃兵给对手力量造成的损失大于其阵亡者造成的损失。

【163】在排兵布阵时,在一线后面保留大量预备队,比为了使一线庞大而分散部署士兵效果更佳。

【164】懂得如何估量⑬自己和敌人兵力者是难以战胜的。

【165】士兵的美德比其数量更重要;地点有时比美德更有用。

---

⑩　大概指的是 *AW* III 10, VI 20, 102。
⑪　关于下述规则,参见 Vegetius IV 26。
⑫　原意:观察。
⑬　*Conoscere.*

【166】部队对新颖、突兀的东西望而生畏；对惯常、迟缓的东西漠然视之。所以，在同敌人交战前，应通过小型冲突让你的部队体验、认识新的敌人。

【167】以凌乱的方式追击溃敌只能招致由胜转败。

【168】没有准备好必要的食品供应的人会不战而败。

【169】无论谁信赖骑兵胜于信赖步兵，或者信赖步兵胜于信赖骑兵，都应与地形情况相适应。

【170】若想在白天弄清是否有奸细进入你的营地，就应让每个士兵回到其营帐。

【171】当你意识到敌人已预见到你的谋略时就改变谋略。

【172】在你必须做的事情上多征询别人意见；把你以后想做的事情只告诉少数人。

【173】驻防时用恐惧和惩罚约束士兵；参战时则用希望和奖赏鼓励他们。

【174】若非迫不得已或是机会难得，好的将帅决不轻易交战。

【175】不要让敌人知道你打算如何排兵布阵；不论以何种方式排阵，都要确保第一队可被第二队和第三队接纳。

【176】若不想在战斗中造成混乱，就绝不要用⑭一个营队去干它份外的事情。

【177】突发事件难于对付，熟悉的事件容易对付。

【178】人、武器、金钱和面包乃战争的支柱；这四者中，前两者更为必要；因为有了人和武器，就可以得到金钱和面包；而有了金钱和面包，却未必能得到人和武器。

【179】手无寸铁的富人是给贫穷士兵的奖赏。

【180】让你的士兵习惯于蔑视锦衣玉食的奢侈生活。

【181】这就是我一般想到要提醒你们的，并且我知道还可以告诉你们许多别的事情。例如，古人如何以及以多少种方式部署各条战线，如何装束，在许多别的事情上如何训练等等。还可以再补充许多具体细节，但我认为没有必要讲述这些，一方面因为你们可以自己去看；另一方面，也因为我的目的不是要确切地向你们说明

---

⑭ *Adoperare.*

古代军队是如何构成的,而是要说明那时候应如何组建一支军队,使之比[今天的]军队有更加善战。【182】因此,关于古代的事情,我觉得不应超出⑪这种介绍所必需的讨论范围。【183】我也知道应更多地谈谈骑兵,然后再谈谈海战,⑪因为不论让谁来划分兵种,都会说有用于海上的军队和用于陆上的军队,陆军又分步兵和骑兵。【184】关于用于海上的军队,我不打算谈什么,因为我对其一窍不通;更确切地说,我要把它留给热那亚人和威尼斯人来谈,他们对其颇有研究,并在过去大有建树。【185】关于马匹,除了已经说过的之外,我也不打算再说什么,因为如我所言,⑪这一部分被腐蚀的较少。【186】除此之外,若是拥有井然有序的优秀步兵——这是军队的主要支柱——则最终定然也会创建优秀的骑兵。【187】我只想提醒那些打算在自己的国家组建军队的人,要想用马匹充实军队,就应做两手准备。其一,应把良种马分发到全国各地,使他的臣民习惯于全买⑪马驹,就像你们在这个国家全买牛犊和骡子那样。其二,为了让商人找到买家,我将禁止任何不饲养马的人饲养骡子。因此,不论谁想拥有坐骑,都将只能养马;此外,不养马者不得身穿华服。⑪【188】我知道,现在的一些君王业已做出了这种安排,并在很短时间内就给他的国家造就了一流的骑兵。【189】至于其他和马有关的事情,我将尽量服从今天说过的那些规矩以及人们的习惯做法。【190】或许你们也很想知道一位将帅应当拥有哪些品质。【191】在此问题上,我只很简单地谈几句就够了,因为在我看来,只有那些懂得如何完成我们今天讨论过的那些事情的人,才能成为将帅。若是他不懂得如何亲自去找到新的办法,甚至仅仅这些都还不够。因为,如果没有创新,任何人都不能成为其本行当的大师;若是说创新带来了其他方面的荣誉,那么它首先是在战争中使你声名卓著。【192】人们看到,每一种发明创新,即便是微

---

⑪ 原意:除了。
⑪ 参见 Vegetius IV 31-34 关于海战的论述。
⑪ 见 *AW* II 319。
⑪ *Fare incette* 可以有"垄断"的意思,或者只是"经营"。
⑪ 在佛罗伦萨及其周围地区,*Droppo* 指的是用作工作服的丝绸衣服,但也用作宗教法衣。

不足道的创新,都受到了著作家的赞美,就像他们称赞亚历山大大帝那样:他为了更隐秘地撤营,没有用喇叭发出信号,而是用长矛挑起了一顶帽子。⑳【193】他㉑还曾因为命令士兵在和敌人搏斗时左膝跪地而受到赞美,因为那样能更好地抵挡敌人的猛力冲撞。这不仅给他带来了胜利,也给他带来如此多的赞誉,以至于后人给他建造的所有纪念雕像,都是采取的这种跪立姿势。㉒【194】不过,由于结束这次讨论的时间已到,我打算言归正传,同时也将逃脱这片土地㉓为外出不归者制定的那种惩罚。【195】科西莫,如果你记性不错的话,你曾说过㉔我一方面歌颂古代,谴责那些在严肃问题上不效仿古人者;另一方面,在我尽心钻研的战争问题上又不效仿他们,你对此百思不得其解。我对此回答说:㉕想要有所作为的人,首先必须做好准备,懂得如何去做,以便日后机会来临时能更好地去成就㉖一番事业。【196】至于我是否懂得使军队回归古代的方式,我希望由你来做出判断,因为你已经听过我在这一问题上的长篇大论,因此能知道我在这些想法方面费了多少时间,我也相信你能想象我多么渴望把它们付诸实施。【197】你可以推测得到我是否曾有能力去实施,是否曾有这样的机会。【198】不过,为了让你更确信这一点,也为了让自己更理直气壮,我还是想举出一些理由。我将部分地信守我的诺言,㉗向你说明目前这种效仿的难易。【199】所以,我要说,在当代人的种种活动中,最容易的莫过于让军事活动复古,但这只是对那些拥有庞大国家、可以从其臣民中召集至少一万五千到二万名年轻人的君王而言。【200】另一方面,对那

㉒　资料来源不明;或许是马基雅维里的一种创新。

㉑　手稿留有一处空白,或许是为了添上别人的而不是亚历山大的名字;第一次印刷忽视了这处空白,给人的印象是亚历山大既是上句的主语,也是这一句的主语。

㉒　见注㉒、㉑。

㉓　或者:城市。

㉔　见 *AW* I 36。

㉕　见 *AW* I 39。

㉖　*Operare.*

㉗　见 *AW* I 44。

些没有这种便利者而言,这又是最困难的事情。【201】你要想⑫更好地理解这一点,就必须知道,那些令人称赞的将帅有两类。⑫【202】一类是,他们凭借因天生纪律而组织有方的军队成就了许多大事,比如大部分罗马将帅及其他率军之人。他们的困难只在于让军队保持优秀,设法做到安全地率领他们。【203】另一类则是,他们不仅必须战胜敌人,而且在获胜之前,还必须使军队成为井然有序的优秀军队。毫无疑问,比起那些依靠古代优秀军队成就事业者,这些人更值得称道。【204】他们包括派洛庇达斯、埃帕米农达斯、图利乌斯·⑬霍斯提利乌斯、马其顿的腓力(亚历山大之父)、波斯国王居鲁士和罗马的格拉古等。【205】这些人都首先必须创建优秀的军队,然后才靠他们去战斗。【206】他们之所以都能做到这点,既因为他们小心审慎,也因为他们拥有能接受这种训练的臣民。【207】若是在充满不习惯于严格服从的腐败分子的异国他乡,他们中的任何人,即使是十全十美的人,都不可能成就值得赞美的事业。【208】所以,在意大利,仅仅懂得如何治理[已经]组建好的军队是不够的,而是首先必须懂得如何组建军队,然后再懂得如何去领导军队。【209】其中必须要有这样的君王,他们拥有庞大的国家和众多的臣民,有条件成就这类事业。【210】我无法跻身其中,因为除了外籍军队以及效忠于他人而不是效忠于我的部队外,我从未,也不能指挥任何军队。【211】是否有可能把我今天所讨论的一些事情介绍给他们,我将留由你来决断。【212】我何时才能让受现代训练的士兵携带比平常多的武器,此外还要加上两三天的口粮和铁锹?【213】我何时才能让他们挖沟掘壕,或每天全副武装地进行许多小时的操练,以便在将来的实战中为我所用?【214】他们何时才能戒绝习以为常的赌博、好色、咒骂和傲慢无礼的行为?【215】他们何时才会受到纪律、服从和敬畏的巨大约束,能够像古代军队多次做到的那样,对营地中央果实累累的苹果树秋毫无

---

⑫　原意:因为。
⑫　原意:理由。
⑬　根据 Marchand 等人的理解,图卢斯被误写为图利乌斯。

犯?⑦⑤【216】我能给他们什么样的允诺,让他们在战争结束后不再和我有任何联系时,还出于热爱或恐惧而敬畏我?【217】我如何才能让在无羞无耻中出生长大的他们有羞耻感?【218】那些不认识我的人为什么要遵从⑦⑥我?【219】我让他们以什么神或圣人的名义发誓?【220】他们崇敬或诅咒什么人?【221】他们崇敬什么人,我一无所知;但他们诅咒什么人,我却一清二楚。【222】我如何能相信他们会信守对自己时时嗤之以鼻的人许下的诺言?【223】那些蔑视神的人何以能敬畏我?【224】对于这种事情,能有什么好的形式?【225】若是你断言瑞士人和西班牙人优秀,那么我将坦承,他们比意大利人优秀得多。但是,如果你注意到我的推论和两者的行事方式,就会发现,他们要达到古人的完美境界,还欠缺许多东西。【226】瑞士人之优秀系出于天然习惯,其原因我今天已经告诉过你;西班牙人之优秀则出于必要。因为是在异国他乡从军,他们似乎觉得是被迫去做生死抉择,同时又似乎觉得无处可逃,于是才变得优秀。【227】但这是一种缺陷百出的优秀。因为在他们身上,所谓的优秀只表现为他们习惯于坐等敌人刀剑相加。【228】无人适于教给他们所欠缺的东西,遑论让不说他们语言的人来教了。【229】不过,我们还是来讨论意大利人吧。由于他们缺乏英明的君主,故不曾缔造任何良好的制度;由于他们不曾有西班牙人那样的必要,所以不曾意识到必须采取这样的行动,以至于一直受到全世界的嘲笑。【230】为此应受谴责的不是人民,而是其君主。他们业已为此受到了惩罚,业已因其无知而乏善可陈,可耻地丧失了他们的国家,从而受到了公正的处罚。【231】你想知道我的话是不是真的吗?【232】请想一想从查理国王入侵到今天,在意大利已经进行了多少场战争吧。战争通常使人变得好狠斗勇、声名远播,而在意大利,战争的规模越大、越激烈,参战官兵就越是名誉扫地。【233】这是一种必然结果,因为人们所习以为常的制度过去不是、现在也不是优秀的制度,同时又无人懂得如何缔造新的制度。【234】除非

---

⑦⑤ Frontinus IV 3.13.
⑦⑥ 或者:服从。
⑦⑦ 参见 AW I 98, II 29。

通过我指出的方式,通过那些在意大利有庞大国家的人,否则,意大利军队就决不会赢得美名。因为这种形式可以被慢慢灌输给那些质朴、粗俗的本国人,却不能灌输给那些心怀恶意、缺乏教养的外国人。【235】任何优秀的雕刻家都永远不会相信,自己[能]用形状糟糕的大理石雕刻出华美的雕像,但他[会]非常[相信]用未加任何雕琢的大理石就可以。【236】我们的意大利君主们在品尝来自阿尔卑斯山以南的战争打击之前,只满足于懂得如何纸上谈兵、如何书写词藻华丽的书信、如何在言词中透出才智机敏,懂得如何编造⑳骗局、如何用金银珠宝装饰自己、㉟如何比别人吃得好睡得香、如何在身边遍布好色之徒、如何对臣民贪婪傲慢、如何懒惰腐败、如何在军队中任人唯亲、如何嫉贤妒能、如何希望把他们的话变成神的旨意,认为这些对他们来说就足够了。这些不幸的人没有发现,他们正在进攻者面前自掘坟墓。【237】因此之故,才有了1494年的惊天大事、突然争斗和惊人损失;当时意大利最强大的三个国家㊱才由此遭到劫掠。【238】更糟糕的是,那些幸存者依然坚持同样的错误、陷于同样的混乱。他们不考虑,古代那些意欲长期治国者对我说过的那些事情不仅习以为常,而且身体力行;他们研习不辍,以此磨练身体,陶冶情操,不畏惧艰难险阻。【239】因此,凯撒、亚历山大,以及所有那些杰出的君主,都身先士卒,全副武装地徒步而行;若是不幸丧权失国,他们也会与之同归于尽。所以说,他们是生得伟大、死得光荣。若是说他们中有的人过于有统治野心,因而应该受到指责,但在他们身上,却决不会发现有一点懦弱,或是任何使人脆弱、胆怯的东西可供指责。【240】如果这些君主们了解并相信这些事情,他们就不可能不改变他们的生活方式,他们国家的命运就不可能不发生改变。【241】由于诸位在我们开始讨论时对你们的国民军颇有怨言,㊲我要对你们说:若是你们曾

㉞　参见 *P* 2。
㉟　参见前言 4。
㊱　当时意大利最强大的五个国家是佛罗伦萨、米兰、威尼斯、"教皇国"和那不勒斯。至于法布里奇奥在此指的是哪几个国家,则只能猜测了。
㊲　见 *AW* I 148 – 156。

像我上面所说的那样组建军队，而它却名不副实，⑬那么你们确实有理由抱怨。但是，假如你们不是像我说的那样组建和训练它的，那么就应该由它来抱怨你们，因为你们使之半途夭折，而没有使之完全成形。【242】威尼斯人和费拉拉公爵起初⑬也曾这样去组建，却没有持之以恒，这是他们而非他们的士兵之过。【243】我敢说，任何在意大利拥有邦国并首先以这种方式组建军队的人，都将第一个成为全国的统治者；发生在马其顿王国的事情，也将发生在他的国家。腓力从底比斯人埃帕米农达斯那里学到了治军方法，而当时希腊别的国家正无所事事，一心沉溺于喜剧表演。在腓力的领导下，马其顿王国凭借这种组织和这些军队而变得如此强大，使他⑭数年之内便占领了整个希腊，并给他的儿子⑭打下了坚实的基础，使他能成为整个世界的君王。【244】所以，蔑视这些思想者若为君主，就是蔑视他的公国；若为公民，则是蔑视他的城市。【245】造化弄人，老天应该要么不让我认识到这一点，要么让我有能力⑭去把它变为现实。【246】由于我已垂垂老矣，不会再有任何这样的机会了。由此之故，我对你们是畅所欲言。假如⑭我说的事情令你们欣慰，你们年轻有为，可在适当的时候去帮助、劝告你们的君王，为他们着想。【247】我无意让你们对此有所畏惧或疑虑，因为这个国家似乎注定要使那些消逝的东西得到复兴，就像对诗歌、绘画和雕刻那样。【248】但是，我的年岁越来越大，不能指望从我这里得到多少东西了。【249】的确，若是命运过去曾给我足以从事这种事业的条件，我相信自己在很短时间内，就会向世人表明古代的制度多么有价值，而且毫无疑问，我定将会将其发扬光大，即便失去它，也会虽败犹荣。

---

⑬ 原意：经验。
⑬ 伊斯特的埃尔科莱（赫库勒斯）一世（1433—1505）于1497年。
⑭ 或者：它，指马其顿王国。
⑭ 或者：给儿子。
⑭ 原意：本领。
⑭ 原意：当……时。

插 图

佛罗伦萨公民和秘书
尼科洛·马基雅维里致读者⑭

【1】我认为,若想让读者诸君毫不费力地理解我用言语描述的营队、整个军队和营地的队形,有必要向诸位说明他们各自的图形。【2】因此之故,必须向诸位说明步兵、骑兵和其他兵种各自以什么符号或字符表示。

【3】由此知道下述字母

o	表示	盾牌兵
♂		长枪兵
x		十夫长
ⲧ		普通轻装步兵
ⲧ		特别轻装步兵
c		百夫长
ꝑ		营长
Φ		旅团长
ш		统帅
ꜱ		乐手
z		旗手
ꝇ		重骑兵
y		轻骑兵

---

⑭ 原意:致阅读该书的那个人或任何阅读该书的人。

200

θ　　　　　　　火炮

【4】图 1 表明了文中所描述的普通营队队形⑦⑤以及沿侧翼翻倍的方式。⑦⑥

【5】图 1 还表明了如何在这八十列士兵保持同样队形的情况下，让长枪兵通过翻倍法全部转到后面（只需让前面的五列长枪兵转到后面即可）；当向前行进而担心敌人从后面来袭时，需要这样做。⑦⑦

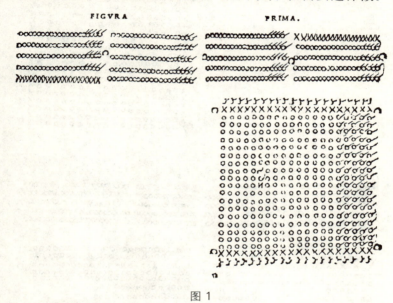

图 1

【6】图 2 表明了一个营队在前进途中不得不沿侧翼作战时，应如何排列队形，如文中所述。⑦⑧

【7】图 3 表明了一个营队如何排成有两个犄角、中间有一广场的队形，如文中所述。⑦⑨

---

⑦⑤　见 *AW* Ⅱ 193 - 196。
⑦⑥　见 *AW* Ⅱ 185 - 88,191 - 192。
⑦⑦　参见 *AW* Ⅱ 226。
⑦⑧　见 *AW* Ⅱ 221 - 222。
⑦⑨　图 3 顶部是 *AW* Ⅱ 232 - 236 所说的行进队形；底部左侧是 *AW* Ⅱ 242 - 246 所说的有两个犄角的营队队形；底部右侧是 *AW* Ⅱ 248 - 249 所说的中间有广场的营队队形。

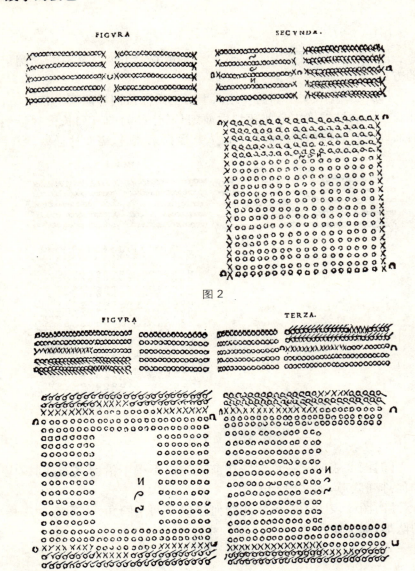

图 2

图 3

【8】图 4 表明了一支军队在列阵开战时的阵形，如文中所述。⑤

---

⑤　见 *AW* III 50 - 63。

图 4

【9】图 5 表明了一支军队的方阵队形,如文中所述。[51]

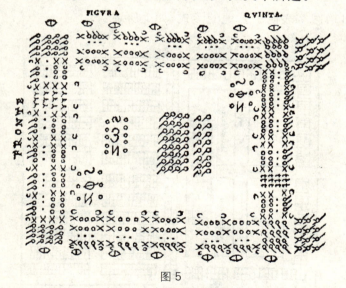

图 5

【10】图 6 表明了一支军队由方阵队形回到普通战斗队形的形

---

[51] 见 *AW* V 14 - 36。

式,如文中所述。^㊾

图 6

【11】图 7 表明了营地的形式,如上所述。^㊿

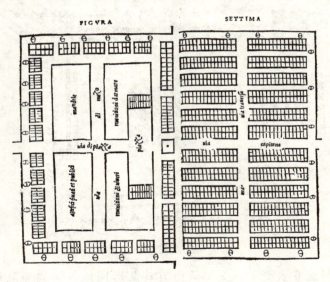

图 7

㊾　见 *AW* Ⅴ 44 - 50。
㊿　见 *AW* Ⅵ 23 - 88。

插图说明

尽管表示营长（"Connestaboli delle battalie"）的符号在图中（以及第 200 页插图说明的译文中）像是阿伯拉数字 9，但在最初的意文插图说明中却像是反过来看的希腊字母表中的第十八个字母（υ）。该符号及其他符号（尤其是表示旗手和乐手的符号）常常反向或是上下倒立。

图 1　　　**顶部**：（从左向右看时）：营长、乐手和旗手在图中没有出现。文本（*AW* II 194）说他们应当位于第二个百人队中，在最后一排长枪兵之后、第一排盾牌兵之间，占据三个盾牌兵的位置。

　　　　　底部：营长、乐手和旗手似乎不在其适当位置。文本（*AW* II 191）说他们应当在最后一排长枪兵之后和第一排盾牌兵之间。

图 2　　　**底部**：营长、乐手和旗手似乎不在其适当位置。文本（*AW* II 224）说营长应当"在中间"，大概是在第十和第十一排之间，而不是在第五和第六排之间。

图 3　　　**顶部**：营长、乐手和旗手在图中没有出现。文本（*AW* II 234）说他们应当在第二和第三个百夫长之间。

　　　　　顶部和底部右侧：文本没有具体说明长枪兵十人队应当在何处；也就是说，是应当在侧翼最边上，还是应当为最边上的一列。若是图 3 底部左侧的图形不错的话，那么，第一和第四个百人队就应变换位置，使长枪兵成为最边上的一列；在图 3 底部右侧的图形中，他们也应在左角位置。

　　　　　底部左侧：若根据文本所说（*AW* II 248 - 249），则后面应留有七排（尽管图中给的是八排），广场四周应是十排（尽管图中给的是九排）。

图 4　　　在左侧旅团的十个营队中，表示百夫长的符号（C）在大多数营队都常常缺失或后移；表示普通轻装步兵的符号（τ）在许多营队边上缺失。

　　底部："CARRIAGGIET DISARMATI"的意思是"马车
［或辎重］及非武装［人员］。"

图5　根据文本（*AW* V 14），每侧的五个营队都应前后部署，而不
是并排部署，以使这些营队和那些前后部署的营队都面朝一
个方向。

　　根据文本（*AW* V 15－16），在侧翼位于第四和第五营队
之间的普通轻装步兵（𝗧），应向左移动到第一和第二营队之
间。同样，在后面位于第一和第二营队之间的特别轻装步兵
（𝘁），应向右移动到第四和第五营队之间。

　　表示百夫长的符号（**C**）常常缺失或是后移。

图6　和对图5的纠正一样，每一侧的五个营队显然应是前后部
署，而不是并排部署。

　　几个表示百夫长的符号（**C**）缺失。

图7　　**右侧**：有两列共二十四个庞大矩阵，每个矩阵又由三十
二个小矩阵组成。在二十四个大矩阵中的八个中，各有一个
小矩阵比其他的稍大点。根据文本（*AW* VI 34－37），这种
稍大点的矩阵应该是二十四个，而不是八个，各自位于每个
大矩阵的外沿。

　　其他不规则的地方（如线或点该有的没有，不该有的却
有），似乎是因最初的木刻或抄本不完善而造成的。

　　原版的微缩胶卷删除了沿图形中央垂直向下的街道旁
边的"vis di croce"字样。这个短语的意思是十字街（或十字
道）。其他街道名称的译名如下："Via capitana"的意思是统
帅街；"via traversa"的意思是横截街；"via di piazza"的意思是
广场街。

　　左侧：有边界区域名称的译名如下："artefici p［ri］vati
and publici"的意思是私人或公共工匠；"mandrie"的意思是牧
群；"munitioni di viveri"的意思是生活给养；"munitioni d'
armare"的意思是装备供应；"piazza"在文本中未做翻译，意
思是市场或广场。

导　读

　　同《君主论》和《论李维》一样,马基雅维里的《战争的技艺》也是一个经过精心部署的整体。然而,因知识界已分化为相互分离的不同学科,致使这一整体受到了片面的对待。每一学科都倾向于把注意的焦点放在《战争的技艺》的某一方面,而低估其他方面的重要性,甚至以偏概全,把那一部分误作为整体。交叉学科方法不会解决这一难题,因为它错误地假定,当代诸学科的结合符合并详尽无遗地论述了马基雅维里著作的许多方面。如果沉溺于这种片面方法,读者们就有可能无法鉴赏马基雅维里呈送给他们的许多意外厚礼。人们起码必须抵住诱惑,不让自己的领域提早回答马基雅维里留下的不解之谜,即《战争的技艺》是一部什么样的著作。对于任何试图弄懂这部切实有用的优美著作的人来说,既要有回答这一问题的坚定决心,也要有同样坚定的耐心,不要急于作出判断。

　　尽管有这些可能的缺陷,我仍从许多领域收获良多,谨以下述作为回报。本文第一部分论述的是马基雅维里解决他当时军事问题的对策,这对那些对军事和文艺复兴史感兴趣的人最为有用;该部分最后一节,则对战略思想研究者不无裨益。在我撰写第一部分正文时,脑海中尤其浮现出皮埃罗·皮埃里在 *Guerra e politica negli scrittori italiani* 一书中经过深思熟虑,对马基雅维里的军事著述提出的那些犀利而细致的批评。[54] 此处不宜对皮埃里的批评逐项做出回应,但我内心是支持马基雅维里而反对皮埃里(以及本

---

[54] Piero Pieri, *Guerra e politica negli scrittori italiani* (Milan: Riccardo Riccardi, 1995).

书导言中提到的其他人）的。我不是要挑皮埃里的卓越的军事史的毛病，而是希望他和其他批评者更密切注意马基雅维里确实说过的话，下更大气力去弄清他的真实意图。第二部分论述的是战争与政治的关系，政治科学家和对军政关系感兴趣者可能会发现该部分较为有用。最后一部分论述的是马基雅维里在《战争的技艺》中的总的意图，对文学或哲学感兴趣者还是由此开始阅读为好。

一、马基雅维里解决16世纪
早期军事问题的对策

卡尔·冯·克劳塞维茨断言，"马基雅维里是一位很有见地的军事行家"，并且是一位这样著作家，他关于战争行为和战争性质的见解永远都有价值。⑩ 自克劳塞维茨时代以降的军事著作家就没有这么慷慨大方了，并且正如下面试图指出的那样，他们对马基雅维里的军事判断的看法也没有克劳塞维茨这样正确。我首先将探讨马基雅维里为解决那些相对暂时的问题而提出的对策，这些问题都和近来的战术革新、人力和组织领域的进展以及同筑城和攻城术联系在一起的技术变迁有关；然后再回头探讨马基雅维里对更长久的战略思想的论述。

1. 战场

在导致马基雅维里时代令人眼花缭乱的军事变迁的原因问题上，人们历来争论不休。在这些变迁是构成了一场成熟的军事革命，还是代表了长期演进过程中的一个特定时刻问题上，人们也相持不下。在探讨这些问题时记住这一点很重要，即当时的感觉是，如火如荼的变迁确实正方兴未艾，但这不是只沿着黑色火药技术规定的方向发生的迅速变迁。尤其是从战术层面上看，从1495年

---

⑩ Carl von Clausewitz, *Historical and Political Writings*, ed. and trans. Peter Paret and Daniel Moran（Princeton：Princeton university Press, 1992），281；Peter Paret, *Clausewitz and the State*（New York：Oxford university Press, 1976），161.

的福尔诺沃之役到 1525 年的帕维亚之役,发生在意大利半岛上的每一次战役似乎都提供了新的教训、新的革新,它们改变了军队的装备、排阵、领导和使用方式。

在中世纪晚期的战争中,重骑兵开始成为战场上的霸主。他们全身披挂,骑乘同样有盔甲护身的强壮战马,主要用以冲锋陷阵、克敌制胜,即以强大兵力闯入敌阵,将其逐出战场。为增强战斗力计,必须聪明地将这种武器系统——就此而论,任何时候的任何武器系统——同其他可以利用的武器结合使用。重骑兵必须同重步兵、轻骑兵、轻步兵及其众多发射性武器(尤其是弩)协调行动,此外还要有各种各样的小型固定火炮,它们大多都不是靠黑色火药推进发射的。随着中世纪的消逝,导致重骑兵统治地位最终衰落的因素无疑有许多,但从战术家的角度看,最重要的进展乃是重步兵的出现,因为他们能抵住重骑兵的冲击,甚至许多情况下还能主动攻击重骑兵。在中世纪战争中就曾有过重步兵能奋力反击重骑兵的重要范例,但这尚属个别;而到瑞士兵"顺山势而下"时,重步兵就能始终如一地挑战重骑兵了。

瑞士兵的成功秘诀在于其高度密集方阵的部署,该方阵大约由 2500 名训练有素、纪律严明的士兵组成。这些士兵大都配有自年轻时就训练使用的十八英尺长矛,位于方阵中央的少量士兵仍然使用战戟,这一度曾是所有士兵的武器。由于长矛巨长,第四到六排士兵的矛尖皆可伸到第一排士兵的前面,且可任选方向。和他们即将取而代之的重骑兵一样,重步兵的主要作用亦是进攻。他们也奋力闯入敌阵,或是将胆敢阻挡他们的敌人逐出战场。他们前赴后继,而方阵中央的戟兵则会挡开任何企图冲进方阵的敌人步兵或骑兵。虽然重步兵的主要作用是进攻,但当侧翼受到重骑兵攻击时,他们则被迫采取守势。每个士兵都将停止进攻,将长矛尾端插入地面一英尺深,矛尖对准来犯之敌,从而形成一道几乎密不透风的矛尖之墙。这种防守姿势非常有效,但因是不得已而为之,矛兵们再也无法主动出击。由于重骑兵原则上说可迫使长矛方阵由攻转守,故它在战场上即便不再享有昔日之霸主地位,亦仍不失为一重要角色。

中世纪重骑兵的一个亲密后代是 15—16 世纪的雇佣兵,这个

称谓来自 *codotta* 或合同,它对政治当局雇佣他们的条款做了规定。
这个词比我们的"mercenary"较少轻蔑意味,但仍清楚地反映了以
雇佣兵的军事服务为基础的金钱交易。与其中世纪前辈相比,这
些士兵不太情愿配备瑞士长矛,或是在 16 世纪早期突然出现的多
种(常常不太有效的)瑞士仿造物。这样,瑞士兵方阵及其衍生阵
形就给意大利军事理论家和实干家带来了两大主要问题:其一,如
何对付或有效仿造瑞士长矛;其二,如何有效利用近来被废黜的重
骑兵兵种。当时代的其他重要战场革新,即黑色火药技术的发展
开始给世人以震撼时,欧洲、尤其是意大利的战术家们还仍然紧紧
抓住这两个问题不放。

　　人们在 16 世纪早期,尤其是在 1503 年的塞里格诺拉之役和
1522 年的比克卡之役就发现,受到充分保护的火绳枪兵可给庞大
的、因而易于被击中的长矛编队以重大伤亡。火绳枪(arquebus,读
作 AR-ka-bus)乃是一种用火绳引发枪机的手持型火器,它比弩的
可靠性和准确性差,射程亦不远,但射速平均,且起码和冲锋同样
有力;它也不需要多少训练,更重要的是,其制造成本比弩低廉。
不过,要成功地运用火绳枪兵,保护措施至关重要,因为他们很容
易被长矛方阵或骑兵驱出战场。因此,正如几乎二十年后在比克
卡依然表明的那样,他们之所以能在塞里格诺拉大显身手,完全是
因为当他们安然无恙地躲在牢固的防御工事后面时,对手就自动
向他们发起冲锋,从而成为他们的靶子。至于还可以有其他什么
别的保护方式,人们当时并非立马就清楚的。也是在 16 世纪早
期,野战炮(与攻城炮相比,它的效力早已得到证明)首次得到明确
有效的利用。因为在 1512 年的拉韦纳之役中,西班牙的拥护教皇
派军队(尤其是《战争的技艺》的主要对话人法布里奇奥·科洛纳
指挥的重骑兵)遭到这种炮火的猛烈打击,他们被驱出防御工事,
被迫在战斗力削弱、军心动摇的情况下仓促出击,而不是躲在工事
后面安然应战。结果是西班牙的拥护教皇派军队大败,使野战炮
问世数世纪以来第一次显示出主宰战场的能力。至此,手持火器
和野战炮都已开始显示出威力。

　　人们很容易错误地以为,这些黑色火药武器一经在战场上露
面,万事即刻为之改变。火绳枪的效力历经数世纪才被确认,又过

了一个世纪之久才被系统地纳入战场策略。直到 16 世纪 20 年代，火绳枪（以及更重、更有威力的滑膛枪，它是火绳枪的后继者）才开始独自在战场上大显身手。而且，直到 16 世纪中期以前，尚不能确切地说发生了和火器直接有关的广泛的战术转变，甚至尚不能断言这诸多因素已被综合成一个类似系统整体的东西。对欧洲而言，这一功绩直到拿骚的莫里斯，尤其是古斯塔夫·阿道夫于 17 世纪伊始登场亮相时才得以取得。后者还在战场上为火炮找到了一席之地，但也仅仅是通过减小尺寸以增强其机动性，改用葡萄弹（三倍于滑膛枪子弹大小）以补其射速缓慢之不足。那时，甚至其战术用场都十分有限，一旦开始短兵相接，便失去了用武之地，因为那时不论对敌对友，它都会招致同样的伤亡。

在这一变迁过程中，优秀的战术家们自始至终都在尽力寻求各种武器系统的最佳组合。马基雅维里时代之后不久，解决上述三大难题的对策渐渐浮出水面。对于长矛的统治地位，只能用骑兵和射手的某种结合来回击。由于骑兵和射手的这种结合只能由其同类结合来对付，故长矛方阵一方也需要骑兵和射手；而由于没有自己的长矛兵的射手和骑兵易于受到敌人长矛的伤害，故他们也需要有自己的长矛兵。总之，各兵种要成功地发挥自己的作用，就都离不开其他兵种。未来的战术道路即在于轻重步兵、骑兵以及——在环境需要和允许时——炮兵的这种有效结合。然而，在马基雅维里时代，尽管包括马基雅维里在内的所有最出色的理论家和实干家皆对此孜孜以求，但谁也不曾想到这种名副其实的结合。瞧瞧马基雅维里本人对拉韦纳之役的分析即可发现，他已抓住了当代战术问题，认为为了解决这一问题需要各兵种均衡地协同作战。对《战争的技艺》提倡的那种军队的基本特征做一归纳，并参照卷三中的模拟战，可具体看到马基雅维里的解决之策。

值得注意的是，马基雅维里竟然会在《君主论》如诗如歌、热情洋溢的结束语——他在其中对朱利乌斯二世呼吁驱逐野蛮入侵者出境的布道作出了响应——写到一半时停下来，去从技术方面提出军事建议。他以拉韦纳之役为例阐明他的建议。回想往事，倘若法国人在战斗打响前不曾有效地利用野战炮，他们将会被迫无奈，要么对极其难以攻占的西班牙人阵地发起强攻，要么从战场上偷偷溜走。而事实却是,已经被人胜出一筹的西班牙骑兵遭到敌人炮火的严重削弱,然后被迫弃阵而走。西班牙骑兵随后的溃退使得法国骑兵有机会去援救自己的重步兵,后者有着类似于瑞士人的装备,当时正在西班牙步兵面前节节败退。可见,按照其发生顺序,此次战役中的关键因素依次是:(1)在战役之始前所未有地破坏性地使用野战炮,以削弱那些躲在防御工事里的敌人的战斗力和士气,并将他们驱出防御工事,因为他们的获胜机会有赖于迎战而不是出战;(2)西班牙步兵能有效对付瑞士长矛;(3)西班牙步兵易于受到横冲直撞的重骑兵的攻击。我的注意焦点首先是在后两点上。

马基雅维里在《君主论》忠告性的结语中令人称奇地离题扯到了技术方面。他指出,尽管瑞士人和西班牙人的步兵都被认为可怕,但两者皆各有一明显软肋:西班牙步兵易受法国骑兵的攻击,瑞士步兵则易受西班牙步兵的攻击。他继续写道:

> 虽然这后一件事到目前还没有看到整个经历,但是在拉韦纳战役中,已有了一个证明:当时西班牙步兵同采取与瑞士人同样战术的日耳曼军队会战,西班牙人靠他们身体敏捷和圆盾的帮助,潜入德军跟前,在德军长矛无能为力的情况下,安然地袭击德军,后者无法招架;假使当时西班牙人不是受到骑兵的袭击,他们定会把日耳曼人全部消灭掉(P 26.105[中译文参见潘汉典译《君主论》第 125 页,商务印书馆,2005——中译者])。

可见,马基雅维里解决瑞士长矛问题的对策是像西班牙那样的重步兵,他们配有剑和盾牌,以便能接近相对缺少保护的长矛兵,后者的长矛在近身搏杀中毫无用武之地。然而,并非只有装备才生死攸关。马基雅维里之所以提到动作灵活的团队,并非仅仅是对西班牙人体形的一种观察。《战争的技艺》的一段话表明,他指的是由大约四百人组成的相对较小的团队,西班牙人组成这种团队的目的在于使其队形更加清晰,从而具备庞大的长矛方阵永远无法具备的更大的灵活性:"所以,一支军队中必须有许多团队,每个团队有自己的旗帜和向导。因为有了这些,军队就必定有许多灵魂,从而有许多生命。"(*AW* II 275)。然而,由于易受骑兵攻击,像西班牙人那样的步兵只有借助长矛击退骑兵才能保住这许多生命。所以马基雅维里提出了"第三种队形",它"不但能够对抗"像西班牙和瑞士人那样的步兵,"而且确信能够战胜他们"(*P* 26. 104)。

这种在《战争的技艺》中第一次充分描绘的队形最早就是这样提出来的。马基雅维里提出的长矛和盾牌兵的系统结合,类似于"伟大统帅"贡扎洛·德·科尔多巴于该世纪早些时候创立的特别排列。按照马基雅维里的设想,紧随仅有五列纵深、每列二十名长矛兵组成的前线之后,是十五列盾牌兵。十个各由四百人组成的这样的营队并排部署,使整支军队的正面按战斗队形排列。在这种连成一长线的前线之后是二线,它由六个同样排列队形的营队组成,左右两边中间留有巨大空隙。马基雅维里使他的人文主义读者相信,他只是在复述古罗马的战斗队形而已。按照那种两边之间也留有类似巨大空隙的排列,当受到敌人逼迫时,一线将退入二线,如有需要,他们将一起退入由四个同样排列队形的营队组成的三线。不过,马基雅维里对这种罗马范式(它看起来实际上是一种阅兵操练,而不是一种真实的战斗队形)做了相当大的改动,使之更加实用。有两种革新值得一提:其一,马基雅维里不是像罗马人那样在一线留出空隙——从而使营队侧翼成为有吸引力的靶子——而是把营队部署得相对紧凑;其二,马基雅维里认识到,任何被迫退却本身都困难重重,所以他放弃了过度精确的罗马做法,即让一线后退以便合并进二线,而代之以更一般的原则,即二线必须有能力救援一线。如此,马基雅维里就通过简化罗马人的队形而使之更加实用。

就马基雅维里对具体队形的倾心关注而言,他显得对寥寥无几的少数——如果有的话——宝贵队形非常恋恋不舍。譬如,在提出永远要有战术预备队这个非常一般的原则之前,他笔下的法布里奇奥强调说,人们不应完全拘泥于上述阵形。卢齐问道:"在您想要开战时,总是用这种队形吗?"法布里奇奥回答道:"并非每次都这样。因为你必须根据地点的性质,以及敌人的性质和数量来变换队形。"(*AW* III 172 - 173)。确实,马基雅维里所首先孜孜以求的,乃是比任何可能的敌人都有更大的灵活性。因此,尽管他的战斗队列的灵活性比之古罗马相形见绌,但比之他力图超越的长矛方阵却绰绰有余。为了得到这种更大的灵活性,马基雅维里甚至甘愿付出同一百年后的莫里斯和古斯塔夫·阿道夫——他们在任何细微之处都受到马基雅维里的启发——甘愿付出的同样代价,即侧翼在某种程度上易受攻击。对于坚固的长矛方阵所展现的密不透风的矛尖之墙,缺乏纵深的长矛兵正面和沿侧面部署的轻步兵只可近似,但不可完全一样。然而,这种脆弱性乃是变方形阵形为线型阵形,从而获得更大灵活性的必然后果。正如后来的事实证明,古斯塔夫·阿道夫的线型阵形更易受到像瑞士人那样排列的长矛兵的攻击那样,罗马人的线型阵形曾经比其马其顿对手更易在侧翼受到攻击。但是,他们和马基雅维里都知道,这是一种值得付出的代价;并且,通过适当运用轻步兵、尤其是骑兵,可以减少这种代价。

马基雅维里从拉韦纳之役获得的另一个教训是,西班牙步兵——这是他自己的盾牌兵的典范——易于受到重骑兵的攻击。位于他的盾牌兵前面的单薄的长矛兵战线是他解决这一问题的对策之一,但要彻底解决问题,它必须有自己的重骑兵。人们常常认为马基雅维里没有给骑兵在战场上分派什么重要角色,这种误解源于对《战争的技艺》和《论李维》的误解。法布里奇奥赋予步兵和骑兵的相对重要性和对他们的尊重,被误认为是在战斗中禁止使用骑兵。但是,法布里奇奥仅仅是主张骑兵不如步兵令人尊重,因为后者在战斗中更有用,而非骑兵在战斗中无用。与此相似,他关于骑兵各种作用的相对价值的主张,被误认为是贬损它在战斗中的用场。但法布里奇奥只是说,骑兵在搜索、骚扰敌人、切断敌人的通讯和补给线中的作用,比在战斗中更大。

认为这些陈述意味着法布里奇奥希望排除骑兵在战斗中的重要角色、甚或尽可能减小它的角色,乃是一种误解。此外,卷三的模拟战行动还突出了重骑兵的重要性。我们看到,骑兵要向敌人的火绳枪兵发起冲锋,压制他们射向侧翼的危险火力,重骑兵在被迫隐蔽于其长矛兵中间后,则击退和杀死对他们的长矛兵构成严重威胁的敌人的重骑兵(AW III 81 - 91)。最后,法布里奇奥关于步兵和骑兵的陈述系指它们各自受到的尊重,而非各自的用场,这一点应予强调。马基雅维里这样做既有军事目的,也有政治目的,是为了抵消对马背上的雇佣兵的过度依赖。马基雅维里在《君主论》中说道:雇佣兵将帅为了确立他们的统治地位而首先做的一件事情,是将步兵的声望给予骑兵,也就是给他们自己(P 12.53)。为了取代这些雇佣兵队,马基雅维里笔下的法布里奇奥企图把恢复步兵的声望制度化。

　　应当指出的是,要准确理解马基雅维里关于步兵和骑兵的主张,必须仔细注意他的确切措辞。在这些段落中,马基雅维里不仅力求技术上精确,而且谨慎地选择用语和修辞,以图避免同那些数不胜数的政治障碍发生冲突;他为了在当时的佛罗伦萨和欧洲获得发言机会,不得不回避这些障碍。本文最后一部分在探讨马基雅维里写作《战争的技艺》的目的时,对马基雅维里的修辞有详细论述,但在此亦有必要略述一二。《战争的技艺》几乎通篇都是以对话的形式——即以类似于莎士比亚戏剧的形式——阐述其论点的。欲假定《战争的技艺》中发言最多的法布里奇奥不过是在替马基雅维里说话,即类似于假定哈姆雷特的话道出了莎士比亚的全部心声。诚然,和《哈姆雷特》不同,《战争的技艺》乃是一篇战争论文,意在宣扬技术革新。但是,倘若它仅仅是一篇技术论文,马基雅维里就不会不厌其烦地提供背景,讨论各个人物的特征等等。还有,在对人物特征的描述中,着墨最多的是他们的年龄。不错,法布里奇奥的许多措辞谨慎的陈述,是为了回答参加讨论的年轻人——他们都是马基雅维里的朋友,定期参加在花园里举行的文人聚会,这构成了《战争的技艺》的背景——向他提出的问题,这些问题有时还很尖锐。关于骑兵的上述讨论,清楚地表明了法布里奇奥和这些年轻人的主要分歧。法布里奇奥只是在年轻人的一再追问下,才不仅承认现代骑兵优于古代骑兵,并且他起初假装推崇的那些古人本身,就易于受到骑兵的致命攻击,遑论因诸如马镫和角状马鞍而愈加优越的现代骑兵了。马基雅维里借年迈的法布里奇奥之口向该书的主要读者即"爱好古代行为者"发出呼吁(AW pr. 11),同时还通过年轻人而诉求于更广泛的年轻读者。马基雅维里强调说,不论是古代人还是现代人,这些人都对伟大的事业"热情似火"。

在每一步,尤其是在包括技术革新在内的革新问题出现时,都一定要牢记这种带修辞色彩的考虑。因此,在对话结尾,甚至法布里奇奥自己也甘愿对革新大唱赞歌:他这样结束了该书的战争部分,断定"若是说创新带来了其他方面的荣誉,那么它首先是在战争中使你声名卓著。人们看到,每一种发明创新、即便是微不足道的创新,都受到了著作家的赞美"(*AW* VII 191-192)。尔后,他又提供了亚历山大大帝运用过的两个革新典范。但是,由于这种范例得不到任何古代资料或遗迹的确证,所以它们似乎是马基雅维里笔下法布里奇奥的杜撰。由此我们看到,和马基雅维里一样,法布里奇奥也懂得如何充分利用他置于读者心中的对他热爱古代的推测。

关注修辞学对于正确理解马基雅维里对另一项技术革新的论述也很重要,这不仅是他那个时代的、而且很可能是战争史上的最重大的革新,这就是火器。正如科西莫使法布里奇奥承认现代骑兵优于古代骑兵、因而现代军队的装备和队形必须不同于古代一样,对话最年轻的参加者卢齐也使法布里奇奥做出让步,认为最新的技术,即火绳枪和小型火炮的确可以造成如此大的伤亡,以至于为了压制它,必须对战术进行改变(*AW* III 134)。如此一来,马基雅维里在通过一再追问——如果说一般是彬彬有礼地追问的话——年轻人而满足他们对现代革新的好奇心的同时,又借助更谨慎、更年长的法布里奇奥的权威,再次满足了这些古代爱好者。但是,法布里奇奥甚至比上述让步走得更远。他在年轻的对话者没有逼迫的情况下断言,使用火绳枪已经成为一种必需,并坚持认为,不但那些业已入伍的士兵要训练使用火绳枪,而且对所有年轻人——不论是不是士兵——都要进行这样的训练。"除此之外,我还要再加上火绳枪。如你所知,这是一种新式武器,一种必要的武器。我将让我的国家的所有年轻人都习惯这种训练。"(*AW* II 125)。这一定是关于普遍训练使用火绳枪的最早规定之一——如果不是唯一的话,这表明,法布里奇奥对他那时的革新远不止是尊敬而已。

不过,听众对向现代革新让步的容忍是有限度的,马基雅维里也意识到了这一点。这反映在法布里奇奥拒绝对野战炮的使用多做讨论（*AW* III 150），并要求人们到《论李维》中去查看马基雅维里对这一问题的更全面的论述。马基雅维里在该书中透露，他完全清楚野战炮何时有用何时无用。野战炮无用武之地的唯一情况，是在两军都愿意立刻在旷野开战之时。因为如前所述，在那种情况下，一旦两军相遇，便敌友难分。而在其他情况下，野战炮的作用则举足轻重。当火炮隐藏在高处的坚固工事后面时，意欲守而不战的防御者便有恃无恐。若要让这样的敌人出战，必须依靠各种各样的计谋诱骗他们离开阵地，或者是（这是我们可称之为马基雅维里对必要性之威力的哲学姿态的一个美好例证）在遭炮击的地方从侧翼打开一道口子，"因为这乃是一个通则：一个人必须向无法抗拒的东西低头"（*AW* III 160）。马基雅维里非但没有为现代革新的发展和使用设置障碍，而且向它们"低头"，并企图尽可能地利用它们。

火炮在其他情况下也大有用武之地，这让我们想到了拉韦纳之役和马基雅维里改进古人之法的另外一个事例。马基雅维里指出，野战炮给进攻一方以优势，在敌人有时间做好防守之前颇具攻击性地从一场战役转移到另一场战役，从战场的一边转移到另一边。这种意欲坚守缺乏防御工事的阵地的现代防御者，是因为拥有比古代防御者有"更大优势的火炮"。因为有了火炮，进攻者便可以"立刻驱逐你，而你却无计可施，被迫从要塞里出来应战……这种事情就发生在拉韦纳之役中的西班牙人身上。"马基雅维里总结说，甚至对没有偏重进攻的火炮优势的罗马人来说，"如果当时有火炮，他们将具有更大优势，更快地实现他们的获取"（*D* II 17.3〔中译文参见冯克利译《论李维》第 255 页，上海人民出版社，2005——中译者〕）。正如他向同时代人推崇进攻一样，他也指出，他们对其前辈有明显优势。

很难想象，一位对一般的军事革新，特别是对训练使用火绳枪持开放甚至渴望态度的理论家，会不拥护《战争的技艺》写作时正在取得、并在以后的几十年中如火如荼的特别进展。这种进展就是更多地让火绳枪兵去完成法布里奇奥让盾牌兵去完成的任务，即和长矛方阵合而为一，为他们提供相互保护。西班牙人的盾牌兵得到了马基雅维里笔下的法布里奇奥的效仿,他们在将这种革新运用于马基雅维里追求的那种有效的合成兵种方面是最为成功的。特别是在《战争的技艺》中有这样一段话,它表明,马基雅维里在一支军队单兵作战的情况下,赞成这种做法。他提到——尽管是偶然提到——瑞士人在保护火绳枪兵不受敌人伤害的兵种之间,有一种"十字形"队形(*AW* II 253 – 254)。如若这种方式全部证明有用,则有足够的理由认为,马基雅维里将会非常乐意以火绳枪兵取代其盾牌兵,以此达到他梦寐以求的最佳武器系统协同。

2. 人力、组织和训练

同上述战术进展密切联系在一起的,是人力、组织和训练领域的变化。在马基雅维里时代,到处出没而又常常掠夺成性的雇佣兵队伍,正在被一种较稳定的安排取而代之。根据这种安排,雇佣兵队长会雇佣手下到同一个国家呆较长时间,但人数变化不定。他们愈来愈开始率领那些作为雇佣他们的国家之一部分的个人或团队——不论是国民军还是半封建领主和诸侯——或是同他们并肩作战。一直到下个世纪,这种安排才开始被几乎完全从市民或臣民中征召士兵的职业常备军取代。在这些发生变革的世纪里,欧洲那些最主要的将帅,如拿骚的莫里斯和古斯塔夫·阿道夫,大多都自始至终力图以本土职业军人取代雇佣兵,但成效有限。

在这个全面转变时期,应对欧洲的各个强权,尤其是佛罗伦萨的那些强权的特殊性给予关注。瑞士人战术上的成功以及与此相关的寻求武器系统的新型结合的尝试提出了一些挑战,法国人、日耳曼人、西班牙人和意大利人以各种不同方式迎接了这些挑战。在法国人中,对武装起来的平民的恐惧,相当程度上延缓了形成庞大的重骑兵的进程,致使他们所依赖的重骑兵要有轻步兵和轻骑兵的协助,后两者配有火绳枪和弩,并以瑞士或日耳曼雇佣兵手中的长矛补充之。日耳曼和西班牙在建立国家支持的职业重骑兵方面进展较快,但却因政治而不是财力原因而迟缓下来。在日耳曼和西班牙人中有大批瑞士步兵,但他们都受雇并忠诚于半封建领主;而仿佛是从较不高贵者中征召的骑兵,则往往由政府部门付给报酬。在意大利,除佛罗伦萨以外的所有邦国都在建立职业常备军方面动作缓慢,但可能要比那些非意大利国家快,是为某种政府服务的封建兵种和雇佣兵种的某种结合。意大利邦国与其他主要欧洲强权的区别,在于它们之间不可调和的对立,以及中央权力的相对缺乏。在这许多意大利强权中,只有佛罗伦萨没有具备强烈军事倾向的新旧贵族,他们既可充当重骑兵,也可要求其依附者充当步兵。内乱以及贸易和银行阶层主宰地位的兴起,有助于根除任何有着悠久传统的土地贵族(参见 *FH* III 1,10,12,13,18;也参见 *FH* II 11–13,IV 2.27,V4;*D* I 55)。佛罗伦萨完完全全依赖于主要来自支持教皇制度国家的雇佣兵,并成为其猎物(*FH* I 39)。虽然这些士兵、尤其是那些军阶高的人中,有许多人技能精湛,但整个普通士兵的组织和训练却非常不均衡。

其他欧洲强权组建训练有素的职业常备军的艰难之路,对于佛罗伦萨绝对行不通。因为缺少拥有丰富军事才能或传统的本土团体或阶级之故,它不得不完全依赖雇佣兵。使雇佣兵或国民军附属于本土封建主或贵族的中间道路,对于佛罗伦萨来说是不可行的。同样,我们也会容易忘记,我们有关为非个人"国家"服务的职业军队的选择,甚至更加不可行,因为以其名义建立职业化武装力量的非个人国家这个概念——更不用说其实际存在了——直到托马斯·霍布斯时代才诞生。

可见,佛罗伦萨面临的实际危险在于,它将长期依赖业已在军事和财政方面面临极限的雇佣兵和外国军队。要白手起家地建立一支军队,唯一可求助的是佛罗伦萨公民,以及遍布托斯卡纳地区城乡的臣民与盟友,就像马基雅维里本人在为佛罗伦萨共和国服务时做过的那样。鉴于这一任务的艰巨性与必要性以及雇佣兵制度——人人对其深恶痛绝,却少有人懂得如何摆脱——的惯性,如此做法便有情可原,即一方面对雇佣兵大肆抨击,同时又用唯一可利用的术语,即由古老蹒跚——却依旧神圣——的佛罗伦萨"公民人文主义"传统提供的那些术语,对唯一可供选择的国民军大唱赞歌。百余年来,公民人文主义者萌发的梦想,即光复甚至更为古老的佛罗伦萨国民军那种黄金岁月,已经处于或接近这一思想运动的核心。这样,马基雅维里就面对一个困难重重但却可能硕果累累的修辞处境。在努力规劝佛罗伦萨把自己武装起来方面,部分传统人文主义者是马基雅维里的最好盟友，他们执着地寄希望于古人，而马基雅维里也被（错误地）认为有着如此执着。说服佛罗伦萨的一条明显途径，是采用最有可能最先听他倾诉的团体的语言和传统，然后至少使他们中的某些人认识到，当涉及到实践时，他们不得不放弃他们更为珍爱的某些信仰——或者更好的办法是，先让他们满足于实践的优势，再让其旧信仰的局限性自曝其短。

但是，如果佛罗伦萨人听从规劝，接受了一种新型的国民军，那么，它能拥有维持现代军队所需的复杂但内部高度结合的官僚制度吗？答案部分在于谁将充任——用我们的术语说——军官和军士。关于军官，我们只能依靠推测，因为马基雅维里几乎没有留下什么线索。法布里奇奥陈述说，将帅应由不同地区的人每年轮流担任，且不能在其当地任职。所以，这似乎意味着这些将帅实际上将构成一个军官团。由于每年都要调动，他们无法拥有脱离其军事职责的职业。我们或可推测，在马基雅维里担任佛罗伦萨秘书时建立的真正国民军基础上，这一军官团起初将由雇佣兵组成。但似乎可能的是，他们希望由佛罗伦萨付酬的托斯卡纳本地人取代雇佣兵。更具体地说，从1506年的《国民军之目的》中可清楚看到，如若佛罗伦萨人亲自为之，他们将坚决要求权力职位。所以，军官团最可能将由具备政治势力的佛罗伦萨人组成。如此直言不讳，无异于玩弄政治炸药，因为正是由其同胞市民掌握权力的想法，让佛罗伦萨人怒火中烧。然而，这种安排似乎是从实行轮换制的军官团体的前提得出的。法布里奇奥在卷一中坚称，任何秩序井然的国家都不会允许其市民或臣民被雇佣为职业士兵，与此主张相反，法布里奇奥的军队中似乎将要出现某种职业军官团。并且，在对话的其他地方，这种军官团的成员也好像不是没有范型，因为法布里奇奥本人就是这样一种暧昧的形象。他在和平时期是其国王的顾问，战时则是他的将帅。我们在对话结尾看到，他认为自己在和平时期提出的最重要的建议，是关于如何备战。由此可见，情况很可能是这样，即这些轮流任职的将帅在和平时期有着同样隐晦的身份，以便能维持其作为轮流任职的将帅的职位。

关于军士，事情更为清楚。法布里奇奥非常强调他所谓的十夫长和营长的重要性。他们的首要职责是以身作则，让小团队保持战斗队形（AW II 266－282）。法布里奇奥采取步骤，确保任人唯贤，例如为各级提拔设立竞争制度，并制定标准，使适于领兵之人在训练期间即可选定。表面看来，支撑一支庞大的、训练有素的军队所必需的成熟官僚结构的所有要素，似乎都已具备。

　　而且这支军队还是训练有素的。卷二、卷三和卷四的很大部分，分别专门论述了个人和营队层次上的训练，训练他们在大队和军队层次上作战以及在敌占区行军。虽然法布里奇奥早些时候，即在该书政治意味较浓的那几部分，曾尽力减少要求训练的频率，但他后来又说，必须"尽可能多地"训练整支军队（AW III 199）。这再次表明，修辞方面的考虑使他难以承认要做多少战争准备，方可结束占主导地位的和平生活。但是，无论如何，只能来自严格训练的秩序，乃是军队成功的关键之一。法布里奇奥断言，仅仅让士兵体格强壮，从个体层次上训练他们是不够的：

　　　　还需要让他们学会遵守队形，听从将帅用声音和喊话发出的信号，在站立、撤退、前进、作战和行进时，知道如何保持队形。若是没有这种纪律，若是不十分谨慎、勤勉地遵守执行之，断难有优秀之师。毫无疑问，凶悍而秩序混乱者比怯懦而秩序井然者软弱，因为秩序驱除恐惧，而混乱减少凶悍。（AW II 140－141）

显而易见，马基雅维里是在努力表达一条有关军事美德的永恒真理。但是他还断言，在军纪和军训比较松懈的时期，好的纪律几乎是成功的保证："纪律严明之师不外乎是严格遵守这些秩序的军队；在这些时候，如果说谁运用类似纪律，谁就会遭到败绩，这是不可能的。"严格征募、组织有方、训练有素，马基雅维里的军队似乎足可胜任。

3. 防御工事与围城
　　1494 年，法王查理八世对意大利的大胆入侵最终表明，统治欧洲战略达近千年之久的防御体系，是无法同现代火炮和新型大规模攻城装备——它使得配置火炮成为可能——相抗衡的。在接下来的十年里,席卷意大利的大规模进攻行动浪潮一浪高过一浪,直到 1527 年才受到遏止,并且几乎到世纪中叶才得以平息。防御工事的发展是减缓并最终平息了这种向战略和战术进攻的决定性转变的相反力量,它不但能抵挡强大的炮火,而且或许更重要的是,它还试图凭借猛烈进攻夺取要塞。抵挡火炮威力的关键在于城墙的改进。人们发现,通过降低城墙高度,增加其厚度,改变其结构成分,它可使装备精良、供应充足的进攻者历经数月、有时达数年而久攻不下。抗击对要塞的猛烈进攻的关键,是在设计上有了两项改进,使得进攻者无法接近城墙附近的守军火力死角,从而无法安全地集结攻城兵力。

第一项改进是后来所谓的棱堡,或称为 *trace italienne*。这些棱堡取代了耸立于已经高高在上的中世纪城墙上面的圆形或方形城堡。这种新型棱堡的墙壁向底部稍微倾斜,不高于要塞墙壁,使防守者可直接向墙根下的进攻者开火,而不必因身子探出墙外而暴露自己。然而,更重要的是,棱形取代了方形或圆形,它从上方看,就像是一只平放在地上的箭头。棱堡的颈部(像是紧靠箭头的箭杆)将棱堡与要塞墙壁连在一起。想象一下五角形的要塞吧,在它的五个角上,各向前探出这样一个棱堡。如果棱堡的边就建在直角上,则部署在棱堡颈部的火炮可使其发射线与相邻棱堡的直边平行。同时,棱堡的另一边可全部得到部署在对面棱堡颈部的炮火的保护;整个五角形周边皆可依此类推。如果不是这些直边的箭形棱堡,而是那些旧式的圆形城堡,则来自另一个城堡的发射线只能保护整个城堡外围的一点,而在外围的所有其他点上,进攻者都可安全地集结。

第二项改进是内外城壕的改善。除了实际增加城墙高度而又不有损其牢固性之外,外壕还可在守军等待敌人来犯时,为他们提供保护。如果城壕外的地面缓缓下斜直到完全平整,则得到很好保护的守军便射程开阔,令进攻者无处藏身。内壕则为已经在城墙上打开突破口的进攻者竖起了另一道障碍。守军可在有望被突破之地的城壕对面筑起一道新防线,如此一来,当进攻者踏进突破口时,就会被迫下到城壕里,遭受守军各种火力暴风雨般的打击。

正如在《战争的技艺》卷三中看到的那样,法布里奇奥指出了当时正在兴起、但尚未被完全付诸实践的现代要塞设计的所有原则和许多具体特征。直到马基雅维里有关 1526 年对佛罗伦萨城墙的上述参观的报告出笼时,他才增加了关于棱堡的所有细节,这些棱堡对要塞的保护作用一直延续到了拿破仑时代。但是,马基雅维里甚至在 1521 年就已经奠定了其全部基础。因为法布里奇奥断言,为了更能抵挡炮火,要塞墙壁应更矮、更厚;内里应曲折迂回、凹凸有序,以便将进攻的步兵纳入射程;应在大约每四百英尺处设一塔楼,以提供炮位;如有可能,还应里外均挖城壕,但当然是在里面,以便提供"双比萨壁垒"之优势。除了这些以及其他工程革新之外,马基雅维里还详细论述了长期围攻的后勤供应问题,并就如何施用计谋蒙骗敌人、如何灭敌人志气长自己威风、如何与被围者互通情报,让我们享受了一顿美味大餐。

4. 战略、"文化"及指挥官的性格

《战争的技艺》在战略问题上的论述似乎自相抵牾。例如,法布里奇奥说,军队的全部目的是在旷野上向敌人开战;但他后来又断言,除非迫不得已,将帅决不要挑起战斗。在应该以军事力量制胜,还是通过使敌人挨饿、不战而屈人之兵的问题上,法布里奇奥提供了一个"总的准则",即"人和武器"(使用军队)比"金钱和面包"(食物及得到食物的手段)更有必要,因为"人和武器能找到金钱和面包,而金钱和面包却找不到人和武器"。然而,他在别的地方又言之凿凿地告诉听众,通过饥饿制胜比通过军队"更可靠,更有把握"。为了说明这些以及许多类似的抵牾说法,译者提出了通常的解释,包括不同的写作日期以及马基雅维里本人直言不讳的混乱。不过对于这里所说的情况,该书本身做出了充分解释。

战略思想研究者们从上述每对矛盾陈述的第一种说法中,可领略到克劳塞维茨学说的基本要素。19 世纪伟大的普鲁士战争理论家克劳塞维茨不否认战争的其他方面的重要性,但强调需要摧毁敌人的军事力量(毁灭原则)、集中兵力的重要性、情报的不可靠性、出奇制胜的难处以及以决战制胜的理念。关于法布里奇奥的克劳塞维茨式格言,可以罗列出长长的一串,但其中最明显者,当涉及克劳塞维茨所谓的连续性原则,以及马不停蹄地全力乘胜追

击的需要。法布里奇奥的下述言论同这一原则是一致的：

> 获胜后必须全速追击，此时应效仿凯撒而不是汉尼拔，后
> 者由于在坎尼击败罗马人后便拥兵不前，从而失去了罗马帝
> 国。而前者却从不坐享胜利，而是马不停蹄地乘胜追击，并且
> 比他全线攻击敌人时更迅猛（*AW* IV 74 - 75）。

《战争的技艺》到处充斥着连续性原则和克劳塞维茨的战争法则。

在上述每对矛盾陈述中，第二种说法是一种全然不同的战略思
想的例子，它往往和孙子联系在一起。这位中国兵圣强调的是避
免伤亡的重要性、规避行动的用途、获得准确情报的必要性、作为
出奇制胜之绝佳手段的骗术，以及不战而胜的理念。法布里奇奥
的孙子式格言和克劳塞维茨式格言一样数不胜数，其中最为突出
的有两则。一曰："提防遭敌人打击比打击敌人更重要。"二曰："以
凌乱的方式追击溃敌只能招致由胜转败。"（*AW* III 111，VII 167）。
尽可能减小自己的伤亡危险，远胜于尽可能致敌以最大伤亡。不
过，法布里奇奥最像孙子而最不像克劳塞维茨的地方，是在骗术方
面。克劳塞维茨对情报极不信任，认为它们进一步加重了战争迷
雾，有可能使将领偏离最迫切的任务，即以最直接最简单的方式歼
灭敌人。与此形成对比，法布里奇奥则让听众领教了各种计谋：如
何对付双重奸细、传递秘密情报、用重复性的习惯诱使对手关键时
刻犯错误、刺激敌人分散兵力、应付口令，如此等等。并且他不仅
企图使敌人上钩，也同样力图不受敌人蒙骗。骗术和军事情报的
重要性，最好地体现在他希望为如何避免伏击"提供完美的知识
（*scienza*）"。这门科学的基石是，你一定"永远不要相信敌人不明
事理，自乱方寸。实际上，若是你想少受骗、少冒险，敌人越是虚
弱，[或者]敌人越是不谨慎，你就越是必须小心提防。（*AW* V
108，116；参见 *D* III 18，48）。当孙子后来愈走愈远，直致把战争
本身定义为欺骗之术时，法布里奇奥大概也会举手赞成。

这两种对立思想的出现提出了一个问题，它既和当前战略思想
的分野有关，也和马基雅维里本人思想的核心有关。正是是否存
在"战略文化"这一问题提供了一些词汇和概念框架，它们一方面

使任何战略学说的内容成为可能，同时也使之有所局限。这一问题的最常见版本，涉及到是否存在明确的"东方"和"西方"的战争方式。由于马基雅维里对这两种绝然对立的战略文化所必不可少的观念均表赞同，因此对上述问题的答案似乎应该是否定的。马基雅维里认为，的确存在两种根本对立的战争方式，由此观之，他似乎同意文化相对论者的说法。但他又与其有所不同，指出：将两者合二为一不仅可能，而且有必要。

马基雅维里是从欧洲和亚洲的对比中抛出整个问题的。科西莫在耐心聆听了法布里奇奥对古罗马步兵能够抵挡甚至打败骑兵的赞美后，最终向法布里奇奥提出，因为现代重骑兵有马鞍、马镫和甲胄之故，骑兵如今也许优于步兵。即便在法布里奇奥根据雇佣兵的害处，对涉及骑兵和步兵各自应得到的尊重的上述主张做了说明后，科西莫仍初衷不改。这次他没有那么客气，而是与法布里奇奥关于罗马人业已征服了整个世界的主张针锋相对。科西莫提出了两个"疑问"，其中之一是"帕提亚人在战争中只使用骑兵，但他们仍和罗马人瓜分了世界"（AW II 80）。而法布里奇奥尽管拒不"对在亚洲习以为常的事情说出理由"，仍然以下述坦诚相见做出了回应：

> 帕提亚军队和罗马军队恰好相反，因为帕提亚人全为马上之师，打起仗来乱哄哄的一大片。这是一种不稳定的作战方式，充满了变数。罗马人则可以说几乎全为徒步密集作战，孰胜孰负，视战场开阔或狭小而定。如战场狭小，则罗马人占上风，但如开阔，则帕提亚人占优。在他们要防守的地区，帕提亚人的军队更能大展雄风。（AW II 83 - 84）

亚洲和欧洲人的战争方式是"绝然相反的"，每种方式各盛行于特类地形。本质上说，这并非维护两种直接对立的"文化"。但是，法布里奇奥拒绝对亚洲的事情说出理由，他一方面显然诋毁他们"绝然相反的"战争方式，称它混乱、分散、不稳定、不确定；同时又显然夸赞罗马人的战争方式，认为它基础牢固、紧凑、坚实、井然有序——一言以蔽之，是一种能够说出直接理由的战争方式。鉴于这些,他又似乎断言这是两种对立的"文化"。

若非下述三个事实之故,这整篇言论堪称欧洲中心主义的一次突然迸发。这三个事实是:第一,这两种文化的交替出现是马基雅维里所精心设计的。他有意让读者去观察和反思这种对立,即一方面是堪称最初现代西方理性主义的东西,一方面是现代西方有意与之对立的"被异国化的"东方。第二,法布里奇奥承认,在一定条件下,西方并非是最好的。他不再明显诋毁东方战争方式不稳定、不确定,而是对它有更全面的理解,即它的这种不稳定性在适当条件下可带来确定的胜利。不错,由于帕提亚人打了就跑的方法可以最小代价换取最大胜利,因此,他们似乎是较为细心的理性计算者。法布里奇奥更愿意说出理由的那种战争并非必然优越,而是在一定条件下较为优越。最后,法布里奇奥曾主动赋予骑兵以仅次于步兵的"第二基础"地位,如今,可将这种做法看作是西方对亚洲的一次重大合并。的确,他赋予骑兵的首要角色(骚扰和切断补给线)以及后来用它作为奇兵和机动兵力,都和当代理论家所谓的东方战争方式完全吻合。如果说这一段落是欧洲中心主义的一次表达,那么,它也是自觉的、有意的和"修正主义的"。确切地说,马基雅维里似乎断定,古代西方的战争方式一直特别易于受到东方战争方式的攻击;他通过把东西方合二为一而企图预防这种攻击。

当人们认识到,这两种方法之间的对立变成了大胆与谨慎这两种不同倾向——它们涉及如何利用战争中的机会以及更一般意义上的人生机会——之间的对立时,将东西方战争方式合二为一的困难和必要性,就变得昭然若揭了。帕提亚人在大量杀伤强大敌手的同时,总是与之保持安全距离,由此寻求以最小代价换取最大胜利。同样,法布里奇奥也称赞军事情报,试图借助骗术和高超的情报,把自己的风险降到最低限度。他们的共同之处是谨慎,是只在败率小而胜算大时才采取行动的倾向。相反的倾向是冒大险,以罗马人为代表。他们的军队企图尽快靠近敌人,并在最短时间内动用最大兵力。最糟糕的情况是——如和帕提亚人开战时那样——罗马人始终遵循了连续性原则,一直到自己覆灭,致使最大的冒险导致了最大的失败。最好的情况则是,罗马人遵循了同样的原则，却从一个胜利走向另一个胜利，使敌人一直疲于奔命，失败连连。

　　直言不讳地鼓吹罗马人万事皆好的法布里奇奥总会选择大胆而非谨慎者为帅吗？一种不止充满世俗含义的世俗观察，为了解马基雅维里对这一问题的政治回答提供了一条途径：有时大胆些好，有时谨慎些好。谨慎的指挥官在一定条件下较为可取，他们小心翼翼地摸索前进，对敌人喜欢避其锋芒而攻其弱点，企图用花招和骗术引诱敌人分散兵力，而不是直接攻击之。而在其他条件下，则需要喜欢一招制敌的大胆的指挥官。共和制政府本身即为处理这种情况提供了一种政治手段。由于共和国（同只有一个君王的公国相反）能产生"无数最具美德的君王"或将帅（D I 20），因此可根据环境需要选择任何一类指挥官。当汉尼拔威胁要在意大利土地上消灭罗马军队时，就需要谨慎的法比乌斯·马克西穆斯·康科塔多；而当时机到来，需要大胆地把战争引向汉尼拔的家乡迦太基时，就必须让法比乌斯靠边站，而让西庇阿·阿弗里卡努斯挺身而出。罗马的国体允许它在各色人等中间随心所欲地挑选。虽然要有谨慎之人（他们自己也有要对付的自然倾向）来挑选最合时宜的将帅，但是借助我们可称之为宪政手段的东西，也获得了相当的军事灵活性。

　　麻烦在于难以确定"时代"需要的是哪类人。如果说罗马人在亚洲的失败突出了大胆的西方方式的缺陷，那么，马基雅维里自己的时代则突出了谨慎的东方方式的缺陷。适当地效仿法比乌斯，可以很好地验证一个人是否对运气具有正确的定位。因为现代人（即信仰基督教的欧洲人，特别是意大利人，尤其是佛罗伦萨人）相信，他们派遣将帅上战场却又令他按兵不动，乃是效仿了法比乌斯。然而实际上，他们如此一来就把其军队和将帅交给了另一个人，即托付给了运气。因为这样的话，敌人就可以在对自己而不是对对方最有利时首先开战。但是，法比乌斯仍可值得效法。因为正如法布里奇奥所言，"你可以像法比乌斯·马克西穆斯偶尔为之的那样施以计谋，效果也不错。"（AW IV 129）。从这段话的更多上下文可以看出，当务之急是要谨慎衡量必然性的要求与偶然性的范围。不要企图逃避必然性的压力，而是要主动向它屈服，以便能利用这种屈服,以退为进;当必然性要求你要么相信运气,要么相信它的时候,一定要相信后者,因为你可以提前规避危险;而若相信前者,则是把自己拱手送给敌人。

法布里奇奥对大胆与谨慎在他的军队结构中的结合方式做了如下总结:

> 你永远不要相信敌人不明事理,自乱方寸。实际上,若是你想少受骗、少冒险,敌人越是虚弱,[或者]敌人越是不谨慎,你就越是必须小心提防。在这方面,你必须两手并用,既要在思想和安排上重视他,又要在言语和其他外表上蔑视他。后一种方式会使你的士兵增添获胜的希望,前一种则会让你更谨慎,更不容易受骗上当。(*AW* V 116 - 117)

在言语、行为和声势上大胆,在思想和命令方面谨慎。需要把两者令人困惑地结合在一起。关键是如何以及何时结合。

二、战争与政治

马基雅维里在《君主论》"更深入地"探讨雇佣兵的特征及其"起源和发展"的那一章中指出,他们之所以在意大利获得如此突出的地位,乃是教皇努力使教会成为一种世俗势力的结果(*P* 12.52)。教会在意大利反抗神圣罗马帝国时站在了人民一边,从而在城市初步有了一席之地。但是,由于教士们不谙兵器,教会被迫去雇佣外国人。教士们也无法获得军事知识,并同时保住自己对人民的权力(*P* 12.52 - 53)。因为正如"武器不像信教者那样适合[教皇]"(*FH* I 39.50)一样,他的教士们也无法拿起武器。

这些雇佣兵不是来自对其生命财产心存恐惧的平民百姓并从他们中得到荣誉,而是受雇于这样一种势力,这种势力的国家实质上是精神性的,仅仅偶尔是世俗性的。他们面对的是其他这样的将帅,因为站在对立面的所有人都是以同样方式产生的,或者是应同一种势力的要求而产生的:

由于都依赖战争,他们把某种契约与谅解合二为一,并把战争简化成为一种技艺,他们都想从这种技艺中渔利,结果却使交战双方差不多都是两败俱伤;到了最后,他们把战争搞得如此糟糕透顶,以致一名极其普通的将帅,只要再现出古代美德的一点影子,就能使全意大利很不慎地尊敬崇拜的那些人蒙受羞辱。(*FH* I 39.50[中译文参见李活译《佛罗伦萨史》第51页,商务印书馆,2005——中译者])

一旦实际战事完全落入这些雇佣兵之手,任何君王便都没了让自己的臣民或公民从军的迫切动力,因为那些有可能与他作对的雇佣兵,足可由其他雇佣兵击退。若非那些在如此武装起来的意大利肆无忌惮地大肆劫掠的"阿尔卑斯山南面的"军队,这种安排本可被有关各方所容忍,因为同样是那些雇佣雇佣兵的教皇,出于雇佣雇佣兵的同样理由,又把这些外部势力引进了意大利。最后,即便一个城市或地区决心要把自己武装起来并"统治别人"(*FH* V 1.186),教皇仍然会有极大的势力,尤其是在他们倾向于支持的那些人中间,能够在这样的城市内部制造分裂。如果一个大得足以挑战教皇势力范围的君王想要将其臣民或公民变为士兵,他将不得不对付这样的教皇:他不仅以"最终毁灭"和"最后的苦难"相威胁,而且许以无数奖赏,而这是这位君王仅仅凭借自己的世俗惩罚和奖赏所力不能及的。

人们往往以为,马基雅维里同意当时公民人文主义者的观点,后者企图把托斯卡纳人变成无私地献身于"共同福祉"——他们的真正意思是指个别世俗城市的利益——的公民—士兵。关于士兵必须或变得献身于共同福祉的主张,似乎得到了马基雅维里的某些更有名的评论,尤其是他对雇佣兵的彻底谴责的支持。马基雅维里在罗列了许多使得雇佣兵无益的品质后继续写道:"出现这种情况的原因在于,他们除了那点军饷,再没有别的爱好或理由让他们不下战场,而这是不足以让他们甘愿为他卖命的(*P* 13.48 - 49)。"由此可以推测,君王的目标是让他的士兵"甘愿为他卖命",共和国将帅的目标则是让属下的士兵甘愿为城市或共同福祉而死。而且,由于胜败皆可招致死亡,我们便可假定士兵乃自愿献出自己的生命，我们为他们的如此壮举赞叹不已。按照我们的通俗理解，好的士兵都是为了祖国而甘愿"卖命"。但是显而易见，给军队带来胜利、给将帅带来荣耀的，是杀戮、是有能力杀戮、是似乎有能力杀戮，而不是死亡。上面引用的《君主论》的那段话所提出的问题，不在于如何让人们自愿为他们的君王、城市或国家而死，而是如何"让他们不下战场"，以便让他们能够并且将会为他们的将帅"英勇战斗"(*D* III 12)。

如此一来，关于什么品质构成好公民的政治问题，就变成了关于如何让人们不下战场，以及如何让他们英勇战斗的军事问题。用《战争的技艺》的话说，问题在于将帅如何让士兵在战斗中顽强不屈。我们将会发现，将帅的目标是不让士兵总是处于这样的境地，即他必须在活命或保全财产，与为共同福祉（或者他的国家或君王）服务之间做出抉择；还会发现，法布里奇奥原则上不反对职业常备军。人们开始怀疑，法布里奇奥正在把或许业已信服他的规定的人，悄悄地送上这样一条道路，这条道路和公民人文主义对共同福祉的奉献少有共同之处——甚至毫无共同之处，而是更加类似于一个强制的中央集权（若不是非个人的话）国家，不论这个国家是公国还是共和国。

1. 职业化

法布里奇奥着手组建军队时所要解决的第一个问题，是我们所谓的征募或征召，法布里奇奥称之为"选拔"。这部分对话有三大段——它们都很短，并且中间还有两次显而易见的长长的跑题——专门论述了组建一支国民军的愿望，这支国民军将和马基雅维里本人作为佛罗伦萨秘书时建立的国民军"相似"(*AW* I 148 - 190，220 - 261)。法布里奇奥在头两段确定，选拔的决定因素是政治权威的意愿，而不是人们自己的意愿。他后来把这种权威——不论是共和国将帅还是真正的君王——统统称为"君王"，他将选择士兵，而不是士兵选择为他效劳。可见，他从一开始就确立了一种上—下关系。

尽管法布里奇奥通常总是摆出一副反对职业军队的面孔，但他提到的一些事情却暴露了他的真实意图。这种提法将会让对话的同时代读者大吃一惊，会让人猛然想到《论李维》和《君主论》——这表明他摆脱了道德准则，也不再受公民人文主义的最终束缚。在第二次跑题的结尾，法布里奇奥向包括臭名昭著的赛普蒂米乌斯·塞维鲁斯在内的一些罗马皇帝提出了事后诸葛亮式的建议。他说，假使一位像塞维鲁斯这样的皇帝曾经让将帅们异地轮流为帅，不让士兵仅仅忠诚于他们，他就既能在生前免受喧嚣不止的将帅之害，也能在死后赋予元老院足够的权力，来选定他的继任者，从而使元老院能够对付拥有职业军队的国家所特有的那种不稳定的欲望和政治（AW I 89）。《论李维》在对人文主义的极力顺从方面和《战争的技艺》有些类似，但又不像它那样极端。在《论李维》中，塞维鲁斯被公开称作是罪犯（D10.4）。但是在《战争的技艺》单独提到他时，甚至连一点谴责的意思都没有。我们从《君主论》中可以看到，任何公民人文主义者都会把他看作是罪犯：他通过"说服他亲自挂帅军队"向罗马进军，以便杀死当时的皇帝并恐吓元老院选他为新皇帝的办法，最终统治了帝国。而且，在《君主论》中，塞维鲁斯乃是该书提出的最极端可能性的唯一代表：一个通过满足根深蒂固的职业军队的欲望，肯定——也就是说可以——不仅对大人物、而且对人民的仇恨置之不理甚至主动招致他们仇恨的君王（P 19.78 - 20.83）。慷慨大方地给这样的人提建议，并且是在讨论如何不让将帅推翻其统治者的过程中，确实让人大跌眼镜。

马基雅维里笔下的法布里奇奥决不是耻于承认职业常备军可能具有的军事和政治效用。确实，对征募一事的全部讨论的真正要旨是要建立一个框架，在这个框架中，通过对士兵和将帅的欲望欲擒故纵，而不是企图打着共同福祉和祖国的名义战胜它们，就可让他们俯首称臣、言听计从。法布里奇奥在向塞维鲁斯提出建议之前强调说，秩序井然的人，不论是武装人员还是非武装人员，都要遵守法律。可以合情合理地认为，法布里奇奥假定这些武装人员在道德上是善的。但是，正如混乱无序说明武装人员有鼓动他们造反的"头领"那样，秩序井然则说明有让他们处于严格控制下的头领。当这些头领从其手下那里获得"声望"或权力时，秩序定然糟糕甚或全然无序；而当他们从政治权威那里获得"声望"或权力时，他们就缺乏动力，通过故意煽动争端去获得部分人的支持。

而且当他们定期轮换时,他们就没有机会这样做。正如法布里奇奥当时提到的塞维鲁斯及其他皇帝的例子所清楚表明的那样,这整个思路既适用于兼职的公民士兵,也完全适用于职业常备军。因此,问题不在于职业化本身,而在于独立于、并且也被认为独立于任何类型的政治权威的将帅。

2. 纪律

纪律也许是法布里奇奥的军队之唯一最重要的方面。为了不使"纪律"被误以为仅仅是爱国主义或对共同福祉的无私奉献的一种必然结果,必须在继续思考如何巧妙并往往强制性地对军人的欲望加以约束之前,认识到新兵所具有的那种矛盾心理,这一点很重要。法布里奇奥早在卷一就对新兵的心态做了描述。士兵从军的基础是一种矛盾的意愿,因为他们一方面厌恶眼前的痛苦,一方面又害怕遭到君王的轻蔑。法布里奇奥在讨论那些被迫违心从军的不愿妥协的士兵,以及那些由于别无所长而渴望打仗的难以驾驭的士兵时说道:

> 那些遵从君主之命应征入伍者,既非是完全出于强迫,也非完全出于自愿。因为完全出于自愿,将会导致上述种种不便,即它将不是一种征兵,欣然前往者将会寥寥无几;而完全出于强迫,也会带来种种恶果。所以,应采取中庸之道,既不完全强迫,也不完全随其自愿;确切地说,他们必需出于对君王的尊敬而从军,他们更惧怕的是他的蔑视,而不是眼前的苦楚。一般情况下,它将是强迫与自愿相结合,这样,便不会由此产生不满,并导致不良后果。(*AW* I 166 – 167)

可见,他们的态度是"悬而未决"的,不具有任何确定性,他们更适于按照将帅的形式被塑造,因为他们既不专心于任何特定的行动,也不为任何特定的行动所排斥。

法布里奇奥对士兵的天然或爱国精神几乎没有信心。相反,将帅通过把秩序强加给士兵,用勤劳和艺术造就了一种好战精神。法布里奇奥说:"毫无疑问,凶悍而秩序混乱者比怯懦而秩序井然者软弱,因为秩序驱除恐惧,而混乱减少凶悍。"后来他又说:"勇武之师之所以勇武,并非由于其官兵勇武,而是由于拥有秩序井然的队形"(*AW* II 141,167)。那些在进攻前线者知道自己将从何处得到支援,而后面的人则知道去何处增援以及去增援何人——出于竞赛心理,后者希望这样做。并且,法布里奇奥警告说,组织成一个严格团队的军队易受全力打击,所以易于一战决定命运。"一支军队中必须有许多团队,每个团队有自己的旗帜和向导。因为有了这些,军队就必定有许多灵魂,从而有许多生命。"法布里奇奥然后注意到音乐在维持这种拥有许多灵魂的统一体中是多么重要,并对古人如何用音乐激发或鼓励士气进行了激动人心的讨论。他总结说,"有必要重新再现所有这些方式",但紧接着又补充说"若是这一点难以做到,则至少不要把那些教导士兵听从命令的音乐全都抛弃。"(*AW* II 275,281)。最后,将帅所关心的不是那些激发或鼓励爱国精神或其他什么精神的方式,而是那些让士兵更能接受和服从他的命令的方式。

到此为止,似乎可以认为,所有让士兵尽职尽责的东西,都来自强加于士兵的秩序。但是,士兵们最迫切的问题,即对死亡的恐惧和对个人利益的欲望,均来自拥有强大势力的士兵自身,它们在将帅的操纵下可以产生巨大影响。

3. 对自己团体和财产的顽强保护

把士兵的自卫本能与将帅的胜利目标结合起来乃是最迫切的需要,因而是将帅的首要目标。法布里奇奥说,有些将帅强制自己的士兵:

> 不得不战斗,让他们破釜沉舟,背水一战,若要活命,唯有胜利一途。若想要士兵们顽强不屈,这是最勇敢的上佳之策。
> (*AW* IV148)

在对后面这些手段做了简要说明后,法布里奇奥又回到了主要的必要性上:"必要性可有多种,但唯有这种更强烈,迫使你不成功便成仁(*AW* IV 152)。"后来,他既从进攻者也从防守者的观点出发,进一步举例肯定了这一原则（*AW* VI 223，VII 27－28）。

鉴于马基雅维里对雇佣兵的明显憎恨，发现这一点很可能会让人大吃一惊，即财产或个人利益正如其自卫本能一样，也是使士兵顽强不屈的"一个基础"。这种财产既和任何正派人都要保护的质朴宜人的农场、犁和牛无关，也和通过正常职业挣得的财富无关。让法布里奇奥的士兵趋之若鹜的是战利品：

> 要想让你的士兵们在战斗中顽强不屈，你首先必须有这种防范：在战争结束前，不允许他们把财物送回家或是放在某个地方，以便让他们明白，若是他们用逃跑来活命，就会失去自己的财物，而对财物的喜爱，仍然是致使他们顽强防守的一个理由。（*AW* IV 134）

通过这种财产管理，不仅防止了士兵个人开小差，而且整个军队本身也受此驱使。法布里奇奥说，当前，即使胜利者也丧失金钱和财物，而"在古代……战争的赢家都会变富"，因为古人不把战利品"交由士兵处理"，而是"规定，所有战利品都属公有，由公众按照看起来最好的办法加以处置"（*AW* V 95－98）。

最后这几段话可能会被误以为是公民人文主义者认为共同福祉高于个人利益的证据。然而，法布里奇奥所高度看重的是分发战利品的步骤具有的功效。正是这种以对个人财产的爱为基础的分配，证明对维护上述那种秩序起了作用。战利品被用来：

> 支付士兵的军饷、帮助伤病员以及支付其他军需。执政官完全可以、并且确实经常把战利品让给士兵，但这种让步没有引起混乱。因为当打败敌军后，所有战利品都集中在阵地中央，由头目根据个人战功大小分配给每个人。这种方式使得士兵们一心争胜而不是劫掠。罗马军团惯于征服敌人而不乘胜追击，因为他们从不脱离自己的队形（*AW* V 99－101）

所以，不论是军饷还是对立有战功者的奖赏均来自战利品，这样就把士兵的爱财之心与求胜欲望结合在了一起。此外，爱财之心不仅激发整个军队,使人们踊跃从军并在战斗中秩序井然,而且管理得当,甚至可在战斗途中用以激励士兵英勇作战。

> 古人们对另外一件事情也深思熟虑:他们要求每个士兵都把军饷的三分之一,存到其营队旗手那里,而在战争结束之前,旗手绝不会把钱还给士兵……由于知道他们的财物在旗帜旁边,所以他们必须倍加小心,更加顽强地保护它。(*AW* V 104 - 105)

最后,法布里奇奥指出了那些立功受奖者如何庄重地向亲朋好友们夸耀他们的奖品,由此强调:对公共财富的公开敬重和对私人财富的蔑视,在实践中都会带来相当多的私人财富,因为人们都将其战利品带回家。

4. 罚与赏

即使井井有条的秩序也还是不够的。必须强化遵守秩序的法律,并且这种“强化必须苛刻、严厉,执行者必须非常严格”。法布里奇奥提出了一系列制约军营和战斗生活的准则。他指出,破坏这些准则的个人应受到惩罚,并补充说,在罗马人那里,当一群人受责时,采取的是杀一儆十的可怕方式,所以,“即便不是人人都受到惩罚,也是人人都望而生畏。”。然而,由于想要“赏罚并用”,法布里奇奥还列出了那些应予奖赏的行为。除了从别人那里得到“荣耀和名声”之外,有过这种行为的士兵还会得到上述奖赏,并将其展示给亲朋好友(*AW* VI 114 - 115)。正如在战斗中一样,在一般训练中,对死亡和惩罚的畏惧以及对奖赏的渴望,几乎也是头等重要的大事。

严格的纪律以及其他激励士兵的手段表明,法布里奇奥不指望爱国主义奉献,而是似乎规定了种种手段,以达到几乎完美地控制士兵的目的,这种控制有时残忍,有时巧妙,还有时是两者兼而有之。因为就像法布里奇奥推荐的罗马人那种“杀一儆十”的做法那样,甚至/尤其最严格的措施也有其巧妙的一面。上司用来进行这种控制和操纵的手段,要求比任何佛罗伦萨将帅或专员曾经行使过的手段更有权威。因此，人们肯定要问，谁将最终对这些士兵的服从有支配权呢？对这一问题的思考表明，《战争的技艺》远不只是为佛罗伦萨提供清规戒律，而是触及了军政关系的神经。

5. 何以使得优秀将帅俯首听命？

如果说主要是将帅使普通士兵俯首听命，那么又是谁或者什么使将帅俯首听命呢？如果他对士兵的控制给他带来了战斗的胜利，那么他就可能成为政治权威的一个巨大隐患。因为他的成功使他在士兵中获得了声誉，因此与其说他害怕共和国或君王的政治官员，毋宁说他们更害怕他。在此，将帅面临一个巨大的危险——或者说一个巨大的机会。马基雅维里在《论李维》和《君主论》中对这一问题做了透彻论述，而在《战争的技艺》中，他或者说他的法布里奇奥几乎没有谈到这一点。因此完全可以得出这样的结论，即马基雅维里认为，为了解决民事与军事秩序和权威间的关系这个棘手问题，我们所需要的只是几个好人。也就是说，在成功的将帅与他对政治权力的摄取之间，似乎除了将帅的道德善良之外，再无其他障碍。像西庇阿和马塞留斯这样的善良而又能干之人应得到褒奖，而像凯撒和庞培这样仅仅能干之人，则似应受到蔑视。另外，马基雅维里在其他著作中还提出，荣耀和荣誉没有诸如恐惧、利益和野心之类低级需要的任何污点（关于该书中的三种"野心"，参见 AW I 58，II 29，VII 239）。人们可能会认为，并且很大程度上似乎是我们有意认为，荣誉和荣耀在《战争的技艺》中乃是最高的善，是道德善良的顶上皇冠。不过即使在这里，马基雅维里也玩弄起了他的欲擒故纵把戏。

从《论李维》和《君主论》提供的有利位置出发，可有助于看清这出把戏。尽管《论李维》曾无数次指出，将帅之所以服从，乃是因为他们在道德上是善的，但在早期还形成了另外一种观点。马基雅维里在对忘恩负义（这实际上是关于将帅的成功提出的问题的）的论述结尾处说，它应该：

> 遵行罗马共和国的方式，如此方可做到不像其他地方那样忘恩负义。此乃罗马的统治方式使然。既然整个城邦，无论贵

族平民,悉数参与征战,各个年龄的人中间涌现出许多俊贤,其荣耀来自于不同的胜利,人民便没有理由害怕他们中间的任何一个人,因为他们人数众多且相互扶持。(D I 30.2)

罗马通过"其统治方式"而使将帅保持善良,这种统治方式的基础,是一名将帅对过去与未来许多提防他的将帅怀有的恐惧。马基雅维里的意思并不是说,道德善良或对共同福祉的责任感使得将帅被别人控制。由于其他人知道他害怕,所以他们不会怀疑他企图剥夺他们的安全和财富;由于他们不怀疑他,所以他不遭受或畏惧来自他的市民的忘恩负义。

　　然而,当地方行政官对他的恐惧最终大于他对他们的恐惧的时候,到底会发生什么呢? 上司们必然会不领情,他们必须要惩罚而不是奖赏成功的将帅,剥夺他的名誉和权力,因为他们害怕他篡国。[158] 当将帅预见到这种必然性时,他将有如何行动呢? 他会耐心忍受城市的忘恩负义吗? 马基雅维里对公国中的将帅提出了残忍的建议:他必须夺取必然忘恩负义的君王的国家。除此之外,实际上还有两种选择。一种是开始时不锋芒毕露,从而不去赢得这种声誉。这种建议从未被提出过,[159]这不足为奇。另一种是谨言慎行,在获得巨大声誉后不引起怀疑或妒忌。马基雅维里公开指出,这种选择对于公国的将帅来说是不可能的。至于共和国中的成功将帅,他几乎使人认识到,将帅必须该出手时就出手,以免遭忘恩负义之苦——西庇阿和卡米卢斯曾遭此累(见 D I 29;参见 D III 22,23),而凯撒对此则先发制人,予以报复。凯撒在道德上不比西庇阿低下,因为他在当时罗马的腐败环境下,做了他必须做的事;他甚至在审慎方面比西庇阿还高明,因为他为了免遭罗马的忘恩负义,而做了他必须做的事(D I 29 - 30;参见 D I 10,17,29,37,II 6,III 22 - 25)。

---

[158] 参见 Machiavelli, *Dell' Ingratitudeine*, in Tutte le opere, ed. Mario Martelli (Firenze: Sansoni, 1992), 980 - 983, 尤其是第 116 - 124,146 - 154 行;关于感恩或道德对政治的重要性,见 Aristotle, *Nicomachean Ethics* V 6 - 7; Xenophon, *Education of Cyrus* I ii 6.

[159] 对比 Shakespeare, *Antony and Cleopatra* III i.

　　同样，马基雅维里在《君主论》中给细心的读者以这样的期望，即通过推翻共和国政府而篡国夺权并犯下其他不道德行为的将帅，应该受到谴责。他在对阿加索科勒斯的论述中，首先把卓越将帅与卓越之人对立起来，使读者做出前者不如后者的推论，然后模糊并最终消除了这种区分所由以立足的原则。简而言之，他先是说，阿加索科勒斯这个有着非凡"身心美德"的人不可否认地是一位卓越的将帅，但是，由于他的罪行和"野蛮残酷及不人道"，仍然不能"位列最卓越之人而受到赞美"（P 8.35），因为阿加索科勒斯曾动用军队屠杀市民领袖，从共和国政府夺取了统治权力。阿加索科勒斯明显缺乏美德，这似乎排除了他获得卓越之人荣耀的可能性。但接下来，马基雅维里又饶恕了阿加索科勒斯的残忍、善用残忍、不人道和犯罪行为。因为在同一章，阿加索科勒斯成了"善用"残忍的典范，并且马基雅维里还详细描述了被善用的残忍的各种好处（P 8.37 – 38）。再后来，《君主论》同样将汉尼拔这位最卓越之人描绘成了犯下野蛮残忍行径的样子（P 17.67 – 68；参见 D III19 – 21）。最后，至于那些使阿加索科勒斯难以被看作卓越之人的罪行，罪恶暴君塞维卢斯的例子说明，一个人可以不管并依靠其罪行而获得荣耀（P 19.78 – 79）。卓越将帅和卓越之人的区别并非一成不变的。

　　按照《论李维》和《君主论》中这些例子的教诲，我们可以看到，《战争的技艺》中有许多迹象表明，对政治权威的服从不过是一种暂时的善，马基雅维里念念不忘的是将帅篡国的可能性。《君主论》中卓越将帅与卓越之人间的对立，同《战争的技艺》中仅仅浪得虚名的能干之人与不仅能干且善良之人间的区分是一致的。要弄清这一点，需再次思考法布里奇奥在卷一中说的下述一番话：

　　　　依我看，庞培和凯撒，以及最后一次迦太基战争之后罗马的几乎所有将帅，都是作为具有才干之人而不是优秀之人博得声名，而他们之前的那些将帅，则是作为具有才干，又具有优秀品质之人获得荣耀的。这是因为，后者没有把从事战争作为职业，而前者则是以其为职业。【67】当共和国国泰民安时，任何伟大的公民，大概都不曾利用和平，通过这种行当去触犯律法、四处劫掠、篡国夺权、施行暴政，以各种方式牟取利益。
（*AW* I 65 - 67）

法布里奇奥没有指出任何同这种或那种赞美相一致的行为，而只
是提到了人们在寻求这种或那种赞美时需要遵循——或者改
变——的界限。更有甚者，为什么所有能干之人在某一特定时刻前
是善良之辈，而在那之后却不是了呢？对此我们依然迷惑不解。
但是，就像我们业已看到的那样，使得将帅一直成为共和国"善人"
的东西，是对虎视眈眈的同僚的恐惧（*D* I 30），而非道德善良。法
布里奇奥谨慎地不排除这种可能性。同样，他在对话结尾处提到
凯撒时的谨慎口吻，也让人想到了《君主论》中关于阿加索科勒斯
的那一段话。关于凯撒和亚历山大，他这样说道：

> 若是说他们或他们中的部分人，有的可能被指责为过于有
> 统治野心，那么在他们身上，却决不会发现有一点懦弱，或是
> 任何使人脆弱、胆怯的东西可供指责。如果这些君主们了解并
> 相信这些事情，他们就不可能不改变他们的生活方式，他们国
> 家的命运就不可能不发生改变。（*AW* VII 239 - 240，斜体为
> 译者所加）

他不仅通过引文中的三处斜体字，使他过去对凯撒的明显指责变
得模棱两可，并且将凯撒和亚历山大大帝相提并论，共同作为当代
人效仿的主要典范。最后，在对战功的奖赏的关键上下文中，还忽
视了名声与荣耀的区分（在此基础上，对凯撒和庞培的赞美有别于
对西庇阿和马塞卢斯的赞美）（*AW* VI 115，参见 *D* II pr. 1）。总
之，尤其是根据《论李维》和《君主论》，这些论点使得法布里奇奥对
"糟糕的"将帅的评价及评价基础复杂化了。
　　至于现代的典范，法布里奇奥三次提到了马基雅维里所钟爱的
雇佣兵将帅法兰西斯科·斯福尔扎，他曾从其君王手中夺取了国
家。斯福尔扎被说成是已经进入了"高尚的邪恶"境界（*AW* I 62）。
在法布里奇奥对斯福尔扎和那些没能夺取国家的雇佣兵将帅所做
的有利比较中，他表面上的责骂难以掩盖那种骨子里的钦佩。然

而，更加重要——如果不是最重要的话——的一个现代典范，是法布里奇奥本人。他一方面公开承认，把他的忠告付诸实践的唯一途径是成为君王；同时，他为没有成为君王所找的借口，又不是像人们通常期望的那样，认为有德之人绝不应有此非分之想，而是获得手下部队忠诚的逻辑障碍，并引下述事实为据，即军队是外国的，效忠于另一个国家，并且他甚至不会说他们的语言。换言之，如果他第一步让手下部队依然服从他，那么他要采取的第二步，可能就是从他的君王手里夺取国家。其次，他说，由于年龄之故，他怀疑自己还会有机会去做他梦寐以求的事情，从而再次提出了这种可能，即如果可以克服年龄障碍，他可能会采取夺取国家所必需的第二步。后来，他依然沉浸于自己在为对话者上演的模拟战中取得的胜利，显示出他非常渴望有机会不是只作为光杆司令纸上谈兵，而是真刀实枪地去干。最后，他在谈到需要休整的疲惫之师、而他本人首当其冲时提到，其首领应是"君王"（*AW* VII 210，VII 246，III 98，V 83）。这不禁令人对他为何不曾把自己所说的军事转变付诸实践所找的托辞，提出了质疑。

法布里奇奥企图为他一方面指责现代人不效仿古人、同时自己又言行不一而受到的指责进行辩护。他在辩护（或者像他说的那样，托辞）中声称，一个人必须尽力为这种事业做准备，以便当机会来临时立刻动手；同时他又指出，为了不被人觉察，做这种准备时必须非常谨慎（*AW* 39 - 40）。可见，法布里奇奥在他急于为自己脱卸疏忽或虚伪之责时，几乎是承认他一直在等待"机会"。当科西莫——他尚未领会或装作尚未领会此处所说的"机会"就是成为君王——稍加追问时，法布里奇奥说道：

> 我知道你会怀疑时机是否已经到来，所以，若是你能耐心听我唠叨的话，我想详尽论述事先必须做何准备，必须有何种时机，何种困难会妨碍这些准备徒劳无用、妨碍机会出现，以及立刻做这件事情如何很难又很容易，尽管这话似乎自相矛盾。（*AW* I 44）。

如前所述，法布里奇奥公开承认，把他的忠告付诸实践的途径是成为君王。不是君王乃是妨碍他的首要"难题"。在上述有关挑选部队的方式的讨论中,对君王权威的需要也浮上了台面。最后,法布里奇奥在对话的结语中挑明了他一直得心应手地使用的一些词语的意思:上述引文中提到的"准备",是他在前述军事规定中展露出来的反思;他寻求或等待的"机会",是成为君王;妨碍他引进军事改革的首要"难题",是缺少一个公国(AW VII 240 - 241)。

对于君王来说,预防战争对政治的这种颠覆的唯一途径是未雨绸缪,亲自成为成功的将帅,而不是设法控制他们。正在拓展疆域的共和国也可以通过把战争引向别国而先发制人,但却不能完全阻止这种颠覆,因为它们在军事上的巨大成功,将必然导致凯撒们的崛起(D III 24)。《战争的技艺》指向了另一条途径,《论李维》对此做了更充分的论述。

三、马基雅维里的目标

《战争的技艺》的前言和卷一的开篇,是马基雅维里在该书中唯一以自己的声音说话的地方。它们表明了该书的特定目标,并指出这一目标如何适合他的整个事业,就像在《君主论》和《论李维》中所做的那样。

马基雅维里在前言中提出了市民生活与军人生活的不相似或说不和谐这一问题,并提出了根据古代的方式和过去的美德,对目前的军事进行改革这样的对策。由此可以推断,一切都取决于这些占主导地位的市民生活,通过使军人生活更像市民生活,将会带来更大的统一。从该书提出的最基本的实际改革是要用由市民或臣民组成的士兵取代雇佣兵这个意义上说,这种推论是正确的。但是,马基雅维里在前言本身并没有指出问题的这一实际方面及其对策;他甚至根本没有说明这两种生活的不统一会成其为问题的理由。

进一步的观察表明,在前言及整部著作中呼声更高的军事改革得以进行之前或同时,必须进行根本的思想或精神改革。要理解他的前言就必须认识到,马基雅维里不仅仅是把关于军人生活和市民生活的观念看作是这两种生活本身的特征。更确切地说,他在前言中的论点的连贯性,最终取决于一种莫名其妙地未加解释的主张,即非军人持有一些使他们逃离并仇恨军人的"恶念"。

马基雅维里一开始就陈述了这样一种"许多人一直且仍然持有"的观念,即军人生活和市民生活如何格格不入,以及它们如何不相似。军人从市民方式的逃离,乃是这种观点的一个现实例证。像士兵那样向往成功事业的年轻人,不相信自己若是像市民那样生活的话,会显得凶暴、有阳刚气和令人望而生畏。所以他们从市民生活变到了军人生活,从衣着打扮到言谈话语,一切的一切都变了。马基雅维里以一个令人困惑的主张——这种处境使得有关两种生活不相似的观点"非常真实"——结束了这个长句子。但是,"这种"处境的哪个方面使得这一观念真实呢?两种生活不相似的原因是什么?可以推定,是积极上进的士兵的行动导致了这种不相似。但是人们一定会想到,他们首先是因为相信这两种生活不相似才采取行动的。所以问题就出来了:积极上进的士兵关于两种生活不和谐的观念正确吗?如果正确,那么其原因是什么?

马基雅维里还声称,军人生活和市民生活在古代是统一的,但没有确切说明统一于什么或者说有什么令人可取之处。这种统一是对防卫的"必要性"的认识所要求的。他说,如果在某个"其他阶层"中,古人"为了让人们忠诚、平和及充满对神的畏惧而不遗余力,那么在军队中会倍加如此"(AW pr. 5)。任何别的阶层都不如军队这样受到关注。马基雅维里在提出除军人阶层之外的"其他阶层"这一问题的同时还问道——不仅是出于修辞的需要——何人会比热爱和平者更忠诚,何人会比士兵更畏惧神。马基雅维里留待读者来回答这个问题。在马基雅维里时代,人们期望何人及何种阶层比包括军人及其阶层在内的任何其他阶层更充满忠诚、更热爱和平以及更畏惧神?答案是教士和僧侣。我们由此断定,现代人把军人阶层和宗教阶层割裂开了,并且据我推测,是前者服从后者。但古人却都不是这样做的。在古代,市民生活和军人生活的统一,可能仰赖于宗教生活对军人生活的服从。不管何以如此,马基雅维里都不露声色但显而易见地把僧侣和军人作为了同等探讨对象。⑱但是,这种探讨在哪里适合马基雅维里更一般的政治分析呢?

马基雅维里的政治分析很大程度上是围绕他对"两种情绪"——一是人民只贪图安逸的情绪,二是大人物统治人民的情绪($P\ 9.39$;$D\ I\ 5.2$)——的理解而展开的。但是,关于教士属于哪种情绪、士兵又属于哪种情绪的问题,却直到这两个阶层之一比人民或大人物拥有更大势力或权威时才出现。马基雅维里在《君主论》中对后来出现的情况做了解释,并从中对公国中的士兵问题做了讨论。当士兵成了一种根深蒂固、足够强大的"情绪"、"第三问题"或者"非常力量"——像马基雅维里对它们的不同称谓那样——时,他们立刻就成了需要加以警惕的力量($P\ 19.76,77$),因为君王能够而且必须以牺牲人民和大人物为代价来满足他们。《佛罗伦萨史》也使用了"非常势力"这个词,但指的是教会及其教士,认为他们使得意大利糟糕透顶。可见,教士和战士,即非武装人员和武装人员,要竞争这个第三势力的地位。⑲鉴于当时占统治地位的信仰,教士似乎将会在"这些时候"取得这种地位,并把士兵降低到被雇佣者地位,后者根据他们达成的协定是不会开战的($FH\ V\ 1$;$I\ 39$)。

马基雅维里在《战争的技艺》序言中宣称,对防卫的必要性的认识,导致——他没有说明是以什么方式——对市民生活和军人生活的统一的必要性的认识。他断言,这种统一在古代是由立法者和军事教官完成的。但是,假使这两种人只代表市民阶层和军人阶层——尽管是在高级层次上——的一种特殊情况,那么,他们在古代相一致的根源依然含糊不清。也许这些阶层中的一个明显服

---

⑱　参见 Leo Strauss, Thoughts on machiavelli (Chicago:university of Chicago Press, 1958), 184.

⑲　关于这种竞争的有关例证,见 *Decennale promo*, in Tutte le opere, 943;也见于 Francesco Guicciardini, *History of Italy*, trans. Sidney Alexander (Princeton: Princeton University Press, 1969, 139; cf. Machiavelli, *The Life of Castracani of Lucca*, in Machiavelli, *The Chieif Works and Others*, vol. 2, trans. Allan Gilbert (Durham: Duke University Press, 1989), 535; cf. also "Fabrizio Colonna", in *Dizionario biografico degli italiani*, vol. 27 (Rome: Instituto della Enciclopedia Italiana, 1982), 288-289.

从于另一个,也许还有一个更高级、更广泛的阶层,譬如像(马基雅维里在卷一开头提到的)诗篇所提供的那种,它通过传授关于最重大问题的共同看法,保证了立法者和军事教官的统一。无论如何,立法者和军事教官的统一活动逐渐灌输给市民一种对士兵的尊重,这是"这些时候"所非常缺乏的。由于军人阶层的腐败以及同古代方式的脱离,"这些关于他们的恶念已经出现,使得[人们]仇恨军人,不屑于与从军者为伍。"在序言开头,马基雅维里让读者注意的是积极上进的士兵的观念,那使得他们对市民生活感到憎恶,如今,他又把读者的注意力引向了市民的观念,那使得他们对军队及其士兵产生反感。马基雅维里到底倾向于谁的"恶念"呢?它们和市民对军队的仇恨截然不同,因为这种仇恨本身就是恶念的结果。他指的也不是上述积极上进的士兵的观念,因为他们的观念是关于市民生活以及这种生活不适于让他们为所欲为的。他也不可能是在借此含蓄地批评积极上进的士兵的欲望,因为这些欲望后来在该书——更不用说在他的其他著作中了——都获得了明确认可,或是被含蓄地接受。

当然,在马基雅维里时代的佛罗伦萨、意大利和欧洲,流行着许多有影响的观念,对此他或许一直在提及。但是,《战争的技艺》唯一在别处使用"恶念"这个暗示性的词以及《论李维》唯一一次使用该词时,都指出基督教乃是恶念的渊薮,并指明了马基雅维里写作《战争的技艺》的目标的性质和范围。[76]《战争的技艺》第二次使用"恶念"是在卷四,为了回答战前动员通过何种方式可以劝阻逃兵的问题,马基雅维里断言:

> 说服或劝阻少数人不去做什么事很容易,因为如果说话不管用,你还可动用权威和武力。但是,困难在于打消大批人的恶念,这种恶念也是要么与共同福祉背道而驰,要么同你的想法南辕北辙。在那种情况下,一个人只能发表演说,让每个人都听到,以图让他们全都回心转意。(*AW* IV 137)

---

76 参见 *AW* VI 207;Marsillius of Padua's use of "opinio perversa", *Defender of the Peace* I 1.3。

上下文表明,就像第一次在序言中提到时那样,这是一个生死攸关的问题:如何让逃兵战斗。引人注目的是,法布里奇奥——甚或马基雅维里——似乎以为,仅仅通过言语做到这点是可能的(参见 *D* II 15.1;*FH* III 27)。[60] 马基雅维里为自己确立的任务开始成为焦点:用一种符合共同福祉的全新观念,取代当前"多数人"的恶念。

可以对多数人说的话显然有别于可以对少数人使用的权力和压力,也含蓄地不同于可以对少数人说的话。什么东西使得多数人不愿意或者不能听从某些话,他们听从的又是什么话呢?似乎法布里奇奥只是在附和古代政治哲学家的主张,即多数人永远无法有哲学头脑,[62]但这里强调的是言语如何能改变多数人的观念,并使之符合某种别的观念,而不是如何使多数人具备哲学头脑,并引导他们努力用知识取代他们的观念。尽管马基雅维里笔下的法布里奇奥指出,他的革新是为了共同福祉,但他看上去既不站在马基雅维里的前辈——他们认为多数人永远不能具备哲学头脑——的立场上,也不站在其后继者——他们认为对多数人的启蒙乃是一个合情合理的目标——的立场上。

《论李维》中的类似一段话,清楚地说明了为什么马基雅维里认为要改变多数人的观念会如此艰难:

> 我不知道自己能否涉足于一片充满艰难险阻的领域,它也许会让我自讨没趣,或为坚持己见而备受非难,因为我要捍卫的事情,受到作家众口一词的谴责。不过,我不认为,并且永远不会认为,在个人见解上据理力争,不借助于权力或暴力,这样做有什么不对。(*D* I 58[中译文见冯克利译《论李维》第193页,上海人民出版社,2005。——中译注])

他要加以辩护的观念注重群众的坚定性。人民或多数人之与众不同的特征在于,他们"一旦开始胆战心惊地接受一种观念,就

---

⑥①　参见 Xenophon, *Education of Cyrus* III 49–55。

⑥②　见 Plato, *Republic* 493a。

会数百年保持不变"（*D* I 58.3【中译文参见冯克利译《论李维》第
193 页，上海人民出版社，2005——中译者】）。这种长期胆战心惊
地持有某种观念的倾向，使得人民成了道德的监护人，但也使得他
们非常难以被说服。如果有人想改变同那种道德相悖的东西，那
他必须小心行事了。如果有人想改变那种道德本身，则最好是委
托别人来做（*D* II 前言 3）。一旦多数人持有某种观念，他们就会抓
住不放，而不管这种观念是为了他们自己的利益，为了共同福祉，
还是符合最精明者的观念。

但是，马基雅维里想要改变的是民意的哪个具体方面呢？只要
看一看"恶念"在《论李维》中的唯一一次使用情况，即可顺藤摸瓜
找到答案。这次使用是和刚刚总结过的《战争的技艺》卷四的一段
话紧紧联在一起的。在两段话之间的联系线索，是《论李维》赋予
曼利乌斯·卡皮托努斯的突出地位。

在《论李维》中，曼利乌斯被说成是在平民中播撒"各种恶念"
之人（*D* I 81）。马基雅维里只讨论了这些观念中的一个，即曼利乌
斯谎称有一笔本应属于平民的财宝被私人侵吞了。"这些话在平
民中能很管用。"但是，元老院利用其完善的检控程序，迫使曼利乌
斯当众证实他的说法只是个人一孔之见，从而消除了他的影响。
我们在《论李维》后面发现，人民判处曼利乌斯死刑后，马上又渴望
他起死回生（*D* III 8）。马基雅维里是在一个非凡时刻，来叙述人民
热切希望一个曾对其忠实追随者许下巨额空头支票的人复活这个
实例。这个时刻就是上面讨论过的那段话的开头。马基雅维里
在那段话里指出，人民每次都倾向于保持某种观念数百年不变。
其他还有何人曾经散布虽无法证实、但被渴望他起死回生的人民
坚持"数百年"的观念，说在无法接近的某个地方有一笔财富，可以
由平民中那些站在他和他的代理者们一边而与大人物为敌的人享
受呢？马基雅维里企图消除和取代的"恶念"，就是对《福音书》的
故事和允诺的信仰。要阻止士兵们——它们由于高级教士们的许
诺和威胁之故，既过于害怕又不够害怕——的轻率逃亡，就需要消
除这种信仰。只有当它被消除后，才能把在"第三势力"中根深蒂
固的教士赶出他们的战壕。

1. 西方的腐化

《战争的技艺》卷二将要结尾处是关于"文明的碰撞"的描述，以及马基雅维里对基督教最坦率的批评之一——尽管是借他的将帅法布里奇奥之口。科西莫对法布里奇奥说，"这些卑鄙行径和混乱无序，以及对这种训练的如此疏忽怠慢皆因何而起呢？……我很想听听您的高见"（*AW* II 283）。法布里奇奥对此做了长篇回应，声称：当许多统治者或皇帝相互使对方畏惧奴役和死亡，致使每个国家都被迫给战功卓著者以荣誉时，就会产生优秀的将帅。但是，基督教使人们不再有那种畏惧，从而破坏了这种荣誉。法布里奇奥说，"由于基督教之故，今天的生活方式并不像古代那样，迫使人们必须去捍卫自己。"在古代，被征服者不是被杀死，就是沦为悲惨的奴隶，而财物被劫掠、居民被驱散的城镇，则被夷为平地，"致使被征服者的境地之悲惨无以复加。"法布里奇奥指出，基督教的仁慈接近了问题的根本，因为这些恐怖都不再降临被征服者头上，"赎金于是成为可令人担忧的最大罪恶。"因为不"担心最终毁灭"，人们便"不会为了逃避这种不足挂齿的危险，而甘愿把自己交给军事制度，并在这种制度下苦苦挣扎"（*AW* II 305 - 309）。法布里奇奥在同一段话中再次谈到人们"用赎金赎回自己"，让人想到了基督表现出来的那种最大仁慈——他为了赎救自己的信众逃脱死亡，不惜奉献自身。⑱尘世的死亡不再是"最后的磨难"或"最终的毁灭"。基督教使人不再有有益的尘世恐惧，从而使世界永远处于一种软弱状态。

然而，基督教仍然是罗马的腐化以及最终无力产生优秀将帅的唯一近因。罗马人的腐化乃是其军事成功的一个必然结果。战争的胜利让他们再也无需担心强大的邻国，这乃是"使得世界软弱无力"的近因背后的最终原因（*D* II 2.2）。

马基雅维里由此指出，若要结束腐化，西方必须回归（或接近）这样一种状态，让大量共和国和公国相互竞争，如此一来，每个国家便都会出于本质上世俗的恐惧，去奖赏美德以及最具备美德的将帅。这种体制将会和那种由雇佣兵冲锋陷阵、由教士充当掮客

---

⑱　参见 Mark 10:45.

的类似战争体制具有天壤之别。这同那些向往有许多共和国——它们都充满对"共同"福祉的无私之爱——的人文主义者所寻求的"复兴"貌合神离,因为一个不腐化的西方须以自爱为基础,这种自爱的动力在下来自身体的恐惧,在上则来自对战争荣耀的向往。然而,怎样才能实现这种不腐化的西方呢?唯一可供选择的办法,似乎是从精神或思想方面祛除基督教本身。但是,有什么证据证明马基雅维里的志向如此高远呢?要回答这一问题,我们首先必须懂得,对马基雅维里来说天主教是如何类似于亚洲的,因为法布里奇奥是率军向东方征战的。

"亚洲"起着腐化标准的作用:"有德之人在欧洲像在亚洲那样少,其根源即在于此。"亚洲出现的有德之人之所以屈指可数,乃是因为"该地区全部屈服于一个王国,由于〔亚洲地区〕过于庞大,由于〔王国〕多数时间无所事事,不思进取,故它不能缔造成就大业者"。而欧洲在腐化之前,却"独有一些王国和数不胜数的共和国"。因此,"许多英勇之人应运而生"(AW II 283 及以后)。但这并不意味着亚洲的君王或暴君没有士兵,恰好相反,每个亚洲国王身边都有众多士兵,而他的人民依然手无寸铁。确实,当法布里奇奥向罪恶暴君塞维卢斯进言,教他如何使其暴政更长久时,他引为楷模的人正是亚述国王。亚述王不仅没有把他的人民武装起来(像塞维卢斯在屋大维和提比略的功劳基础上所做的那样〔AW I 87〕),而且总是把他的将帅在各地轮流调换,这样,他们对他的依附就会远胜于士兵对他们的依附。若是塞维卢斯在这方面更像亚洲人,那么他在挑选继任者的时候,便可借此给元老院更多权力。若是塞维卢斯做出了适当调整,人民也不会更加受到轻视,士兵也不会有更多不满。但是,若是这样做了,他将会为暴政创建一个选举框架,并且几乎是宪法性的框架。

同他向往的那种积极进取的国家形成对比,马基雅维里看到的是一个百病缠身、腐化堕落的意大利,它的疾病乃是受到一种无处不在的精神状态感染的多种暂时状态的产物。所以,正是由于在西方的多样性中存在亚洲的统一性,使得西方如此长期以来一直相形见绌。但是,这种结合或许也提供了一种模式,马基雅维里不仅借此模式形成了自己的世俗军队,也形成了自己的精神大军。

　　马基雅维里在《战争的技艺》卷一的开篇部分，宣布了一个要在他死后出版的《论李维》和《君主论》中实现（他会说是"执行"）的文明改革方案。首先，马基雅维里在《战争的技艺》中注意到了写作如何有助于人们克服命运在自己前进道路上设置的障碍。其次，表明该书最广泛的论题是如何在腐化的年代引进改革，以及这些改革的特征应该是什么。最后，马基雅维里指出，他本人参加了这个改革方案的制定，拟定了该方案的性质。马基雅维里对自己的活动和处境同开篇部分仅有的其他几个人物——即科西莫、伯纳多（科西莫的祖父）和法布里奇奥——的活动和处境做了比较，从而完成了这些任务。

2. 马基雅维里和科西莫：写作

　　马基雅维里和科西莫的相似之处说明，马基雅维里企图通过写作来战胜或逃避命运。马基雅维里把自己描绘成一个尽管不像战士那样精通战事、但仍决定就战争著书立说的人。他在前言结束后接着对科西莫加以颂扬，称科西莫是一个尽管不像情人那样懂得爱情、但仍决定就爱情写作的人。他在前言中称自己写作乃是为了不虚度光阴。在对科西莫的颂词中，他也用完全同样的方式和词语对科西莫做了描绘。最后，马基雅维里在前言中不同意其他人对他的作品的反应，并把作品交由洛伦佐·迪·菲利波·斯特罗齐评判。而在颂词中，马基雅维里把科西莫从未做过的事情同科西莫从未写过的话做了对比，并说我们可通过后者来判断科西莫的价值。⁷⁶⁴ 正如人们可以有意地或巧妙地做出那种偶然发生在法比乌斯·马克西穆斯身上的事情一样（AW IV 129），人们也可以蓄意做出偶然发生在科西莫身上的事情。通过把作品留由死后被人解释，马基雅维里可以有意逃避科西莫以同样方式偶然逃避的命运。马基雅维里和科西莫的惊人相似表明，马基雅维里企图借助他死后出版的著述逃脱命运，一如科西莫借助他死后出版的著述所做的那样。但是如何来做？其目的何在呢？

---

⑳　参见 1527 年 4 月 16 日给 Francesco Vettori 的信。

3. 伯纳多与法布里奇奥：古代的改革方式

伯纳多和法布里奇奥的相似，指出了人们应如何引进他们的腐化年代所需要的改革以及改革的性质。伯纳多和法布里奇奥都受到了未能进行改革的指责，而其各自的辩护者声称，他们对这种改革都热切期盼，都希望按照古代方式进行改革。可见，他们都是以古代为引导，热情有余而成事不足的改革者。

法布里奇奥本人就指责伯纳多。法布里奇奥被伯纳多的孙子科西莫安排在他花园里"最隐秘最阴凉之处"落座后，似乎对他周围的环境迷惑不解，尤其是对那些投下荫凉，至少让部分参加讨论的人能够乘凉的树木感到迷惑。科西莫解答了法布里奇奥的明显困惑，告诉他"有些树种在古人中更受欢迎，今日已不多见了"。马基雅维里然后给我们传达了这样的信息，即科西莫告诉了法布里奇奥古树的名字，以及他的祖父如何"为栽培它们呕心沥血"。法布里奇奥回应说，"我是在想，您说的也许是对的；如今这个地方，这门学问，让我想起了王国的几位君王，他们都喜爱这些古代栽培和荫凉。"（*AW* I 15）。"王国"乃是那不勒斯王国的习惯叫法，而法布里奇奥是那里的几座城镇——其中最有名的是塔戈利亚科佐——的领主。那不勒斯王国朝廷（尤其是在阿方索［1442—1458］统治下，但也包括其后继者统治时期）已经因其重视人文主义研究而闻名于世。因此，即将进行的会话将会在当代人文主义者培育的荫凉下进行。

但是，在稍作停顿进行反思，并继而表示他无意以接下来对科西莫祖父的指责冒犯任何人之后，法布里奇奥继续说道：

> 若是他们曾经身体力行，征得每个人的同意，设法效仿古人，欣赏坚实粗犷而非松软精致的东西，效仿他们在阳光下而非在荫凉下做事，采纳真实、完美的古代方式，而不是虚伪、腐朽的古代方式，那该多好啊！（*AW* I 17）

法布里奇奥在对真实、完美的古代与虚伪、腐化的古代做最后区分之前，似乎是在暗示伯纳多试图以一般的"古人"为典范，把他们值得选择的因素割裂开来，而把其他因素置之脑后，譬如，把他们强

壮的东西与脆弱的东西割裂开并选择前者。但是,一旦做了最后
的区分便立即昭然若揭的是,有两种不同的古代,所以改革者将会
有把握地采取真实、完美的古代的全部东西,而放弃虚伪、腐化的
古代的东西。伯纳多却似乎是选择了错误的古代。

　　然而,哪种古代是正确的呢? 法布里奇奥补充说:"这些研习
博得了罗马人的欢笑,却使我的祖国走向了毁灭"(*AW* I 17)。可
见,罗马人至少曾经代表了真实、完美的古代,所以,寻求同他们相
似乃是适当之举。难道不是这样吗? 因为法布里奇奥连同他们的
腐化和毁灭一起介绍了他所选择的罗马人。《佛罗伦萨史》中的一
段话对罗马的毁灭做了阐述。马基雅维里在该书核心部分(*FH* V
1.185)讨论了世界事务的有序和无序的自然循环。有序自然导致
无序,无序反过来又导致有序。各地区,尤其是罗马人最终用以
"覆灭"的手段,是"哲学家"们所必需的"学问"和"闲暇",而年轻
人、特别是"罗马的年轻人"都对这些哲学家"钦佩"地趋之若鹜。
一般来说,一旦某个地区因这些手段而覆灭,便会立即出现新的秩
序,因为人们已经"从其痛苦中变得聪明起来"。正如哲学家及其
学问导致腐化、无序和覆灭那样,将帅及其军队则恢复秩序。因
此,"学问后于军队而来","将帅先于学问而生"(*FH* V 1.185)。
然而,在意大利却发生了某种不同寻常的事情,阻止了将会恢复秩
序的将帅的出现。这就是基督教,它在罗马军队打败了他们担忧
的所有对手之后,使得意大利一直积弱不振。而在《佛罗伦萨史》
中,偏偏只有基督教被称作是"不同寻常的势力"。

　　对马基雅维里来说,天主教和哲学,尤其和雅典哲学的一个分
支相似,也是紧随着军事权力强加的秩序而产生的。它在这一方
面似乎像是显而易见的哲学,因为它和哲学有着同样的起源,并使
哲学的政治—军事后果得以延伸和扩展。但它又和哲学不一样,
因为它最终不是引起了残酷的战争以及反过来恢复秩序和"统治
别人"的杰出将帅,而是既没有招致和平也没有招致战争。

　　　虽说各城邦经常不断以武力相互攻打,因而使这种局面不
　　能成为和平;但在这些武装冲突中,既无大批人死亡、又无很
　　多城市被抢劫,或统治权被推翻,因而也不能称为战争。这是

因为,这些战争已落到这步田地,以致战争开始时无人害怕,
继续进行也无危险,结束时无损失。在别的地区,美德往往因
长期的和平而丧失殆尽,在意大利则是因卑鄙无耻而扫除一光
(*FH* V 1.186[中译文参见李活译《佛罗伦萨史》第 232—233
页,商务印书馆,2005——中译者])。

"往往"扫除美德的一般途径本身被不同寻常的基督教势力扫除
了,这种事情不仅仅发生在意大利。循环的打断或停止本身就是
一个引人瞩目的事件,其本身而非别的什么事情就完全糟糕透顶。
也许最为引人瞩目的事情,是它已经被一种在主张方面、并且可能
在传播方面普遍适用的信念或观念所打断。既然存在一种普世观
念领域,或许这种普世观念能够被另一种观念取而代之,后者同时
还鼓励它要控制欲望——此乃许多共和国和公国之所以特殊的根
本所在。这让我们越出了《战争的技艺》的范围。但是,和在其他
情况下一样,法布里奇奥在这种情况下所说的话为马基雅维里自
己后来的话埋下了伏笔。既然如此,法布里奇奥的话就暗示着需
要对罗马加以改善,正如他把罗马引为楷模那样。

　　实际上的昔日罗马本身内部就有一定的腐化。昔日希腊的本
领之一就是善于欺骗,腐化就是通过它而实现的。当伯纳多和法
布里奇奥通过科西莫而相互指责和开脱时,这种罗马—希腊的循
环就在伯纳多和法布里奇奥的比较中终结了。伯纳多对过于粗糙
的古代的偏爱因属痴心妄想,而对当前的腐化起了推波助澜的作
用。科西莫声称,尽管伯纳多喜爱法布里奇奥所称颂的古代"生活
的粗糙",他也认识到,他或他的子孙对这种生活的效仿将使得他
们"名誉扫地,遭受恶语诽谤"。若要像希腊哲学家们那样为了智
慧而拒绝肉体,像斯巴达人那样让儿童少贪生怕死,以使他们残酷
无情、勇气倍增,或是像罗马人中的最简朴之士那样节制对财富的
欲望(*AW* I 25-27)——在如此腐化堕落的年代,要让人们对任何
一种或所有这些行为加以效仿,这种想法甚至连获得发言的机会
都是痴心妄想,如果人们像上面指出的那样避免希腊和罗马的循
环,这种想法也许在任何年代都是痴心妄想。就像这篇关于古典
美德的短文中没有论述正义一样,科西莫所认可的智慧、勇气和适

度,仅仅是狂乱的智慧、残忍的勇气和强迫的节制,这表明了马基雅维里对希腊哲学的批评。他们曾经有过机会,而且我们业已看到这种机会把世界带到了何处;不过,如果给他们的另一个翻版另外一次机会,我们可以推断,它还会故伎重演。另外,美德由于其自身的原因,在诸如伯纳多和法布里奇奥生活的这种年代并没有多少市场。

　　和伯纳多的苛刻方式相反,法布里奇奥提供了"更人道的方式"。他意欲引进和罗马共和国"相似"的方式:

　　　尊重和奖赏美德,不蔑视贫穷,敬重军纪的方式和秩序,强迫公民互爱,不结党营私,厚公薄私,以及其他诸如此类容易适合我们时代的东西。(AW I 33)。

如此说来,它们听起来似乎超越了(或不及)"公民人文主义理想"。但法布里奇奥并不认为它们是最佳方式,而仅仅是比人文主义者为了取代伯纳多比较粗糙的方式而退回到的那种高尚研习好一些的方式。他也说道,和伯纳多的方式一样,这些方式本身对于它们所投下的荫凉并没有多少用处:"无论谁安排那种事情,都会种下一些树木,他们在这些树荫下生活,比在"衰老的人文主义者投下的荫凉下生活"更幸福、更快乐"。因此他建议,他的人文主义方式可用来为某种别的东西提供掩护。

　　这些方式投下的荫凉掩盖了法布里奇奥的军队的完整特征。"公民"人文主义者布鲁尼以及马基雅维里在《论李维》和《君主论》中,都可以并且确实提出要"尊重军事纪律的方式和秩序"。但是,法布里奇奥的军队的军纪类型同布鲁尼建议的那种绝无相像之处,它是由一种对欲望——这种欲望同对公民人文主义者提倡的对共同福祉的奉献精神恰好相反——的强迫或巧妙操纵构成的。[76] 同样,在法布里奇奥的军队中,对私人事务的尊重的确不如公共事

[76]　Leonardo Bruni, *De militia*, in *The Humanism of Leonardo Bruni*. Gordon Griffiths Jsmrd Hankins, And David Thompson (Binhampton, N. Y. : Medieval and Renaissance Texts and Studies, 1987), 130, 144.

务,但仅仅是在工具意义上说是这样:所有士兵都保持其普通队形,以便更有把握地夺取赃物,供以后每个人分享。从该书唯一一次对"人性"的陈述中,可以看到这些方式比伯纳多的方式更有人性或者说更人道。对话开始许久以后,巴蒂斯塔对法布里奇奥说:"您真是大慈大悲,让我们可以随心所欲,而不必担心被认为自以为是,因为您要主动告诉我们羞于启齿的问题"(AW VI 233)。人类想要得到他们羞于开口的东西。拒绝给他们要求的东西、他们必须要求的东西是不人道的。法布里奇奥的建议允许甚至鼓励我们"随心所欲"。

法布里奇奥主张,说服智力正常的人接受这些方式并不难。就在这时,科西莫把讨论的焦点缩小到比较严格意义的军事问题上,说他将把这种说服工作是否像法布里奇奥声称的那样容易这一问题,留待以后评判(AW I 35)。在以后的对话中,我们依然不清楚这种说服工作是难是易,或者是否根本就不可能。如果法布里奇奥代表了马基雅维里本人,我们就可断定,马基雅维里意在让我们也来评判他的事业的难易和可能性。

4. 法布里奇奥和马基雅维里:作为青年导师的雇佣兵将帅

法布里奇奥和马基雅维里的相似让我们看到,马基雅维里改革的主要特征是对青年的教育。这种相似首先在《战争的技艺》开篇处即得到暗示:正如法布里奇奥将会抵制那些极少有人或没有人称颂、追随或效仿(在那种秩序下)的古代方式并寻求其他古代方式那样,马基雅维里也令人称许地指出,士兵在古代如何"受到其他人的称赞,并被竭力遵循和效仿"(AW pr. 8,斜体为译者所加)。更说明问题的是,法布里奇奥在该书结尾关于他本人及其活动的言论,显然暗指的是马基雅维里和他本人的活动,一如专论对外事务和战争的《论李维》的前言结尾处所描述的那样。对话以法布里奇奥向其对话者——对话从一开始就一直强调他们全都是青年人(AW I 4, I 6, I 11, I 47, III 5, IV 2, VII 246 - 249;参见 I 86, I 225)——提出建议而结束。他在这里抱怨老天和命运给了他改革其腐化年代的知识,却没有给他这样的能力。同样,在《论李维》中,马基雅维里注意到:

　　人心不足蛇吞象；从天性上说，人即使有能力获得一切，也有这样的欲望，可是命运却让他们所得无几。这会使人的头脑中不断产生不满，对已有的东西产生厌恶。这样一来，他们就会责怪现代、赞美古代、憧憬未来，即使这样做并没有合乎情理的原因。(D II pr. 3［中译文参见冯克利译《论李维》第207页，上海人民出版社，2005——中译者］)

马基雅维里仍然对他称颂古罗马时代而谴责自己的时代这种做法是否合理感到不解。他断言，这样做并非不合理，因为古人的美德和今人的恶行对每个人来说都是显而易见的。不过，马基雅维里在得出这一结论时，也和法布里奇奥一样把自己说成是被上天派来做时代的改革者，但由于命运之故却无能为力之人：

　　我将直抒胸臆，讲讲我所理解的这前后两个时代，使读到这些文章的年轻人，在命运给予他们时机时，能够摆脱后者，立志于效法前者。所谓做善事者，无非就是把因为时运不济而做不到的事情，传授予人，以待众人具备能力时，由他们总结最受上天垂爱的人着手完成。(D II pr. 3［中译文参见冯克利译《论李维》第207页，上海人民出版社，2005——中译者］)

《论李维》卷一的最后一章，即刚刚引用的这篇前言的前面一章，是以关于"少年"的讨论结束的(D I 60)。马基雅维里在该章中讨论了美德与希望获得荣誉奖赏的关系，以及——如果一个人像罗马那样(D I 6)把平民武装起来的话——在青年中满足这种希望的必要性。预知"长者的审慎"，即亚里士多德式的审慎⑩是必要的，以有利于让多数人选择一位杰出的青年人作为其将帅(D I 60)。马基雅维里把希望寄于年轻人对荣誉的向往上，这种荣誉需通过让多数人接受同马基雅维里在《论李维》和《君主论》中的教诲相符的观念和秩序来获得。对马基雅维里事业的成功而言，年轻人对荣誉的渴望，就像对年轻人自己一样是必要的。但是，正如法布里奇奥

⑩　Aristotle, *Nicomachean Ethics* VI viii 5 - 8.

模糊了荣誉的这种必然的，因而不高贵的特征那样，马基雅维里即便在教导有些年轻人一切皆受必然性主宰的同时，也列举了无数伟人成就大业的例子，以激励年轻人采取行动。就像甚或人不在而精神（*spirito*）却在的优秀将帅那样（*D* III 31.4），马基雅维里也企图控制未来年代的年轻人。

马基雅维里宣布了一支精神大军的来临，它不仅是壮大他的世俗军队的必要条件，也是打破上述有序和无序的自然循环，可以最终有利于每个人的共同利益的手段。

《佛罗伦萨史》中有一段论述这种自然循环的话，认为学问（即哲学或其基督教变体）乃是秩序井然的城市走向覆灭的罪魁。马基雅维里在这段话中还说道："只有无可厚非地耽迷于文字著作中最能腐化昂扬的尚武精神的力量；在一个井井有条的城市里，也只有懒散闲荡具有最大危险性和欺骗性（*inganno*）"（*FH* V 1.185［中译文参见李活译《佛罗伦萨史》第 231—232 页，商务印书馆，2005——中译者］）。法布里奇奥在《战争的技艺》中说，当人们向看不见但总是令人担忧的敌人行进时，"比在作战时承担着更多更大的危险"，因为敌人可以通过某种"欺骗"（*inganno*），以多种方式埋伏起来（*AW* V，118，114‑115）。法布里奇奥意欲提供"关于这种演习的完备知识"，来提防这样的欺骗（*AW* V 108）。在此，在对理解马基雅维里的写作艺术来说至关重要的一个段落里，他建议：在这样的敌人面前，"你必须两手并用，既要在思想和安排上重视他，又要在言语和其他外表上蔑视他。后一种方式会使你的士兵增添获胜的希望，前一种则会让你更谨慎，更不容易受骗上当。"（*AW* V 117）。马基雅维里因豪言壮语而闻名，并以此表明他轻视基督教，但这些豪言壮语不过是"表面文章"，是为了给他的士兵以战胜这种看不见的敌人的希望。但是，在他自己的思想里，他对这种最大的欺骗和危险高度尊重。不过要知道他的心思，人们必须从他的豪言壮语开始，进一步考虑他谨慎的行动方式，尤其是他的"秩序"。

在此只能提一下这种秩序的组织原则。科西莫在卷二以亚洲战争方式的明显优势（在一定环境下）同法布里奇奥辩论。在此前后，法布里奇奥改变了预定讨论的主题顺序，结果使得该书余下的部分都根据两种战争——针对眼前可见之敌的战争与针对虽不可见但总是令人担忧的敌人的战争——的区分，重新调整了顺序（*AW* II 165，V 1；参见 I 114 – 117，II 160 – 173 以及前面的第 xliii-xliv 页）。因此，在马基雅维里心里，《战争的技艺》不仅是一篇关于同看得见的军队作战的论文，而且是一部关于同看不见但却总是令人担忧的上帝——他的宗教和教会使西方陷于覆灭——作战的指南。他应得到信徒给予他的那种敬畏吗，或者说当欺骗总是容易把军事—政治秩序变成杂乱无章的虚弱状态时，他应得到马基雅维里给予他的那种敬畏吗？不论对这个最迫切问题的正确答案是什么，马基雅维里都确实做好了充分准备，要发起一场反对上帝秩序的无限期战争。

词汇索引

　　黑体字是译文中使用的英文词,随后的斜体字是其对应的意文词,再后的数字表示该词出现在哪一卷、哪一句。"pr". 的缩写指的是前言。"figs". 指的是对插图的说明(第 176—177 页)。圆括号中后面有"X"的数字,表示该词曾多次出现。否定词和其他有前缀的词,同其词根一并列出。各部分的标记(n. 表示名词,v. 表示动词,adj. 表示形容词,part. 表示分词)只在英文词一致的情况下列出。*See also* 指的是用来翻译该意文词的另一个英文词;*Cf*. 指的是在语源或概念上相关的词。英文或意文词旁的星号,表示该词的出现未在词汇表中全部列出。词汇表不包括为了澄清而在括号中的译文中插入的词。

111，VI 117，VI 118；**acquisition**【招致，得到】：*acquisto*，II 47，VI 230，VII 162

Action【行动，行为】：*atto*，II 171；*see also* apt；fit；**action**：*azione*，*fazione*，I 35，I 36，I 120，II 104，II 121，II 200，II 228，II 270，II 271，III 44（2X），V 120，VI 19，VI 46，VI 172，VI 183，VI 187，VII 199

Administer【管理者】：*sumministrare*，II 326

Adore【崇敬】：*adorare*，VII 220，VII 221

Advantage【好处，有利条件】：*commodità*，II 126，VII 152；*see also* comfort；convenience；easy，make it；opportunity

Advantage【优势，优长，长处】：*vantaggio*，II 44，II 46，II 49，II 57，II 117，IV 14，IV 87，IV 95，IV 96，IV 100，IV 119，VI 240；**to make advantage of**【利用】：*valersi*，*prevalendosi*，I 67（2X）

Advise【建议】：*avvisare*，VI 170. *Cf.* counsel

to be afraid【害怕，提防】：*temere*，I 176，III 146，III 188，IV 115；**to be afraid**【害怕，惊恐】：*sbigottirsi*，II 168，IV 52，VI 180，VII 150，VII 248；**to make afraid**【恐吓，恐惧】：*fare paura*，II 313，II 322，. See *also* fear；*frighten*

age【年龄，年纪】：*età*，I 6，I 86，I 143，I 147，II 57，II 147，II 192. See *also* old；*Cf.* young

agreement【一致】：*convenienza*，pr. 1；See *also* convene；fit；inconvenience；agreeable：*grato*，I 157（2X）；*see also* grateful；favor

alive【保留，有活力】：*vivo*，II 130，II 294，II 306，IV 77，VI 119. See *also* lively；to live

allow【允许】：*permettere*，I 64，I 89，II 265. See *also* permit

ambassador【使节】：*ambasciatore*，VI 175，VII 164；**ambassadors**【使者】：*oratori*，VI 191，VI 192；See *also* orators

ambition【野心】：*ambizione*，I 58，II 29，VII 240

ancient，anciently，ancients，antiquity，in antiquity【古代的，古老的，古人，古代，在古代】：*antico*，*anticamente*，*antichità*，pr. 3， pr. 9, pr. 10 (2X), I 14, I 15, I 17(2X), I 23, I 28(2X), I 32, I 35, I 36(3X), I 41, I 50, I 104, I 112(2X), I 120, I 124, I 133, I 136, I 164, I 262, II 1, II 9, II 20, II 28, II 29, II 30, II 34, II 72, II 73, II 74, II 75, II 93, II 101, II 105, II 117, II 118, II 121, II 137(2X), II 144, II 146, II 148, II 191, II 205, II 210, II 273, II 277, II 290, II 305, II 310, II 319, III 10, III 13, III 30, III 56, III108, III 122, III 137, III 139, III 140(2X), III 145, III 149(2X), III 160, III 213, III 226, IV 26, IV 49, IV 141, IV 142, V 13, V 14, V 78, V 85, V 88, V 91, V 93, V 95, V 96, V 104, VI 70, VI 99, VI 125, VI 147, VI 153, VI 155, VI 207, VI 208, VI 211, VI 220, VI 225, VI 235, VI 237, VII 40, VII 43, VII 75, VII 102, VII 108, VII 139, VII 1891(2X), VII 182, VII 195, VII 196, VII 199, VII 203, VII 215, VII 225, VII 238, VII 250

animal【动物】: *animale*, II 91, IV 54; **animal**【牲畜】: *bestiame*, V 87, VII 68; *see also* beast

appetite【口味】: *appetito*, IV 6

apt【易于】: *atto*, II 96, III 162, III 214, V 117. *See also* action; fit

arbiter【仲裁者】: *arbitro*, VI 122

arm, armed【武器，兵器，武装的】: *armare, armato*, I 117, I 150, I 165, I 172, I 179, I 180, I 225, I 246, I 247, I 267, I270, I 272, II 1, II 15, II 22, II 23, II 25, II 27, II 29, II 34, II 36, II 42, II 43, II 46, II 47(2X), II 48, II 59, II 60, II 68, II 69, II 72, II 75, II 76, II 101, II 102, II 129, II 147, II 148, II 150, II 174, II 190, II 318, II 321(2X), II 322, III 63, III 95(2X), III 139, III 145, III 161, III 217, IV 111, V 154, VI 27, VI 28, VI 29, VI 70(2X) VI 104, VI 125, VI 133, VII 70, VII 91, VII 135, VII 145, VII 238; **heavily armed**【重装的】: *gravemente armato, grave armadura*, II 2, II 5, IV 51; **light armed, lightly armed**【轻装的】: *leggermente armato*, II 2, III 15, III 16, IV 35, IV 37, V 101. *See also* armor

armor(v.)【披戴盔甲】: *armare, armato*, II 27, II 56(2X), III 141, III 144. *See also* arm

army【军队】: *esercito, passim*

arquebus, arquebusier【火绳枪，火绳枪兵】: *scoppietto, scoppiettiere*, II 28, II 70, II 125, II 132(2X), II 148, II 253, II 322(2X), III 28, III 89, III 134, IV 60

art【技艺，艺术，职业】: *arte*, 标题, pr. 3, pr. 10, I 标题, I 36, I 50, I 51(4X), I 52(2X), I 57, I 60, I 63, I 64(2X), I 66(2X), I 67, I 68(2X), I 70, I 71(2X), I 74, I 75, I 77, I 82, I 83(2X), I 85, I 89, I 92, I 93, I 98, I 100, I 104, I 106, I 108(2X), I 193, I 194, I 195, I 196, I 197, I 202, I 264, IV 50, IV 64, IV 129, V 109, VI 12, VI 14, VI 17, VI 70, VI 162, VI 187, VI 199, VI 248, VII 118. *See also* artifice. 见第33页注1关于译文省略了另外六处书名中的 **art**: *arte* 的说明；第165页卷七结束句。

artifice【技巧】: *arteficio*, I 78. *See also* art; artisan

artisan【工匠】: *arteficio* VI 71. *See also* art; artifice

artillery【火炮，炮兵】: *artiglierie*, figs. 3, II 246, II 249, III 63, III 64(2X), III 80, III 81, III 84, III 103, III 105, III 107, III 108, III 110, III 112, III 118(2X), III 119, III 121, III 126, III 128, III 129, III 131(2X), III 133, III 134(2X), III 137, III 139, III 140, III 141, III 143, III 146, III 148, III 149, III 151, III 154, III 156(3X), III 157(3X), III 159, III 160, III 211, III 220, IV 18(2X), IV 30, V 11, V 26, V 33, V 44, V 54, V 61, VI 69, VI 75, VI 79, VI 88(2X), VII 2, VII 8, VII 11, VII 12, VII 14 (2X), VII 29, VII 37, VII 46, VII 50, VII 64, VII 76, VII 133 (2X)

assail【进攻】: *assailire*, III 70, V 12, VI 164, VI 179, VII 146

assault(v.)【攻击，袭击】: *assaltare*, II 32, II 39, II 50, II 165, III 70 (2X), III 71, III 81, III 121, III 124, IV 56, IV 57, IV 75, IV 77, IV 97, IV 101, IV 106, IV 123, V 1, V8, V 9, V 14, V 65, V 115, V 121, V 126, V 156, V 157, VI 161, VI 179, VI

186，VI 193，VI 196，VI 197，VI 214(2X)，VI 217，VI 222，VI 244，VI 246，VII 73，VII 74，VII 75，VII 86，VII 98，VII 103，VII 112，VI 117(2X)，VII 118，VII 146，VII 148，VII 236；

assault(n.)：*assalto*，II 166，III 134，III 215，III 230，IV 56，V 38，V 39，V 43，V 51，VII 78，VII 118. *See also* assail；attack；charge

astuteness【奸诈，费心思】：*astuzia*，I 141，IV 83；**ascutely**【灵活的】：*astutissimamente*，VII 128

attack(v.)【攻击】：*affrontare*，III 87，III 90，V 54；**attack**(v.)【进攻】：*assaltare*，III 224，VII 92，VII 93；**attack**【攻击】：*assalto* (n.) III 211；**attack**(v.)【进攻】：*offendere*，VII 76；**attack**(n.)【进攻，攻击】：*offesa*，VI 246，VII 72，VII 77，VII 151；**attack** (v.)【进攻】：*urtare*，III 177. *See also* assail；assault；charge；fight

attention【注意】：*studio*，pr. 8，II 102，II 205；*See also* study；**attention**【重视】：*osservanza*，VI 118；*see also* abservance

augurs【预兆】：*auguri*，VI 207

authority【权力，权威】：*autorita*，I 135，I 251，I 252，I 254，II 268，III 2，IV 137，VI 125，VI 204，VII 109

avariciously【贪婪】：*avaramente*，VII 236

bad，badly【糟糕的，不好的】：*male*，I 119，I 129，I 1670，II 35，III 71，IV 16，V 63，V 72，V 154(3X)，VI 107，VI 141，VI 244，VII 31，VII 234，VII 235；**bad**【糟糕】：*cattivo*，II 49；**bad**【不利的】：*malvage*，VI 142；*See also* evil；malicious；wicked

barbarian【野蛮人】：*barbaro*，II 305

battalion【营队】：*battaglia*，*battaglione*，figs. 1，figs. 3，figs. 4，II 10，II 18，II 57，II 70，II 145，II147 (2X)，II 149，II152，II156，II 157，II159 (2X)，II 16o (2X)，II 162，II 163 (2X)，II 171，II 172，II 174，II 176，II180，II 187，II 188 (2X)，II189，II 191，II 192，II 193，II 197 (2X)，II 202，II 206，II 208，II 216，II 219，II 221 (3X)，II 224，II 225，II 226 (2X)，II 227，II 230，II 231 (2X)，II 237，II 242，II 246，II

248，II 250，II 251，II 253，II 254（2X），II 255（2X），II 258
（2X），II 260（2X），II 263，II 265，II 266，II 318，II 323，II
328，III 32，III 34（2X），III 49（2X），III 50，III 51，III 52，
III 54，III 55，II156（2X），III 60（2X），III 61（2X），III 67，
III 74，III 76，III 89，III 92，III 135，III 140，III 145，III 153
（2X），III 156，III 162，III 163，III 171，III 177，III 178，III
183，III 185，III 186，III 187，III 189，III 192（2X），III 193，
III 195（2X），III 199，III 200（2X），III 201（2X），III 203，
III 204（2X），III 205（2X），III 206，III 211，1V 26，IV 35，
IV 36，V 14（2X），V 15，V 16（3X），V 18（3X），V 19，V
20（2X），V 21，V 22，V 23，V 24，V 25，V 28，V33，V35
（2X），V36，V 47（2X），V 48（2X），V 50（3X），V 71，V
78，V 104，V 125，V 159，VI 21，VI 40（2X），VI 41，VI
42，VI 43，VI 44，VI 47，VI 48，VI 49，VI 62，VI 78，VI
79，VI 97，VII 176. *See also* battle；brigade

battle【战斗，战役】：*zuffa*，II 7，II 77，II 162，II 166，III 37，III
189，IV 8，IV 26，IV 32，IV 35，IV 56，IV 66，VI 224；
battle【战斗，战役】：*battaglia*，II 37，II 166，VI 224，VII
144；*see also* battalion；brigade；**battle**【战斗，战役】：*giornata*，
figs. 8，figs. 10，I 115，I 119（2X），I 272，II 13，II 17，II
66，II 70，II 79，II 99，II 101，II 104，II 164，II 165，II 170，
II 172，II 230，II 329，III 9，III 11，III 12，III 27，III 38，III
45，III 46，III 47，III 48，III 64，III 78，III 97，III 101，III
114，III 123，III 124，III 130（2X），III 134，III 153，III 161，
III 163，III 164，III 172，III 189，III 198（2X），III 211，IV 1，
IV 19，IV 28，IV 38，IV 42，IV 65，IV 73，IV 95，IV 103，
IV 112，IV 116，IV 117，IV 118，IV 119（2X），IV 120，IV
121，IV 122，IV 123，IV 124，IV 125，IV 127，V 1，V 43，
V 118，V 128，VI 93，VI 94，VI 166，VI 192，VI 207，VI
225，VI 239（2X），VII 156，VII 163，VII 166，VII 174

beast【野兽】：*fiera*，I 26
beat * 【打击，打败】：*rompere*，I 168，I 176，I 179，II 107，III

127，IV 33，IV 35，IV 60，IV 74，IV 75，IV 77（2X），IV 92，IV 101，IV 120，IV 123，IV 131，V 68，V 100，VI 243，VI 246（2X），VII 167；*see also* break；**beat**：*vincere*，II 43，III 20，III 34，IV 61，IV 108，VI 215，VI 217（2X），VI 219，VII 147，VII 157，VII 164，VII 168；*see also* conquer；defeat

beautiful【华美的，好看的】：*bello*，*begli* I 227，II 19，II 272，VI 229，VII 52，VII 235，VII 236；**beauty**【美丽】：*bellezza*，VII 52

begin【开始】：*cominciare*，I 50，I 87，I 89，I 112，I 114，I 209，II 94，II 207，II 304，III 107，IV 34，IV 108，VI 2，VI 31，VI 39，VI 180，VII 24，VII 243；**beginning**：*principio*，I 114，I 205，I 206，III 25，VI 37，VI 156，VII 25，VII 242

believe【相信，认为】：*credere*，pr. 2，pr. 11，I 1，I 16（2X），I 24，I 29，I 42，I 47（2X），I 48，I 77（2X），I 96（2X），I 169，I 183，I 205，I 206，I 219，I 225，I 229，I 259，II 1（2X），II 71，II 73，II 74，II 190，II 266，II 315，III 49，III 101，III 106，III 123，III 128，III 138，III 141，III 145，III 154，III 161，III 165，III 177，III 199，III 228，IV 5，IV 72，1V 78，IV 83，IV 84，IV 115，IV 116，IV 118，IV 128，V 70，V 95，V 107，V 114（2X），V 116，V 130，V 136，V 143（2X），V 116，V 130，V 136，V 143（2X），V 152，V 158，VI 1，VI 4，VI 27，VI 76，VI 168（2X），VI 169，VI 170，VI 174，VI 202，VI 215，VI 221，VI 224，VII 7，VII 52（2X），VII 92，VII 96，VII 98，VII 104，VII 117，VII 118，VII 196，VII 222，VII 234，VII 236，VII 241，VII 250；**believable**【可信的】：*credibile*，II 23；**believability**【可信性】：*fede*，VI 222；*see also* confidence；faith；trust；vouch

belongings【财物】：*mobile*，V 95，V 105

besiege【围攻，包围，围城】：*assediare*，II 62，V 130，V 133，VI 139，VI 142（2X），VI 183，VI 184，VII 74，VII 80（2X），VII 81（2X），VII 96（2X），VII 97，VII 99，VII 101，VII 107，VII 113，VII 115，VII 117，VII 119，VII 120，VII 121，

VII 123，VII 131（2X），VII 132，VII 143，VII 144，VII 147
（2X），VII 149 （2X）；VII 151 （2X）；**besiege**【包围】：
espugnare，VI 232；*see also* storm

blame(v.)【谴责，指责】：*biasimo, biasimare*，pr. 12，I 57，I 153，
I 154，I 170，I 179，I 220，I 260，III 1，VI 116；**blame**（v.）
【抱怨】：*dannare*，VII 240 （2X）；**blame** （v.）【指责】：
inculpare，I 41；**not to blame**【不受谴责】：*non avere culpa*，VII
230；**blamer**【谴责者】：*biasimatore*，VII 195. *See also*
condemn；culpable；fault

blind（v）【妨碍视野】：*accecare*，III 128，III 129，III 130；**blind**
（adj.）【盲目的】：*cieco*，III 128

blood【血液】：*sangue*，I 256，VI 204

body【身体，躯体，团体】：*corpo*，I 203（2X），I 209，II 40，II 65，
II 103，II 110，II 163，II 219，II 275（2X），III 19，III 21，III
24，III 26（X），III 29（X），V 50，VI 229，VII 125，VII 238；
body【身体】：*persona*，II 77，III 134

break *【打破，突破】：*rompere*，I 67，II 67，II 71，II 108，II 117，
II 141，II 155，II 205，III 24，III 116，III 177，IV 24，V 31，
VI 222 （2X）. *See also* beat

brigade【旅团】：*battaglione*，figs. 1，figs. 3，figs. 4，figs. 6，figs.
7，II 144，II 147，II 150，II 154，II 156 （2X），II 158，II
164，II 255，II 328，III 27 （3X），III 28，III 31，III 32，III
48，III 49，III 50，III 61，III 62，III 63（2X），III 75，III 76，
III 165，III 166，III 182 （2X），III 183，III 186，III 202，III
203，III 204，III 219，V 10，V 11，V 13，V 34 （2X），V 35
（2X），V 36，VI 21 （2X），VI 23 （2X），VI 25，VI 31，VI
32，VI 33，VI 38，VI 39，VI 40，VI 49，VI 50 （2X），VI 51，
VI 57，VI 61，VI 62 （2X），VI 66，VI 67，VI 134，VI 135，
VI 136，VI 156；**brigade** 【大队】：*battaglia*，II 18；*see
also* battalion

bucklers【小圆盾】：*brocchieri*，II 65；**bucklers**【小圆盾】：*rotelle*，
II 148

build（v.）【建造，构筑】：edificare，VII 3，VII 8，VII 22，VII 31，VII 34，VII 44，VII 45，VII 141；**build**（v.）【建造】：*rizzare*，VII 193

bury【掩埋】：*sotterrare*，IV 83. *Cf.* land；town

calm【镇定自若】：*ozio*，III 92. *See also* idle；holiday

calumniate【恶语诽谤】：*calunniare*，I 16

campaign【征战】：*impresa*，III 42；*see also* enterprise；undertaking；**campaign**【战争】：*campagna*，VI 247

captain【将帅，统帅】：*capitano*，figs. 3，I 53，I 63，I 65，I 68，I 69，I 137，150，I 181，I 183（2X），I 255，I 256（3X），I 257（2X），II 50，II 76，II 97，II 104，II 129，II 140，1I 156，II 165，II 171，II 243，II 249，II 290，III 63（2X），III 74，III 85，III 88，III 114，III 134，III 189，III 200，III 201，III 206，III 209，III 212，III 218，III 220，III 222，III 226，III 227，III 230，IV 8，IV 26，IV 32，IV 33，IV 58，IV 68（2X），IV 76，IV 79，IV 85，IV 94，IV 95，IV 99，IV 106，IV 111，IV 113，IV 121，IV 138，IV 139，IV 140（2X），IV 142，IV 149，IV 150，IV 151，V 13，V 19，V 38，V 68，V 72，V 92，V 107，V 109，V 113，V 119，V 151，V 156，VI 1，VI 12，VI 26（2X），VI 29，VI 30（5X），VI 31（2X），VI 32，VI 38，VI 39，VI 49，VI 52，VI 54，VI 55，VI 56（2X），VI 57（2X），VI 58（2X），VI 59（2X），VI 60，VI 61，VI 82，VI 93，VI 113，VI 132，VI 143，VI 146，VI 153，VI 179，VI 183，VI 187，VI 199，VI 204，VI 205，VI 207（2X），VI 208，VI 215，VI 221，VI 229，VI 238，VI 239，VII 34，VII 82，VII 99，VII 102，VII 108，VII 174，VII 190，VII 201；**captain**（v.）【配备将帅】：*capitanare*，II 318

capital【资本，本金】：*capitale*，III 134，V 105，VI 113；**capitally**【处死】：*capitalmente* VI 101

care，take care【照顾，关照】：*custodire*，I 69，I 70，VII 234；**care**【重视】：*curare*，III 205，V119；**give care，take care**【照顾，关照】：*avere cura*，*tenere cura*，II 78，II 210，IV 21，V l05，VII

78，VII 144；**take care**：*riguardare*，＊ VI 188；**not cared for**
【不关心】：*straccurare*，II 262

career【事业，职业，行当】：*esercizio*，I 2，I 52，I 60，I 62，I 64.
See also exercise; drill; practice; train

castle【城堡】：*castello*，VI 241，VII 37，VII 80，VII 85，VII 101，
VII 103，VII 111；**castle**【城堡】：*rocca*，I 88，VII 1，VII 13，
VII 26（2X），VII 27，VII 28（2X），VII 29，VII 30，VII 34
（2X），VII 58. *See also* stronghold; *Cf.* citadel; fortress

cause（n.）【原因】：*cagione*，I 1，I 10，I 100，I 107，I 169，I 187，
I 196，I 137，I 247，I 249，I 256，I 257，II 66，II 137，II
139，II 173，II 302，II 309，II 315，III 111，III 120，III 126，
III 139，III 140（2X），III 198，III 224，III 225，IV 43，IV
57，IV 80，IV 91，IV 93，IV 105，IV 126，IV 146，IV 147，
V 50，V 123，VI 186，VI 187，VI 201，VI 208（2X），VI
210，VI 220，VI 243，VII 25，VII 118，VII 195，VII 198；
cause（n.）【原因】：*causa*，IV 150，VI 121；**cause**（v.）【引起，
导致】：*causare*，I 246，IV 150，IV 151，VII 226

cavalry【骑兵】：*cavalleria*，*cavallo*，*cavagli*，I 104，I 261，I 262，I
263，II 78，II 80，II 84，II 86，II 129，II 326，III 81，III 89，
III 118，III 164，III 222，IV 37，IV 59（2X），IV 60，V 6，V
29，V 101，VI 43，VI 44，VI 214（2X），VII 188；**cavalryman**
【骑兵】，**cavalrymen**【骑兵】：*cavagli*，*cavalli*，*cavallo*，figs. 2，
figs. 3，II 31，II 32，II 34，II 38，II 42（2X），II 43，II 44
（2X），II 46，II 51，II 52（2X），II 66，II 67，II 70，II 72，II
74，II 76（2X），II 79，II 80，II 87，II 88，II 89，II 91，II 93，
II 100（2X），II 318，II 321，II 322，II 323，II 326，II 328，
III 15，III 19（21），III 34，III 35，III 37，III 40，III 41（2X），
III 42，III 59，III 72（2X），III 82，III 86，III 89（2X），III
130，III 133，III 142，III 164，III 165，III 170，III 171，III
224，IV 24，IV 25，IV 36（2X），IV 37，IV 51（2X），IV 59，
IV 70，IV 111，V 3，V 10，V 27，V 30，V 33，V 38，V 41，
V 44，V 45，V 54，V 56，V 61，V 119，V 126，V 136，V

138，V 148，V 119（2X），VI 21，VI 25，VI 37（21），VI 38，VI 39，VI 40（2X），VI 45，VI 46（2X），VI 49，VI 50，VI 61，VI 224，VII 186. *See also* horse；mare

centurion【百夫长】：*centurione*，II 152，II 153（2X），II 156，II 191，II 193（2X），II 194，II 195（2X），VII 197（6X），II 209，II 212，II 221，II 222，II 224，II 225（2X），II 232，II 235，II 236，II 237，II 238，II 240（2X），II 241，II 243，II 244，II 264，II 265，III 56，III 204

century【世纪，一百年，百人队】：*centuria*，II 221，II 222（3X），II 223（2X），II 226

ceremony【繁文缛节】：*cerimonia*，IV 5，VI 125

chance【运气】：*sorte*，IV 105；**chance**【机会，时机】：*caso*，IV 129，VI 146；VII 52. *Cf.* accident

chastity【贞节】：*castità* VI 229

charge（v.）【冲锋，冲击】：*urtare*，II 38，II 94，III 65，III 67，III 88，III 89，III 142，III 177，IV 17，IV 61，V 30，V 65，VI 224，VII 148；**charge**（n.）【攻击，冲锋】：*urto*，II 38，II 253，III 29；**charge**（n.）【冲锋】：*foga*，II 98（2X）

chariot【战车】：*carro*，III 160，IV 49，IV 50（2X）. *See also* wagon

check，keep in check（v.）【制约，约束】：*frenare*，*raffrenare*，*tenere in freno*，I 88，II 94，VI 126. *See also* restraint

children【儿童】：*fanciugli*，VII 70；**children**【子女】：*figliuoli*，I 24，I 26，VI 188；**childhood**【小时候】：*fanciugli*，II 169. See also son

church【教堂】：*chiesa*，VI 227

citadel【大本营】：*cittadella*，VII 28. *Cf.* castle；fortress；stronghold

citizen【公民，市民】：*cittadino*，pr. 标题，I 标题，I 1，I 33，I 51，I 64，I 67，I 69，I 73，I 76，I 85，I 106，I 137，I 159，I 171，I 173，I 175，I 176，I 181，I 184，I 185（2X），I 186，II 121，III 40，VI 116，VII 202，VII 245；见第 33 页注 1 关于译文省略了书名中的另外六处 citizen：*cittadino* 的说明；第 165 页卷七结束句。

civilian【平民的】: *civile*, pr. 1, pr. 2 (3X)

civilization【文明】: civiltà, *civilita*, pr. 3, I 31

clarify【阐明】: *dichiarare*, III 224, III 225. *See also* declare; describe; explain

close【接近】: *addosso*, I 88; *see also* near; **close**【靠近】: *presso*, II 56; *see also* near; **close**【密集】: *serrato*, III 144; **close**【密集】: *stretto*, III 146; **close quarters**【拥挤的地方】: *presse*, II 38; **close, to be**【靠近】: *accostare*, V 15; *see also* approach; near, side with; stop

combatant【战士】: *combattitori*, II 167, II 168, III 24, VI 224, VII 244

comfort【舒适】: commodità, II 265. *See also* advantage; convenience; easy, make it; opportunity

command【命令, 指挥】: *comandare*, I 87, I 137, I 159, I 220, II 162, II 215, II 276, III 73, III 76, III 88, III 201, IV 26, IV 35, IV 41, IV 54, IV 92, V 68, V 71, V 72, V 73, V 122, V 142, V 159, VI 168, VI 221, VI 224, VII 149, VII 208, VII 210 (2X)

commission【使命】: *commlssione*, III 61, V 38

community【共同体】: comunità, I 94, I 98

company【连队, 同伙】: *compagnia*, I 54, I 100, II 231, II 289, IV 133

compared to【相比较】: *rispetto* * *a*, II 309, VI 195, VII 42. *See also* respect; thanks

conceal, concealed【隐蔽, 藏匿】: *celare*, *nascosto*, IV 57, VI 113. *See also* hide

condemn: *condannare*, *dannare*, I 36, I 152, III 139, VI 120, VI 123, VII 194. *See also* blame; culpable; fault

confederate (n.)【盟国】: *confederato*, III 41; **confederate** (v.): *collegare*, VI 178

confess【实话实说, 直言不讳】: *confessare*, I 3, I 225, VI 76,

VII 225

confidence, to have【充满信心】：*conJidare, avere cotrfidenza*，III 44，III 83，IV 38，IV 111，VI 187；**confidence**【信心】：*confidenza*，IV 149，IV 150，VI 180；**confidence, to lack**【缺乏信心】；**to not be confident**【缺乏信心】：*diffidare, essere male confideme*，I 183，IV 115，IV 127；**confidence, lack of**【缺乏信心】：*diffidenza*，I 183. *See also* trust; vouch

conform, to be in conformity【一致，合拍】：*conformare, avere conformità*，pr. 3，I 29，IV 72，V 54

conjecture（n.）【推测】：*coniettura*，I 69，I 200，I 202，I 206，I 217，I 218，I 220，I 224，VI 142；**conjecture**（v.）【推测，猜想】：*conietturare*，I 195，I 203，II 18，II 48，VII 197

conquer【征服，战胜】：*vincere, vinto*，I 69，I 168（3X），II 31，II 38，II 299，II 305（2X），II 307，II 328，IV 3（2X），IV 25，IV 26，IV 29，IV 39，IV 52，IV 58，IV 60，IV 119（21），V 93，V 101，V 138，V 141，VI 150（2X），VI 151，VI 163，VI 180，VI 197，VI 223，VI 225；*see also* defeat; win; **conquest**【征服】：*vittoria*，VII 91；*see also* victory

conscript【征募】：*deserivere*，II 256，II 328. *See also* describe; enroll

contemplate【考察】：*speculare*，V 119

contend【说明】：*disputare*，I 104；*see also* dispute; **contend（with）**【对付】：*contendere*，V 131

convene【出席，集合】：*convenire*，＊ I 8，I 213，I 227. *Cf.* agreement; convenience

convenience, convenient, conveniently【方便，便利】：*accomodato, commodi, commodità*，IV 18 IV 46，IV 62，IV 77，V 92，VI 68，VI 81，VI 169，VI 186，VI 201，VII 12，VII 67，VII 137，VII 200，VII 209；**convenient**【方便】：*conveniente*，VII 132. *See also* advantage; agree; convene; comfort; easy, make it; opportunity

corrnpt【腐败，腐化】：*corrompere, corrotto*，pr. 9，I 17，I 86，I

99，I 102，I 105，I 106，I 173，II 304 (2X)，II 319，IV 133，VI 100，VII 108，VII 185，VII 207；**corruption**【腐败，腐化】：*corruttela*，*corruzione*，I 24，I 78，I 205，II 325．*See also* poison

counsel，take counsel【协商，商议】：*consigliare*，I 81，I 109，V 109，V 144，VII 172 VII 247；**counsel**（n．）：*consiglio*，I 81，IV 25，VI 109，VI 189，VII 24，VII 26；**counselor**【顾问】：consigliere，VI 188．*Cf.* advise

country【祖国】：*patria*，IV，149，IV 151；*see also* fatherland；**country**【国家，乡村】：*paese*，I 54，I 121，I 124，I 224，I 227 (2X)，I 236，I 240，I 742，I 246，I 247，I 248，II 79，II 97，II 158，II 261，III 65，1V 57，IV 62，V 2，V l0，V 12，V 14，V 27，V 93，V 110 (2X)，V 118 (2X)，V 119，V 156，VI 179，VI 182，VI 193，VI 196，VI 215，VII 67，VII 105，VII 114，VII 187 (2X)，VII 188

crazy【疯子，疯狂】：*pazzia*，*pazzo*，I 25，III 108

create【导致，创建，创立】：*create*，I 89，I 104，I 192，I 212

crossbows【弩】：*balestriere*，VII 45；**crossbowmen**【弩手】：*balestieri*，II 28，II 321，III 15

culpable【无辜的】：*essere in colpa*，VI 202．*See also* fault

cultivation【栽培，操持】，*cultivating*：*coltura*，*cultivate*，*culto*，*cultura*，I 15，I 93，I 97 (2X)，VII 63

curse（v．）【诅咒】：*bestemmiare*，VII 220，VII 221；**curse**（n．）【污言秽语，咒骂】：*bestemmia*，pr. 2，VII 214．*See also* swear

danger【危险】：pericolo，pr. 7，I 73，I 83，I 84，II 10，II 91，II 111，II 308，III 140，III 156，IV 131，IV 139，V 72，V 102，V 116，V 118，V 129，VI 92，VI 94，VI 203，VI 223，VI 238，VII 155，VII 238．*See also* risk；peril

day【天，日】：*dì*，I 12，I 100，IV 21，V 158，VI 145，VI 147，VI 221，VII 144；day：*giornata*，II 84，V 141；*see also* battle；**day**【天，日】：*giorno*，I 9，I 10，I 11，I 70，I 227，II 111，II 164，III 207，V 42，V 88，V 158，VI 105，VI 150，VI 168，

VI 173, VI 183, VI 192 (2X), VI 214, VI 220, VII 95, VII 111, VII 212, VII 213; **daybreak**【拂晓】: *fare del dì*, V 157; **daybreak**【拂晓】: *fare del giorno*, VII 144; **daytime**【白天】: *giorno*, VII 170

deceive【欺骗，蒙骗】: *ingannare*, I 56, IV 52, IV 62, V 116, V 117, VI 100, VI 168, VI 170, VI 221, VII 37, VII 112, VII 114, VII 129; **deception**【欺骗，骗术】: *inganno*, I 53, IV 139, V 114, V 115, V1184, VII 96 (2X), VII 118

decide【决定】: *diliberare*, **divlsare**, pr. 10, I 9, VII 138; **decision**【决策】: *diliberazione*, I 80

deed *【行为】: *opera*, I 200

defamed【恶语诽谤】: *infame*, I 24

defeat【击败，战胜】: *vincere*, I 17, I 45 (2X), VII 90. *See also* conquer; win

defend, **defender**, **defense**【防卫，保卫，防御】: *defendere*, *difendere*, *difendersi*, *difeso*, *difesa*, pr. 3, pr. 5, I 107 (2X), I 177, I 181, I 231, I 114, II 15, II 26, II 29 (2X), II 55, Il 56, II 60 (2X), II 84 (2X), II 301, II 305, II 309, II 113, III 64, III 72, III 82, III 108, III l15, III 121, III 141 (2X), III 143, III 148, III 161, III 188, IV 134, IV 108, V 105, V 130, V 154, V 159, VI 13, VI 121, VI 123, VI 169, VI 179, VI 193, VI 198, VI 223, VI 224, VI 232, VI 249, VII 8, VII 12 (2X), VII 13, VII 19, VII 23, VII 24, VII 25 (2X), VII 27, VII 31, VII 36 (2X), VII 37, VII 45, VII 46, VII 49, VII 69, VII 71, VII 73, VII 75, VII 76, VII 142, VII 146 (2X), VII 148, VII 151

degree【度】: *mezzo*, I 34. *See also* half; means; midday; route

delight【喜爱，高兴】: *dilettarsi*, *diletto*, I 15, I 227; **delightful**【心旷神怡】: *dilettevole*, I 13, I 227

demonstrate, **demonstration**【说明，表明，证明】: *dimostrare*, *dimostrazione*, *mostrare*, I 114, I 189, I 211, II 178, II 197, II 221, II 254, II 262, III 9, III 30, III 49, III 158, V 117, VI

24，VI 117，VI 131，VI 133，VI 167，VII 198. *See also* show

describe *【描绘，描述】：*descrivere*，figs. 4；I 6；II 125；V 119；
see also conscript；**enroll**；**describe**【划出】：*disegnare*，VI 26；*see also* design；draw；plan

deservedly【应得的】：*merimmente*，VI 151. *See also* merit

design（v.）【图谋，筹划】：*disegnare*，IV 87，IV 140；**design**（n.）
【计谋】：*disegno*，IV 93，V 120. *See also* describe；draw；plan

desire（v.）【应有，期望，希望，渴望】：*disiderare*，I 1，I 21，I 37，
I 49，I 71，I 81，I 113，I 241，II 45，II 72，II 86，II 166，II
168，II 318，III 94，III 225，IV 2，IV 8，IV 126，IV 130，V
71，VI 8，VI 9，VI 175，VII 42，VII 103，VII 190；**desire**
（n.）【欲望，期望，希望，想法】：*desiderio*，I 12，I 68，I 113，
III 38，III 77，IV 116，IV 130，VI 121，VI 169，VI 233，VII
196

despise【轻视，蔑视】：*dispregiare*，*disprezzare*，*spregiare*，I 27，I
33，III 126，1V 133，V 117，VII 236. *See also* disdain；
disparage

devices【手段】：*industrie*，I 59

dictatorship【一言堂，专门】：*dittatura*，III 2，IV 2

die，dead【已故，死】：*morire*，*morro*，*per morte cadere*，pr. 5，I 5
（2X），I 89，II 66，III 24，III 94，III 95，III 134（2X），IV
58，IV 70，IV 83，IV 107，1V 152，VI 114，VI 119，VII
226，VII 239，VII 248；**deadly**【致命的】：*mortale*，II 116；
death【已故，逝世，死亡】：*morte*，I 1，I 4，I 26，II 65，IV 65，
VI 123. *See also* kill

dignity【尊严】：dignità，VI 206

disadvantage【劣势，不利地位，下风】：*disavvantaggio*，II 43，II
53，II 57，IV 18，IV 83，IV 87，IV 98，IV 126，VI 244；
disadvantage【不利】：*disfavore*，VII 107；**disadvantage**【污点】：
incommodo，VI 119

discharge【离开】：*licenziare*，I 72

discipline，disciplined【纪律，训练有素的，纪律严明的】：

disdplina, *disciplinato*, I 33，I 119，I 188，I 189，II 24，II 140，II 161，III 45，III 83，III 90，III 91，IV 14，IV 16，V 67，V 68（3X），VI 14，VI 125，VI 163，VI 239，VI 240，VI 241（2X），VI 242（2X），VI 247，VII 161，VII 202，VII 215

discontent【不满】: *mala contentezza*，I 165，I 167

discord【不和，倾轧】: *discordia*，VI 199，VI 203，VI 206，VI 222

discourse【论述，考虑】: *avere discorso*，*discorrere*，I 44，II 283. *See also* discuss; reason

discuss【讨论】: *ragionare*，*avere discorso*，figs. 11，I 10，I 113，II 314，III 151，III 196，IV 7，VII 34；**discussion**【讨论，论述】: *ragionamento*，I 8，I 20，I 38，I 46，I 104，I 111，I 112，I 156，II 81，II 85，III 1. *See also* discourse; reason

disdain（v.）【蔑视】: *spregiare*，VII 180；**disdain**（v.）【鄙弃】: *sdegno*，I 167. *See also* despise; disparage

dismay【灰心沮丧】: *sbigottire*，VII 24

disparage【蔑视，嗤之以鼻】: *dispregiare*，*spregiare*，III 108，VII 222，VII 223，VII 245（2X）. *See also* despise; disdain

dispute【辩论，争论】: *disputare*，I 7，I 8（2X），I 16，I 64，I 164，VI 231，VI 201. *See also* contend

ditch【壕沟】: *fossa*，II 108，IV 13，IV 62，V 129，V 131（2X），V 132（2X），V 136，V 151，V 152，VI 53，V156，VI 61，VI 62，VI 63，VI 65，VI 66，VI 67，VI 68，VI 69，VI 75，V179（2X），VI 80，VI 85（2X），V188（3X），VI 99，VI 101，VII 6，VII 7，VII 8，VII 10（4X），VII 11，VII 12，VII 14（4X），VII 15，VII 16（2X），VII 17，VII 18，VII 19（2X），VII 20，VII 22，VII 28（2X），VII 34（2X），VII 35，VII 37，VII 38，VII 64，VII 133（4X），VII 134（3X），VII 138，VII 141；*see also* hole; **ditch**: *grotto*，VI 13

do ∗【做，干】: *operate*，pr. 10，I 39，II 79，II 126，II 163，III 189，IV 138，V1118，VII 195

dominion【统治地位】: *dominio*，I 180

double【翻倍】: *raddoppiare*，∗figs. 4，figs. 5，II 184，II 185，II

198（2X），II 199，II 200，II 223（2X），III 196（2X），III 197（2X），VI 22（2X）；*see also* redouble；**double**【一举两得，双倍的，加倍】：*doppio*，I 197，II 113，II 171，V 110，VI 47，VI 48，VI 50，V152，VI 61，VI 63，VI 65（2X），VI 66（2X），VI l04；**double**【两面】：*duplicare*，V 61，VI 192

doubt（v.）【怀疑，疑心】：*dubitare*，I 44，II 173，II 266，III 79，III 155，III 178，V 81，VI 9，VI 225，VI 226；**doubt**（n.）【疑问，疑虑】：*dubitazione*，I 49，II 80，II 316，III l00，III 152. *See also* to be afraid；fear；hesitate

drill（n.）【训练，操练，演练】：*esercizio*，I 210，I 211，I 227，II 103，II 105，II 106，II 121，II 124，II 125，II 127，II 130，II 137，II 138，II 139，II 140，II 213，II 259（2X），II 261，III 211（2X），III 212，III 221，V 67，VI 89，VII 213；**drill**（v.）【训练】：*esercitare*，II 114，II 164，VI 89. *See also* career；exercise；practice；training

earth【泥土，土】：*terra*，IV 62，VII 10（2X）. *See also* country；town；ground

ease【轻而易举，轻松】：*facilità*，*facultà*，II 212，II 307，III 29，IV 80，IV 133，V 137，VI 215，VI 217，VII 131，VII 177，VII 198；**easily**（adv.）【轻松地，容易地】：*facilmente*，I 33，I 35（2X），I 87，I 158，I 159，I 183，I 210，I 222，I 245，I 254，II 48，II 123，II 161，II 163，II 218，II 260，II 276，II 326，II134，III 73，III 142，III 159，III 160（2X），III 162，III 171，III 201，IV 17，IV 39，IV 52，IV 59，IV 60，IV 85，IV 106（2X），V 32，V 65，V 69，V 88，V 114，V 122，VI 98，VI 166（2X），VI 167，VI 180，VI 207，VI 216，VI 219，VII 4，VII 5，VII 13，VII 45（2X），VII 55，VII 59，VII 63，VII 65，VII 105，VII 145；**easy**（a.）【轻松的，容易的】：*facile*，I 38，I 44，I 99，I 173（2X），II 130，II 199，II 212，II 215，III 76，IV 137，IV 142，VI 106（2X），VI 221，VII 5，VII 91，VII 92，VII 105，VII 107，VII 110，VII 199；**make easy**【使得容易】：d*are faciltà*，*facilare*，*fare facile*，II 201，

error【错误，过错】：*errore*，I 11（2X），I 119，I 188，I 225，II 128，III 175，IV 141，VI 114，VI 122，VI 197，VI 237，VII 238；**err**【错，错误】：*errare*，I 110，II 277，II 327，III 178，VII 52

evil【罪恶，恶行】：*male*，I 26，II 308，IV 141，VI 118，VI 220；**evil**【罪恶，邪恶】：*malvagio*，I 186，I 258. *See also* bad; malicious; wicked

exalt【拔高】：*esaltare*，II 301；**exalter**【歌颂者】：*esaltatore*，VII 195

example【例子，楷模，范例】：*esemplo, esempio*，I 30，I 124，I 164，I 188，I 255，I 258，II 33，II 45，II 61，II 268，II 310，II 312，II 313，II 314，III 30，III 31，III 76，III 122，III 130，III 173，III 178，III 179，IV 26，IV 132，V 141，VI 123，VI 225，VI 229，VII 27，VII 43，VII 59，VII 95，VII 230；**example，use as an**【为例】：*esemplificare sopra*，I 108；**for example**【例如，譬如】：*verbigrazie*，I 223，I 229. *See also* for instance

excellent【优秀的，杰出的】：*eccellente*，I 36，I 63，II 171，II 285，II 287，II 290，II 291，II 293，II 299，II 306，IV 26，IV 138，VI 82，VII 82，VII 239；**very excellent**【非常卓越】：*ecceilentissimi*，II 295；**excellence**【十全十美】：*eccellenza*，VII 207；**Excellency**【大人】：*eccelenza*，I 9

excuse，excused（v.）【宽恕，原谅】：*scusare, escusatl*，I 20（2X），I 23（2X），I 29，I 259，I 260，VI 6；**excuse**（n.）【借机，理由】：*scasa*，I 38，I 42

execute【执行，行使】：*esequire*，I 112，III 5，III 61，III 63，V 68，VI 168，VII 158，VII 246；**executor**【执行者】：*esecutore*，VI 112；**executioner**【行刑者】：*esecutore*，VI 121；**execution**【实行】：*esecutione*，I 118

exercise【锤炼，锻炼，操练】：*esercitare, esercizio*，I 6，I 64（2X），II 159（2X），II 169，II 175，II 258，II 320，VI 147. *See also* career; drill; practice; training

exert oneself【全力以赴，尽心】：*affaticarsi*，V 68，VII 195；

exertion：*fatica*，II 261．*See also* effort；exhaust；fatigue；force；tiresome；toil；trouble

exhaust（v.）【筋疲力尽，竭尽全力】：*affaficare*，II 127，II 171，V 83．*See also* effort；exert；fatigue；force；tiresome；toil；trouble

expand【拓展】：*ampliare*，I 182

experience（n.）【经验，经历】：*esperienza*，I 165，I 200，I 202，I 206，I 217，I 224（3X），II 32，II 93，II 130，IV 16，VII 72；**experienced**（v.）【有经验的】：*esperimentato*，I 217；*see also* test；*inexperience*：*inesperienza*，I 165（2X）；**inexperienced**【毫无经验】：*inesperto*，I 161

experiment【检验】：*esperienza*，II 95

extrinsic【外表】：*estrinseche*，V 117

extinguish【灭绝，消灭，沦丧】：*spegnere*，*spento*，II 293，II 302，II 303，II 304，IV 139，VII 43．*See also* eliminate；spend

extraordinary【特别，特殊】：*estraordinario*，II 150（2X），II 153（2X），II 156（2X），II 255（2X），III 49，III 56，III 57（2X），III 60，III 61，III 62，HI 69，III 81，III 91，III 153，III164，III 171，III 186，III 192，III 205（2X），III 211，III 220，III 224，V 17，V 19，V 46，V 56，VI 62（4X），VI 66，VI 67，VI 73，VII 80

extreme【端，顶端】：*estremo*，III 52，III 54，VI 30；**extremity**【顶端】：*estremità*，VI 30

faith【忠诚，可靠】：*fede*，pr. 5，VI 169，VI 178（2X），VI 225，VI 227；*see also* believability；**faith**【忠实】：*fedele*，IV 64；**faithful**【忠诚，可信】：*fedele*，pr. 5，IV 111，VII 162；most **faithful**【最信赖的】：*fidatissimi*，IV 70；*see also* confidence；trust；vouch

fame【声名，名声】：*lama*，I 63，I 65，II 111，VI 117

fancy【想象力】：*fantasia*，VI 7

father【父亲，父辈】：*padre*，I 56，I 58，I 101，I 129，IV 120，IV 146，VI 229，VII 204

fatherland【祖国】：*patria*，pr. 5，I 1，I 2，I 17，I 67，I 180，VI 117. *See also* country

fatigue（n.）【疲惫，自找苦吃】：*fatica*，II 40，II 254，IV 112. *See also* effort; exert; exhaust; tiresome; toil; trouble

fault【过失】：*colpa*，V 64. *See also* blame; culpable

favor（v.）【赞成，支持】：*favorire*，II 290，IV 98，VI 121，VI 122，VII 116；*see also* protect；**favor**（n.）【赞同】：*favore*，VII 247；**favor**（n.）【宠爱】：*grazia*，VI 87，VII 236；**favorable**：*favorevole*，pr. 2；**to be unfavorable**【不利于】：*disfavorire*，IV 20. *See also* disadvantage

fear（n.）【畏惧，惧怕】：*paura*，II 307，III 134，IV 3，IV 65，VI 203，VI 207，VII 72，VII 103，VII 111，VII 156；**fear**（n.）【惧怕】：*sbigotto*，III 134；**fear**（n.）【畏惧】：*timore*，pr. 3，pr. 5，pr. 7，I 175，I 185，II 118，II 141，II 294，II 306，III 134，IV 139，V 120，VI 111，VI 123，VII 153，VII 175；**fear**（v.）【担心，心有余悸】：*dubitare*，I 171，II 98，IV 34，IV 78，VI 170（3X），VI 197；*see also* doubt；**fear**（v.）【害怕】：*avere paura*，V 39；**fear**（v.）【害怕，担心】：*temere*，I 26，I 67，I 81，I 82，I 98，I 160，I 167，I 174，I 175，I 176，I 186，I 246，I 257，II 10，II 70，II 100，II 120，II 293，II 308，II 309（2X），II 314（2X）III 134，III 143，III 147，III 148，III 188，IV 70，IV 81，IV 108，IV 141，IV 142，IV 147，V 1，V 12，V 66，V 115，V 117，V 151，VI 85，VI 115，VI 116，VI 125，VI 227，VII 216，VII 238；*see also* frighten; afraid

felicity【恰如其分】：*felicità*，I 6. *See also* happy

ferocious【凶残，凶猛】：*feroce*，I 246，II 141，VII 119；**ferocity**【凶猛】：*ferocia*，I 249，II 141

fierce【好狠斗勇】：*fiere*，VII 232

fight（v.）【战斗，打仗】：*azzuffare*，III 30，IV 115，VI 10；**fight**（v.）【战斗，打仗，作战】：*combattere*，I 115，I 181，I 183（2X），I 184，II 5，II 10，II 29，II 42，II 43，II 49，II 52，II

56，II 57，II 83，II 84，II 96（2X），II 104，II 120，II 123，II
140，II 165，II 166，II 167，II 170，II 171（2X），II 221，II
226，II 254（2X），II 259，II 299，III 19，III 23，III 24，III
44，III 67，III 68，III 83，III 93，III 158，III 175，III 182
（2X），III 183，III 189，III 195（2X），III 216，IV 29（2X），
IV 33，IV 37，IV 38，IV 55，1V 63，IV 68，IV 70，IV 71，
IV 83，IV 86，IV 97，IV 98，IV 103，IV 109，IV 118，IV
126，IV 127，IV 128，IV 130，IV 131，IV 133（2X），IV
135，IV 148，V 13，V 20（2X），V 25，V 66，V 128，V 136，
VI 9，VI 22，VI 96，VI 113（2X），VI 116（2X），VI 146，VI
157，VI 195，VI 212，VI 216，VI 223，VII 49，VII 48，VII
66，VII 74，VII 89，VII 205；**fight**（n.）【战斗，作战】：
combattere，II 83，II 103，II 268，III 66，III 68，III 75，III
156，IV 35，IV 36，IV 39，IV 42，IV 62，IV 99，IV 133，IV
145；**fight**【对垒】（n.）：*assalto*，II 327；**fighting**【作战】：
zuffa，V 13；**fight**（n.）【战斗，打仗】：*zuffa*，II 37，II 79，
III 11，III 13，III 16，III 17，III 18，III 33，III 35，III 37，III
92，III 136，IV 51，IV 52，IV 56，IV 58，IV 62，IV 63，IV
72，IV 94，IV 108，IV l09，IV 130，IV 133，IV 134，V 13，
VI 1，VI 10，VI 148，VI 166，VI 186，VI 212，VII 166，VII
178，VII 176. *Cf.* combatants

fit（adj.）【适合，恰当】：*atto*，I 147，II 103，II 107，II 108，II
110，II 115，II 134，III 5，III 63，III 98，III 218（2X），IV
57，IV 111，V 78，V 110，V 144，V 148，VII 136，VII 228；
see also action; apt; **fit**（adj.）【适于】：*idoneo*，I 213；**fit**（v.）：
convenire，pr. 2，III 210；**fit**（adj.）【适合】：*sufficiente*，I
198；**fitting**【合适】：*conveniente*，pr. 2，III 210；*see also*
convenient; agreement

flee【逃跑，亡命】：*fuggire*，pr. 9，I 12，I 78，I 86，I 141，II 96，
II 111，II 308，III 36，III 95，III 96（2X），III 139，III 156，
III 160，III 230，IV 15，IV 39，IV 61，IV 66，IV 68，IV 69
（2X），IV 70（2X），IV 81，IV 83，IV 116，IV 117，IV 118，

IV 119 (2X), IV 123, IV 124, IV 125, IV 134, IV 139, V
73 (2X), V 74, V 122, V 159, VI 119, VI 140 (2X), VI
144, VI 152, VI 195, VI 212, VI 223 (2X), VI 244, VI
248, VII 90, VII 112, VII 162, VII 194; *see also* take refuge;
flee to, to【逃亡】: *alla fuga*, VII 226; **flee**【逃跑】: *volgere*,
IV 135

follow: *seguire*, pr. 8, I 27, II 79, II 107, II 140, II 170, II 232,
II 298, II 302, III 5, III 144, III 206, III 220, IV 2, IV 33
(2X), IV 62, IV 74, IV 75, IV 80, IV 102, V 4, V 6, V
87, V 101 (2X), V 122, V 143, VI 6, VI 8, VI 33, VI 37,
VI 42, VI 206, VI 214 (2X), VI 223, VI 224, VII 8;
follow: *conseguire*, VI 233; **follow**: *succedere*, II 166, II 167,
III 13, III 37, **followers**: *sussidi*, II 165. *See also* succeed

for instance *【例如，比如】: *verbigrazie*, II 207, II 220, III 204.
See also example

force (v.)【迫使，强迫】: *forzare, sforzare, fare forza*, I 62
(2X), I 83, I 131, I 166, III 18, III 195 (2X), IV 87, V
105, V 151, V 156, VII 74, VII 78, VII 88; **force** (n.)【力
量，势力，部队】: *forza, sforzo*, I 161 (2X), I 165 (2X), I
166 (2X), I 167 (2X), I 231, II 18, II 92, III 43, III 70, III
154, IV 71, IV 87, IV 105, IV 137, V 63, V 151, VI 101,
VI 160, VI 163, VI 184, VI 185, VI 186, VI 187, VI 194,
VI 195 (2X), VI 196 (2X), VI 220, VI 247, VII 72, VII
135, VII 146 (2X), VII 148, VII 162, VII 164. *See
also* effort

foreign【外国的，外地的，异国他乡的】: *forestiero*, I 173, I 175,
II 47, VI 19, VI 25, VII 210, VII 226; **foreigner**: forestiero, I
173, I 175, I 246, II 78, VI 57, VII 234

form【形式，队形】: *forma*, pr. 10, I 136, I 189, II 160, II 164,
II 181, II 182, II 183, II 191, II 193, II 225, II 253, II 328,
III 66, III 75 (2X), III 172, III 173, III 174, III 181, III,
99, IV 8, IV 11 (2X), IV 59, IV 85, IV 86 (2X), V 12, V

13，V 43 (2X)，V 49，V 66 (2X)，V 69，V 90，VI 10，VI 15，VI 16 (2X)，VI 24，VI 82，VI 84，VI 138，VII 41，VII 134，VII 224，VII 234，VII 241；**form**（v.）【阵形】：*formare*，II 188

fortress【要塞】：*fortezza*，I 95，I 97，VII 28，VII 31，VII 140. *See also* strength；*Cf* castle；citadel；stronghold

fortune【幸运，运气，财富】：*fortuna*，I 6 (2X)，I 7，I 67，II 298，II 313 (2X)，III l2，III 20，III 163，IV 1，IV 34，IV 98，VII 151，VII 157，VII 241，VII 250；**fortune**【运气】：*ventura*，I 53，V 65. *Cf.* perhaps

found（v.）【建立，创立】：fondare，I 15，I 32，II 146，III 174，VI 221，VII 37；**foundation**【基础】：*fondamento*，I 189，II 79，VII 244

fraud【骗局】：*fraude*，VII 236；**fraudulent**【奸诈的】：*fraudolento*，I 52

free（adi.）【自由，自由自在，随便】：*libero*，I 172 (2X)，I 210，II 10，III 84，III 135，III 159，III 166，V 8，V 155，VI 207，VII 70；**free**（v.）【解放，摆脱】：*liberare*，II 98，II 307，V 152，VI 184，VI 185；**freely**【口无遮拦，放开手脚】：*fiberamonte*，*libero*，I 3，I 89，II 29，VI 233. *Cf.* liberty

frighten【畏惧】：*fare paura*，pr. 2；**frighten**【恐吓，害怕】：*sbigottire*，I 2，I 28，III 148，IV 52 (2X)，IV 63 (2X)，IV 64，IV 65，IV 127，VII 149，VII 162. *See also* afraid；fear

front【前面，前线，战线】：*testa*，II 197 (2X)，II 199，II 200，II 221，III 91，V 8，V 9，V 15 (3X)，V 18 (2X)，V 19，V 23，V 32，V 48，V 54 (2X)，V 55，V 56，V 59，V 60，V 66 (2X)，V 71，V 75，VI 28，VI 30，VI 33，VI 58，VI 59，VI 60，VI 63，VI 72；*see also* head；**front**【前线，一线，前方】：*fronte*，II 10，II 70，II 164，II 182，II 186，II 187，II 191 (2X)，II 197，II 214 (2X)，II 215，II 221，II 242，II 249，III 12，III 14，III 34 (2X)，III 51，III 65，III 66，III 99，III 129，III 130，III 162，III 171，III 177，III 180，III 189，III 203，IV

12, IV 14, IV 19, IV 22, 1V 32（2X）, IV 35, IV 38, IV 41, IV 61, IV 85, IV 91, IV 92, V 8, V 16, V 18, V 21（2X）, V 35（2X）, V 49, V 50, V 53, V 75, VII 4, VII 163（2X）; **front**【前面的】: *dinanzi*, II 21, II 187, III 189; **front**【前方】: *davanti*, II 187, II 226, III 24, III 189, V 16, V 17, V 18, V 30, VII 12; **front**【前面, 前头】: *innanzi*, III 197, IV 39, IV 68（2X）, IV 82, V 114, VI 85, VII 6

future【以后】: *awenire*, VI 5

gain（v.）【获得, 得到】: *guadagnare*, I 165, V 102, VII 224（2X）, VII 225; *see also* profit; **regain**: *riguadagnare*, IV 71

general（n.）【将领, 将帅】: *generale*, II 154, III 61, III 63, III 200, III 204, III 209, III 218, V 19, V 35, VI 57; **general**（adj.）【总的, 一般的】: *generale*, III 134, III 160, IV 87, V 73, VII 153; **general**（adj.）【总体】: *universale*, II 164; **generally**【总体, 概括】: *generalmente*, III 220, VI 129, VII 67, VII 181; **generality**【一般性】: *generalità*, III 174, IV 14, V 29

generate【产生, 导致, 】: *generate*, I 121, I 254, II 280, VI 207. *Cf*. kind

gendemen【士绅】: *gentili*, I 9, I 93, I 94

girl【少女, 女子】: *fanciulla*, IV 146, VI 229. *Cf*, children; son; young

glory, glorious【荣耀, 光荣的】: *gloria, glorioso*, I 9, I 63, I 65, I 71（2X）, I 75, I 187, VI 117, VI 167, VII 250

God【神, 上帝】: *Iddio*, pr. 3, pr. 5, pr. 7, IV 143, IV 145, IV 146, VI 125（2X）, VII 210, VII 223; **God**: *Dio*, IV 141; **gods**【神】: *dii*, I 63

gold【金子, 金银】: *oro*, pr. 4, I 27, II 118, VII 236

goodness【好, 善】: *bontà*, I 195, I 200, I 229

govern【治理, 管制】: *governare*, I 76, I 93, I 108, I 110, I 158, I 250, II 165, II 312, II 313, V 10, V 91, V 93, VI 5, VI 46（2X）, VII 208, VII 236; **governance**【管理】: *governo*, II 326;

government【政府，管理机构】：*governo*，1186（2X），1 254（2X），I 256

grace【优雅】：*grazia*，I 203. *See also* favor

grandfather【祖父】：*avolo*，I 15，I 23

grateful【感激】：*grato*，pr. 13，I 22. *See also* agree

grate（n.）【格栅】：*graticco*，V 149

grating【栅栏】：*graticola*，VII 41，VII 48，VII 49，VII 60；**with grating**【用栅栏】：*ingsaticolata*，VII 61

gratifying，**very**【不胜感激，非常满意】：*gratlssimo*，III 3，VI 7. *Cf.* grateful；favor；agree

grave：*gravo*，I 35，I 100，I 240，II 51，1V 99，VII 195；**gravity**：gravità，III 214. *See also* heavy

greed【贪婪】：cupidità，V 97；**greedy**【贪婪】：*cupido*，V 97

ground【地面】：*terra*，II 5，II 52，II 57，II 114，III 30，IV 50，IV 92；**ground**【地带，地面】：*terreno*，III 51，VII 64. *See also* country；earth；land；soil；town

guard【卫兵，驻防，保卫】：*guardare*，*guardia*，I 95，I 97（2X），I 98（2X），II 100，II 322，III 56，III 111，III 152，IV 115，V20，V 21，V 22，V 23，V 41，V 109，V 110，V 120，V 130，V 154（2X），VI 91（2X），VI 92，VI 98，VI 99（2X），VI 101，VI 104，VI 106，VI 113，VI 171，VI 193，VII 19，VII 21，VII 86，VII 96，VII 98，VII 102，VII 103，VII 104，VII 105（2X），VII 109，VII 111，VII 117（2X）～ VII 119，VII 121（2X），VII 122，VII 144，VII 145，VII 146；**rearguard**【后卫】：*retroguardo*，III 163；**vanguard**【先锋部队】：*antiguardo*，IV 41

habit【习惯】：*abito*，＊III 83；**habit**【习惯】：*consueto*，IV 37；*see also* accustomed；**habit**【习惯】：*consuetudine*，VI 221

habituate【习惯于】：*avvezzare*，II 40. *See also* used to

half【一半】：metà，II 69（2X），111 62，VII 59（2X）；*see also* middle；**half**：*mezzo*，II 6，II 151（2X），III 166（2X），III 167，III 168（2X），IV 101，VI 45（2X），VI 50（2X），VII

45，VII 57；*see also* means；midday；route；degree

happy【幸福的】：*felice*，I 34；**happier**【更幸福的】：*felice*，II 118；
very happily【非常快乐的】：*felicissimamente*，III 97；**happiness**
【幸福】：*felicità*，I 187，III 98. *See also* felicity

harm（v.）【伤害，杀伤】：*offendere*，*fare offensione*，I 6，II 11，I
77，III 81（2X），III 112，III 115，III 116，III 148，V 111，V
113，VI 169，VII 11，VII 64；**harm**（v.）【损害】：*nuocere*，I
250，III 134；**harm**（n.）【伤害，损害】：*danno*，pr. 11，I 86，
I 100，I 171，I 227，I 240，II 51，II 84，III 24，III 131，III
134，V 83，V 40，V 64，VI 167，VI 217，VI 242，VI 243，
VII 95，VII 96；**harmful**【有害的】：*dannoso*，I 89，I 255，
IV 79

hate（v.）【仇视】：*odiare*，pr. 9；**hateful**【可憎】：*odiazo*，VII 162

head【头，头部，首领】：*capo*，I 26，I 48，I 53，I 55，I 106（2X），
I 171，I 245，I 246（2X），I 247（2X），I 248（2X），I 249，I
250，I 251，I 253，I 254，I 266，II 4，II 20，II 27，II 39，II
60，II 152，II 154，II 156，II 163，II 190，II 225，II 241，II
262，II 266，II 269，II 309，II 311，II 323，III 21，III 49，III
61，III 69，III 73，III 109 III 199，III 200，III 204（4X），III
205，III 206，III 219，IV 65，IV 81，IV 136，V 35（2X），V
36，V 52（2X），V 120，V 124，V 159，VI 33，VI 34，VI 37
（2X），VI 39，VI 41，VI 44，VI 47，VI 57，VI 68，VI 109，
VI 200，VI 228，VII 232；**head**【头，头部，首领】：*testa*，II
114，II 186，II 187，II 193，II 209，II 221（2X），II 222，II
224（2X），II 225，II 226，II 239，II 240，III 15，III 21，III
23，III 56，III 57，III 61，III 63，III 81，III 131（2X），III
165，V 100，V 33；*see also* front；**head-to-head**【肉搏战】：
attestati，IV 35；**capitol**【主要的】：*capo*，VII 105

healthy【健康的】：*sano*，VI 139，VI 144，VI 147，VI 148

heart【心】：*cuore*，II 268；**heart**【信心】：*animo*，III 102；*see also* spirit

heaven【登峰造极，天空】：*cielo*，I 182，VI 26

hesitate【犹豫】：*dubitare*，pr，1；**hesitation**【犹豫】：*rispetto*，II 171.

See also to be afraid; doubt; fear

hide【隐藏，隐瞒，藏匿】: *nacondere*, III 92, IV 57, IV 83, V 114, V 142, VI 170, VII 14, VII 123（2X）, VII 158. *See also* conceal

hire【雇佣】: *soldare*, I 113; **history**【历史】: *istoria*, I 164, II 13, II 24, II 46, II 70, III 230. *Cf.* soldier

hit【击打】: *ferire*, IV 19; **hit**【轰击】: *offendere*, VII 11

hole【洞】: *fossa*, I 141. *See also* ditch

holiday【假日】: *giorno ozioso*, I 227, II 125, II 134. *See also* calm; idle

honest【忠诚，严格】: *onesto*, onestà, I 205, VII 207; **honestly**【诚实】: *onestamente*, I 51; dishonest: *disonesto*, I 205

honor (v)【声誉，荣誉】: pr, 13, I 6, I 12, I 33, I 118, I 120, II 293, II 294, II 298, II 306, II 314, III 204, VII 191; **honor** (n.)【荣誉】: *onore*, I 12, I 119, II 104, III 204, IV 3, VII 32, VII 151, VII 191, VII 193; **honorable, honorably**【光荣的】: *onorevole, onorevolmente*, I 12, I 56, I 62, I 63, IV 1, VI 155; **unhonored**【无声无息】: *inonorato*, I 4

hope【希望，指望】:（v.）: *sperare*, I 10, I 68, I 112, II 328, V 117, VI 118, VI 240, VII 155, VII 156; **hope**【希望】: *speranza*, IV 139, IV 148, V 120, VII 26, VII 72, VII 173; **unhoped for**【出乎意外】: *insperato*, I 106

horse【马，马匹】: *cavallo*, I 268, I 269, II 52, II 78, II 90, II 91, II 94, II 95, II 99, II 325, IV 114, IV 204, VII 62（2X）, VII 187（3X）. **horse**【马，马匹】: *cavagli*, II 29（2X）, II 75, II 96, II 97（2X）, II 98, II 129, II 325, II 326, IV 130, IV 132, V 87, V 154, V 155, VI 46, VII 169（2X）, VII 185, VII 187, VII 189. *See also* cavalry; mare

human【人，人的】: *umano*, II 290, IV 139, VI 212; **humanity**【仁慈】: *umanità*, VI 233, VII 116. *See also* humane

humane【仁慈的】: *umano*, I 29. *See also* human

hunger【饥饿】: *fame*, IV 97, VI 144, VI 149, VI 151, VI 152,

VI 212，VII 78，VII 79，VII 81，VII 150，VII 157

hurt【伤害】：*nuocere*，VII 154（2X）；**hurt**【伤害，伤亡】：*offendere*，III 115，III 116，III 160，1V 16，IV 18，IV 78，VI 244，VII 117；**hurt**【杀伤】：*urtare*，II 109

husband【丈夫】：*marito*，VI 229

idle, in idleness【空闲，闲暇，无所事事】：*ozie, ozioso*，pr. 10，I 129，I 227，II 291，VI 124，VII 148，VII 236，VII 244. *See also* calm；holiday

ignominy, ignominious, ignominiously【耻辱，可耻地】：*ignominia, ignomioso, ignominiosamante*，IV 119，VI 119，VII 230

ignorance【无知】：*ignoranza*，I 258，IV 99，VII 230

image【雕像】：*immagine*，IV 144；**imagine**【想象】：*immaginare*，III 77，VII 196

imitate, imitation, imitator【效仿，效仿者】：*imitare, imitatore, imitazione*，pr. 8，I 28，I 35，I 266，II 33，II 323，II 326，III 10，III 76，III 134，III 140（2X），IV 74，V 10，V 141，VI 1，VI 18，VI 95，VI 164，VI 211，VII 195（2X），VII 198

impetus【刺激】：*foga*，II 94，II 95，II 99；**impetus**【动力】：*impeto*，IV 41，IV 50，IV 75，VI 224

impregnable【固若金汤】：*inespugnabile*，VII 15. *Cf.* besiege；storm

inconvenience【不便】：*incommodità*，II 40，VI 144；**inconvenience, inconvenient**【麻烦，不便】：*inconveniente*，I 100，I 102，I 166，II 10，III 36，V 100，VII 7，VII 70

indignant, make【同仇敌忾】：*fare sdegnare*，IV 133；*see also* disdain；despise；disparage；**indignant**【愤慨】：*indegnato*，IV 133

individual, role【个人角色】：*uno*，II 207，II 267，II 280，VI 121，VI 122，VI 173，VI 174，VI 176；**individual, an**【个人】：*uno*，I 25，I 26，I 124，I 171；**individual, each**【每个人】：*ciascuno*，II 96

indulgence【赦免】：*perdonanza*，VI 227. *Cf.* pardon

industry【勤奋，勤勉】：*industria*，I 118，I 124，II 125，II 171，IV 79，V 91，V 107，VI 12，VI 17，VI 126，VI 197，VI 239，VI 248，VII 1，VII 3，VII 4，VII 160；**industriousness**【竭力】：*industria*，I 39

inequality【凹凸不平】：*inequalità*，III 132

infantries，infantry【步兵】：*fanterio*，*fanterie*，I 82，I 83，I 91，I 96，I 230，II 2，II 19，II 27，II 30，II 42（2X），II 43，II 46，II 49，II 55，II 59，II 62，II 65，II 66（2X），II 67，II 71 （2X），II 72，II 75，II 78，II 101（2X），II 137，II 151，II 319，III 88，1II 131（2X），VI 38，VI 78，VII 186；**infantryman**，**infantrymen**【步兵】：*fante*，*fanti*，*fanterie*，figs. 2，figs. 3（2X），I 83，I 93，I 95，I 131，I 229，I 272，II 22，II 26，II 36，II 42，II 44，II 51，II 62，II 63，II 66（2X），II 67，II 70（2X），II 75，II 76，II 80，II 86，II 87，II 88（2X），II 89，II 91，II 95，II 97，II 137，II 148，II 149，II 150，II 156，II 176，II 193（2X），II 200，II 206，II 212，II 228，II 242，II 276，II 319，II 324，III 15，III 19，III 35，III 37，III 40，III 41（3X），III 42，III 45（2X），III 49，III 66，III 81，III 90，III 131（2X），III 132，III 140，III 142，III 152，III 178，IV 30，IV 37，IV 111，IV 141，V 126，V 138，VI 19（2X），VI 21（2X），VI 25，VI 42，VI 43，VI 45，VI 46，VI 47，VI 50，VI 62，VI 64（2X），VI 65，VI 66，VI 158，VII 172 （2X）

infinite【无数，无穷无尽，数不胜数】：*infinito*，pr. 7，I 237，II 286，IV 139，VII 130

inhabit【居住】：*abitare*，I 177，VI 178；**inhabitants**【居民】：*abitatori*，II 84，II 305，VI 141；inhabitants：abitanti，II 131，II 133. *See also* live

injury【打击】：*ingiuria*，III 86

insolence【傲慢无理】：*insolenza*，I 89（2X），I 98；**insolence**，**acts of**【傲慢无礼的行为】：*insolenze*，VII 214；**insolent**【霸道】：*insolente*，I 104，VI 206

inspirit【加油鼓劲】：*inanimare*，III 85. *See also* spirited

institute（v. ）【制定】：*costiruire*，VII 123

intent【专心】：*intento*，VI 186；**intentiion**【意思，欲图】：*intenzione*，I 35，I 208，II 254，VI 81，VII 181. *See also* think

interpret【理解，解释】：*interpretare*，V 72，V 73，VI 207（2X），VI 208

judge（v. ）【断定，认为，相信】：*giudicare*，pr. 2，pr. 10，I 12，I 35，I 36，I 52，I 88，I 140，I 188，I 224，II 75，II 212，II 229，III 26，III 126，III 137，III 189，III 214，IV 85，V 128，VI 100，VI 122，VII 181，VII 182；**judge**（n. ）【判处，法官】：*giudice*，VI 123，VII 196；**judgment**【评判，判断】：*giudicio*，pr. 12，I 12，I 22，I 35，III 141，VII 7，VII 211

just【公正的】：*giusto*，* VII 230；**justice**【正义，公正】：*giustizia*，I 62，VI 122，VI 149，VI 229；justice【公正】：*giusto*，* VI 230；**justify**【辩护】：*giustificare*，I 157；**justification**【理直气壮】：*giustificazione*，VII 198

kill【杀死，处死】：*ammazzare*，II 52，II 305，II 307，III 92，IV 49，IV 65，1V 70，VI 119，VI 120，VII 14，VII 111，VII 122，VII 162；**killed，to be**【被杀死】：*morire*，I 59，II 57，III 91，IV 64，1V 69，IV 77，VI 114，V1116，VI 217，VII 81，VII 88，VII 101. *See also* death；die

kind【种，类，种类】：*generazione*，II 24，II 131，III 30，IV 38，VII 49；**kind**【类】：*genere*，VI 71；**kind**【种类】：*ragioni*，I 142，VII 201；**kind**【种】：sorte，II 183

king【国王，君王】：re，I 9，I 58，I 77（2X），I 78，I 80，I 82，I 83，I 91，I 104，I 107，I 109，I 110，I 159（2X），I 188，I 190，II 17，II 33，II 76，II 158，II 287，II 309，1II 216，IV 120，IV 122，IV 146，VI 162，VI 163，VII 25，VII 27，VII 31，VII 44，VII 204，VII 232；**kingdom**【王国】：regno，pr. 5，I 15，I 51，I 58，I 59，I 64，I 78，I 89（2X），I 80，I 82，I 83，I 122，I 177，I 188，I 255（2X），II 62，II 139，II 286，II 291，II 293（2X），II 295，II 310，VII 244

knowledge【知识】: *notizia*, I 14, VII 109, VII 184; **knowledge**【知识】: *scienza*, V 108; **knowledge**【见识】: *sapere*, VII 72; **knowledgeable**【知识渊博的】: *sapiente*, I 8; **knowledgeable**【有见识的】: *consapevole*, VI 107; known, **let it be**【晓令】: *dire voce*, VI 195; *see also* voice

lance【标枪】: *lancia*, II 26, III 23 (2X), VII 49, VII 192

land【地，土地】: *terra*, I 180, I 181 (2X), I 183 (3X), I 184 (2X), I 185, I 194, I 196, II 127, V 63, VII 183, VII 194. *See also* country; earth; ground; town; *Cf.* bury

language【语言】: *lingua*, II 144, VII 229

lasciviousness, acts of【好色行为】: *lascivie*, VII 214; **lascivious ones**【好色之徒】: *lascivie*, VII 236

laudable【值得称道的】: *lodevole*, I 205. *See also* praiseworthy

lauded【受人称道】: *lodato*, IV 38. *See also* praise

laugh【见笑】: *ridere*, III 126

law【律法，法律】: *legge*, pr. 3, pr. 8, I 67, I 98, I 171, I 246, II 105, II 261, VI 112, VI 125 (2X)

lawgiver【立法者】: *datore di legge*, I 179

legion【军团】: *legione*, I 86, I 206, I 212 (2X), I 213, I 214 (3X), I 215, I 216, I 262, II 143, II 147, III 14, III 25, III 26, III 29, III 30, III 31, III 32, III 40, III 41, III 44, III 46, III 47, III 48, III 66, III 75, III 178, IV 28 (2X), IV 41, IV 68, V 6(2X), V 101, V 102, V 142, V 143, VI 19 (3X), VI 21, VI 114, VI 133, VI 195 (2X); **legionary** (a.)【军团的】: *legionario*, III 45; **legionary** (n.)【军团】: *legionario*, V 101

levy (n.)【征兵】: *deletto*, I 120 (2X), I 125 (2X), I 126, I 127, I 128 (2X,), I 130, I 131, I 140, I 147, I 166, I 191, I 206 (2X), I 207, I 208, I 209, I 212, I 214, I 217 (2X), I 218, I 220, I 223, I 225, I 259, I 260, I 261

liberal【无意】: *liberale*, VII 247; **liberality**【宽容大度，宽厚】: *liberalità*, pr. 13 (2X), I 10, VII 116

liberty【自由】：*libertà*，I 56，I 159，II 301. *Cf.* flee

limits【范围，界限，局限】：*termini*，II 81，II 212，V 106，VI 81. *See also* end；means

life【生活，生命】：*vita*，pr. 1，pr. 8，I 8，I 24，I 26，I 29，I 31，I 57，I 68，I 209，I 225，II 268，II 275，II 305，III 26，IV 134，IV 139，VI 116，VII 239. *See also* live

live【住在】：*abitare*，VII 34，VII 129；**live**【生活，生存】：*vivere*，pr. 3，I 33，I 48，I 51，I 56，I 62，I 65，I 67（2X），I 71，I 82，I 83，I 91，I 92，I 104，I 105，II 29，II 139，II 262，II 310，V 88，VI 70，VI 205，VII 66，VII 239；**living**【生活】：*il vivere*，I 53，VI 70，VII 168，VII 180；**living, form/mode of**【生活方式】：*forma/modo del/divivere*，I 28，I 29（2X），II 305，V 83，V 90，VII 241. See also life

lively【活泼的】：*vivo*，I 204，*See also* alive

lodge【住宿，存放】：*alloggiare*，II 268，II 324，IV 133，VI 134，VI 141. *See also* encampment

lord：【领主】*signore*，I 8，III 77，IV 5，VI 6；**lord**【领主】：*signore*，I 8，I 94，I 137，II 314，III 4，III 209，V 95，VI 1，VII 29，VII 30，VII 35，VII 244；**lord, to be**【主宰】：*signoreggiare*，II 313(2X)

lot, by【通过抽签】：*a sorte*，＊I 214

love【性爱】：*Venere*，VI 129；**love**（n.）【爱，热爱】：*amore*，pr. 6，I 91，IV 134，IV 149，IV 151；**love**（v.）【喜爱，热爱，爱好】：*amare*，pr. 3，I 11，I 26，I 33，I 108，VII 216；**love**（a.）【爱情】：*amoroso*，I 6；**to be in love**【恋爱】：*innamorasi*，I 6；**lover**【情人】：*amatore*，pr. 10，I 10，I 24，I 110（2X）

magistracy【执政官】：*magistrato*，I 206，I 212

magnanimous【宏伟的】：*magnanimo*，VII 31

magnificent【宏大的】：*maguifico*，I 3

maintain【保持，维持，维护】：*mantenere*，pr. 2，pr. 3，I 171，I 249，II 30，II 123，II 140，II 171（2X），II 270，II 304，II 314，III 210，V 69，V 86，V 124，VI 144，VI 147，VI 171，

VI 206（2X），VII 89，VII 173

malicious【心怀恶意】：*maligne*，VII 234；**malignity**【恶意，恶毒】：*malignita*，I 57，II 290，II 298；**malice**【恶念，怨言】：*malizia*，I 86，I 141. *See also* bad；evil；wicked

man ∗【人】：*uomo*，pr. 2，pr3，pr. 5(2X)，pr. 8，I 1，I 3(2X)，I 8，I 10，I 12，I 24，I 26，I 39，I 48，I 51(2X)，I 52，I 53，I 60，I 64，I 65，I 66，I 67，I 71，I 72，I 86(2X)，I 89，I 91，I 92，I 98，I 100，I 107，I 112，I 117，I 120，I 121，I 122，I 130，I 133，I 141，I 147，I 153，I 162，I 166，I 169，I 173，I 183（2X），I 195，I 201，I 204，I 213，I 217，I 220（2X），I 224，I 225，I 227（3X），I 230，I 237，I 240，I 246（2X），I 253，I 254，I 258，I 261，I 262，II 1，II 20，II 41，II 46，II 49，II 52，II 90，II 97，II 117，II 118，II 120，II 121，II 140，II 141（2X），I 142（2X），II 147（3X），II 160（3X），II 161，II 167，II 185，II 186，II 190，II 191（2X），II 212，II 215，II 242，II 255，II 260，II 261，II 268，II 270，II 278，II 285，II 287，II 288，II 290，II 291（2X），II 293（2X），II 295，II 299，II301，II 302（2X），II 304，II 305，II 306，II 308（2X），III 22，III 23，III 61，III 63，III 75，III 116，III 147，III 178，III 180（2X），III 184，III 192，III 205，III 227，IV 78，IV 106，IV 111，IV 134，IV 141，V 19，V 32，VI 19，VI 27，VI 50，VI 82，VI 108（2X），VI 116，VI 125（3X），VI 162，VI 165，VI 168，VI 175，VI 187，VI 210，VI 226，VI 228，VII 10，VII 26，VII 39，VII 62（2X），VII 74，VII 85，VII 111，VII 114，VII 115，VII 119，VII 160，VII 178（3X），VII 187，VII 191（2X），VII 195，VII 199，VII 207（2X），VII 210，VII 223，VII 232，VII 234，VII 239，VII 240，VII 243；**men**【人，人们】：*genre*，*genti*，II 52，III 17，III 48，III 129，IV 13，IV 16，IV 28，IV 29，IV 121，VI 14，VI 153，VI 224，VII 135；*see also* people；**man-at-arms，man of arms**【武装人员，军人】：*genre d'arme*，*uomo d'arme*，figs. 3，I 95，I 99（2X），I 102，II 52，II 56，II 59，II 60，II 63，II

74，II 76，III 59，III 83，II 321，II 323，II 324，II 325（2X），III 58，III 88，III 91（2X），III 133，V 28，VI 33（4X），VI 36，VI 37（2X），VI 41. *See also* troops

manage【使用，管理】：*maneggiare*，I 173，II 9，II 12，II 230，III 37，III 90，III 211（2X），VI 79，VI 166，VII 201；**management**【事务】：*maneggio*，II 322

mares【母马】：*cavalle*，VII 187. *See also* cavalry, horse

mavel（v.）【诧异，迫案叫绝，惊异】：*maravigtiare*，I 14，II 91，II 117，II 319，VI 186，VI 242；**marvelous**【奇怪的】：*maraviglia*，VI 118

master【主人】：*maestro*，IV 130，IV 132；**master**【主公，马主】：*padrone*，II 168，VI 46；**quartermaster**【军需官】：*maestro di campi*，VI 57

matter【事情】：*materia*，I 10，I 130，II 140，II 318，VI 191，VI 235，VII 196，VII 224；**materials**【资料，物资】：*materia*，pr 11，I 114，I 173，III 8，IV 7，V 135，V 146，VI 8，VI 11，VI 231，VII 15

means【手段】：*termini*，I 36，I 50，I 211，V 117，VI 216，VII 82，VII 102；*See also* end; limit；**means**【手段】：*mezzo*，III 196；*see also* half; midday; route; degree

member【士兵】：*membro*，I 68，I 203，II 262，II 311，IV 147，V 25，VII 29，VII 232

memory【记忆】：*memoria*，I 7，I 8（2X），I 54，III 49

mercy【怜悯】：*piatà*，I 53

merit【应得的，定应】：*meritare*，pr. 12，I 37，I 57，I 179，I 224，I 259，VI 118，VI 236，VII 32，VII 203（2X）. *See also* deservedly

midday【中午】：*mezzo di*，V 126；**midday**【中午】：*mezzogioron*，V 157. *see also* half; midday; route; degree

middle【中间，中途】：*mezzo*，I 58，I 167，II 12，II 182，II 222，II 224，II 232，III 44，III 52，III 56，III 61，III 159，III 177，III 182，III 203，IV 28（2X），IV 29（2X），IV 30，IV 56，IV

92，V 19，V 46，V 56，V 100，V 129，VI 3，VI 19，VI 54，
VI 55，VI 56，VI 57，VI 61，VI 72（2X），VI 133，VII 34，
VII 35，VII 80，VII 215；*see also* degree，means，midday，
route；**middle**【中间】：*metà* VII 46；*see also* half

military（n.）【军事，军人，军队】：*milizia*，pr. 5，pr. 9，I 41，I
57，I 89，I 129，I 144，I 147（2X），I 163（2X），I 166，I
208，I 210，I 217，I 218，I 229，I 236，II 78，II 83，II 84，II
85，II 142，II 144，II 314，II 319，II 323，II 329，III 10，IV
140，V 78，V 106，VII 181（2X），VII 183（2X），VII 187，
VII 196，VII 199，VII 236；**military, to be in the**【从军，入
伍】：*militare*，I 72（3X），I 125，I 129（2X），I 161，I 198，
IV 141，VI 57，VI 167，VII 226；see also soldier；military
（adj.）：militare，pr. 1，pr. 4，pr. 8，pr. 9，I 8，I 33，I 47，
I 147，I 189，I 209，I 210，I 212，II 125，II 272，II 294，II
306，II 308，V 68，VI 123，VI 239

militia【国民军】：*ordinanza*，I 104，I 148，I 151，I 154，I 170，I
189，I 190，I 199（2X），1 201，I 220，I 227，I 228，I 234，I
238，I 240（2X），I 260，I 263，II 171，VII 242. *See also*
order；*Cf.* military

mind（n.）【精神，心】：*mente*，I 12，I 49；**mind**（v.）【在意】：
curare，IV 88；*see also* care；**mind**（v.）【介意】：*rincrescere*，VI
232

minister（n.）【王公大臣，照顾，指挥官】：*ministro*，I 78，III 60，
VI 88

misfortune【厄运】：*sventura*，V 64

mix【混合，结合】：*mescolare*，I 167，I 209，II 65，II 123，II 188，
III 34，IV 142，VII 39；**mixture**【结合】：*mescolate*，I 206

mobile【移动的】：*mobile*，VI 84

modern（a.）【现代的，】：*moderno*，II 61，II 93，II 101，II 146，III
161，V 89，VI 154；**modern**（n.）【现代人】：*moderno*，III137

monarchy【君主国】：*monarchia*. I 178

money【金钱】：*danari*，II 135，IV 97，V 95，VII 178（3X）；**money**

【钱】：*soldo*，II 271，V 104，V 105

multitude【众多，大量】：*moltitudine*，＊ I 242，III 29，IV 137，V 156，VI 13，VI 161，VII 85

music【音乐】：**suono**，figs. 3，II 155，II 156，II 162，II 163，II 191，II 194，II 222，II 234，II 276（2X），II 277，II 278，II 279，II 280（2X），II 282，II 323，III 61，III 63，V 71，V 73，V 77，V 124；**music**【音乐】：*musica*，II 277；**musician**【乐手】：*suono*，II 156，II 269；**musical instrument**【乐器】：*suono*，II 277，III 212，III 213（2X），III 217，III 218（2X），III 219，III 220

mutiny，in【兵变】：*tumultuariamente*，I 55. *See also* tumult

name（v.）【命名】：*nominare*，I 66，II 131，II 134，II 279，II 285，II 290（2X），II 298，III 163；**name**（v.）【称呼】：*chiamare*，V 35；**name**（n.）【名称，姓名，称谓】：*nome*，I 1，I 15，I 19，I 120（2X），II 4，II 142，II 146，II 148，VI 21，VI 70，VI 230，VII 109，VII 162

narrate【叙述，讲述】：*narrare*，VI 20，VI 38，VI 166，VII 181；**narration**【叙述】：*narrazione*，VI 18. *See also* tell；relate

nation【民族，国家】：*nazione*，II 33，II 142，III 34，III 217，VI 161

nature【自然，天性，性质】：*natura*，I 124（2X），I 252，I 253，II 10，III 156，IV 151，VI 142，VII 1，VII 2，VII 14，VII 160，VII 246；**natural**【自然的，天然的，天生的】，*naturally*：*naturale*，*naturalmente*，I 253，II 86，II 97，II 262，IV 3，VI 13，VI 161，VI 162（3X），VI 208，VI 212，VI 217，VII 202，VII 226

necessary，necessity【必要的，必要性】：*necessario*，necessità，*passim*；**necessitate**【必须有】：*necessitare*，I 52，I 211，II 29，III 67，IV 39，IV 95，V 12，VI 244，VII 203

new【新的】：*nuovo*，I 144，I 178，I 192，I 199，I 206（2X），I 209（3X），II 125，II 169，II 171，II 203，II 213，IV 51，IV 52，IV 97，IV 140，VI 79（2X），VI 105，VI 172，VI 186，VII 37

(2X)，VII 107，VII 162，VII 166（2X），VII 233；anew【重新，再】：*di nuovo*，I 192，I 201（2X），I 218，III 67，III 201，VI 138，VI 234，VII 43. *Cf.* renew

nobility【高贵】：*nobiltà*，pr. 13（2X）；**nobles**【贵族】：*nobili*，VI 190

noise【噪音，喧嚣】：*romore, rumore*，II 282，III 218，III 224，III 226，III 228，III 229，III 230，IV 59，IV 60（2X），V 39，V 60，VII 118；**to make noise**【鼓噪】：*romoreggiare*，III 230

number ∗【数量，数字】：*numero*，I 96，I 97，I 98，I 130，I 131，I 220（2X），I 221（2X），I 222，I 223，I 228，I 230，I 237（3X），I 239，I 240，I 270，II 32，II 142，II 149，II 160，II 176，II 190，II 199（2X），II 210，II 211（2X），II 290，II 323，III 41（2X），III 116，III 180，III 181（2X），III 201（2X），III 202，III 203（2X），III 204，III 208，IV 14（2X），IV 16，IV 111，IV 126，V 11，V 35，V 78，V I 19，V 143，VI 19，VI 51，VI 106，VI 156，VI 161，VI 164，VII 148；**number**（v.）【列为，编号】：*numerare, mettere nel numero*，I 29，III 202，VI 70

oath【誓言】：*sacramento*，I 67；**oath**【宣誓】：*giuramento*，V 138. *Cf.* swear

obey【执行，服从】：*obediscere, ubbidire*，I 159，II 88，II 140，II 166，II 199，II 277，II 281，II 309，III 73，III 200，IV 132，VI 15，VI 16，VI 168，VI 241；**obey**【遵守】：*osservare*，IV 110，VII 121，VII 136；*see also* observe；**obedience**【服从】：*ubbidienza*，VI 162，VII 207，VII 215；**obedient**【顺从的】：*ubbidlente*，I 229

oblige，obligated【必须，有义务】：*obligare, obligato*，I 227，I 230，II 82，II 134，II 138，II 162，II 326，III 12，III 163，VI 46，VII 71，VII 210

observe【遵守，遵从】：*osservare*，I 206，I 208（2X），I 255，II 103，II 140，II160，II 161，II 207，II 226，II 230，III 13，IV 23，IV 142，V 37，V 60，VI 106，VI 16，VI 18，VI 20，VI 46，

VI 84（2X），VI 105，VI 107（2X），VI 110，VI 111，VI 118，VI 119，VI 120，VI 124，VI 138，VI 150，VI 152，VI 154，VI 164，VI 242，VII 128，VII 155，VII 198，VII 218，VII 222；*see also* obey；**observe**【恪守】：*notare*，III 35；**observance**【遵守】，*observant*：*observante*，*osservanza*，V 99，VI 111，VI 125；*see also* attention

obstinate【顽强，顽强不屈】：*ostinato*，II 49，IV 134（2X），IV 148；**obstinacy**【顽强，顽强不屈】：*ostinazione*，II 301，IV 139，IV 148，V 105，VI 163；**so obstinately**【不屈不挠】：*in tanto ostinato*，VII 151

offend，offence【冒犯，进攻】：*offendere*，*offesa*，I 16，I 248，II 6，II 14，II 15，II 26，II 55，III 125，III 152，III 154，IV 18，IV 21，IV 49，V 12，V 62，V 121，VI 80，VII 48，VII 90

office【职责】：*ufficio*，*uffizio*，I 212，II 28，II 191，II 259，II 260，II 269，III 35（2X），III 56，III 82，III 156，IV 2，V 36，V 78，VI 1，VI 57

old【老的，年迈的】：*vecchio*，I 192，I 199，I 206，I 209，II 169，II 202，II 213，VII 70，VII 162，VII 247；**old age**【老年】：*vecchiezza*，II 134. *Cf.* age；youth

operate【做】：*operare*，I 139，VII 203. *See also* do；work

opinion【观点，看法，观念】：*opinione*，pr. 1，pr. 2，pr. 9，I 16，I 142，I 155，I 221，I 237，I 243，II 312，II 315，III 145，III 149，III 226，IV 57，IV 121，IV 137（2X），VI 210，VII 19，VII 74. *See also* reputation

opportunity【机会，时机】：*occasione*，I 10，I 12，I 39，I 40，I 41，I 43，I 44（3X），I 112，1 257，II 126，IV 71，IV 77，IV 99，IV 102，IV 123，IV 127，VI 175（2X），VI 183，VI 195，VII 113，VII 132，VII 159，VII 174，VII 195，VII 197，VII 247

oppress【迫使，强迫】：*opprimere*，I 173，IV 77（2X），VI 98，VI 168，VI 170，VI 200，VII 104，VII 114，VII 144

oracle【神喻】：*oraculo*，VII 236

orators【演说家】：*oratori*，IV 138. *See also* ambassador

order（n.）【队形】：*ordine*，*passim*；**order**（v.）【排列队形】：*ordinare*，*ordinato*，*passim*；**order**【列队】：*ordinanza*，V 125，VI 78. *See also* militia

ordinary【普通的】：*ordinario*，pr. 2，I 36，II 27，II 125，II 148（2X），II 149（2X），II 152，II 156（3X），II 188，II 216，II 258，III 40，III 49，III 60，III 92，III 204，IV 41，V 17，V 99，VI 40，VI 49，VI 50，VI 50，VI 94，VI 160，VII 37，VII 52，VII 127；**ordinarily**【常规的，平常的】：*ordinariamente*，*per l'ordinario*，II 193，II 226，III 44，V 3，V 7，V 21，V 42，V 87，VI 85，VI 104，VII 57，VII 151

overcome *【克服，战胜】：*superare*，II 40，II 44，II 71，II 167，II 305，III 17，III 20，III 99，III 161，III 230，IV 25，IV 39，VI 151，VI 175，VII 74，VII 87，VII 147，VII 148，VII 203

palisade【木栅】：*steccato*，VI 85，VI 86，VI 230，VII 148

pardon（v.）【饶恕】：*perdonare*，VII 90. *Cf.* indulgence

partisan【工匠】：*partigiano*，II 148

party【一方】：*parte*，* I 248

passage *【通道】：*via*，* III 59（libera），V 32，VII 139. *See also* path；road；way

passion【感情，热情】：*passione*，1188，II 290，IV 139，VI 212

path【途径】：*via*，* I 35. *See also* passage；road；way

peace【和平】：*pace*，pr. 6，I 17，I 52（3X），I 53（2X），I 56，I 61，I 67，I 75，I 81，I 83，I 91，I 93（3X），I 94，I 95，I 96（2X），I 97（2X），I 98，I 99，I 104，I 105，I 106，I 107，I 108，I 109，I 110，I 236，I 248，II 164，VII 151；**peaceful**【平和的】：*pacifico*，pr. 5

peers【同僚】：*pari*，I 94，*See also* equal；even

penalty【处罚，惩罚】：*pena*，II 119，V 120，VII 230. *See also* pumishment

people【人们，人民，民众，民族】：*popolo*，*populare*，I 73，I 87，I 88，I 93，I 159，I 188，I 213，II 29（2X），II 78，III 300，III 302，III 305，III 315，IV 78，VI 118，VI 122（2X），VI 123，

VI 168，VI 169，VI 178，VI 227（2X），VI 229，VII 230；
people【人们】：*gente*，V 78；*see also* men

perfect【完美的，完善的】：*perfetto*，I 17，I 222，V l10，VI 8，VI 24（2X），VII 225，VII 241；**perfection**【完美】：*perfezione*，I 170，III 110，VII 225；**perfectly**【完全】：*perfettamente*，I 278；**imperfect**【不完整】：*impezfetto*，III 181

perhaps *【会】：*per awentura*，I 24，*Cf.* fortune

peril【危险】：*pericolo*，II 84，*See also* danger；risk

permit【允许，准许】：*permettere*，I 85，III 41，IV 134，VI 127，VII 195；**permission**【允许】：*licenza*，I 46，I 69，I 70。*See also* allow

pernicious【有害的】：*pernizioso*，IV 30；**pernicious**【有害的】：*pernicioso*，III 229

perpetual【永久的】：*perpetuo*，II 305

pike【长枪，长枪兵】：*picca*，figs. 3，figs. 5，II 18，II 26，II 27，II 31，II 38，II 55，II 56，II 57（2X），II 60，II 65，II 70（3X），II 92，II 94（～X），II 132，II 148（2X），II 149，II 150（2X），II 151，II 153，II 156，II 191（2X），II 193，II 194，II 196（2X），II 221（2X），II 223，II 224，II 225，II 226（2X），II 229，II 232（4X），II 235（2X），II 245，II 247，II 255，II 258，III 31，III 34（2X），III 35，III 36（2X），III 37，III 49，III 56，III 57，III 60，III 61，III 62，HI 66，III 69，III 72，III 90（3X），III 91，III 92，III 95，III 141，III 145，III 153，III 164，III 165（2X），III 166（2X），III 167，III 170，III 171，III 186，III 189，III 196，III 208，IV 36（2X），V 19（2X），V 21，V 22，V 24，V 39，V 46，V 50，V 56，VI 62（3X），VI 66，VI 67，VI 73，VII 227；**pike**【长枪】：*polo*，IV 50；**piker**【长枪兵】：*picchiero*，II 232。*See also* stake

plan（v.）【打算，计划】：*disegnare*，pr. 2，I 130，IV 87，V 14，VI 171；*see also* design；draw；**plan**（n.）【计划，图谋】：*disegno*，IV 87，VI 169（2X），VI 170（2X），VI 172，VI 173，VI 216，VII 155；**plan**（v.）【想】：*pensare*，I 52；*see also* think

please，pleasing，pleasure【取悦，令人愉快的，愉悦】：*compiacere*，*piacere*，I 12，I 17，I 49，I 77，I 114，I 227，III 7，IV 3，IV 4，IV 6，VI 77，VI 127，VII 247；**pleasant**【令人愉快的】：*grato*，VI 234

plebs【平民】：*plebe*，VI 190

plunder *【战利品】：*predare*，II 259，V 155. *See also* prey；spoils

poetry【诗】：*poesia*，*poetica*，I 6，VII 248

poison（v.）【下毒】：*avvelenare*，VI 219；**poison**（v.）【投毒】：*corrompere*，* VII 106；*see also* corrupt

policy【政策，策略】：*partito*，I 182，I 187，II 136，V 129，V 157，VII 38，VII 158，VII 171，VII 180

poor【贫穷的，贫困的】：*povero*，II 29，VII 179；**poverty**【贫穷，穷困】：*povertà*，I 33，II 29；impoverish：*impoverire*，V 95

Pope【教皇】：*papa*，I 98，VII 20，VII 27

power【权力，势力】：*podestà*，*potestà*，I 80，I 125，II 288，II 313；**power**：【权位，威力】*potenza*，*potere*，* I 87，II 18，II 52，VI 211；**powerful**【有权有势的，势力强大的】：*possente*，*potente*，I 173，I 184，II 33，III 195，IV 33，V 126，VI 237，VII 244

practice，practiced【训练，熟练的，老练的】：*praticare*，*practico*，II 140，II 166，II 202，II 213，V 67，V 68，VI 82，VII 166，VII 212；**practice**（n.）【演练，演习】：*pratica*，* II 130，II 164，II 201，II 205，II 217，II 219，II 220，II 227，II 281，III 45，III 211，VI 6；*see also* proceed；**practically**【实际上】：*praticamente*，* VI 82；**practice**（v.）：*esercitare*，pr. 9，I 6，I 51，II 104；**practice**（n.）【职业】：*esercizio*，I 66，I 67，I 72，I 74，I 76，I 77，I 85，I 86，I 105；*see also* career；drill；exercise，train

Praetorian【禁卫军】：*Pretoriano*，I 88

praise（v.）【称赞，赞美】：*laudare*，*lodare*，pr. 8，I 1（2X），I 11，I 13，I 24，1 27，I 151，II 34，IV 139，VI 117，VII 192，VII 193，VII 201；*see also* lauded；**praise**（n.）【赞美】：*lode*，I 12，

VI 118，VII 33，VII 193，VII 203；**praiseworthy**【值得称赞的】：*1odevole*，I 5，VII 207，VII 236；*see also* laudabla. *Cf.* blame

pray【恳请】：*priegare*，III 224

prevail【胜过，占上风】：*prevalere*，II 52，II 84，II 294. *See also* succeed

prey (n.)【战利品，劫掠所得】：*preda*，I 70，IV 82，IV 128，IV 139，VII 6，VII 100，VII 236；**prey** (v.)【掠夺】：*predare*，II 305，VII 114. *See also* plunder；spoils

prince【君王，王公】：*principe*，I 15，I 29，I 56，I 93，I 94，I 122，I 132，I 135，I 137，I 166，I 167，I 208，I 254，II 29，II 130，II 261，II 287，II 297，II 313，III 209，1V 140，V 68，V 83，V 98，VI 228，VII 188，VII 199，VII 209，VII 229，VII 230，VII 236 (2X)，VII 239，VII 241，VII 244，VII 245，VII 247

private【私人的】：*privato*，I 33，I 67，I 68

proceed【进行，继续下去】：*procedere*，I 90，I 206，I 255，II 67，II 83，II 179，II 277，III 214，IV 11，IV 28，VII 225；*see also* progress；**proceed**【继续】：*toccare*，* IV 2；**proceedings**【进行期间】：*pratica*，VII 84；*see also* practice

profit【利益】：*guadagno*，II 170. *See also* gain

progress (v.)【展开】：*procedere*，I 165. *See also* proceed

promotion【提拔】：*grado*，VII 236. *See also* rank

proof【证据】：*esperienza*，VII 242

propert【财产】**y**：*facultà*，* V 131

proportion【比例，部分】：*proporzione*，I 95，II 216，II 221

proud【自豪的】：*superbo*，pr. 4；**proudly**【傲慢地】：*superbamente*，VII 236

proverb【谚语】：*proverbio*，I 61

province【地区，省份】：*provincia*，I 53，I 67，I 70，I 125，I 129，I 249，II 213，II 291，II 309，VI 197，VI 228，VI 230，VII 207，VII 226，VII 241，VII 244，VII 248

prudence，prudent，prudently【审慎，审慎的，审慎地】：*prudente*，*prudentemente*，*prudenza*，I 8，I 110，I 121（3X），I 130，II 52，II 136，III 61，III 102，III 128，III 145，III 155，IV 63，IV 100，IV 106，W 111，V 10，V 62，V 119，VI 2（2X），VI 27，VI 236，VI 237，VI 2. 46，VII 31，VII 138，VII 206；**lacking prudence**【不慎】：*poco prudente*，V 63；**imprudent**【不谨慎的】：*imprudente*，I 187，VI 238

public【公共的】：*publico*，I 33，I 75，I 87，I 173，I 249（2X），II 135，V 11（2X），V 98（2X），V 103，VI 70（2X），VI 71，VI 134，VI 136；**publicly**【公开地】：*publicamente*，IV 139，VI 115

punish【惩罚，处罚】：*punire，fare punitore*，I 74，III 134，VI 101，VI 108，VI 113，VI 121，VI 124，VI 201，VI 202，VI 205，VI 206；**punishment**【惩罚，处罚】：*punizione*，VI 116，VI 121，VI 201，VI 205；**punish**【惩罚，处罚】：*gastigare*，VI 200，VI 205，VII 230；**punishment**【惩罚，处罚】：*pena*，III 134，VI 113，VI 115，VII 117，VI 118，VI 119，VII 123，VII 173，VII 194. *see also* penalty

purge【除去】：*purgare*，I 94

purpose，* ultimate【最终目标，目的】：*fine*，I 6，I 115. *See also* end

Queen【女王】：*reina*，I 58

rank【行当，官阶，排】：*grado*，pr. 11，III 204（3X），III 205（2X），VI 206；*see also* promotion；rank：stiera，II 15；**to dose rank**【列队】：*premere*，V 76

read【见闻，阅读，理解】：*leggere*，pr. 10，I 8，I 55，I 190，II 13，III 10，IV 139，VI 20，VII 128，VII 215，VII 241

reason（v）【推理，说服】：*ragionare*，I 203，I 234（2X）I 260，I 261，II 24，II 25，II 172，III 5，III 107，IV 111，IV 118，V 25，V 82，V 83，V 95，VI 98，VII 94（2X），VII 182，VII 183，VII 191，VII 211，VII 238，VII 242；*see also* discuss；**reasoning**【推理，讨论】：*ragionamento，ragionare*，I 94，I 165，

I 220，I 259，I 260，I 271，II 272，II 316，III 44，III 173，IV 4，IV 48，IV 72（2X），V 150，VI 1，VI 2，VI 6，VI 234，VII 17，VII 77，VII 181，VII 194，VII 225，VII 242；**reason**（n.）【理由，原因】：*ragione*，I 61，I 96，I 161，I 162，I 177，I 185，I 222，II 16，II 82，III 122，III 168，III 179，III 215，V 105，VI 239，VII 15，VII 53；**reasonableness**【合乎情理】：*ragionevole*，V 114；**reasonable，reasonably**【合理，合情合理】：*ragionevole，ragione vuole，ragionevolmente*，II 299，III 195，III 230，V 93，V 102，VI 150，VII 242；**unreasonable**【不合情理】：*non ragionevole*，V 115；**reason**（n.）【原因】：*caglone*，I 243，II 319

reborn【恢复】：*rinato*，II 305

redouble【倍加，再次翻倍】：*raddoppiare*，＊Pr 5，I 113，III 116，III 148，V 119，VII 14．*See also* double

redoubt【内堡】：*ridotto*，VII 23，VII 26，VII 30（2X），VII 35；**redoubt**【掩蔽部】：*riparo*，VII 134，VII 136，VII 138

relate【对此】：*narrare*，V 107．*See also* narrate；tell

rdatives【亲友】：*parenti*，VI 117

religion【宗教】：*religione*，I 129，II 305，V 138，V 139，VI 126，VI 210；**religious**【信教的】：*religioso*，V 139

remedy（n.）【对策】：*rimedio*，I 7，I 54，II 52，II 57，III 18，III 106，III 125，III 134，III 151，III 155，IV 8，IV 13，IV 18，IV 67，IV 87，IV 118，V 148，V 151，V 155，VI 121，VI 122，VI 146，VI 168（2X），VII 15，VII 24，VII 88，VII 89，VII 133，VII 141，VII 143；**remedy**（v.）【补救，对付】：*rimediare*，I 169，II 218，II 267，II 313，III 159，VII 70，VII 142，VII 177

renew【重新】：*rinnovare*，I 85，III 17，VI 106．*Cf.* new

republic【共和国】：*republica*，I 31，I 51，I 64，I 67，I 77，I 106，I 122，I 137，I 177，II 105，II 118，II 130，II 137，II 139，II 158，II 261，II 286（2X），II 287，II 290，II 292，II 293，II 294，II 295，II 297，II 303，II 314，IV 140

reputation【声誉，名望】：*reputazione*, *riputazione*, I 239 （2X），I 248，I 257，II 33，III 129，IV 140，VI 201，VII 24，VII 74，VII 232，VII 234，VII 237 （2X），VII 246；**reputation**【声望】：*opinione*, IV 150；*see also* opinion

respect *【敬重，关于，考虑】：*risperto*, I 21 （2X），I 49，I 167，II 290，III 228，IV 8，IV 94，V 8，VI 121，VI 137，VI 138. *See also* thanks to, hesitate

restore【恢复】：*instaurare*, I 144，I 192，III 24 （2X），III 169；**restore**【补充】：*ristorare*, III 66，V 83；**restoration**【补充】：*instaurazione*, I 199

restraint【羁绊】：*freno*, I 129. *See also* check

reverence【尊敬，敬重】：*reverenza*, VI 163，VII 215，VII 216；**revere**【敬畏】：*riverire*, VII 223

reward（v.）【奖赏】：*premiare*, I 33，I 109，VI 117；**reward**（n.）【奖赏】：*premio*, I 107，I 220，IV 72，IV 139，V 120，VI 116 （2X），VII 173，VII 179；**reward**（n.）【奖赏】：*merito*, VII 115

rich【富裕，富人】：*ricco*, I 262，I 266，II 29，IV 139，VII 179；**get rich**【变富，发财】：*arrichire*, V 95，V 103. *Cf.* wealth

risk【风险】：*pericolo*, VII 129. *See also* danger；peril

road *【路，道路】：*via*, * V 41，V 119，V 125，V 154 （2X）. *See also* passage；path；way

route【路线】：*mezzo*, VII 109. *See also* degree；half；means；midday

rule（n.）【准则，章程】：*imperio*, I 80，IV 1；*see also* empire；**rule**（v.）【统治】：*empierare*, VI 123；*rule*（v.）：*regnare*, VII 240；**rule**（n.）【准则，规则】：*regola*, I 121，I 122 （2X），I 225，II 212，II 230，III 160，III 174，IV 87，V 13，V 144，VI 38，VII 153

satisfy【满足，满意】：*sodisfare*, I 10，I 12，I 35，I 39，I 77，I 111，I 228，II 231，III 7，IV 4，IV 9，IV 84，V 86，V 94，VI 169，VII 152，VII 191；**satisfaction**：*sodisfazione*, pr. 10，I

38；**dissatisfied**【满意】：*non sodisfatto*，I 63

scandal【丑行，恶行】：*scandolo*，I 205，I 242，I 245，I 247，I 248，I 249；**scandalous**【臭名昭著的】：*scandoloso*，I 129，I 249

science【科学】：scienza，III 174

secret（a.）【隐秘的】：*segreto*，I 12；**secret**（a.）【隐秘的】：*secreto*，VII 125；**secret**（n.）【秘密】：*secreto*，VI 175；**secret**（n.）【秘密】：*segreto*，VI 177；**secretly**【秘密地】：*secretamente*，VII 93；**secretly**：*segretamente*，VII 139，VII 192；**keep secret**【保密】：*tenere secreto*，VI 172，VII 128. 参见卷一前言标题及第33页注1关于八处 **secretary**：*secretario* 的说明；也见于第165页卷七结束句。

sect【结党】：*setta*，I 33

sedition【骚乱】：*sedizione*，VI 199

senate【元老院】：*senato*，I 67，I 69，I 88，I 89，I 257，VI 123

shade，shadow，shady【树荫，荫凉】：*ombra，ombroso*，I 12，I 13，I 15，I 17，I 34，I 141，II 144，VI 144，VII 131

shame，shamefilled，shameful【耻辱，蒙受羞辱】：*vergogna*，I 205，II 75（2X），V 64，VI 76，VII 217，VII 250；**to bring shame**【带来耻辱】：*vergognare*，VII 31；**to be ashamed**【感到羞耻】：*vergognare*，IV 68，IV 133，VI 233；**to make ashamed**【使有羞耻感】：*fare vergognare*，VII 217

shield【盾牌】：*scudo*，figs. 3，II 5，II 9（2X），II 11，II 12，II 14，II 16，II 17，II 20，II 21，II 38（2X），II 39，II 60，II 70（2X），II 114，II 148，II 151，II 191（2X），II 193，II 194，II 196，II 211，II 221，II 222，II 232（2X），II 233，II 234，II 235（2X），II 239，III 31，III 34（2X），III 37（2X），III 62，III 90，III 92，III 162，V 50，V 130，V 159；**shield**：*rotella*，II 4；shieldmen：*scudati*，II 148，II 149，II 156，II 194，II 238，II 240，II 241，III 92，III 189

show *【说明，表明，指出】：*dimostrare，mostrare*，figs. 1，figs. 2，figs. 5，figs. 6，figs. 7，figs. 8，figs. 9，figs. 10，figs.

11，pr. 13，I 6，I 44，I 98，I 162，I 208，II 57，II 70，II 77，II 157，II 165，II 166，II 171，II 231，III 197（2X），IV 52，V 49．*See also* demonstrate

sin【罪魁祸首，罪过】：*peccato*，II 78，IV 99

site【地点，地方，场所】：*sito*，II 84，II 98，II 205，II 260，III 173，IV 11（2X），IV 96，IV 126，V 8，VI 12，VI 13，VI 14，VI 15（2X），VI 16（2X），VI 17，VI 26，VI 59，VI 84（2X），VI 141，VI 143，VI 241（2X），VI 249，VII 165，VII 169

slavery【奴隶】：*schiavi*，II 305

slingers【投石手】：*fundatori*，II 28，III 15

soil【土壤】：*terreno*，VII 137．*See also* ground；terrain；*Cf.* bury

soldier, soldiery（n.）【士兵，军人】：*soldo, soldato*，pr. 2，pr. 8，I 53，I 54，I 55，I 56，I 58，I 60，I 63，I 72，I 74，I 97，I 122，I 123，I 142，I 197，I 200，I 203，I 204，I 209（2X），II 78，II 102，II 107，II 111，II 116，II 166，II 179，II 202（3X），II 203，II 211，II 225，II 261，II 281（2X），III 75（2X），III 76，III 139，III 141，III 143，III 200，III 201，III 216，III 230，IV 23，IV 63，IV 64，IV 70，IV 112，IV 114，IV 126，IV 127，IV 134，IV 135，IV 140，IV 141，IV 147，IV 148，V 11，V 66，V 71，V 78，V 81，V 86，V 96，V 97，V 99，V 100，V 101（2X），V 104，V 105，V 107，V 118，V 121，V 154，VI 1，VI 19，VI 70，VI 89（2X），VI 117，V1119，VI 120，VI 125，VI 129（2X），VI 144，VI 154，VI 156，VI 160，VI 164，VI 180，VI 199，VI 205（2X），VI 207，VII 99，VII 101，VII 156，VII 163，VII 165，VII 174，VII 179，VII 180，VII 193，VII 212；*see also* hire；**soldier**（v.）【从军，当兵】：*militare*，I 9，I 72（3X），I 73，I 132，I 220，II 83，II 123，II 128；*see also* military, to be in the；**soldierly**【士兵】：*soldati*，II 122

son【儿子，子】：*figliuolo*，VI 28，VII 244．*See also* children

soul【灵魂】：*anima*，I 2，II 275，III 26

sound（n.）【响声，声音】：*suono*，II 140，II 166，III 206，VI 133；

sound（n.）【声音】：*voce*，III 222；**sound**（v.）【响，发出声音】：*sonare*，VI 132，VI 224

spare【压制】：*avanzare*，IV 5. *See also* exceed; leave; remain; stick; susplus

spear【标枪】：*asta*，II 9（2X），II 10（2X），II 11，II 12，II 13（2X），II 14，II 15（2X），II 21（2X），II 22，II 27，II 56，VI 82；**spear**【短矛】：*dardo*，II 7

speech【讲话，演说】：*parole*，III 230，VII 236. *See also* word

spirit【精神，士气】：*animo*，I 3，I 4，I 8，I 10，I 13，I 94，I 121，I 165（2X），I 203，I 205，II 90，II 122，II 167，II 268，II 278，II 280，III 101，III 216，III 227，IV 63，IV 116，IV 139，VI 169，VI 170，VII 31，VII 74，VII 156，VII 238；*see also* heart; **spirit**【活力】：*spirito*，I 225. *See also* inspirit

spirited【有勇气的，英勇的】：*animoso*，pr. 11，I 121（2X），II 90（2X），II 167（2X），IV 3

spoils【劫掠，掠夺】：*preda*，I 68，V 93，V 96，V 97，V 98，V 99，V 100（2X），V 102，V 103，V 114，VI 79，VI 180，VI 215；**spoils**【战利品】：*predare*，V 97. *See also* plunder; prey

stake【桩，树桩】：*palo*，II 265，II 324. *See also* pike

state *【国家，邦国】：*stato*，I 84，I 98，I 100，I 158，I 171，I 230，II 125，II 290，II 309，II 311，II 313，II 314，V 95，VII 95（2X），VII 199，VII 209，VII 230，VII 234，VII 237，VII 238，VII 239，VII 244（2X）

storm, storming【猛攻，夺取】：*espugnare, espugnazione*，III 64，IV 116，VI 166，VI 232，VII 20，VII 22，VII 85（2X），VII 92，VII 98，VII 104，VII 105，VII 133，VII 144；*see also* besiege; **stormed, could not be**【牢不可破】：*essere inespugnabile*，VII 30；*see also* impregnable

strength【力量，兵力】：*forze*，I 86，VII 146；**strength**【力量，兵力】：*fortezza*，II 109，III 61，III 69，III 145，V 49，VI 17，VI 175，VII 52；**strength**【体力】：*gagliardo*，V 86. *See also* strong

strike * （v.）【打击】：*ferire*, II 115, II 116 （2X）. *See also* hit; wound

stroke【打击，击打】：*tratto*, I 44, I 175, II 129, III 201, V 8, VI 116, VII 86, VII 147

strong【牢固的，强壮的，强大的】：*forte*, I 17, I 204, II 106, II 121, II 267, II 319, III 69, III 113, III 144, IV 26 （2X）, IV 28, IV 116 （2X）, IV 152, V 61, V 76, V 152, VI 11, VI 12, VI 13, VI 84, VI 85, VI 150, VI 182, VI 202, VI 222, VII 1, VII 2, VII 3, VII 8, VII 16, VII 37, VII 51, VII 56, VII 74, VII 118, VII 134; **strong**【牢固，强大的】：*gagliardo*, II 114, IV 26, IV 27. *Cf.* strength

stronghold 【据点】：*rocca*, VII 22. *See also* castle; *cf.* citadel; fortress

study【研究】：*studio*, I 15, I 75, II 329, VI 243. *See also* attention

succeed【成就，成功】：*prevalersi*, pr. 2, I 52; *see also* prevail; **succeed**【得手，得逞，成功】：*riuscire*, I 59, VI 216, VII 106; **succeed**【继续，获胜】：*succedere*, III 3, VII 93; *see also* follow; **likdy to succeed**【胜利】：*riuscibile*, IV 78

sun【太阳，阳光】：*sole*, I 17, I 25, I 70, I 141, III 127, IV 19, IV 21, V 42, VI 207

suspect, suspected【怀疑，疑心，可疑的】：*sospetto*, II 250, V 2, V 12, VI 166, VI 169, VI 187, VII 162; **suspicion**【嫌疑】：*sospetto*, I 1

swear【发誓】：*giurare*, VI 125; *cf.* oath; the **Sworn**【宣誓者】：*i Giurati*, II 134, II 135; **swear**【发誓】：*bestemmiatore*, VII 219; *see also* curse; **swearer**：*bestemraiatore*, 1129

sword【剑】：*spada*, II 6, II 13, II 14, II 15, II 21, II 26, II 38 （2X）, II 55, II 56 （3X）, II 65, II 66, II 70, II 92, II 113, II 148, III 31, III 37, III 93, III 95, III 141, IV 68, V 39, VII 124, VII 227

tax （v.）【负责】：*tassare*, VI 150

teach【教导，教】：*insegnare*, II 116, II 121, II 171, II 213, II

214，II 281，II 310，III 138，VI 225，VII 228；**teacher**【教官】：*maestro*，I 209，II 122；*see also* master

tell【说明，告诉】：*narrare*，III 9，V 1. *See also* relate；narrate

temerarious【胆大妄为】：*temerario*，IV 113

temple【神殿，神庙】：*templo*，IV 144，VII 100；**temple**【神殿】：*templo*，VII 128

term【术语】：*vocabolo*，II 3；**terms**【话】：*termini*，I 44. *See also* limit，means

terrain【地形】：*terreno*，III 132. *See also* ground；soil

terror【惊人事件】：*spavento*，VII 237；**terrible**【可怕的】：*terribile*，II 19，VII 73

thank【谢谢】：*ringraziare*，I 113；**thanks to**【由于】：*rlspetto a*，I 206，II 84. *See also* compared to；respect

think【认为，思考，考虑】：*pensare*，I 15，I 34，I 35，I 40，I 67，I 70，I 87，I 94，I 177，II 59，II 60，II 117，II 284，III 145，III 177，III 216，IV 1，IV 39，IV 49，V 85，VI 98，VI 126，VI 163，VI 168，VI 169（2X），VI 186，VI 222，VII 29，VII 117，VII 236，VII 247；*see also* plan；**think**【考虑】：*intendere*，III 102；**thought**【思想，想法】：*pensiero*，I 6，I 12，I 53，V 117，VI 169，VII 196，VII 245；**thought，to give**【评价】：*fare pensiero*，III 78；**thoughtlessly**【轻率地】：*inconsideratamente*，IV 102

thrust【冲锋，推进】：*impeto*，II 89（2X），II 91，II 109，III 12，III 61，III 72，III 88，III 163，III 180，IV 49，IV 50，IV 106（2X），V 155，VI 245，VII 86，VII 87，VII 148，VII 193. *See also* impetus

tiresome【厌烦】：*fatica*，II 260. *See also* effort；exert；exhaust；fatigue；toil；trouble

toil（n.）【艰苦工作，艰难困苦】：*fatica*，I 71，I 141，III 108；**toil**（v.）【跋涉】：*affaticarsi*，II 125. *See also* effort；exert；exhaust；fatigue；force；tiresome；trouble

town【城寨，城镇】：*terra*，I 54，II 37，II 39，II 84，II 305，II 310，

II 311，III 64，III 148，IV 116，IV 117，V 93，V 133，VI
116，VI 166，VI 193，VI 225，VI 226，VI 227，VI 232，VI
249，VII 1，VII 25，VII 37，VII 38，VII 59，VII 64，VII 65，
VII 69，VII 70，VII 72，VII 75，VII 86，VII 88，VII 97，VII
99，VII 100 (2X)，VII 101，VII 102，VII 106，VII 108，VII
109，VII 112，VII 113，VII 117，VII 128，VII 131，VII 132，
VII 133，VII 139 (21)，VII 142，VII 144，VII 255，VII 247；

townspeople【城里人】：*terrazzani*，VII 88，VII 89，VII 90，VII
98，VII 100. *See also* country; earth; ground land; *cf.* bury

train【训练，培训】：*esercitare*，I 117，I 150，I 165，I 207，I 209，I
210，I 217，I 225，I 227，I 240 (2X)，I 263，I 266，II 102，
II 112，II 118，II 121，II 125，II 127 (2X)，II 128，II 134，II
137，II 138，II 165，II 172，II 202，II 255，II 256，II 259
(2X)，II 260，III 11，III 198，III 210，III 221，IV 111，VII
155，VII 181，VII 242

treasure【珠宝】：*tesoro*，V 103

tribune【护民官】：*tribuno*，I 212，I 213，I 214 (3X)，I 215，
VI 119

tribute, make to pay【献贡】：*taglieggiare*，V 93；**tribute, levy**【贡
金】：*taglieggiare*，I 54，I 58

triumph (n.)【胜利】：*trionfo*，I 68，V 103

troops【部队，军队】：*genti*，*gente*，III 191，IV 14，IV 22，IV 39，
IV 57 (2X)，IV 63，IV 68，IV 77，IV 92 (2X)，IV 96，IV
97，IV 111，IV 116，IV 123，V 8，V 39 (2X)，V 62 (2X)，
V 63，V 65，V 71，V 113，V 141，V 142 (2X)，V 154，V
159，VI 19，VI 22 (2X)，VI 23，VI 25，VI 172，VI 186，VI
187，VI 188，VI 193，VI 195，VI 215 (2X)，VI 241，VI
244，VI 245 (21)，VII 29，VII 59，VII 95，VII 97，VII 105，
VII 147；*see also* men; people; **troops**【军队】：*aiuti*，VII 107

trouble (n.)【麻烦，动乱，问题】：*fatica*，II 111，III 93，III 117，
IV 3，V 91，VI 91，VI 166，VI 223，VI 241，VII 46，VII
95，VII 155，VII 202. *See also* effort; exert; exhaust; fatigue;

tiresome; toil

true【真的，真实的，真正的】：*vero*, pr. 2, pr. 6, I 17, I 21, I
72, I 77, I 98, I 129, I 150, I 165, I 217, I 219, II 13, II
145, II 216, II 302, II 314, II 326, III 11, III 110, III 134,
III 182, III 197, IV 85, V 56, V 71, V 147, VI 66, VII 104,
VII 118, VII 231; **true one**【实战，真正的】：*vero*, I 210, II
113, II 115, II 121, II 166, IV 56, VII 213; **truly**：
veramente, in vero, I 94, I 114, II 173, III 77, III 174, VII
250; **truth**【真理，真话】：*verità, il vero*, I 20, I 29, I 34, I
127, II 173

trust, entrust oneself（v.）【相信，信任】：*confidare, confidarsi,
fidare, fidarsi*, I 11, I 158, II 100, III 102, IV 114, VI
100, VI 227, VII 96, VII 128, VII 168; **trust**（v.）【信赖】：
prestare fede a, VI 189; **trust**（n.）【信任】：*fede*, VII 109;
distrustful, to be【不可信】：*diffidare*, VII 248, VII 249. *See
also* believability; confidence; faith

tumult（n.）【骚乱，骚动】：*turnulto*, I 255, VI 124, VI 168, VI
206, VI 222, VII 71; **tumult**（v.）：*tumultuare*, I 257, V 37;
tumultuous【喧嚣，大呼小叫】：*tumultuario*, V 38, V 39;
tumultuous【骚扰】：*tumulto*, V 40; **tumultuous**【喧嚣】：
tumultuariamente, VII 69. *See also* mutiny

type【类】：*ragione*, V 11. *See also* reason

tyrant【暴君】：*tiranno*, I 185, I 186; **tyranny**【暴政】：*tirannide*, I
78; **tyranny**【暴君】：*tiranno*, I 185; **tyrannical**【残暴的】：
tirannico, I 67; **tyrannize**【施行暴政】：*tiranneggiare*, I 66,
I 186

undertaking【从事】：*impresa*, I 2. *See also* campaign; enterprise

unfavorable, to be【不利于】：*disfavorisce*, IV 20

union【团结，铁板一块】：*unione*, I 249（2X）, I 254

unite【一致，团结，结合，合并】：*unire*, pr. 3, I 209, I 246, I
247, I 249（2X）, II 254, III 44, III 67, IV 41, VI 203, VI
204, VI 241, VI 242, VI 245; **disunited**【分裂，分割】：

disunito，I 246，I 247，I 249，VI 241，VII 152

unstable【不稳定的】：*instabile*，II 83，IV 1

unwarlike【不好战的】：*imbelle*，VII 23

unwilling【不甘愿，无心】：*male volentieri*，II 91，VII 94

usage【习俗，用法，使用】：*usanza uso*，pr. 2（3X），I 14，I 24，I 102，II 101，VII 50. VII 226；*see also* manner；usage；**used to**【惯于】：*uso*，*usato*，I 183，I 196，I 220，IV 62，IV 139，V1172；**used to** *【习以为常】：*avvezzo*，I 141；**get used to**【惯于】：*avvezzare*，II 110；*see also* habituate. *Cf.* accustom

useful【有用的，有益的】：*utile*，I 8，I 163，I 171，I 196，I 197，I 248，I 255，II 31，II 79（2X），II 126，II 170，II 182，II 322（2X），II 323，III 35，III 42，III 45，III 130，III 137，III 145，III 167，IV 30，V 66，V 120，V 122，VI 21，VI 25，VI 46，VI 147，VI 168，VI 172，VI 183；**useless**【无用的】：*inutile*，I 158，I 234，I 240，I 247，II 10，II 11，II 30，II 37，II 38，II 56，II 137，III 35，III 95，III 108，III 121，III 136，III 137，III 139，III 169，III 175，III 189，IV 54，VI 126；**uselessly**【无用地】：*inutilmente*，VI 149；**uselessness**【无用】：*inutilità*，I 160，I 161，I 163，I 169；**uselessness**【没用】：*inutile*，II 77. *See also* utility

usurp【篡国夺权】：*usurpare*，I 67

utility【用处，利益】：*utile*，I 57，I 87；**utility**【用处】：*utilità*，I 52，I 195，I 233，I 249，IV 76，VI 215. *See also* useful

vehemence【强烈】：*impeto*，I 27

vent（v.）【实现】：*sfogare*，I 58；**vent**（n.）【出口】：*sfogatoi*，VII 142

victor【胜利者，赢家】：*vincitore*，I 23，II 299，VI 177；**victory**【胜利，获胜】：*vittoria*，II 57，II 65，II 111，II 168，III 16，III 85，III 96，IV 27，IV 31，IV 54，IV 57，IV 58，IV 74，IV 75，IV 77，IV 91，IV 93，IV 115，IV 143，IV 146，IV 150，V 119，VI 151，VI 221，VII 93，VII 107，VII 155，VII 157，VII 193；**victory**【胜利】：*vinta*，III 130，IV 63；**victorious**【获胜

的，胜利的】：*vittorioso*, IV 25（2X）, IV 107, V 97, VI 148,
VII 167. *See also* conquer

vile【低劣的，低微的】：*vile*, II 90（2X）, V 71, VI 228; **vileness**
【糟糕透顶，恶劣】：*viltà*, I 249, II 283, II 315, IV 99,
IV 106

violate【违反】：*violare*, I 67

violence, violent【暴力，暴烈的】：*violenza, violento*, pr. 2, I 52,
I 53

virtue【美德，优长】：*virtù*, pr. 10, I 8, I 33, I 62, I 201, I 205,
II 24, II 32, II 133, II 79, II 80, II 86, II 267, II 287, II 290,
II 293, II 301, II 302, II 303, II 304（3X）, II 305, II 313
（2X）, II 314, III 20, III 35, III 44, III 83, III 88, III 92, III
123, III 149, III 175, III 212, III 216, IV 25, IV 45（2X）,
IV 108, IV 151, V 107, VI 204（2X）, VI 247, VI 248, VII
32, VII 74, VII 135, VII 148, VII 157, VII 165（2X）, VII
181; **virtuous, virtuously**【有美德的，合乎道德地】：*virtuoso,
virtuosamente*, I 158, I 180, II 262, II 290, II 293, II 302, II
304, IV 39, VI 117, VII 203, VII 230, VII 239

voice【言谈，声音】：*voce*, pr. 2, III 212, III 230, V 71, V 77. *See
also* known, let it be

volume【音量，音调】：*suono*, III 222

vouch【保证，确认】：*fare fede*, I 5, II 24. *See also* believability; .
confidence; faith; trust

wagon【马车】：*carrette, carriagi, carro*, II 246, II 249, II 263, II
265（2X）, II 324, II 325, III 56, III 157（3X）, IV 6, V 5, V
6（3X）, V 8, V 9, V 10, V 11（2X）, V 32, V 47, V 57, V
80, V 122, VI 70, VI 71, VII 50, VII 53, VII 54, VII 56
（2X）, VII 57, VII 110. *See also* chariot

war（n.）【战争】：**guerra**, 标题, pr. 标题, I 标题, I 6, I 8, I 10, I
36, I 48, I 50, I 52, I 53, I 54, I 55(2X), I 62, I 65, I 66,
I 67, I 70, I 71, I 75（2X）, I 81, I 82, I 83（2X）, I 84, I 85,
I 91, I 93（2X）, I 95, I 96, I 97, I 98, I 106, I 107, I 108

(2X)，I 109，I 110，I 112，I 115，I 119（2X），I 121，I 180，
I 181，I 183，I 184，I 188，I 206，I 210，I 212，I 224，I 235，
I 247，I 248，I 255，I 256，II 79，II，80，II 81，II 119，II
122，II 131，II 134，II 142，II 202，II 213，II 285，II 305
(2X)，II 312，II 322，III 54，III 216，IV 111，IV 112，IV
120，IV 135，IV 146，V 95（2X），V 104，V 120，VI 150，
VI 161，VI 162，VI 166，VI 175，VI 178，VI 188，VI 193，
VI 235，VI 237，VI 238，VI 239，VI 244，VI 247，VII 43，
VII 105，VII 151，VII 155，VII 159，VII 161，VII 173，VII
178，VII 183，VII 195，VII 216，VII 232（2X），VII 236；
warfare【战事】：*guerra*，I 118；**war**（n.）【战争】：*bellum*（L），
I 246；**war**（v.）【开战】：*guerreggiare*，VI 242；**warlike**【好战
的】：*bellica*，II 121. 见第 33 页注 1 关于译文省略了另外六处
书名中的 **war** 的说明；第 165 页卷七结束句。

way *【方式，道路】：*via*，* I 20，I 133，I 134，I 139，I 167，II
303，III 159，III 160，IV 36，IV 41，IV 51，IV 85，IV 139，
V 71，V 156，VI 139，VI 223，VII 90. See also passage;
path; road

weak, weakness【虚弱，软弱】：*debile, debole, debolezza*，I 188，II
52，II 78，II 80，II 98，II 140，II 141，II 309，III 69，III 177，
III 180，III 182（2X），IV 20，IV 26（3X），IV 28，IV 29，IV
31，V 116，V 156，VI 172，VI 187，VI 196，VII 2，VII 34，
VII 44，VII 56，VII 64，VII 70，VII 135，VII 140，VII 192；
weakness：indebolre，III 71

wealth【财富】：*richhezze*，pr. 13（2X）. *See also* rich

wicked【邪恶的】：*reo*，VI 117（2X），VI 119；**wicked**【邪恶的，有罪
的】：*cattivo*，I 48，I 74，I 129，I 130，I 155，I 166，I 258；
wicked【邪恶的】：malvagio，VI 167；**wickness**【邪恶】：cattività，
I 63. See also bad; evil; malicious

win【获胜，赢得】：*vincere*，I 115，I 119，I 169，I 184，II 57，II
58，II 70，II 84，II309，III 16，III 97，III 98，III 111，III
161，III 175，IV 1，IV 70，IV 73，IV 74，IV 99，IV 109，

IV115，IV 148，IV 152，V 1，V 95，V 101，VI 166，VI 196，VI 239，VI 240，VI 148，VII 156，VII 226；*see also* conquer；defeat；**winner**【赢家】：*victore*，V 95；see also victor

wine【酒】：*vino*，V 84，V 85（2X），V 89，V 91，VI 217，VI 219

wise，wisely【聪明，明智】：*savio，saviameme*，I 7，I 8，I 22，I 23，I 85，I 106，I 107，I 110，I 112，I 153，I 154（2X），I 169，I 178，IV 132，V 62，VII 38，VII 229；**unwise**【不明智】：*non savio*，I 183

women【女人】：*femmine*，VI 127；**women**【妇女】：*donne*，VII 70

word【言谈，喊话】：*voce*，II 140，II 166，IV 58，V 72，V 73（2X），V 74，V 76；**word**【言谈，言词，话】：*parola*，pr 2，pr. 11，I 50，II 178，II 268，IV 133，IV 137（2X），V 117，VII 236. *See also* speech

work（n.）【工作】：*operazione*，pr. 2；**work**（n.）【作品】：opera，pr. 11，pr. 13，I 5，VI 94，VII 133，VII 207；**work**（v.）【工作，劳动】：*operare*，pr. 11，I 40，I 119，VI 144，VI 191；**work**（v.）【制作，表现】：*adoperare*，I 141，I 249；**work**（v.）【劳作】：*lavorare*，I 196；**worker**【工人】：*lavoratore*，I 69，I 194. *See also* do；employ，operate

world【世界】：*mondo*，I 122，I 178，II 8，II 23，II 80，II 286，II 290，II 304，II 305，III 78，VI 165，VII 43，VII 229，VII 244，VII 250

worthy，to be【值得】；**to be worth**【值得】：*valere*，I 119，VI 148

wound（v.）【受伤，伤害，伤亡】：*ferire*，II 21，II 114，III 24，III 89，III 95，III 169，III 195，V 101，VI 116，VII 4，VII 21，VII 112. *See also* hit；strike

write【写作】：*scrivere*，pr. 10，pr. 11，I 141，I 177，I 204，II 210，II 211，VI 20，VI 178，VI 191，VII 123，VII 124，VII 127（2X），VII 128，VII 131，VII 236；**write**【写明】：*descrivere*，III 201；**write above**【上述】：*soprascrivere*，II 230；**writings**【著述】：*scritti*，I 6；**writer**【作者】：*scrittore*，I 194，II 9，II 16，II 117，II 298，II 301，III 10，VII 192. *See also* conscript；enroll

you（仅限非正式单数）：*tu*，*ti*，*te*，*tuo*，以及没有主语代名词的单数第二人称中的动词，I 84（2X），I 120（3X），I 126（5X），I 129，I 130（4X），I 131，I 171，I 197，I 200，I 231（2X），I 232（2X），I 233（2X），I 237，I 238（2X），I 239（2X），I 240（2X），I 268（2X），II 96（2X），II 97（2X），II 116，II 125（2X），II 164，170（2X），II 196，II 198（6X），II 199，II 211（2X），II 231，III 20，III 70（3X），III 71（3X），III 72（4X），III 121，III 128，III 131，III 159，IV 12（3X），IV 13（5X），IV 14（6X），IV 16（2X），IV 17，IV 18（3X），IV 21（2X），IV 24（2X），IV 63（2X），IV 77，IV 80，IV 88（4X），IV 89，IV 90（2X），IV 97（4X），IV 98（4X），IV l00（2X），IV 102（4X），IV 103（4X），IV 105，IV 112，IV 114，IV 115，IV 116（5X），IV 126（3X），IV 127（3X），IV 128，IV 129，IV 130，IV 134，IV 137，IV 147（2X），IV 152，V 1，V 12（3X），V 30，V 39，V 41，V 43（2X），V 44，V 51，V 62（4X），V 63（4X），V 64（2X），V 65（5X），V 73（2X），V 109（2X），V 111（2X），V 112（2X），V 114（3X），V 115（3X），V 116（2X），V 117（4X），V 118，V 121（3X），V 126（4X），V 129（5X），V 140，VI 109（2X），VI 143（2X），VI 149（3X），VI 150（4X），VI 151（2X），VI 166（2X），VI 168（4X），VI 169（7X），VI 170（11X），VI 171（2X），VI 172（4X），VI 175（2X），VI 183，VI 198（3X），VI 200，VI 201，VI 205（2X），VI 206（2X），VI 209，VI 212（4X），VI 221，VI 225（3X），VI 239（2X），VI 241（7X），VII 6，VII 8，VII 13（2X），VII 14（4X），VII 15，VII 19，VII 24（4X），VII 25（4X），VII 64（2X），VII 67，VII 68，VII 71，VII 80，VII 87，VII 92（3X），VII 93（2X），VII 112，VII 133（4X），VII 134，VII 135（2X），VII 141，VII 142（5X），VII 146（6X），VII 154（2X），VII 156（4X），VII 158，VII 162，VII 166（3X），VII 170（2X），VII 171（2X），VII 172（4X），VII 175（3X），VII 180，VII 191

young（adj.）【英年，年轻的】：*giovane*，I 4，I 227，II 114，II 127，
III 5（2X），IV 2，V 105，VII 70，VII 247；**young**【年轻人】：
gioventù，III 5；**young**（n.）【年轻人】：*giovanetti*，I 210；**youth**
【年轻人，青年】：*giovane*，I 11，I 47，I 225，I 227，II 113，
VII 199；**youth**：*gioventù*，II 106，II 125；**youth**（抽象名词）
【年轻，青春年少】：*gioventù*，I 47，II 130；**youthful**【青春的】：
giovenile，I 6

译名索引

斜体的名称是马基雅维里曾谈及但不曾使用过的；马基雅维里省略了部分名称、绰号和头衔。斜体的参照词（如 III 13）指的是条目中含蓄地涉及到的人物、地点和事物。没有特别指明意文句子多次提到的名称。只给出了文中明确提及的作者的名字。"pr". 的缩写指的是前言。

V 136

拉韦纳【Ravenna】：II 66，II 311

雷阿姆【Reame】：IV 24【该处并无提及——中译者】

雷古卢斯，马尔库斯·阿提利乌斯【Regulus, Marcus Attilius】：I 69，IV 25，IV 69

雷吉奥【Reggio】：VII 84

利古里亚【Liguria】：V 153

李维，提图斯【Livy, Titus】：II 13，II 24

卢卡迪亚【Leucadia】：VII 85

鲁卡尼亚【Lucania】：VI 110

卢库卢斯，卢西乌斯·卢西奴斯【Lucullus, *Lucius Licinus*】：II 76，VI 224

鲁塞莱，科西莫【Rucellai, Cosimo】：I 1，I 2，I 3，I 4，I 5，I 6，I 7，I 8，I 10，I 11，I 12，I 14，I 18，I 20，I 25，I 32，I 35，I 43，I 45，I 47，I 65，I 77，I 94，I 101，I 103，I 113，I 127，I 134，I 136，I 158，I 140，I 143，I 145，I 148，I 151，I 153，I 155，I 157，I 193，I 198，I 219，I 241，I 259，I 263，I 265，I 267，I 270，II 34，II 45，II 53，II59，II 68，II 72，II 80，II 124，II 172，II 227，II 255，II 263，II 266，II 283，II 310，II 317，III 1，III 4，III 6，VI 2，VII 195

鲁塞莱，伯纳多【Rucellai, Bernardo】：I 15，I 23，I 27，I 28，I 29

路易，法国八世国王【Louis, *XII king of France*：】IV 122，VII 25，VII 27

伦巴第【Lombardy】：VI 178

罗得岛的门侬【Memnon of Rhodes】：VI 222

罗马，罗马人【Rome, Romans】：相关各处

吕底亚【Lydia】：III 215

马尔库斯·奥雷利乌斯，罗马皇帝【Marcus *Aurelius, emperor of Rome*】：I 257

马尔提乌斯，卢西乌斯或提图斯【Martius, *Lucius or Titus*】：IV 77

马克西米努斯，尤利乌斯·维拉斯，罗马皇帝【Maximinus, *Roman Emperor Julius Verus*】：I 209 马里乌斯，盖乌斯【Marius,

圣女贞德，法国圣女【Joan of Arc, Saint, Virgin of France】：
IV 146

斯巴达，斯巴达人【Sparta, Spartans】：I 26，I 172，IV 147，V
133，VII 121

斯福尔扎，佛朗西斯科【Sforza, Francesco】：I 56，I 58，I 101，
I 175

斯福尔扎，默兹奥·阿特坦杜洛【Sforza, Muzio Attendulo】：I 58，I
101

斯潘迪乌斯【Spendius】：I 55

斯奇亚沃尼亚【Schiavonia】：VII 105

斯特劳奇，洛伦佐·迪·菲利波【Strozzi, Lorenzo di Filippo】：pr.
标题，pr 1，pr.12，pr.15，I 标题；见第70页注⑩关于译文书
名中省略的另外6处地方的解释。

苏尔皮提乌斯，盖乌斯【Sulpitius, Caius】：IV 54

苏拉，卢西乌斯【Sulla, Lucius】：IV 50，IV 51，IV 63，IV 64，IV
68，IV 144，VI 181

索菲【Sophy, the】：见伊斯梅尔一世

塔米儒斯，马萨格特女王【Tamirus, queen of the Massegeti】：
VI 218

台伯河【Tibur】：II 128【应为 127——中译者】

提比略，罗马皇帝【Tiberius, Roman emperor】：I 87

提格兰，亚美尼亚国王【Tigranes, king of Armenia】：II 76 天主教
国王：见查理，法国八世国王

图利乌斯，塞尔维乌斯，罗马国王【Tullius, Servius, Roman king】：
I 190

托尔托纳【Tortona】：II 311

托斯卡纳，托斯卡纳人【Tuscany, Tuscans】：II 224，II 296，II
299，VI 191

拖延者法比乌斯·马克西穆斯，昆图斯【Fabius Maximus Cuntatar,
Quintus】：III 78，IV 107，IV 116，IV 119，IV 125，IV 129，
IV 130，IV 131，IV 132，VI 186，VI 189，VII 83

瓦雷里乌斯，帕波利乌斯【Valerius, Publius】：VI 227

译 后 记

2005 年底,当我的邻居和良师益友冯克利教授向上海三联书店推荐我来翻译马基雅维里的《战争的技艺》时,我在感谢和窃喜之余,也着实有些惶恐。因为马氏的这部著作成名已久,在西方思想史,特别是军事史和政治史上有着不朽的显赫地位,之所以多年不曾有完整的中译本问世,窃以为其中定有翻译难度大的潜因;而我一来非外语科班出身,二来对西方思想史特别是马氏的思想谈不上有什么研究,过去虽也翻译过一些东西,但终是小打小闹,难登大雅之堂。所以,在本书翻译过程中,可以说是诚惶诚恐,竭尽全力,未敢有半丝马虎。但即便如此,本书离"信、达、雅"定还有不短的距离,只好请读者诸君见谅并给予批评指正了。

本书最初依据的蓝本是 Henry Neville 的英译本,初稿过半后,发现该英译本的水平实在不尽如人意。几经比较,经山东大学冯克利教授和上海师范大学陈恒教授两位先生的建议,我最后决定以芝加哥大学出版社 2003 年出版的 Christopher Lynch 的英译本为主,间或与 Henry Neville 的译本相对照。就在本书即将交付出版社时,又欣喜地拜读了解放军出版社 2007 年 1 月推出的袁坚先生的译本(书名为《兵法》),从而及早纠正了本书的几处明显纰漏,在此谨对袁坚先生表示感谢。当然,我最应该感谢的还是冯克利教授。从最初的选题和选定原本,译文的润色、校对,到最后的出版,冯先生都付出了很多心血,可以说本书是我俩合作的结果,但他却坚决不肯署名,在此,我只有十二分诚挚地说声:"谢谢,老冯。"

崔树义

2008 年 1 月 18 日 于济南

上海三联人文经典书库

已出书目

19.《护教篇》［古罗马]德尔图良 著 涂世华 译

20.《宇宙与创造主:创造神学引论》［英]大卫·弗格森 著 刘光
耀 译

21.《世界主义与民族国家》［德]弗里德里希·梅尼克 著 孟钟捷 译

22.《古代世界的终结》［法]菲迪南·罗特 著 王春侠 曹明玉 译

23.《近代欧洲的生活与劳作(从 15—18 世纪)》 ［法]G.勒纳尔
G.乌勒西 著 杨 军 译

24.《十二世纪文艺复兴》［美]查尔斯·哈斯金斯 著 张 澜
刘 疆 译

25.《五十年伤痕:美国的冷战历史观与世界》(上、下) ［美]德瑞克·
李波厄特 著 郭学堂 潘忠岐 孙小林 译

26.《欧洲文明的曙光》［英]戈登·柴尔德 著 陈 淳 陈洪波 译

27.《考古学导论》 ［英]戈登·柴尔德 著 安志敏 安家瑗 译

28.《历史发生了什么》［英]戈登·柴尔德 著 李宁利 译

29.《人类创造了自身》［英]戈登·柴尔德 著 安家瑗 余敬东 译

30.《历史的重建:考古材料的阐释》［英]戈登·柴尔德 著 方 辉
方堃杨 译

31.《中国与大战:寻求新的国家认同与国际化》［美]徐国琦 著
马建标 译

32.《罗马帝国主义》［美]腾尼·弗兰克 著 宫秀华 译

33.《追寻人类的过去》［美]路易斯·宾福德 著 陈胜前 译

34.《古代哲学史》［德]文德尔班 著 詹文杰 译

35.《自由精神哲学》［俄]尼古拉·别尔嘉耶夫 著 石衡潭 译

欢迎广大读者垂询,垂询电话:021-64749520 王小姐

图书在版编目（CIP）数据

战争的技艺/（意）尼科洛·马基雅维里著；崔树义
译.—上海：上海三联书店,2010.1
（上海三联人文经典书库/陈恒,黄韬主编）
ISBN 978 - 7 - 5426 - 3167 - 1

Ⅰ.①战…　Ⅱ.①尼…②崔…　Ⅲ.①军事理论
Ⅳ.①E0

中国版本图书馆 CIP 数据核字（2009）第 198345 号

战争的技艺

著　　者 / ［意］尼科洛·马基雅维里
译　　者 / 崔树义
校　　者 / 冯克利

责任编辑 / 黄　韬
装帧设计 / 鲁继德
监　　制 / 任中伟
责任校对 / 张大伟

出版发行 / 上海三联书店
（200031）中国上海市乌鲁木齐南路 396 弄 10 号
http：//www. sanlianc. com
E-mail：shsanlian@yahoo. com. cn
印　　刷 / 上海叶大印务发展有限公司

版　　次 / 2010 年 1 月第 1 版
印　　次 / 2010 年 1 月第 1 次印刷
开　　本 / 640×960　1/16
字　　数 / 310 千字
印　　张 / 21.5

ISBN 978 - 7 - 5426 - 3167 - 1/C · 322
定价：40. 00 元